プリント形式のリアル過去問で本番の臨場感！

奈良県

東大寺学園中学校

2025年春受験用

解答集

本書は，実物をなるべくそのままに，プリント形式で年度ごとに収録しています。
問題用紙を教科別に分けて使うことができるので，本番さながらの演習ができます。

■ 収録内容

・解答集（この冊子です）

書籍ＩＤ番号，この問題集の使い方，最新年度実物データ，リアル過去問の活用，解答例と解説，ご使用にあたってのお願い・ご注意，お問い合わせ

・2024（令和６）年度 ～ 2020（令和２）年度　学力検査問題

○は収録あり	年度	'24	'23	'22	'21	'20	
■ 問題収録		○	○	○	○	○	
■ 解答用紙		○	○	○	○	○	
■ 配点							

全教科に解説があります

注）国語問題文非掲載:2023年度の二

問題文の非掲載につきまして

著作権上の都合により，本書に収録している過去入試問題の本文の一部を掲載しておりません。ご不便をおかけし，誠に申し訳ございません。

本文の一部を掲載できなかったことによる国語の演習不足を補うため，論説文および小説文の演習問題のダウンロード付録があります。弊社ウェブサイトから書籍ＩＤ番号を入力してご利用ください。

なお，問題の量，形式，難易度などの傾向が，実際の入試問題と一致しない場合があります。

■ 書籍ＩＤ番号

入試に役立つダウンロード付録や学校情報などを随時更新して掲載しています。

教英出版ウェブサイトの「ご購入者様のページ」画面で，書籍ＩＤ番号を入力してご利用ください。

書籍ＩＤ番号　106426  

（有効期限：2025年9月30日まで）

【入試に役立つダウンロード付録】

「要点のまとめ(国語／算数)」

「課題作文演習」ほか

■ この問題集の使い方

年度ごとにプリント形式で収録しています。針を外して教科ごとに分けて使用します。①片側，②中央のどちらかでとじてありますので，下図を参考に，問題用紙と解答用紙に分けて準備をしましょう（解答用紙がない場合もあります)。

針を外すときは，けがをしないように十分注意してください。また，針を外すと紛失しやすくなりますので気をつけましょう。

① 片側でとじてあるもの

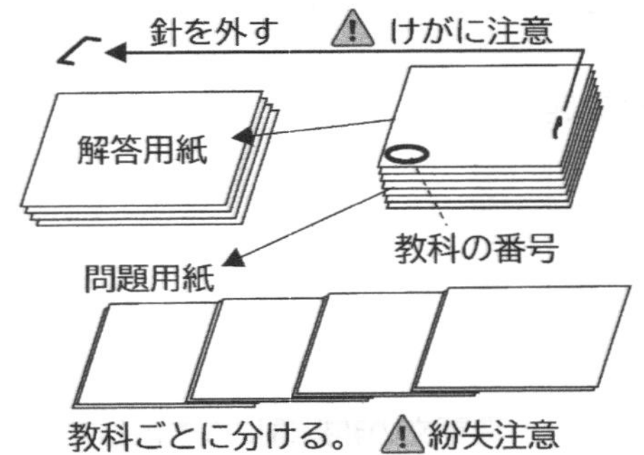

② 中央でとじてあるもの

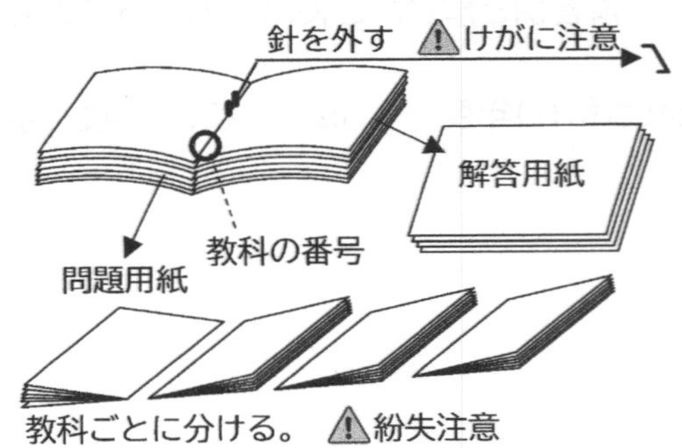

※教科数が上図と異なる場合があります。
解答用紙がない場合や，問題と一体になっている場合があります。
教科の番号は，教科ごとに分けるときの参考にしてください。

■ 最新年度 実物データ

実物をなるべくそのままに編集していますが，収録の都合上，実際の試験問題とは異なる場合があります。実物のサイズ，様式は右表で確認してください。

問題用紙	Ｂ４片面プリント
解答用紙	Ｂ４プリント

リアル過去問の活用

～リアル過去問なら入試本番で力を発揮することができる～

本番を体験しよう！

問題用紙の形式 (縦向き / 横向き)，問題の配置や余白など，実物に近い紙面構成なので本番の臨場感が味わえます。まずはパラパラとめくって眺めてみてください。「これが志望校の入試問題なんだ！」と思えば入試に向けて気持ちが高まることでしょう。

入試を知ろう！

同じ教科の過去数年分の問題紙面を並べて，見比べてみましょう。

① 問題の量

毎年同じ大問数か，年によって違うのか，また全体の問題量はどのくらいか知っておきましょう。どのくらいのスピードで解けば時間内に終わるのか，大問ひとつにかけられる時間を計算してみましょう。

② 出題分野

よく出題されている分野とそうでない分野を見つけましょう。同じような問題が過去にも出題されていることに気がつくはずです。

③ 出題順序

得意な分野が毎年同じ大問番号で出題されていると分かれば，本番で取りこぼさないように先回りして解答することができるでしょう。

④ 解答方法

記述式か選択式か（マークシートか），見ておきましょう。記述式なら，単位まで書く必要があるかどうか，文字数はどのくらいかなど，細かいところまでチェックしておきましょう。計算過程を書く必要があるかどうかも重要です。

⑤ 問題の難易度

必ず正解したい基本問題，条件や指示の読み間違いといったケアレスミスに気をつけたい問題，後回しにしたほうがいい問題などをチェックしておきましょう。

問題を解こう！

志望校の入試傾向をつかんだら，問題を何度も解いていきましょう。ほかにも問題文の独特な言いまわしや，その学校独自の答え方を発見できることもあるでしょう。オリンピックや環境問題など，話題になった出来事を毎年出題する学校だと分かれば，日頃のニュースの見かたも変わってきます。

こうして志望校の入試傾向を知り対策を立てることこそが，過去問を解く最大の理由なのです。

実力を知ろう！

過去問を解くにあたって，得点はそれほど重要ではありません。大切なのは，志望校の過去問演習を通して，苦手な教科，苦手な分野を知ることです。苦手な教科，分野が分かったら，教科書や参考書に戻って重点的に学習する時間をつくりましょう。今の自分の実力を知れば，入試本番までの勉強の道すじが見えてきます。

試験に慣れよう！

入試では時間配分も重要です。本番で時間が足りなくなってあわてないように，リアル過去問で実戦演習をして，時間配分や出題パターンに慣れておきましょう。教科ごとに気持ちを切り替える練習もしておきましょう。

心を整えよう！

入試は誰でも緊張するものです。入試前日になったら，演習をやり尽くしたリアル過去問の表紙を眺めてみましょう。問題の内容を見る必要はもうありません。どんな形式だったかな？受験番号や氏名はどこに書くのかな？…ほんの少し見ておくだけでも，志望校の入試に向けて心の準備が整うことでしょう。

そして入試本番では，見慣れた問題紙面が緊張した心を落ち着かせてくれるはずです。

※まれに入試形式を変更する学校もありますが，条件はほかの受験生も同じです。心を整えてあせらずに問題に取りかかりましょう。

2024 解答例
令和６年度

東大寺学園中学校

《国　語》

一　①因習　②往年　③言下　④資　⑤開帳　⑥山積　⑦降板　⑧外聞　⑨玉条　⑩腹背

二　㈠ウ　㈡母から何度も聞かされた、躾の一環として子どもの自分本位を戒める、自分にかまけるなという言葉。　㈢イ

三　㈠a．ア　b．エ　㈡ア　㈢イ　㈣価値観がちがえば見ている世界もちがうため、そうした者同士でやりとりをするには、相手にしか見えていない世界に関心を寄せ、それをそのまま受けとめる姿勢が必要だから。　㈤イ　㈥ウ　㈦エ

四　㈠イ　㈡エ　㈢母親が死んでしまったかわいそうな子どもだと特別扱いして、少し距離をとりながらおそるおそる接してきたり、必要以上に気を遣ってやさしく接してきたりすること。　㈣ア　㈤自分が娘のために作った弁当の写真を勝手にブログにのせていたことが原因で、芽以が泣いたり怒ったりしていると気づいたから。　㈥イ　㈦ウ

《算　数》

1　(1)22　(2)2072　(3)646　(4)53.38

※2　(1)36　(2)$282\frac{6}{7}$

※3　(1)500　(2)498

※4　(1)24　(2)13 分 20 秒後／32　(3)4.5

5　(1)[1] 2 [1] 3 [2] 4 [3] 5 [4][5]
(2)[4][5][3] 4 [2] 3 [1] 2 [1][5] と [2][1][5] 4 [5] 3 [4] 2 [3][1]　※(3)18　※(4)80

※の考え方・式は解説を参照してください。

《理　科》

1　(1)①ウ　②ア　③ア　④エ　(2)イ，ク，ケ　(3)イ　(4)天敵であるカラスやヘビが少ないから。　(5)ア　(6)オ　(7)①イ　②ウ　(8)エ

2　(1)ボーリング調査　(2)ア，カ　(3)イ　(4)イ，ウ

3　(1)オ　(2)ウ　(3)エ　(4)ア

4　(1)あ．水素　い．ヘリウム　う．メタン　え．オゾン　(2)4　(3)ア，エ，オ　(4)イ　(5)ウ　(6)ウ　(7)温室効果　(8)①右図　②液体…過酸化水素水〔別解〕オキシドール　固体…二酸化マンガン　③水蒸気

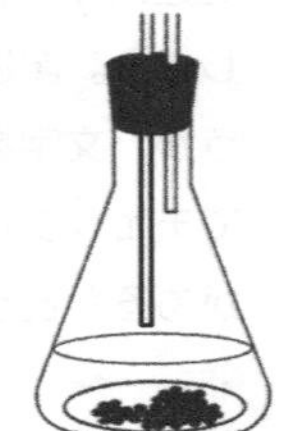

5　(1)38　(2)24　(3)30　(4)30　(5)77

6　(1)①１　②58　(2)35　(3)ア　(4)①ウ　②キ　③サ

7　(1)a．1880　b．48.0　(2)①40.5　②270　(3)0.7　(4)1.2　(5)イ　(6)カ

《社　会》

1　⑴①減反政策　②エ→ア　⑵ア　⑶エ　⑷①ア　②ア　③イ→ア　⑸ウ　⑹ウ　⑺ア→イ
⑻地下水　⑼イ→ウ　⑽ア　⑾ア→キ　⑿①オ　②イ

2　⑴ａ．バリアフリー　ｂ．国土交通　⑵エ　⑶エ　⑷①イ　②イ　⑸ウ　⑹エ　⑺ア→エ
⑻ア，ウ　⑼ア→イ

3　⑴①イ　②すざく　⑵①年中行事　②カ　⑶エ　⑷①エ　②イ　③エ　⑸イ　⑹ア　⑺エ　⑻ウ

4　⑴ウ　⑵①ア　②ウ　③イ　⑶学問　⑷イ　⑸①エ　②ⅰ．イ　ⅱ．エ→ウ　⑹ウ　⑺食料不足

《2024　国語　解説》

二 (一)　共鳴とは、他人の考えや行動などに対して、心からそのとおりだと思い、同じ考えをもつこと。よって、ウが適する。

(二)　――部②の「言葉」とは、前の行にある「自分にかまけるなという言葉」である。この言葉について筆者は、「母から何度も聞いた覚えが」あり、「躾の一環として子どもの自分本位を戒める言葉」だったと述べている。

(三)　筆者は、「機能面でどんどん体を失いつつあって」電動車椅子に試乗していることを、「自分のアンドロイド化の初歩的な段階だろう」と考えている。一方、幽霊については、「体を失った後の人間」のあり方として、「幽霊という伝統的存在を私は好ましく思っています」と述べている。これらをふまえると、「アンドロイドよりも、幽霊に近づいている」というのは、今は体がおとろえて機械にたよっているが、体を失った後の幽霊という存在の方が身近で親しみを感じるということ。よって、イが適する。

三 (二)　ボケとツッコミについて、文章の最初の４段落から読み取る。「会話」では、それぞれのキャラがはっきりしていて、期待される役回りが決まっている方が、会話が弾みやすい。こうしたやりとりの「もっともシンプルな形が、漫才におけるボケとツッコミ」である。一方、ＳＮＳでは、「匿名で、互いをよく知らない者同士のやりとり」となり、それぞれの役回りに従ってやりとりをするわけではないため、ボケとツッコミの関係は生まれにくい。よって、アが適する。

(三)　直前の３段落に書かれている内容に着目する。ゾウが見えるというのは、会話が弾んでいるときに「どこか違和感をおぼえること」のたとえである。つまり、「自分の中のゾウが見えなくなっていく」というのは、会話をつづける中で自分がおぼえた違和感がなくなっていくことを意味する。よって、イが適する。

(四)　対話とは「価値観がちがう者同士で交わされる」ものである。「会話がどちらかといえば互いの共通点を軸として話が展開していくのに対して、対話は互いのちがう点を軸として話が進む」。そして、「対話的姿勢とは、たとえ相手の言葉が自分の理解を超えていたとしても、それを相手の心の現実として、そのまま受けとめる態度」である。「世界が多様化し、さまざまな価値観をもった人たちがいる中では」、価値観がちがう者同士がやりとりをする機会が増えるが、価値観がちがえば、互いに見えている世界が異なる。そうした人たち同士がやりとりをするには、「会話」や「議論」ではなく、「相手にしか見えていない世界に関心を寄せ」て、「まずは相手にとってリアルなものとして受けとめようとする」「対話的姿勢」が必要になるのである。

(五)　ピグミーの合唱は、さまざまな音や声が「互いを許容しあ」い、リズムの重なりはあっても「それがぴったりと組みあわさるのではなく、無数の隙間がある」。また、ポリフォニーは「どのパートも対等な重要性をもって重なっていく音楽様式だ」とある。よって、こうした特徴に合うイが適する。

(七)　最後の段落に、「傷つかないために対話をするのではない。むしろ逆である」「人は傷つくことなしには生きられない」「傷がとり返しのつかないほど深くならないようにするためにこそ対話をつづけるのである」とある。――部⑥の「安全に傷つくために」とは、どうしても互いに傷つくことが起こるが、「その傷がとり返しのつかないほど深くならないようにするために」ということ。よって、エが適する。

四 (一)　A．弁当の蓋を閉じる時の表現としては、イの「ぱたりと」やエの「ぱたんと」が適する。　B．足元が揺らぐような感覚に合う表現としては、イの「ふっと」やウの「ぐらっと」が適する。　C．涙が引く様子に合う表現としては、イの「すうっと」が適する。　よって、イが適する。

(二)　芽以は、母親が死んだことで「自分が特別扱いされている」ことに居心地の悪さを感じ、心底うんざりしていたため、「地元の子が誰も行かないような少し遠くの高校にあえて進学した」。「自分のことを誰も知らない場所に身を置」いて、「ありきたりの、どこにでもいる、『まあまあ』な女子高生でいることができる」ことが、芽以にとって「何より安らぎ」になった。――部①の直前で、芽以は、父子家庭であることについて「ポップに答えて笑ってみせたつもりだったが、誰も笑わなかった」。こうしたクラスメートの反応を見て、芽以はまわりの人たちの自分を見る目が変わりつつあることを実感した。やっと手に入れたおだやかな毎日が、父親の弁当ブログのせいで失われるかもしれないことを、芽以は不安に思っている。よって、エが適する。

(三)　「腫れ物にさわるよう」とは、機げんをそこねないように気を遣い、おそるおそる接する様子のこと。周りの人たちは、芽以のことを、幼いころに母親が死んでしまった「かわいそう」な子だと認識し、特別扱いしてきた。このことから考えると、「腫れ物にさわるような重い空気とよそよそしさ」とは、少し距離をとっておそるおそる接する様子を表し、「逆に生まれる妙なれなれしさ」とは、必要以上に気を遣い、世話をやいたりやさしく接したりすることだと考えられる。

(四)　５行前に「自分でも、言ってはいけないことを言ってる、と思った」とあるように、芽以はクラスメートに対して過度な反応を示している。未奈美は、このまま芽以がしゃべり続けると、クラスや学校での芽以の立場が悪くなると考え、落ち着かせようとしたのである。よって、アが適する。

(五)　帰宅した父親は、芽以が家にいることにおどろいたが、しばらくして芽以が泣いていることに気付いた。スマートフォンで自分のブログが表示された画面を見せられた父親は、最初は照れ笑いを浮かべたが、すぐに芽以の苛立ちに気付き、真顔になった。直後で、父親は、芽以が泣いたり怒ったりしているのは自分のブログのせいなのかと尋ねている。父親は、芽以に無断で、ブログに「弁当を上げた」ことが原因で、芽以が泣いたり怒ったりしていると気付いたのである。

(六)　(五)の解説にあるように、父親は、芽以が泣いたり怒ったりしているのは自分のブログのせいだと気付いた。そして、「ごめん、悪かった、勝手に……」「勝手に載せてたのは、悪かった。ほんと悪かったよ」と心から謝罪している。それに対して芽以は、「謝らないでよ」と言い、「『悪かった』を封じ込められた父親」は「言葉につまった」。父親は、自分の謝罪の言葉を芽以が受け付けないことで混乱し、困ってしまっている。芽以は、そんな自分の言動について気がとがめ、「胸がちくりとした」のである。よって、イが適する。

(七)　３行前で、芽以は「ずっとお父さんは私のためにがんばってくれてるんだって思ってきた」と言っている。しかし、父親は、料理や家事は実験みたいなもので、「実はすごく楽しかった」と言っている。芽以は、そんな自分の勘違いに気付き、父親が、楽しいことをブログで発信するのは自然なことだと考えて、「ブログ、続けなよ」と言ったのである。よって、ウが適する。

《2024　算数　解説》

1　**(1)**　与式$=\frac{775}{1000}\times\frac{15}{2}+\frac{11}{2}\times\frac{7}{4}+15\frac{3}{4}\div\frac{12}{5}=\frac{31}{40}\times\frac{15}{2}+\frac{77}{8}+\frac{63}{4}\times\frac{5}{12}=\frac{93}{16}+\frac{154}{16}+\frac{105}{16}=\frac{352}{16}=$**22**

(2)　与式より，$(2024+\square)\times\frac{1}{4}\times\frac{1}{5}\times\frac{1}{6}\times\frac{1}{7}\times\frac{1}{8}+\frac{2}{15}=78\div105$　　$(2024+\square)\times\frac{1}{4}\times\frac{1}{5}\times\frac{1}{6}\times\frac{1}{7}\times\frac{1}{8}=\frac{78}{105}-\frac{2}{15}$

$(2024+\square)\times\frac{1}{4}\times\frac{1}{5}\times\frac{1}{6}\times\frac{1}{7}\times\frac{1}{8}=\frac{64}{105}$　　$2024+\square=\frac{64}{105}\times4\times5\times6\times7\times8$　　$\square=4096-2024=$**2072**

(3)　**【解き方】45＝３×３×５だから，45 との最大公約数が１となるような整数は，３の倍数でも５の倍数でもない数である。**

３と５の最小公倍数は 15 だから，まず１から 15 までの整数のうち，３の倍数でも５の倍数でもない数の個数を調べる。３の倍数は15÷３＝５(個)，５の倍数は15÷５＝３(個)，15の倍数は15÷15＝１(個)だから，３または５の倍数は５＋３－１＝７(個)なので，３の倍数でも５の倍数でもない数は15－７＝８(個)ある。
したがって，１からの連続する整数15個ごとに，３の倍数でも５の倍数でもない数は８個ずつ現れるので，
345÷８＝43余り１より，１から15×43＝645までに345－１＝344(個)現れる。645の次の646は，１と同様に，３の倍数でも５の倍数でもない数だから，345番目は**646**である。

⑷ **【解き方】できる立体は右図のようになる。ＡＢとＰＱが平行でＣがＢＤの真ん中の点だから，ＦはＡＤの真ん中の点なので，ＣＦ＝ＦＥである。したがって，三角形ＢＣＦと三角形ＡＥＦは合同なので回転体の体積も等しいから，四角形ＡＧＨＥの回転体の体積から，三角形ＧＨＦの回転体の体積を引けばよい。**

ＡＥ＝３cm，ＥＣ＝６cmだから，三角形ＡＥＣの回転体の体積は，
３×３×3.14×６÷３＝18×3.14(cm³)
三角形ＢＣＧと三角形ＩＡＧは同じ形で対応する辺の比が，ＢＣ：ＩＡ＝３：６＝１：２だから，ＣＨ：ＥＨ＝１：２　　ＣＨ：ＣＥ＝１：(１＋２)＝１：３

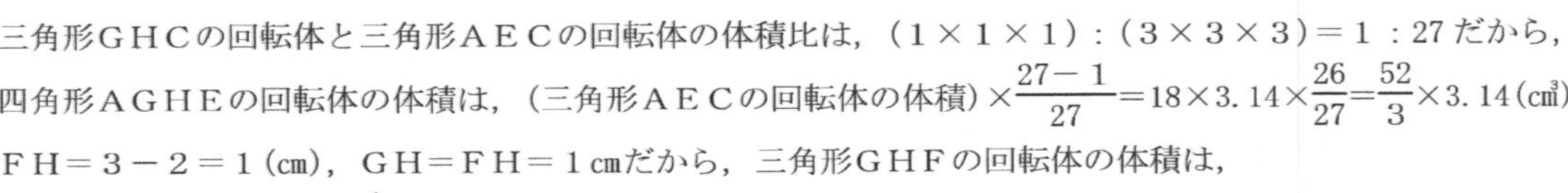

三角形ＧＨＣの回転体と三角形ＡＥＣの回転体の体積比は，(１×１×１)：(３×３×３)＝１：27だから，
四角形ＡＧＨＥの回転体の体積は，(三角形ＡＥＣの回転体の体積)×$\frac{27-1}{27}$＝18×3.14×$\frac{26}{27}$＝$\frac{52}{3}$×3.14(cm³)
ＦＨ＝３－２＝１(cm)，ＧＨ＝ＦＨ＝１cmだから，三角形ＧＨＦの回転体の体積は，
１×１×3.14×１÷３＝$\frac{1}{3}$×3.14(cm³)
よって，求める体積は，$\frac{52}{3}$×3.14－$\frac{1}{3}$×3.14＝17×3.14＝**53.38**(cm³)

2 ⑴ **【解き方】三角形ＢＣＤと三角形ＡＣＤは，底辺をともにＣＤとすると，高さの比がＢＣ：ＥＤである。**
三角形ＢＣＤと三角形ＡＣＤの面積比は，ＢＣ：ＥＤ＝10.5：33＝７：22で，この比の数の22－７＝15が432－27＝405(cm²)にあたる。したがって，三角形ＢＣＤの面積は，405×$\frac{7}{15}$＝189(cm²)
よって，ＣＤ＝189×２÷10.5＝**36**(cm)

⑵ **【解き方】右のように作図し，ＣＦ：ＦＡ→三角形ＡＢＣの面積→ＧＡの長さ→ＡＥの長さ→三角形ＡＤＥの面積，の順に求める。**
ＣＦ：ＦＡ＝(三角形ＦＣＤの面積)：(三角形ＡＦＤの面積)＝
(189－27)：432＝３：８
(三角形ＡＢＣの面積)＝(三角形ＢＣＦの面積)×$\frac{CA}{CF}$＝27×$\frac{3+8}{3}$＝99(cm²)
ＧＡ＝99×２÷10.5＝$\frac{132}{7}$(cm)，ＡＥ＝ＣＤ－ＧＡ＝36－$\frac{132}{7}$＝$\frac{120}{7}$(cm)
(三角形ＡＤＥの面積)＝$\frac{120}{7}$×33÷２＝$\frac{1980}{7}$＝**282$\frac{6}{7}$**(cm²)

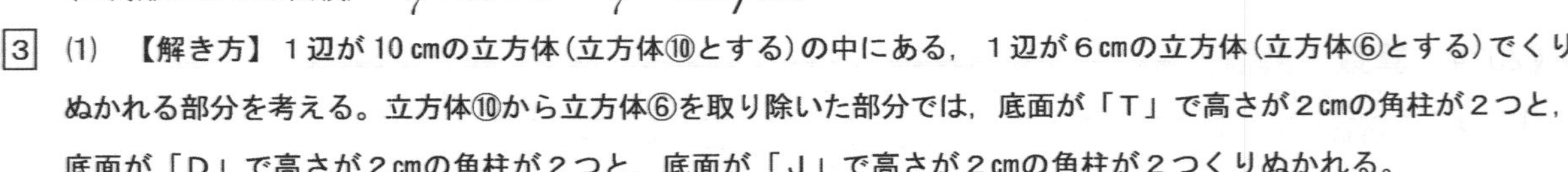

3 ⑴ **【解き方】１辺が10cmの立方体(立方体⑩とする)の中にある，１辺が６cmの立方体(立方体⑥とする)でくりぬかれる部分を考える。立方体⑩から立方体⑥を取り除いた部分では，底面が「Ｔ」で高さが２cmの角柱が２つと，底面が「Ｄ」で高さが２cmの角柱が２つと，底面が「Ｊ」で高さが２cmの角柱が２つくりぬかれる。**
立方体⑥を「Ｄ」で左右からくりぬくと，右図のように，奥の上下に１つずつ三角柱が残る。この三角柱を高さ２cmずつに分け，図のように㋐～㋒，㋕～㋗と記号をおく。
㋐～㋒と㋖は「Ｔ」によってすべてくりぬかれる。㋒と㋗は「Ｊ」によってすべてくりぬかれる。残った㋕の体積は，２×２÷２×２＝４(cm³)だから，立方体⑥でくりぬかれた部分の体積は，６×６×６－４＝212(cm³)

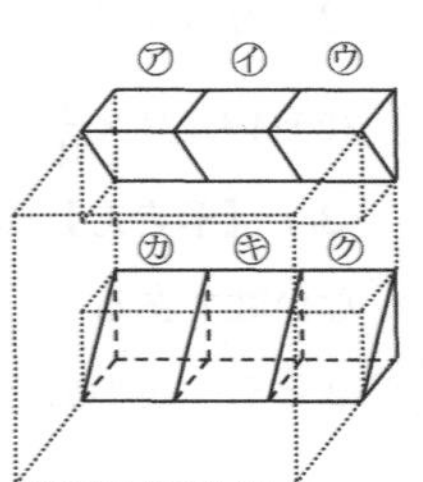

１辺が２cmのマス目の面積は４cm²だから，「Ｔ」「Ｄ」「Ｊ」の面積はそれぞれ，

４×５＝20(cm²)，４×５＝20(cm²)，４×８＝32(cm²)である。したがって，立方体⑥以外の部分でくりぬかれた体積は，(20＋20＋32)×２×２＝288(cm³)

よって，くりぬかれた部分の体積は全部で，212＋288＝500(cm³)だから，求める体積は，10×10×10－500＝**500(cm³)**

(2)　【解き方】(1)からの変化を考える。

㋐～㋒，㋕～㋗の三角柱のうち，㋐と㋑は「Ｔ」によってすべてくりぬかれ，㋒と㋗は「Ｊ」によってすべてくりぬかれる。㋕と㋖は「Ｔ」によって一部がくりぬかれ，残った部分の体積は㋕の体積と同じである。つまり，立方体⑥でくりぬかれた部分の体積に変化はない。

(1)からの変化があるのは，㋐の三角柱の左側にある，１辺が２cmの立方体の内部である。

ここでは右図の色をつけた部分が残る。(1)では太線で囲んだ部分も残ったので，

求める体積は(1)の体積より，太線の三角柱の分だけ小さく，500－２×１＝**498(cm³)**

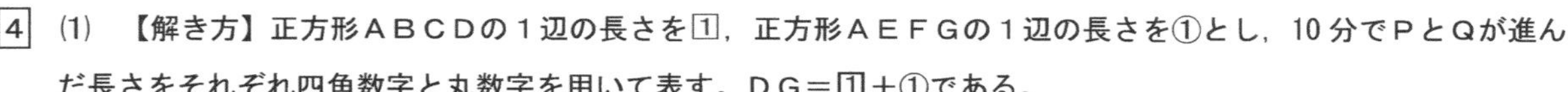

4　(1)　【解き方】正方形ＡＢＣＤの１辺の長さを$\boxed{1}$，正方形ＡＥＦＧの１辺の長さを①とし，10分でＰとＱが進んだ長さをそれぞれ四角数字と丸数字を用いて表す。ＤＧ＝$\boxed{1}$＋①である。

10分で，Ｐは$\boxed{4}$＋①，Ｑは④＋$\boxed{1}$進んだから，合わせて，($\boxed{4}$＋①)＋(④＋$\boxed{1}$)＝$\boxed{5}$＋⑤進んだ。

これが12×10＝120(cm)にあたるから，ＤＧ＝$\boxed{1}$＋①＝$120\times\frac{\boxed{1}+\textcircled{1}}{\boxed{5}+\textcircled{5}}$＝**24(cm)**

(2)　【解き方】正方形ＡＢＣＤの方が正方形ＡＥＦＧより小さいので，Ｐの方がＱより速いということはないから，Ｑの方がＰより速い。10分後にＰがＱの先にいるので，ＰとＱが１周した後にＱがＰを追いこすのは，10分後より後である。したがって，右図のようにＫはＥの右側にある。(1)をふまえる。

10分でＱはＰより，(④＋$\boxed{1}$)－($\boxed{4}$＋①)＝③－$\boxed{3}$だけ多く進んだ。

また，10分後の後，２点がＫで重なるのは，ＱがＰよりＢＥ＝①－$\boxed{1}$だけ多く

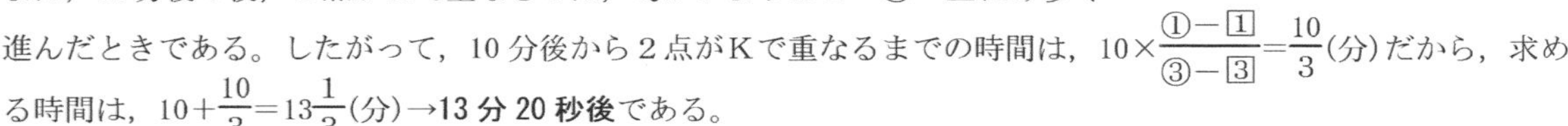

進んだときである。したがって，10分後から２点がＫで重なるまでの時間は，$10\times\frac{\textcircled{1}-\boxed{1}}{\textcircled{3}-\boxed{3}}=\frac{10}{3}$(分)だから，求める時間は，$10+\frac{10}{3}=13\frac{1}{3}$(分)→**13分20秒後**である。

ＰとＱがＡを同時に出発してからＫで重なるまでに，Ｐが進んだ距離は$\boxed{4}$＋ＡＫ，Ｑが進んだ距離は④＋ＡＫだから，ＰとＱが進んだ距離の和は，($\boxed{4}$＋ＡＫ)＋(④＋ＡＫ)＝($\boxed{1}$＋①)×４＋ＡＫ×２＝96cm＋ＡＫ×２

これが，$12\times13\frac{1}{3}$＝160(cm)にあたるから，ＡＫ＝(160－96)÷２＝**32(cm)**

(3)　【解き方】９分後までにＲとＳが進んだ距離の和と，３分でＲとＳが進んだ距離の差を考える。

ＲとＳが進んだ距離の和は，12分で160＋６×２＝172(cm)だから，９分だと，$172\times\frac{9}{12}$＝129(cm)である。

12分後に２点が重なった位置の点をＭとすると，12分で進んだ距離は，Ｒが$\boxed{4}$＋ＡＭ＝$\boxed{4}$＋38cm，Ｓが④＋38cmだから，３分でＲとＳが進んだ距離の差は，$\{(\textcircled{4}+38)-(\boxed{4}+38)\}\times\frac{3}{12}=\textcircled{1}-\boxed{1}$

つまり，９分後から12分後までにＳはＲより①－$\boxed{1}$＝(ＢＥの長さ)の分だけ多く進んだのだから，９分後のＳの位置の点をＮとすると，右のように作図できる。重要なことは，９分後までにＲとＳが進んだ距離の和が129cmであることと，ＮＬ＝ＢＥより，ＢＮ＝ＥＬということである。(2)でＰとＱが10分後までに進んだ距離の和が120cmだったのだから，

ＢＮ＋ＥＬ＝129－120＝９(cm)なので，ＥＬ＝９÷２＝**4.5(cm)**

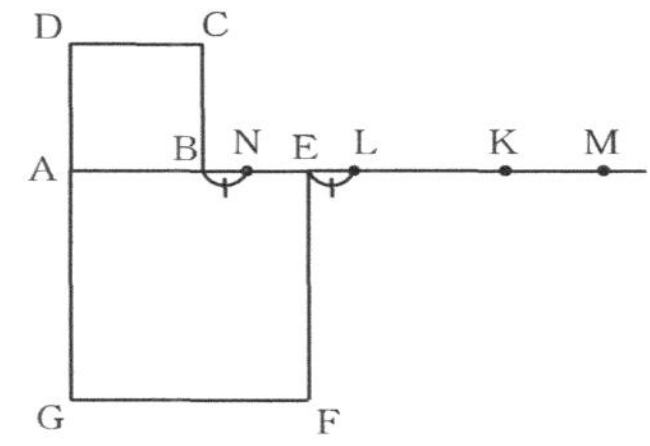

5　【解き方】規則の通りに並べることによって，並んでいる数字は，左の数字より大きい→左の数字より小さい→

左の数字より大きい→左の数字より小さい→…，と，大小がくり返される並びになる。左から２番目が１番目より小さいか大きいかによって，数字の並びは，大→小→大→小→大→小→大→小→大→小となるか，小→大→小→大→小→大→小→大→小→大となるかが決まる。つまり，奇数番目が大きく偶数番目が小さい場合と，奇数番目が小さく偶数番目が大きい場合の２パターンがあり，１はつねに「小」，５はつねに「大」になる。

(1)　８番目が５なので，奇数番目が小さく偶数番目が大きいパターンである。

１番目と３番目は２より小さいので両方とも１になり，５番目は残った数字のうち３より小さい２になり，７番目は残った数字のうち４より小さい３になり，９番目，10番目はそれぞれ４，５となる。

(2)　まず，奇数番目が小さく偶数番目が大きいパターンを考える。

２番目と10番目は「大」だからともに５になり，７番目と９番目は２より小さいので両方とも１になり……と考えていくと，解答例の１つ目のようになる。

次に，奇数番目が大きく偶数番目が小さいパターンを考える。

２番目と10番目は「小」だからともに１になり，３番目と５番目は４より大きいので両方とも５になり……と考えていくと，解答例の２つ目のようになる。

(3)　**【解き方】５が偶数番目なので，奇数番目が小さく偶数番目が大きいパターンである。残り１つの４の位置を考える。右の「組み合わせの数の求め方」を利用する。**

残り１つの４を「小」の位置に入れようとすると９番目しかないが，そうすると10番目に入れる数字がなくなる。したがって，残り１つの４は10番目である。

図Ⅰのように記号をおく。残り１つの３は㋒か㋓か㋔に入る（３通り）。３の位置が決まれば，㋐～㋔のうち残りの４つのどこに位置に２つの２を入れても，残り２つに１を入れられる。したがって，３の位置が決まったときの１と２の入れ方の数は，異なる４つのものから２つ選ぶ組み合わせの数と等しいから，$\frac{4\times3}{2\times1}=6$（通り）ある。

以上より，数字の並びは全部で，$3\times6=$**18**（通り）

組み合わせの数の求め方

異なる10個のものから順番をつけずに３個選ぶときの組み合わせの数は，

$$\frac{10\times9\times8}{3\times2\times1}=120\text{（通り）}$$

（分子：10＝全体の個数，10×9×8＝選ぶ個数／分母：3＝選ぶ個数，3×2×1＝選ぶ個数）

つまり，異なるｎ個からｋ個選ぶときの組み合わせの数の求め方は，$\frac{\text{（ｎ個からｋ個選ぶ並べ方の数）}}{\text{（ｋ個からｋ個選ぶ並べ方の数）}}$

図Ⅰ

㋐	3	㋑	5	㋒	4	㋓	5	㋔	4

(4)　**【解き方】「大」には５が入ることは決まっているが，５以外には４だけでなく２が入る可能性がある。「大」と「小」は１と５を除くと２つずつしか空いている空欄がないので，「大」に２と４が１つずつ入るということは，「小」に４と２が１つずつ入るということである。**

まず，奇数番目が小さく偶数番目が大きいパターンを考える。

「大」に２が１つ入る場合，左から４番目か６番目か８番目に入る。左から４番目に２が入るとき，「小」に入る４は７番目に決まるから，図Ⅱの一番上の並びになる。このように２が入る位置で分けて考えると，「大」に２が１つ入る場合は，図Ⅱの４通りの並びが見つかる（「大」に２を２つ入れることは不可能である）。

「大」に２が入らない場合，つまり，「大」に５と４が２つずつ，「小」に１と２が２つずつ入る場合，５，４，２，１をどこに入れても規則に合う並びとなる。「大」への２つの５の入れ方も，「小」への２つの１の

図Ⅱ

3	4	1	2	1	5	4	5	2	3
3	5	4	5	1	2	1	4	2	3
3	5	4	5	2	4	1	2	1	3
3	4	2	5	4	5	1	2	1	3

入れ方も，異なる４つのものから２つ選ぶ組み合わせの数と等しいから，

$\frac{4 \times 3}{2 \times 1}$＝６(通り)ある。５と１の位置が決まれば４と２の位置も決まる。

したがって，「大」に２が入らない場合の並びは，６×６＝36(通り)ある。

以上より，奇数番目が小さく偶数番目が大きいパターンは全部で，４＋36＝40(通り)ある。

奇数番目が大きく偶数番目が小さいパターンは，先ほどの40通りにおいて，１を５に，２を４に，４を２に，５を１にするとできるので，やはり40通りある。よって，数字の並びは全部で，40×２＝**80(通り)**

《2024　理科　解説》

1 (3)　イは夏に日本に来るわたり鳥，アとウは冬に日本に来るわたり鳥であり，エとオは１年中日本にいる鳥である。

(5)　キリギリスは，イネ科の植物や小さなこん虫を食べる。

(6)　トウモロコシのくきの先たんでススキの穂(ほ)のようにさくのがお花，トウモロコシのひげがめ花である。ア～エの植物は１つの花におしべとめしべがある。

(7)①　ア×…はいしゅが子ぼうにつつまれていない裸子(らし)植物である。　ウ×…道管も師管もある。　エ×…種子でふえる種子植物である。　オ×…葉脈はときどきふたまたに分かれ，平行にのびる。　②　ウは落葉樹，アとイとエとオは１年中葉がついている常緑樹である。

(8)　アは幼虫(１年目は卵)，イとオは幼虫，ウは成虫，エはさなぎで冬を過ごす。

2 (2)　Ａは湖底をかき乱すものやできごとがないときにできる。湖に直接流れこむ川がなかったことで，湖底をかき乱す水の流れがなかったと考えられる。また，湖底まで日光が届かなかったため，湖底には湖底をかき乱す生物いなかったと考えられる。なお，Ａの黒い部分はケイソウなどのプランクトンであることから，小さな生き物はすんでいたと考えられる。

(3)　Ｅは前の年の黄砂の時期の後から梅雨の前まで，Ｄは梅雨，Ｃは梅雨の後から黄砂の時期の前までと考えられる。したがって，Ｃが最も長い期間をかけてたい積したと考えられる。

(4)　Ｂにはプランクトンがほとんど含(ふく)まれていないから，Ｂが作られるときにたい積したものには水は含まれていなかったと考えられる。

3 (1)　Ａはわし座のアルタイル，Ｂはこと座のベガ，Ｃははくちょう座のデネブである。

(2)　アのとき地平線の下にあり見えず，イのときは東の空に見え，ウのときは南の空に見え，エのときは西の空に見える。

(3)　東の低い空に見えるときはエ，南の空に見えるときはア，西の低い空に見えるときはイのようになる。

(4)　最初にアルデバランが上がり，その後，冬の大三角をつくる星のうち，ベテルギウスが先に上がり，シリウスとプロキオンはほぼ同じ時刻に上がってくる。

4 (2)　空気には，ちっ素が約78%，酸素が約21%，アルゴンが約0.9%，二酸化炭素が約0.04%ふくまれる。

(3)　アとエとオでは二酸化炭素，イとウでは水素が発生し，カではスチールウール(鉄)が酸化鉄に変化するが気体は発生しない。

(4)　水素は無色，無臭(むしゅう)，無毒な気体である。水素自身は燃えるが，ものを燃やすはたらきはない。また，水素と酸素を反応させて電気をつくる燃料電池が注目されている。

(5)(6)　二酸化硫黄(いおう)やちっ素酸化物が雨にとけると，雨水が強い酸性を示すようになる(酸性雨という)。酸性雨が降ると，森林の植物が枯(か)れたり，湖や池の水が酸性にかたむき生物がすみにくくなったりする。酸性にかたむいた湖

や池の水に，水にとけてアルカリ性を示す炭酸カルシウムを入れることで，互(たが)いの性質を打ち消し合う中和がおき，湖や池の水を中性に近づけることができる。

(8)① コック付きろうとの管の先は，三角フラスコ内で発生した気体(酸素)が出ていくガラス管の先よりも下にする。もし，ガラス管の先の方が下にあると，ガラス管の方が先に液体につかってしまい，発生した気体の出口がなくなり危険である。 ② 過酸化水素水(液体)は過酸化水素の水溶液(すいようえき)であり，過酸化水素が分解すると，酸素と水ができる。二酸化マンガン(固体)自体は反応しないが，過酸化水素の分解を速めるはたらきがある。

5 (1) 水がもつエネルギーを〔水の重さ(g)×水の温度(℃)〕で表す。実験1において，AとBの水がもつエネルギーの和は，混ぜた後のエネルギーに等しい。よって，混ぜる前のエネルギーは 40×20＋60×50＝3800，混ぜた後の水の重さは 40＋60＝100(g)だから，水の温度は 3800÷100＝38(℃)になる。

(2) 実験2において，ふくろの中の0℃の氷 10gが0℃の水 10gになるとき，ふくろの外側の水 40gの温度が50℃から 30℃になった(20℃下がった)から，0℃の氷 10gが0℃の水 10gになるのに必要なエネルギーは 40×20＝800 とわかる。これより，0℃の氷 20gが0℃の水 20gになるために必要なエネルギーは $800\times\frac{20}{10}$＝1600 である。50℃の水 80gがもつエネルギーは 80×50＝4000 だから，0℃の氷 20gが0℃の水 20gになったとき，残っているエネルギーは 4000－1600＝2400 である。水全体の温度が同じになったときの水の重さは 80＋20＝100(g)だから，このときの水の温度は 2400÷100＝24(℃)である。

(3) 実験3より，50gのX(20℃)または 50gのY(20℃)が中和すると，100gの水よう液の温度が 35－20＝15(℃)上がったから，100×15＝1500 のエネルギーが発生したとわかる。したがって，20℃のX50gと20℃のY100gを混ぜると，X50g(とY50g)が中和して(Y50gはあまり)，1500 のエネルギーが発生する。よって，温度は 1500÷(50＋100)＝10(℃)上がって，30℃になる。

(4) Xの$\frac{2}{3}$倍の濃度(のうど)の塩酸 50gがすべて中和して(Yの$\frac{3}{2}$倍の濃度の水酸化ナトリウム水よう液は一部あまり)，$1500\times\frac{2}{3}$＝1000 のエネルギーが発生する。よって，温度は 1000÷(50＋50)＝10(℃)上がって，30℃になる。

(5) 実験4より，50gのXに4gの固体の水酸化ナトリウムを加えると，65－20＝45(℃)温度が上がるから，54×45＝2430 のエネルギーが発生している。50gのXが中和すると 1500 のエネルギーが発生するから，4gの固体の水酸化ナトリウムがとけると，2430－1500＝930 のエネルギーが発生する。26gのXがすべて中和すると，$1500\times\frac{26}{50}$＝780 のエネルギーが発生するから，26gのXと4gの固体の水酸化ナトリウムを混ぜると，全部で 930＋780＝1710 のエネルギーが発生する。よって，1710÷30＝57(℃)上がって，77℃になる。

6 (1)① Aの1目盛りは1cm→10mm，Bの1目盛りは9cm→90mmの10等分だから9mmである。 ② Aの13目盛り分からBの8目盛り分を引けばよい。よって，10×13－9×8＝58(mm)である。

(2) 図5において，Aは下向きに80g，Bは下向きに60gの力で引いている。AとBのつるしてある点の支点からの距離(きょり)の比は，AとBが下向きに引いている力の比の逆比に等しく，60：80＝3：4である。棒の長さを3＋4＝7とすると，棒の左はしから中心までの距離は7÷2＝3.5 である。棒の左はしから支点までの距離は3だから，3.5－3＝0.5が2.5cmに等しい。よって，棒の長さは $2.5\times\frac{7}{0.5}$＝35(cm)である。

(3) イ×…1mAは1Aの$\frac{1}{1000}$を表す。 ウ×…導線でつくったコイルに鉄しんを入れて電流を流すと電磁石になる。エ×…雲の中にたまった電気が雲から放電されるときに光と音が発生する現象をかみなりという。 オ×…電池のサイズ(単3形など)を表す表示である。

(4) ①直線Lに平行(鏡Bに垂直)な光線は，鏡Bで反射した後，直線Lに平行に進み，鏡Aで反射してPに集まる。

②ＹはＰから出て広がった音が集まった音だから，音の大きさは大きくなる。　③音が反射して届くだけなので，音の高さは変化しない。

7 ⑴　ａ．表１より，体積と気圧は反比例の関係にあるとわかる。体積が80.0mLの$\frac{1}{2}$倍の40.0mLのとき，気圧は940hPaの２倍の1880hPaである。　ｂ．表２より，温度が10℃高くなると，体積が1.5mL増えるとわかる。温度が40℃より10℃高い50℃のとき，体積は46.5＋1.5＝48.0(mL)である。

⑵①　温度が14℃のときより14℃低くなって０℃になると，体積は42.6mLより$1.5\times\frac{14}{10}=2.1$(mL)減って40.5mLになる。　②　０℃のときより体積が40.5mL減ったときだから，０℃より$10\times\frac{40.5}{1.5}=270$(℃)低くなったときである。

⑶　実験２の条件において，14℃から16℃に温度が２℃高くなると，体積は$1.5\times\frac{2}{10}=0.3$(mL)増える。14℃での体積が42.6mLだから，空気の体積は0.3÷42.6×100＝0.70…→0.7％増える。

⑷　実験２の条件において，気圧を変えずに温度を30℃から60℃高くして90℃にすると，体積は45.0mLより$1.5\times\frac{60}{10}=9.0$(mL)増えて54.0mLになる。この空気の温度を変えずに45.0mLにするとき，体積は$\frac{45.0}{54.0}=\frac{5}{6}$(倍)になるから，気圧は$\frac{6}{5}=1.2$(倍)になる。

⑸　温度が一定だから，実験１の結果(表１)をグラフに表すと考えればよい。気圧は体積に反比例するから，イのような形のグラフになる。

⑹　気圧が一定だから，実験２の結果(表２)をもとに考えればよい。表２において，温度を１℃高くしたとき，体積は0.15mL大きくなる。空気の体積の増える割合は〔$\frac{\text{1℃で増える体積(0.15mL)}}{\text{1℃高くする前の体積}}$〕で表すことができ，分子は一定(0.15mL)で分母は0.15mLずつ増えるから，温度が高くなると空気の体積の増える割合は小さくなり，分子は０mLにならないから，空気の体積の増える割合は０にならない。よって，カのような形のグラフになる。

《2024　社会　解説》

1 ⑴①　減反政策　　減反政策は2018年に廃止された。　②　エ→ア　　愛媛県は，みかんなどの果実栽培とブリなどの養殖がさかんである。高知県は，黒潮の影響で冬でも温暖な気候とビニールハウスなどを利用して，野菜の促成栽培がさかんである。イは徳島県，ウは香川県。

⑵　ア　　紙・パルプの生産は，静岡県富士市，愛知県春日井市，愛媛県四国中央市でさかんである。イはしょうゆと大豆，ウはガソリンと原油，エは鉄鋼切断品と鉄鉱石。

⑶　エ　　モロッコの中部は，アルプスヒマラヤ造山帯に属するアトラス山脈の西端に位置する。モロッコ・リビアともに災害に対する備えが不十分だったため，被害が大きくなった。

⑷①　ア　　飛驒山脈は中部地方にある。北上高地は岩手県にある。　②　ア　　阿賀野川でメチル水銀による新潟水俣病が発生した。　③　イ→ア　　郡山市は降水量が少ない内陸性の気候のイ，浪江町は夏に降水量が多い太平洋側の気候のアである。喜多方市は，冬の降水量が多い日本海側の気候のウ。

⑸　ウ　　ア．誤り。一人っ子政策は2014年に廃止された。イ．誤り。中国は，東岸の沿海部に人口が集中して多くの都市が発達し，内陸部は未発達の地が多い。エ．誤り。中国系住民が集まって住む中華街は，横浜市・神戸市・長崎市にある。

⑹　ウ　　遠洋漁業は，各国が排他的経済水域を設定したこと，２度にわたる石油危機によって燃料費などが高騰したこと，資源保護の視点から漁獲量の制限が設けられたことなどから，1970年代をピークに生産量が減少し続けている。養殖業は成長が期待されているが，国民の食生活の変化もあって，生産量は伸び悩んでいる。

⑺　ア→イ　　半導体工場は，製品や部品が小型軽量で比較的単価が高いことから，航空機輸送が行われる。アには新千歳空港がある。イは製鉄がさかんな室蘭市，ウは江戸時代末・明治時代から造船業がさかんな函館市である。

⑻　地下水　　台湾の半導体メーカーが進出し，大量の地下水を使用する菊陽町では，地下水を保全するため，米の栽培時期でない冬に水田に水を張って浸透させる「かん養」が行われている。

⑼　イ→ウ　　午前７時～９時の時間帯は，ビジネスでの利用が多い。東北地方の仙台都市圏にある仙台空港の便や到着地の数が最も多いと考える。また，高松空港がある香川県は，大阪・名古屋への鉄道・自動車による往来が比較的便利であることから，高松空港の到着地は，東京のみであると考える。

⑽　ア　　写真１は刈った稲を干している様子である。「高齢者が多く住む地域」では，後継者がおらず，農作業ができなくなった田が耕作放棄地となっている。

⑾　ア→キ　　九州地方は鹿児島県や宮崎県などで肉牛と豚の飼育がさかんだから，最も九州地方の割合が高いアを肉牛，次に高いイを豚と判断する。また，北海道の乳牛の飼育頭数は全国の約 60％を占めることからウが乳牛で，カが北海道地方とすれば条件に合う。

⑿①　オ　　東京都と大阪府にぬられている模様から，は，就業者にしめる製造業に就く人数の割合が低く，都府県外へ通勤や通学で流出する人口の割合が低いｃと判断する。また，愛知県は就業者数にしめる製造業に就く人数の割合が高い県なので，はｂである。　②　イ　　静岡県は，愛知県とともに就業者数にしめる製造業に就く人数の割合が高い県である。また，地理的条件から，昼間の他県への人口流出は少ない。

2　⑴　ａ＝バリアフリー　ｂ＝国土交通　　２度目の（　ａ　）の後に，「…障がいのある人や高齢者が生活する際に障壁となるものを取り除くこと」「スロープ，エレベーター，多機能トイレなど」からバリアフリーと判断する。

⑵　エ　　新潟県中越地震によって，上越新幹線が脱線した。アは東北地方太平洋沖地震（東日本大震災），イは兵庫県南部地震（阪神・淡路大震災），ウは熊本地震，オは北海道胆振東部地震。

⑶　エ　　侮辱罪の法定刑は，これまでの拘留又は科料に加え，懲役刑，禁錮刑，罰金刑が加わった。

⑷①　イ　　ア．誤り。憲法の規定に「衆議院において多数をしめた政党の党首が選ばれる」という内容はない。ただし，事実上，衆議院第１党の政党の党首が選ばれている。ウ．誤り。最高裁判所の長官は，国会による同意を得る必要はない。エ．誤り。弾劾裁判の裁判員は国会議員から選ばれるので，国民から選ばれたということもできるが，裁判員として国民が選ぶものではないので，適切ではないと判断する。　②　イ　　ア．誤り。予算案は県知事が作成する。ウ．誤り。違憲審査の対象は，憲法より下位のすべての法規であるから，条例も対象となる。
エ．誤り。県の財政は，税金などの自主財源だけでなく，地方交付税交付金や国庫支出金など，国が補助金を支出する対象となる。

⑸　ウ　　ａ．誤り。法律で召集が定められているのは，１月に召集される常会である。ｄ．誤り。法律案の審議は，衆議院と参議院のどちらから開始してもよい。

⑹　エ　　ａ．誤り。消費税の税率は，国会で審議され消費税法によって定められている。ｂ．誤り。2022 年度の税収は，消費税＞所得税＞法人税の順に多かった。

⑺　ア→エ　　ドイツではメルケルが首相に，韓国では朴槿恵（パククネ）が大統領に就任したことがある。日本のジェンダーギャップ指数は，政治が 0.057，経済が 0.561，教育が 0.997，健康が 0.973 であり，政治面における女性の進出が特に遅れている。

⑻　ア，ウ　　ア．正しい。大阪万国博覧会は 1970 年に開催された。イ．誤り。第１次石油危機は 1973 年であり，消費税導入は 1989 年だから，２つのできごとに因果関係はない。ウ．正しい。バブル景気は 1980 年代後半に始ま

り，1991 年に崩壊した。エ．誤り。沖縄返還は 1972 年だから，1964 年の東京オリンピックの開催時はまだアメリカの統治下にあった。

(9) ア→イ　3つの再生可能エネルギーのうち，開発が最も早くされたのは地熱発電である。太陽光発電は，家庭でも設置することが可能なことから，設置数は増加していて，風力発電より発電量は多いと考えられるので，アを太陽光，イを風力発電と判断する。

3 (1)① イ　a．正しい。木簡は税を納める際の荷札として利用され，品名だけでなく産地名を記されていた。b．誤り。公地公民制がとられた律令制のもとで，地方は国・郡に分けられ，中央の貴族が国司に，地方の有力な豪族が郡司に任命された。都に住んでいたのは皇族や中央の豪族であり，貴族という特権階級になっていたので，地方の豪族が都にきて，朝廷の役人になることはなかった。　② すざく　朱雀は，古代中国で4つの方位を表す象徴的動物(四神)の一つである。南が朱雀，北が玄武，東が青龍，西が白虎。

(2)① 年中行事　1月7日の人日の節句，3月3日の上巳の節句，5月5日の端午の節句，7月7日の七夕の節句，9月9日の重陽の節句を五節句という。　② カ　a．誤り。狂言ではなく田楽である。b．誤り。干したイワシ(干鰯)は江戸時代に，特に綿花栽培の肥料として用いられた。c．正しい。

(3) エ　a．誤り。645 年の大化が日本で初めての元号である。b．誤り。冠位十二階の制が整えられたのは，小野妹子が隋に渡るより以前のことである。

(4)① エ　ア．誤り。奥州藤原氏が義経をかくまったとして，源頼朝は奥州藤原氏を滅ぼした。イ．誤り。承久の乱以前から守護と地頭は全国に置かれていた。ウ．誤り。御成敗式目は，武家の慣習や，頼朝以来の裁判の例などに基づく裁判の基準を定めたものである。　② イ　桶狭間の戦い(1560 年)→室町幕府が滅ぶ(1573 年)→長篠の戦い(1575 年)→安土城を築く(1576 年)　③ エ　ア．誤り。親藩は，他の大名と同様に領地と領民を支配した。イ．誤り。参勤交代は第3代徳川家光が武家諸法度に追加した制度だから，徳川家康に認められていたことはない。ウ．誤り。木戸孝允は，水戸藩士ではなく長州藩士である。

(5) イ　a．正しい。b．誤り。伊藤博文が初代内閣総理大臣に就任したのは，大日本帝国憲法発布(1889 年)より前の 1885 年のことである。

(6) ア　イ．誤り。独立後の高度経済成長期における地方からの集団就職者を「金の卵」と呼んだ。ウ．誤り。第五福竜丸がビキニ環礁で被爆したのは1954年である。エ．誤り。警察予備隊の設置は占領下であったが，自衛隊の設置は独立後の 1954 年である。

(7) エ　ア．誤り。雪舟が活躍したのは 15 世紀であり，足利義満が将軍であったのは 14 世紀のことである。また，周防国の大内氏の保護を受けた。イ．誤り。鎖国政策を行うなかで，1635 年に日本人の海外渡航・帰国が禁止され，朱印船貿易は途絶えた。また，17 世紀前半に日本町ができたのは，中国ではなく東南アジアである。ウ．誤り。南満州鉄道の権益はロシアから日本に譲渡された。

(8) ウ　ア．誤り。ゴッホがまねて油絵の作品を残したのは 19 世紀後半である。イ．誤り。『曽根崎心中』は，18 世紀初頭の 1703 年が初演である。エ．誤り。伊能忠敬が海岸線の測量事業を行ったのは 19 世紀前半である。

4 (1) ウ　ア．誤り。観光庁は格上げされていない。イ．誤り。京都市に移されたのは宮内庁ではなく文化庁。エ．誤り。金融庁は財務省ではなく内閣府の外局。

(2)① ア　スタートアップ…新しいアイデアで短期間で急成長する企業のこと。ビッグデータ…さまざまなデバイスから得られた膨大な情報。マイクロファイナンス…マイクロクレジットを含む，貧困者向けの小口金融。

② ウ　蝦夷錦は，中国の長江流域で生産された絹織物で，北京からアムール川流域の人々を経由して，樺太か

ら蝦夷地にもたらされた。

③ イ　かつて日本各地で見られた桑畑は，果樹園や住宅地に姿を変え，ほとんど見ることができなくなったため，地図記号が廃止された。廃止された地図記号には，電報・電話局(⊖)や工場(☼)などもある。

(3) 学問　福沢諭吉の『学問のすゝめ』の内容である。

(4) イ　ア．誤り。解放令は，大規模な差別撤廃運動によって出されたのではなく，四民平等のたてまえをとることや外国への体裁のために出されたものである。また，解放令が出されたのは，岩倉使節団の出航前であった。ウ．誤り。徴兵令は，免除規定はあったものの，士族・平民の区別なく兵役を義務づけた。エ．誤り。地租改正では，耕作者ではなく土地所有者に納税の義務を課した。

(5)① エ　ａ．誤り。土偶は縄文時代のものであり，渡来人によって工芸技術が伝えられたのは弥生時代以降である。ｂ．誤り。埴輪は，古墳の上に置かれ，古墳は近畿地方を中心とした西日本に多かった。　②ⅰ　イ　奈良県は，和歌山県に次いでかきの生産量が多い。アは京都府，ウは福岡県，エは東京都。ⅱ　エ→ウ　アは新潟県，イは石川県の伝統的工芸品。

(6) ウ　ア．誤り。官営紡績工場は愛知県と広島県に建設され，広島県の紡績工場は創業前に民間に払い下げられ，愛知県の紡績工場は職工養成や技術伝習のために使われた。綿糸の輸出が可能になったのは，大阪などにつくられた民間の紡績工場によるものである。イ．誤り。金融恐慌は，治安維持法制定(1925 年)より後の 1927 年のことである。エ．誤り。京浜工業地帯が発展したのは，八幡製鉄所の操業(1901 年)より後の明治時代後半から大正時代にかけてのことである。

(7) 食料不足　食料不足が続く中，米の代用食としてサツマイモが空き地や学校の校庭に植えられた。

東大寺学園中学校

《国　語》

一 (一)①演奏　②落丁　③音　④便乗　⑤緑樹　⑥築城　⑦縮減　⑧縄張　⑨土俵　⑩走馬灯
(二)(例文)星がこれほど美しくかがやく夜空を、私はついぞ見たことがない。

二 (一)言葉の言い換えではなく、それ自体を知らない白紙状態の子に本質そのものを直接教えるやりとりであること。
(二)自分の母語を基準にし、母語に置き換えながら考えるという方法。　(三)オ　(四)文化的背景　(五)ウ
(六)イ　(七)エ

三 (一)A．ウ　B．イ　(二)エ　(三)本当はシラサギが好きだったのに、蓮に合わせて「めっちゃキモい」と言ってしまった自分を情けなく思い、後かいしているから。　(四)ア　(五)蓮ときょりを置かせるために、自分も陸上をやっていたと嘘をついて陸上部をすすめたのは、父さんとしては、いつもどおり息子のためを思ってしたことなのだろうということ。　(六)ウ　(七)ア，オ

《算　数》

1 (1)25　(2)21　(3)8
※2 (1)8　(2)14　(3)23
※3 (1)37.68　(2)(i)72　(ii)54
※4 (1)79　(2)18　(3)(i)12　(ii)8，25　(iii)53，59，61，67，71

※の考え方・式は解説を参照してください。

《理　科》

1 (1)ア　(2)ウ，エ　(3)イ→エ→オ→ウ→ア　(4)イ，ウ，カ
(5)イ，エ　(6)ア，エ，オ　(7)イ　(8)ウ　(9)ウ
2 (1)イ，エ　(2)風に運ばれる。　(3)イ，エ　(4)ウ　(5)右図　(6)エ
3 (1)ウ，オ　(2)エ，オ，カ　(3)ア，エ
4 (1)ア，オ　(2)1.1　(3)ウ　(4)①51：52　②ウ　(5)ウ，エ
5 (1)ウ，エ，カ　(2)ガラス管の先を石灰水からぬく。　(3)エ　(4)2.0　(5)イ，エ　(6)イ，ウ，エ
6 (1)音が小さくなる。／テンポがおそくなる。　(2)ア　(3)イ　(4)ア，エ，オ　(5)A．45　B．50　C．80
7 (1)5　(2)①4.8　②772.8　(3)2.5　(4)エ　(5)①イ　②223800

《社　会》

1 (1)ア→エ　(2)イスラム教　(3)エ　(4)ウ　(5)エ　(6)イ　(7)ウ　(8)イ　(9)白河　(10)①ＰＯＳ
②ア→エ　(11)新婦人協会　(12)ウ→ア
2 (1)①ウ　②エ　(2)①ウ　②エ→ア　(3)①イ　②ア→キ　(4)イ　(5)①ア　②エ　(6)イ→キ　(7)足尾銅山
(8)エ
3 (1)ウ　(2)イ→ア　(3)エ　(4)イ　(5)生存権　(6)イ　(7)ア　(8)ウ　(9)エ　(10)イ
4 (1)①エ　②ウ→ア　(2)イ　(3)ウ→イ　(4)ア　(5)ウ　(6)ウ　(7)ア　(8)ウ　(9)イ　(10)ア→ウ
(11)カ　(12)ウ　(13)エ　(14)エ

《2023　国語　解説》

一 (二)　「ついぞ」は、後に打ち消しの言葉をともなって、まだ一度も経験したことがないという意味を表す。よって、今まで一度も～ない、という意味の文をつくる。

二 著作権上の都合により文章を掲載しておりませんので、解説も掲載しておりません。ご不便をおかけし、誠に申し訳ございません。

三 (二)　父さんが「なら、透には関係ない話だったな」と言ったことに対して「ぼく」(透)がおもったことである。蓮とは「もう全然喋ってもない」「クラスが離れるとわかったときにはほっとして」という関係になってはいたが、「最初の頃は楽しかった」記憶なども残っているのである。よって、エが適する。

(三)　直後の「いつまでものどから抜けない魚の骨みたいに、ちくちくと」も参照。心に引っかかっていることをおもいだして、不快な痛みを感じるということ。蓮から「あの鳥(シラサギ)って、なんかキモくね？」と問いかけられ、「ぼくはシラサギが好きだった」のに、つまり、キモいなどとはおもっていないのに、「わかる、めっちゃキモい」と答えてしまった。自分の思いを言わなかったことが、苦い思い出としてよみがえるのである。

(四)　父さんは「自分はケガさえなければ全国大会にも行けたかもしれない、とか、きっと透にも短距離走のセンスがあるはずだ、とか。しきりに武勇伝を語って」「ぼく」に「陸上部」をすすめたのだが、「ぼく」が見つけた「父さんの中学時代の卒業文集」によって、「将棋部」だったことがばれたのである。それについて父さんが「嘘をついていたのは悪かった」ということを言おうとしているので、アの「気まずさを感じている」が適する。

(五)　何が「父さんにとっては～お昼ご飯の用意をしておくのと同じような」ことにあたるのか、「お昼ご飯の用意をしておく」とはどのような意味かを考えてまとめる。直後の一文に「ぼくの不安が父さんの心配として、先回りして矢印を作っている、その感じがいやだった」とあるとおり、父さんが「ぼく」のことを心配し、先回りをして不安材料を取り除いたことについてである。つまり、「あのまま蓮くんと一緒にいることが、透にはふさわしくないとおもって」、「ぼく」が「蓮と同じサッカー部」に入らないように、「陸上部」をすすめたこと。自分も陸上をやっていたからと嘘をついてまで「ぼく」を蓮から離したが、それは父さんにとって特段のことではなく、「ぼく」のためにいつもしていることの範ちゅうだったのだろうということ。

(六)　「やめたくなったら、やめてもいいからな」と父さんから言われたが、だからこそ「やめないよ」と自分の意思で続けるのだということを示してみせ、「いまならなんでもできそう」「からだが全力で走りたがっていると感じる」という気持ちになっていた。しかし父さんが、三万円と「これで、新しいスパイクでも買うといい～やるなら、最後までサポートする」というメモを置いていったので、また先回りされたように感じて「全身の血が一気に冷えていく～さっきまで～の力も急速にしぼんでいく」という気持ちになったのである。先回りされたくない、放っておいてほしいとおもっているのに、世話を焼かれるのでうっとうしくおもったということ。よって、ウが適する。

(七)　イ.「自転車が日ごろほとんど使われていない～『ぼく』が外にあまり出たがらない人物である」は適さない。ウ.「青々とした色が『シラサギ』の白色によって強調されている」は適さない。　エ.「起こしてしまうのではないかと、ためらいながら」は適さない。

《2023　算数　解説》

1 (1)　**【解き方】仕入れ値を[100]とすると，定価で１個売れたぶんの利益は[40]，定価は[100]＋[40]＝[140]，利益の合**

計は，$\boxed{100}\times140\times\dfrac{30}{100}=\boxed{4200}$ となる。

値下げして売った 140－100＝40(個)の商品のぶんの利益は，$\boxed{4200}-\boxed{40}\times100=\boxed{200}$ だから，値下げした商品の１個あたりの利益は，$\boxed{200}\div40=\boxed{5}$ である。よって，値下げした商品の値段は $\boxed{100}+\boxed{5}=\boxed{105}$ だから，定価からの値下げ率は，$\dfrac{\boxed{140}-\boxed{105}}{\boxed{140}}\times100=$ **25**(%)

⑵　**【解き方】一の位が７である 10 個の整数それぞれに素因数としてふくまれる３の個数は，右表のようになる。**

7	17	27	37	47	57	67	77	87	97
0個	0個	3個	0個	0個	1個	0個	0個	1個	0個

９＝３×３，27＝３×３×３だから，素因数としてふくまれる３の個数が２個ちょうどになる組み合わせを考える。

27 を使ってはならず，57 か 87 を合計２個使って，３個の整数の組み合わせを作ればよい。

57 が２個の場合，残り１個は 27，57，87 以外の７通りあるから，全部で７個の積ができる。

87 が２個の場合，残り１個は 27，57，87 以外の７通りあるから，全部で７個の積ができる。

57 と 87 が１個ずつの場合，残り１個は 27，57，87 以外の７通りあるから，全部で７個の積ができる。

よって，求める個数は，７×３＝**21**(個)

⑶　**【解き方】右折と左折の回数が等しいのだから，曲がる回数の合計は偶数である。曲がる回数は最大で５回だから，最初に右に進んだときの，合計２回曲がる進み方と合計４回曲がる進み方を考える。**

最初に右に進んだとき，合計２回曲がる進み方は図①，②の２通り，合計４回曲がる進み方は図③，④の２通りあって，いずれも右折と左折の回数が等しい。

図①

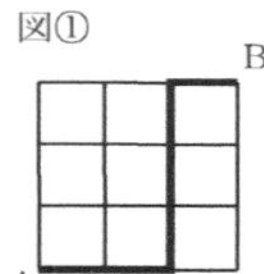

図②

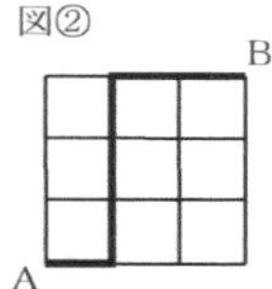

図③

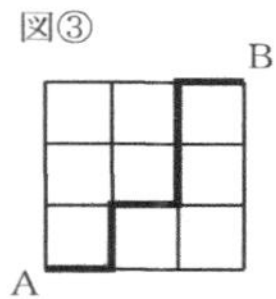

図④

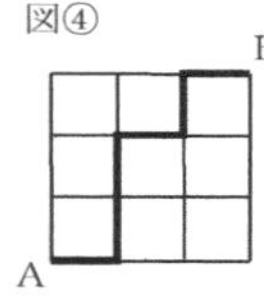

最初に上に進んだときも同様だから，求める進み方の数は，(２＋２)×２＝**８**(通り)

2　⑴　**【解き方】うでの長さを濃度，おもりを食塩水の重さとしたてんびん図で考えて，うでの長さの比とおもりの重さの比がたがいに逆比になることを利用する。**

Ａを３分間開けて 300ｇの食塩水を入れたときについて，

図①のてんびん図がかける。ａ：ｂ＝300：200＝㋐<u>３：２</u>

図①

2％　？％　？％　a　b　200ｇ　300ｇ

Ａを合計３＋１＝４(分間)開けて 400ｇの食塩水を入れたので，

図②のてんびん図がかける。ｃ：ｄ＝400：200＝㋑<u>２：１</u>

図②

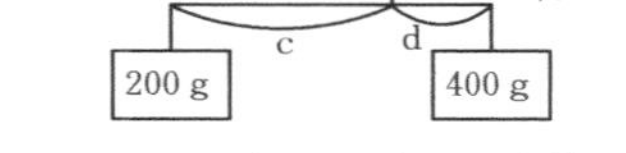

㋐の比の数の合計と㋑の比の数の合計は同じ濃度を表すから，

比の数の合計をそろえると，３：２＝㋒<u>９：６</u>，２：１＝㋓<u>10：５</u>となる。

㋒と㋓の比の数の 10－９＝１が 0.4％にあたるので，Ａから出てくる食塩水の濃度は，２＋0.4×(９＋６)＝**８**(%)

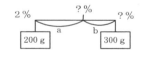

⑵　**【解き方】Ｂを閉めたあと濃度が変わらなかったので，このときの濃度はＡの濃度と同じ８％である。⑴の最後にできた食塩水は６％で 600ｇであり，この食塩水とＢから出てくる食塩水 200ｇを混ぜると，濃度が８％になる。**

図③のてんびん図がかける。ｅ：ｆ＝200：600＝１：３だから，

ｆ＝(８－６)×３＝６(%)なので，Ｂから出てくる食塩水の濃度は，８＋６＝**14**(%)

図③

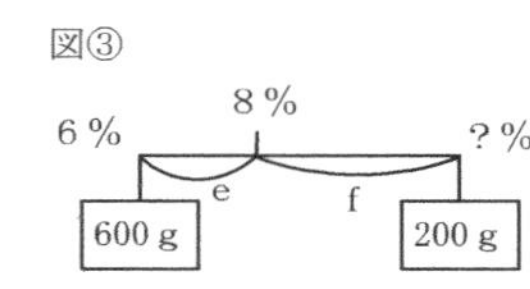

⑶　**【解き方】てんびん図では，支点の左右において(おもりの重さ)×(支点までの長さ)の値が等しくなることを利用する。⑵の最後にＡを何分間か開けていたので，⑵の最後にできた食塩水の重さはわからないことに注意する。この重さをＸｇとする。**

最初にCを４分間開けて400ｇの食塩水を入れたときについて，図④のてんびん図がかける。また，Cを合計４＋４＝８(分間)開けて800ｇの食塩水を入れたので，図⑤のてんびん図がかける。

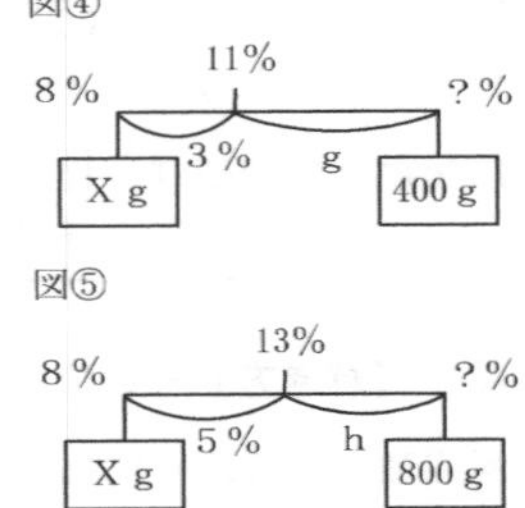

てんびんの左側の(おもりの重さ)×(支点までの長さ)は，図⑤が図④の$\frac{5}{3}$倍になっているから，てんびんの右側でも$\frac{5}{3}$倍になっている。

てんびんの右側において，おもりの重さは図⑤が図④の$\frac{800}{400}$＝２(倍)になっているから，支点までの長さは，図⑤が図④の$\frac{5}{3}\times\frac{1}{2}=\frac{5}{6}$(倍)になっている。

よって，g：h＝６：５で，この比の数の６－５＝１が５－３＝２(％)にあたるから，Cから出ている食塩水の濃度は，11＋２×６＝23(％)

3 (1) **【解き方】正三角形ＰＱＲがもとの位置にもどるまでの移動を１回とすると，１回目，２回目，３回目それぞれの移動後のＰが通ったあとは，右図のようになる。太い曲線はＰが２回通ったあとである。**

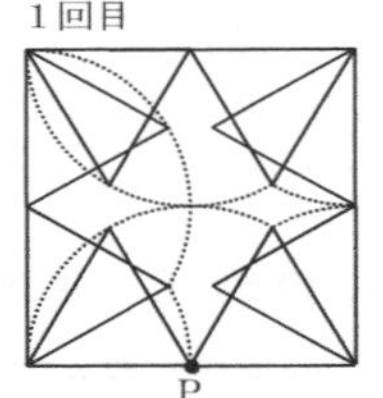

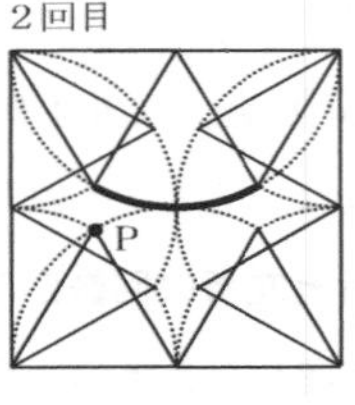

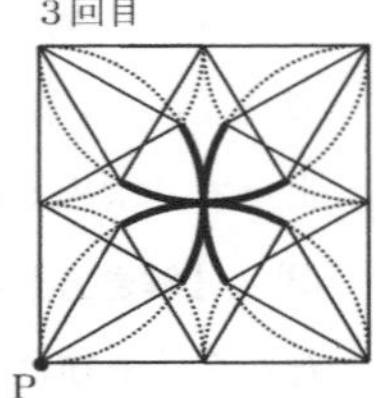

求める長さは，半径３cmのおうぎ形の曲線部分数本の長さの和であり，中心角が60°のものが８本，30°のものが８本あるから，

$3\times2\times3.14\times\frac{60}{360}\times8+3\times2\times3.14\times\frac{3}{360}\times8=12\times3.14=$**37.68**(cm)

(2)(ｉ) **【解き方】２つの立体図形の重なりを考えるときは，２つの立体が交わる点を見つけ，それらの点のうち同じ平面上にある点を直線で結ぶ。**

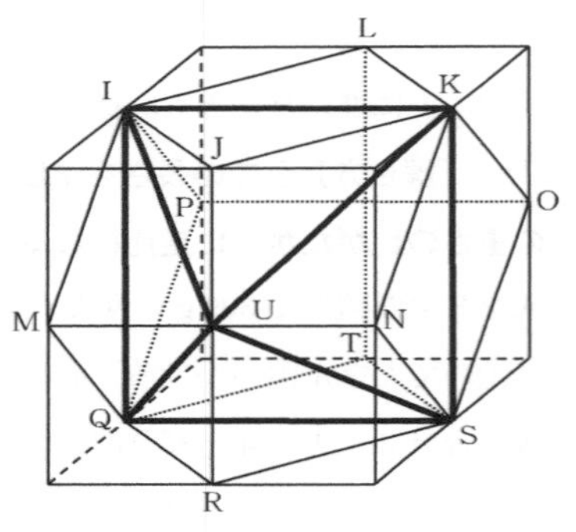

Ｉ，Ｑ，Ｓ，ＫはＸとＹいずれの立体でも頂点になっているから，重なっている部分の立体の頂点になる。

Ｘの辺ＪＲとＹの辺ＭＮが交わる点をＵとすると，Ｕは重なっている部分の立体の頂点になる。Ｕ，Ｉ，Ｋは同じ平面上にあるから，それぞれ直線で結ぶ。同様に，Ｕ，Ｑ，Ｓもそれぞれ直線で結ぶ。

したがって，重なっている部分のうち前半分は四角すいＵ－ＩＱＳＫだから，この体積を２倍すればよいので，求める体積は，(６×６×３÷３)×２＝**72**(cm³)

(ⅱ) **【解き方】(ｉ)で求めた部分とＺを図にかきこむと図①のようになる。１辺が３cmの立方体ＶＪＣＫ－ＷＵＮａの部分だけで重なっている部分の体積を求め，それを８倍すればよい。**

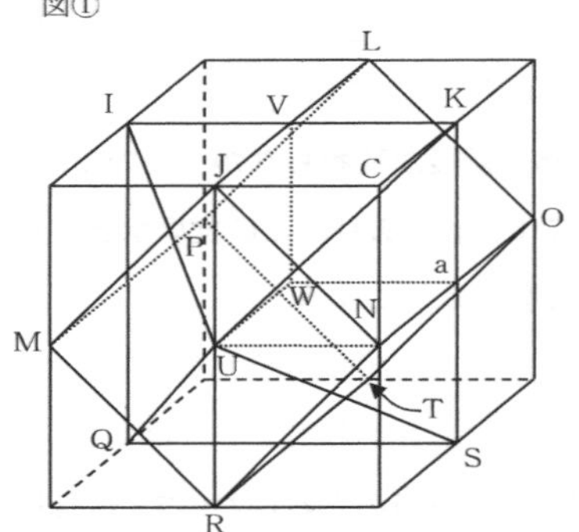

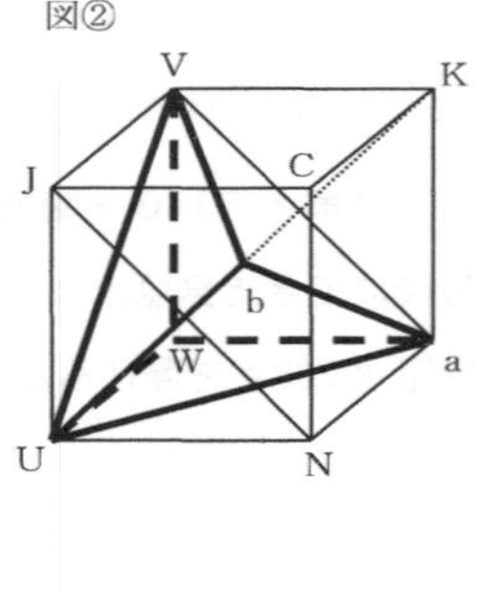

直線ＫＵと面ＶＪＮａが交わる点は，ＫＵ，ＶＮ，Ｊａが交わる点だから，ＫＵの真ん中の点である。したがって，重なっている部分の$\frac{1}{8}$は図②の太線部分である。

太線の立体の体積は，四角すいＵ－ＶＷａＫの体積から三角すいｂ－ＶａＫの体積を引くと求められるから，

$3\times3\times3\div3-3\times3\div2\times\frac{3}{2}\div3=9-\frac{9}{4}=\frac{27}{4}$(cm³)　　よって，求める体積は，$\frac{27}{4}\times8=$**54**(cm³)

4 ⑴ **【解き方】４けたの整数をＡＢＣＤと表す。ＡＢＣＤは４けたの整数ＡＢ００と２けたの整数ＣＤの和だから，ＡＢＣＤが性質(Ｐ)を満たすとき，ＡＢ００はＡＢで割り切れるので，ＣＤがＡＢで割り切れる。**

ＡＢは10～20の整数だから，ＡＢの値ごとに条件に合うＣＤの個数を調べる。

ＡＢ＝10のとき，ＣＤが00，10，20，……90ならばＡＢＣＤは性質(Ｐ)を満たす。条件に合うＣＤは10個ある。

ＡＢ＝11のとき，ＣＤが00，11，22，……99ならばＡＢＣＤは性質(Ｐ)を満たす。条件に合うＣＤは，100÷11＝９余り１より，９＋１＝10(個)ある。

このように調べていくと，条件に合うＣＤの個数は右表のようにまとめられる(ＡＢ＝20のとき条件に合うＣＤは00と20である)。よって，求める個数は，10×２＋９＋８×２＋７×２＋６×３＋２＝**79**(個)

ＡＢ	10	11	12	13	14	15	16	17	18	19	20
ＣＤの個数(個)	10	10	9	8	8	7	7	6	6	6	2

⑵ **【解き方】４けたの整数を６ＢＣ６とする。ＢＣを２けたの整数とすると，６ＢＣ６＝6006＋ＢＣ×10だから，６ＢＣ６が性質(Ｑ)を満たすとき，ＢＣ×10はＢＣで割り切れるので，6006がＢＣで割り切れる。**

ＢＣは6006の約数だから，6006の約数のうち１けたと２けたの数の個数を求めればよい。

6006＝２×３×７×11×13だから，右表のようにまとめられる。よって，求める個数は，６＋９＋３＝**18**(個)

素因数１個からできる約数(１をふくむ)	１，２，３，７，11，13	６個
素因数２個からできる約数	２×３＝６，２×７＝14，２×11＝22 ２×13＝26，３×７＝21，３×11＝33 ３×13＝39，７×11＝77，７×13＝91	９個
素因数３個からできる約数	２×３×７＝42，２×３×11＝66 ２×３×13＝78	３個

⑶(ｉ) **【解き方】４けたの整数を２０ＣＤとする。ＣＤを２けたの整数とすると，２０ＣＤ＝2000＋ＣＤだから，２０ＣＤが性質(Ｒ)を満たすとき，ＣＤはＣＤで割り切れるので，2000がＣＤで割り切れる。**

ＣＤは2000の約数だから，2000の約数のうち１けたと２けたの数の個数を求めればよい。

2000＝２×２×２×２×５×５×５だから，右表のようにまとめられる。よって，求める個数は，

３×３＋２＋１＝**12**(個)

素因数１個からできる約数(１をふくむ)	１，２，５	３個
素因数２個からできる約数	２×２＝４，２×５＝10，５×５＝25	３個
素因数３個からできる約数	２×２×２＝８，２×２×５＝20 ２×５×５＝50	３個
素因数４個からできる約数	２×２×２×２＝16 ２×２×２×５＝40	２個
素因数５個からできる約数	２×２×２×２×５＝80	１個

(ⅱ) **【解き方】４けたの整数をＡＢＣＤとする。(ｉ)より，ＡＢＣＤが性質(Ｒ)を満たすとき，２けたの整数ＣＤは，４けたの整数ＡＢ００の約数のうち１けたまたは２けたの数である。ＡＢがどのような数であろうと，ＡＢ００＝ＡＢ×100だから，ＡＢ００の約数には100の約数がふくまれることに注目する。**

100＝２×２×５×５だから，100の約数のうち１けたと２けたの数の個数は，右表のようにまとめられる。したがって，求める個数は８個以上である。表に追加される約数の個数がなるべく少なくなるようなＡＢの値を考える。

素因数１個からできる約数(１をふくむ)	① １，２，５	３個
素因数２個からできる約数	② ２×２＝４，２×５＝10，５×５＝25	３個
素因数３個からできる約数	③ ２×２×５＝20，２×５×５＝50	２個

素因数分解したときにふくまれる素因数の個数が少ないほど約数の個数は少なくなるので，まず考えられるのは，ＡＢが素数のときである。

ＡＢが素数のとき，表の①の欄(らん)にＡＢ自身が加わる。ＡＢが11のような小さい素数だと，ＡＢ×２が②の欄に加わるので，ＡＢが50以上の素数ならば，追加される約数は１個だけである。

しかし，50以上の素数は複数個あるので，解答欄に書ききれない。したがって，１けたまたは２けたの約数が１個も追加されないようなＡＢの値を考える。

表の①の欄に追加されないためには，ＡＢの素因数に２と５以外がふくまれてはいけない。ＡＢの素因数が２だけのとき，最小のＡＢは２×２×２×２＝16だが，この場合，③の欄に２×２×２＝８が追加される(他にも追加される)。

③の欄に約数が追加されないのはＡＢの素因数が５だけのときである。この場合ＡＢ＝５×５＝25であり，これならば，素因数４個以上からできる約数が１けたまたは２けたになることもない。

よって，求める個数は８個，最初に選んだ２けたの整数は25である。

(iii)　**【解き方】(ii)より，ＡＢが50以上の素数ならば，個数は８＋１＝９(個)となる。**

50以上の素数を小さい方から５個答えればよいので，53，59，61，67，71である。

《2023　理科　解説》

1　(1)　アが胚(胚盤)，イが気室，ウが卵白，エが卵黄，オがから，カがカラザである。植物の種子と同様に，やがて生物の体になる部分は胚である。

(3)　およその産卵(子)数は，イが3000，エが100，オが30，ウが５，アが１である。

(4)　鳥類のイ，ハチュウ類のウとカは陸上で卵を産むため，卵にはかんそうを防ぐためのからがある。これに対し，魚類のア，両生類のエとオは水中で卵を産むため，卵にはからがない。

(5)　イ○…(4)解説の通り，陸上で産まれる卵にはかんそうを防ぐためのからが必要である。　エ○…からの外に排出物を出すことができないため，アンモニアのような毒性の高い物質ではなく，毒性の低い尿酸(固体の尿)にしてためておく。

(6)　アとエとオは受精してから卵を産む(体内受精を行う)が，イとウはメスが卵を産んでからそこにオスが精子をかけることで受精(体外受精)が行われる。

(7)　血液によって運ばれてきたものを材料にして体の各部分がつくられる。

(9)　タンパク質は胃液やすい液に含まれる消化酵素や，小腸の壁の消化酵素によって消化され，アミノ酸になる。胃液は胃ではたらくが，すい液は小腸の入口の十二指腸ではたらく。

2　(1)　石(れき)，砂，泥は粒の大きさで区別される。泥は最も粒が小さく軽いため，運ばれやすくしずみにくい。

(2)　土砂や火山灰などが風によって運ばれてできた地層を風成層という。

(3)　粒が小さいものほど河口から離れた深い海まで運ばれてたい積する。また，地層の逆転がなければ，下にあるものほど古い時代にたい積したものである。

(4)　Ａのスケッチから，Ｚは東に向かって低くなっていることがわかる。ＣのＺは同じ面にあるＡのＺと一続きになっているから，Ａよりも高い位置にＡと同じかたむき方でＺがあるウが正答となる。

(5)　Ｂのスケッチから，Ｚは南に向かって低くなっていることがわかる。ＤのＺはＢのＺと一続きになっていたはずだから，ＤのＺはＢのＺと同じように北から南に向かって低くなっている。ただし，Ｂがある面を見るときは左手側が南であるのに対し，Ｄがある面を見るときは右手側が南であることに注意しよう。また，Ｄの方が東にあるので，(4)解説より，ＤのＺの方が全体的に低い位置にあることにも注意しよう。

図ｉ

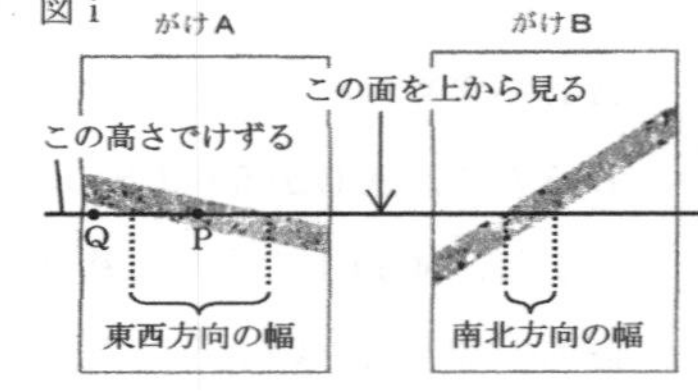

(6)　図ｉのように，図２のＡとＢを同じ高さでけずったときに地表面に現れるＺを上から見たときの幅は，南北方向よりも東西方向の方が広くなるから，アかエのどちらかが適切である。また，ＡのＰ点とＱ点に着目すると，Ｐ点から真西に進んだＱ点ではＺ層が見られない(Ｚ層はＱ点よりも上にあった)。Ｚ層

は北から南に向かって低くなるようにかたむいているから，Q点から南に進んでいけばZ層が見られるようになる。よって，エが正答となる。

3　(2)　アとイとウは表面温度が高く，青または白っぽい色をしている。

4　(1)　ア○…二酸化炭素をとかした水(炭酸水)は酸性を示すので，青色リトマス紙につけると赤色に変わる。イ×…二酸化炭素はにおいのしない気体である。　ウ×…二酸化炭素は水に少しとけ，空気より重い。　エ×…アンモニアをこい塩酸に近づけると塩化アンモニウムの白いけむりを生じる。　オ○…二酸化炭素にはものが燃えるのを助けるはたらきがない。

(2)　ふきこんだ息に含まれる炭素がすべて炭酸カルシウムになったときの重さを求めればよい。二酸化炭素44ｇ中には12ｇの炭素が含まれ，炭酸カルシウム100ｇ中には12ｇの炭素が含まれるから，石灰水に二酸化炭素44ｇをふきこむと炭酸カルシウム100ｇが生じるということである。よって，12ｇの息に含まれる二酸化炭素は12×0.04＝0.48(ｇ)だから，生じる炭酸カルシウムは$100\times\frac{0.48}{44}$＝1.09…→1.1ｇである。

(3)　ウ×…有害物質を取り除く処理は，カーボンニュートラルが達成された状態であるかどうかを判断することに関係がなく，石炭や石油などの化石燃料を燃焼させることは大気中の二酸化炭素を増加させることになる。

(4)①　同じ量のエネルギーを得るために必要な燃料に含まれる炭素の重さの比が，排出される二酸化炭素の量の比と等しくなると考えればよい。同じ重さの燃料から得られるエネルギー量の比は，ガソリン：エタノール＝５：３だから，同じ量のエネルギーを得るために必要な燃料の重さの比はその逆比の，ガソリン：エタノール＝３：５である。また，同じ重さの燃料に含まれる炭素の重さの比は，ガソリン：エタノール＝85：52だから，同じ量のエネルギーを得るために必要な燃料に含まれる炭素の重さの比は，ガソリン：エタノール＝(３×85)：(５×52)＝51：52である。　②　①と同様に考えると，同じ量のエネルギーを得るために必要な燃料に含まれる炭素の重さの比は，ガソリン：天然ガス＝(85×５)：(75×４)＝17：12である。よって，①と合わせて考えると，同じ量のエネルギーを得るために排出される二酸化炭素の量が少ない順に，天然ガス＜ガソリン＜エタノールとなる。

(5)　ア×…地球温暖化の影響で海水温が上昇すると，サンゴと共生する藻類が失われる白化現象が起こる。白化現象が長く続くとサンゴは生きていくことができなくなり，サンゴ礁をとりまく豊かな生態系がくずれる。イ×…バイオエタノールを使用することでカーボンニュートラルは成り立つが，大気中の二酸化炭素量を減らすことはできない。　オ×…オゾン層の破壊は，冷蔵庫などに使われていたフロンなどによるものである。また，オゾン層の破壊が地球温暖化につながることはないと考えられている。

5　(1)　赤色リトマス紙を青色に変えるのはアルカリ性の水溶液である。アとオは中性，イは酸性の水溶液である。

(2)　加熱を止めると，加熱していた試験管内の気圧が下がり，ガラス管の先にあるものを吸いこむ。このとき，ガラス管の先に石灰水があると，石灰水が加熱していた試験管に逆流して試験管が割れるおそれがある。

(3)　ムラサキキャベツの葉のしるは中性のときには紫色で，アルカリ性が強くなるにしたがって青色→緑色→黄色と変化する。Xは重曹(炭酸水素ナトリウム)だと考えられる。炭酸水素ナトリウムは加熱によって，炭酸ナトリウムと水と二酸化炭素(Y)に分解される。炭酸ナトリウムの水溶液は炭酸水素ナトリウムの水溶液よりも強いアルカリ性を示す。

(4)　物質をとけるだけとかした水溶液から生じる固体の重さを求めるときは，水100ｇに物質をとけるだけとかした水溶液と比べるとよい。実験１の結果より，Xは40℃の水100ｇに12.7ｇまでとけるから，100＋12.7＝112.7(ｇ)の水溶液ができる。これを10℃まで冷やすと，Xは10℃の水100ｇに8.1ｇまでとけるから，12.7－8.1＝4.6(ｇ)の固体が生じる。よって，Xをとけるだけとかした水溶液50ｇで同様の操作を行うと，$4.6\times\frac{50}{112.7}$＝2.04

…→2.0gの固体が生じる。

(5) 炭酸水素ナトリウムの水溶液に酸性の水溶液を混ぜ合わせると，二酸化炭素が発生する。アはアルカリ性，ウとオは中性の水溶液である。

(6) イ○…ベーキングパウダーはふくらし粉とも呼ばれ，加熱によって主成分である炭酸水素ナトリウムが分解するときに発生する二酸化炭素が，生地をふくらませる。　ウ○…炭酸水素ナトリウムの他に酸が含まれていて，お湯に入れることで(5)解説と同様の反応が起こる。　エ○…胃酸の主成分は塩酸であり，強い酸性を中和するために，水にとけるとアルカリ性を示す炭酸水素ナトリウムが用いられる。

6 (1) 手回し発電機のハンドルをゆっくり回すと，電子オルゴールに流れる電流が小さくなる。

(2) ふりこの長さが長いほどふりこの周期も長くなる。ふりこの長さは，糸を天井に取り付けた点からおもりの重さがかかる点(重心)までの長さである。おもりの重心はおもりの中心にあるが，図1のように3個のおもりをつなげた場合，全体の重心は真ん中のおもりの中心にある。これに対し，図2のように3個のおもりをつなげた場合，全体の重心はおもりが1個のときと同じだから，図1のほうがふりこの長さが長く，ふりこの周期も長い。

(3) 氷がとけて水になると，水面から出ていた分だけ体積が小さくなるので，氷がとけたことで水面の高さは変化しない。また，氷の体積が変化しても，氷の水中にある部分の体積と水面から出ている部分の体積の割合は変化しない。

(4) 金属は電気を通す性質がある。また，磁石につくのは鉄やニッケルなどの一部の金属だけである。イとウは電気を通し，磁石につき，カは電気を通さず，磁石につかない。

(5) A．棒を回転させるはたらき〔重さ(g)×支点からの距離(cm)〕が時計回りと反時計回りで等しいとつり合う。棒の重さ20gは棒の中央(支点から右に10cm)にかかると考えて，棒と40gのおもりが棒を時計回りに回転させるはたらきは20×10＋40×60＝2600である。これに対し，20gのおもりが棒を反時計回りに回転させるはたらきは20×40＝800だから，Aが棒を反時計回りに回転させるはたらきが2600－800＝1800になればよい。よって，Aの示す値は1800÷40＝45(g)である。　B，C．2か所にある重さは，その間の距離を重さの逆比に分ける位置にまとめてかかると考えてよい。また，1か所にある重さは，それをはさむ2か所までの距離の逆比に分けてかかると考えてよい。図5で，棒と30gのおもりの重さの比が，それぞれがかかる位置のCからの距離の比の逆比になっているから，20＋30＝50(g)はすべてCにかかる。また，80gのおもりの重さは，BとCまでの距離の逆比である50：30に分かれてかかるから，Bに50g，Cに30gかかる。よって，Bの示す値は50g，Cの示す値は50＋30＝80(g)である。なお，Cを支点としAと同様に棒を回転させるはたらきに着目してBの示す値を求め，同様にBを支点としてCの示す値を求めることもできる。

7 (1) 音は毎秒336mの速さでA君とかべの間の距離840mを往復したから，(840×2)÷336＝5(秒)が正答となる。

(2)① 音とA君が移動した距離の合計が840×2＝1680(m)になるときを考えればよい。音は毎秒336m，A君は毎秒14mで移動するから，合計で336＋14＝(毎秒)350(m)の速さで移動する。よって，移動した距離の合計が1680mになるのは1680÷350＝4.8(秒後)である。　② A君が移動した距離は14×4.8＝67.2(m)だから，かべから840－67.2＝772.8(m)はなれた位置である。

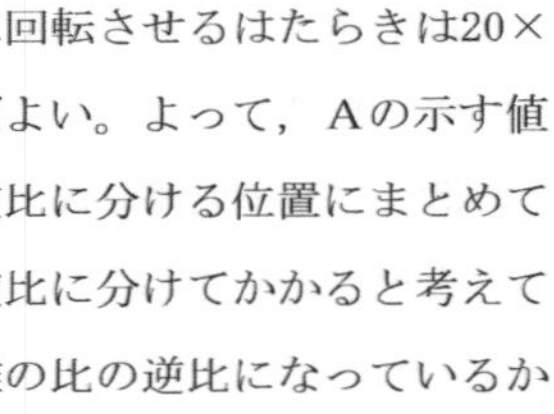

(3) 反射の法則とは，図ⅱのように入射角と反射角が等しくなることである。Bさんは，A→D→Bと進んだ音を聞いた後に，A→C→Bと進んだ音を聞くことになる。AD＝BD＝1260÷2＝630(m)だから，三角形ACDと三角形BCDはどちらも辺の比が3：4：5の直角三角形である。よって，A→D→Bと進んだ音は1260÷336＝

図ⅱ
C
入射角
反射角
840m
A
D
B
1260m

3.75(秒後)，A→C→Bと進んだ音は$3.75\times\frac{5}{3}=6.25$(秒後)に聞こえるから，$6.25-3.75=2.5$(秒)が正答となる。

(4)　距離が0のとき(B君がA君と同じ位置にいるとき)，1回目と2回目の音の時間差は(2)①と同じ4.8秒である。この状態からB君が右方向へ移動していくと，図ⅱで，A→C→Bと進んだ音の道すじがかべに平行な方向に近づくため，A→D→Bと進んだ音とA→C→Bと進んだ音との移動距離の差が小さくなっていき，1回目と2回目の音の時間差が小さくなっていく。ただし，移動距離の差が0になることはないため，時間差が0になることはなく，エが正答となる。

(5)①　図ⅲ参照。PをA君の位置とすると，ふたたびA君が聞く音はPQ間を往復して$300\times2=600$(m)移動したことになるから，B君に届く2回目の音の移動距離が600mになるときを考えればよい。このようになるのは，Pを中心とする半径600mの円のうち，かべ側にある部分を，RSで手前側に折り返してできる弧RPS上である。よって，イが正答となる。

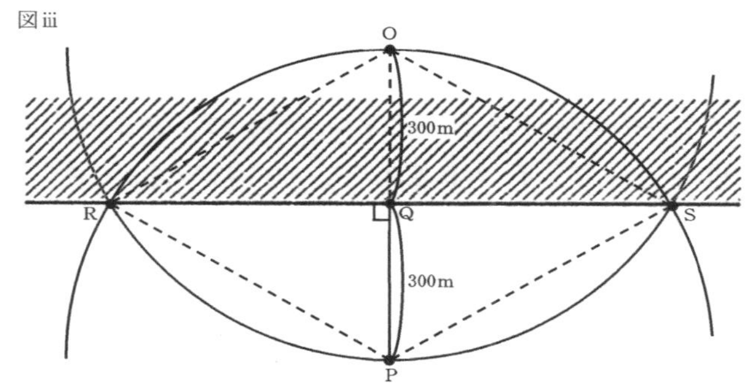

②　図ⅲで，Oを中心とする半径600mの円に着目し，おうぎ形ORSのかべより手前側の面積を求めればよい。三角形ORPと三角形OSPは正三角形だから，おうぎ形ORSの中心角は$60+60=120$(度)であり，面積は$600\times600\times3.14\times\frac{120}{360}=376800$(㎡)である。また，三角形PQRと三角形PQSは合同で，どちらも辺の比が1：1.7：2の直角三角形だから，$RQ=SQ=300\times1.7=510$(m)である。よって，三角形ORSの面積は$(510\times2)\times300\div2=153000$(㎡)だから，求める面積は$376800-153000=223800$(㎡)となる。

《2023　社会　解説》

1 (1)　ア→エ　　酪農のさかんなニュージーランドからの輸入が多いアをバター，スリランカからの輸入が多いエを紅茶と判断する。イは牛肉，ウはコーヒー豆。

(2)　イスラム教　　「ハラル」「豚肉」からイスラム教と判断する。イスラム教には，「1日5回のメッカに向けた礼拝」「ラマダンの月の日中の飲食の禁止」「喜捨－収入の一部を宗教活動のために差し出すこと」「メッカへの巡礼」「豚肉・宗教上の適切な処理がされていない肉・アルコールの摂取の禁止」などの決まりや習慣がある。

(3)　エ　　a．誤り。縄文時代には骨や角でつくった釣り針(骨角器)や漁網を使って魚をとっていた。b．誤り。どんぐりの仲間は，渋みがありそのままでは食べられないので，水にさらして土器で煮ることで主食としていた。

(4)　ウ　　大日本帝国憲法の下では，すべての国務大臣の任命権は天皇にあった。

(5)　エ　　ア．肉用鶏の飼養羽数の全国1位は鹿児島県(令和4年度)。イ．養殖うなぎの収獲量の全国1位は鹿児島県。ウ．肉用牛の飼養頭数の全国1位は北海道。

(6)　イ　　紀伊半島の南部，熊野にある本宮・新宮・那智の熊野三山を参詣することを熊野詣といい，それらにつながる道を熊野古道と呼んだ。白河上皇が何度も熊野御幸を行ったことから，熊野詣が流行した。武士として初めて太政大臣に就いた平清盛は，大輪田泊を修築し，海路の安全を厳島神社に祈願して日宋貿易をすすめた。

(7)　ウ　　Xは，傾斜とふるいを利用して選別するための千石通しである。Yは唐箕である。「根元から刈り取った稲の穂先から，モミを分離するための農具」は千歯こきの説明。

(8)　イ　　a．正しい。織田信長は，南蛮寺やセミナリオの建設を認めた。b．誤り。豊臣秀吉は，宣教師の国外追放は行ったが，南蛮貿易を認めていたために，キリスト教の禁止は徹底されなかった。

⑼　白河　　宇都宮で日光街道(日光道中)と分岐し，白河へと続く道を奥州街道(奥州道中)と呼んだ。五街道は，奥州街道・日光街道・甲州街道・中山道・東海道である(右図参照)。

⑽①　ＰＯＳ　　販売時点情報管理の略称をＰＯＳと呼ぶ。

②　ア→エ　　ア(1964年)→エ(1968年)　自衛隊が創設されたのは1954年，アメリカとの間で沖縄返還協定に調印したのは1971年。

⑿　ウ→ア　　単身者にとって最も割合の高いアの支出は住居費である。その上でイとウを比べた場合，勤労者の方が食料費の割合が高く，高齢者の方が医療費の割合が高くなると考えて，食料費がイ，医療費がウと判断する。

2　⑴①　ウ　　ア，イ，エは聖武天皇，ウは文武天皇が在位していた時期のできごとである。

②　エ　　ａ．誤り。明治時代の終わりには，小学校の就学率は男女ともに90％を超えていた。ｂ．誤り。明治時代の人々の生活は，日本風と西洋風の入り混じったもので，西洋風は実用の面から部分的に採用されていた。

⑵②　エ→ア　　Ｘ．御成敗式目を制定したのは1232年のことで，承久の乱が1221年だからエを選ぶ。Ｙ．朝廷に守護・地頭の設置を認めさせたのは，平氏を滅亡させた1185年のことだからアを選ぶ。初代将軍の巻狩は，源頼朝が将軍に着いた翌年1193年のことであった。

⑶①　イ　　ａ．正しい。十七条の憲法に「あつく三宝を敬え。三宝とは仏・法・僧なり」とある。ｂ．誤り。冠位十二階は，才能や功績に応じて与えられるもので，寺院の建立や仏像の制作の貢献度に応じてではなかった。

②　ア→キ　　Ｘ．奈良県の明日香村から出土した高松塚古墳である。Ｙ．埼玉県の稲荷山古墳である。

⑷　イ　　この天皇は天智天皇(中大兄皇子)である。中大兄皇子は，飛鳥時代に，滅んだ百済の復興を手助けするために白村江に出兵し，唐と新羅の連合軍に大敗した。その後，唐と新羅の襲来に備えて，北九州に水城や大野城を築き，防人をおいた。鑑真の来日と『日本書紀』の編さんは奈良時代，儒教の日本伝来は古墳時代。

⑸①　ア　　紅花は山形県の特産物，藍玉は徳島県の特産物である。津軽は青森県，出雲は島根県の地名である。

②　エ　　ア．誤り。日光東照宮は秀忠が建立し，家光が改築した。イ．誤り。オランダ人も長崎市中の出入りは禁止され，出島内でのみ居住が許された。ウ．誤り。江戸などの城下町では，武士と町人の居住区は区別されていた。

⑹　イ→キ　　和歌の人物は，遣唐使の停止を宇多天皇に進言した菅原道真である。遣唐使の停止が894年であることから，都を離れたのは10世紀初めと考えられる。カは阿倍仲麻呂，クは紀貫之。

⑺　足尾銅山　　論評中の「渡良瀬川」「一大悲劇」などから，足尾銅山鉱毒事件と考える。『萬朝報』の記者である幸徳秋水は，田中正造の依頼を受けて，足尾銅山鉱毒事件についての天皇への直訴文の原案を書いたと言われている。

⑻　エ　　ア．誤り。南京の占領は1937年，東南アジアへの進出は1940年のことである。イ．誤り。ドイツ軍のポーランド侵攻は1939年，日独伊三国同盟は1940年のことである。ウ．誤り。ＡＢＣＤ包囲網に苦しむ中，日米交渉を継続しようとする近衛内閣が退陣し，開戦を主張する東条英機内閣が成立すると，1941年12月8日，日本はマレー半島に上陸し，ハワイの真珠湾を奇襲攻撃するとともにアメリカとイギリスに宣戦布告し，太平洋戦争が開始された。

3　⑴　ウ　　ア．誤り。選挙権の年齢は引き下げられたが，被選挙権の年齢は変わっていない。イ．選挙権は日本国民に限られている。エ．衆議院議員総選挙の投票率は，平成24年以降，50％前後で推移している。

(2)　イ→ア　　少子高齢化が進む中，衛生費・消防費・民生費を比べた場合，民生費＞衛生費＞消防費になると考えられる。

(3)　エ　　ア．誤り。当初の加盟国数は51か国，現在は193か国が加盟している。イ．誤り。国連分担金は，アメリカ＞中国＞日本の順に多い。ウ．誤り。青年海外協力隊は，国連機関ではなく，日本の政府開発援助（ＯＤＡ）の１つである。

(4)　イ　　ア．誤り。安倍元首相の国葬儀は，国会の承認を経ず，内閣の一存で閣議決定した。ウ．誤り。内閣を構成する省は11（防衛省・環境省・文部科学省・厚生労働省・経済産業省・国土交通省・農林水産省・財務省・法務省・外務省・総務省）ある。エ．誤り。内閣不信任決議案が可決された場合，内閣は総辞職することもできる。

(5)　生存権　　生存権は日本国憲法第25条に規定されている。

(6)　イ　　最高裁判所長官の指名は内閣が行い，天皇が任命する。

(7)　ア　　イ．誤り。簡易裁判所を第一審とした場合，第二審が地方裁判所，第三審が高等裁判所になることもある。ウ．誤り。裁判員裁判は，重大な刑事裁判の第一審にのみ適用される。エ．誤り。国民審査を受けるのは，最高裁判所の裁判官だけである。

(8)　ウ　　ａ．誤り。法案の提出は，国会議員と内閣に権限がある。ｄ．誤り。予算案は過半数の賛成を得なければ否決される。

(9)　エ　　アは2021年，イは2022年，ウは2020年，エは2019年。

(10)　イ　　日本は2023年現在，65歳以上の人口割合が21％を超えた超高齢社会だからイを選ぶ。アは中国，ウはアメリカ，エはフランス。

4　(1)①　エ　　燃料電池自動車は，搭載したタンクの中の水素と空気中の酸素を使って発電する。

②　ウ→ア　　アは，国内生産台数と国内販売台数に差がなく，2005年から2019年にかけて大幅に増加しているから中国である。イは国内生産台数が国内販売台数を大きく上回っているから，海外に自動車を輸出している日本である。ウは国内販売台数が国内生産台数を大きく上回っているから，自動車において貿易赤字を出しているアメリカである。

(2)　イ　　明らかに夏の降水量が多いウは東京都千代田区，冬の降水量が多いエは新潟県上越市だから，前橋市と長野市の区別に注意する。長野市は降水量が少ない内陸の気候だからアが長野市，イが前橋市と判断する。

(3)　ウ→イ　　小売業商品販売額の多い都市は，各県の県庁所在地などになる。製造品出荷額の多い都市は，瀬戸内工業地域に集中する。農業産出額の多い都市は山間部にもある。以上のように考えれば，アが農業産出額，イが製造品出荷額，ウが小売業商品販売額である。

(4)　ア　　イギリスは国民投票によって，離脱に賛成する票が反対する票を上回り，2020年に正式離脱した。

(5)　ウ　　ａ．正しい。国土面積を約3800万haとすると，森林面積は3800×0.66＝2508万(ha)になるから，北海道の森林面積は，554÷2508×100＝22.0…，と２割をこえる。ｂ．誤り。森林全体に占める天然林の割合は約53％である。ｃ．誤り。トドマツは針葉樹だが，ミズナラ・ブナは広葉樹である。また，人工林の多くはスギである。

(6)　ウ　　ア．淀川は琵琶湖を水源としているので，滋賀県の東部を流域としない。イ．ｃ地点とｄ地点の間に飛驒山脈があるから，ｃ地点の降水は長野県側には流れない。エ．ｇ地点とｈ地点の間に赤石山脈があるから，ｇ地点の降水はｈ地点側には流れない。

(7)　ア　　夏のレタスの出荷は長野県が圧倒的に多くなるので，関東地方以外の40道府県の割合が夏に大きくなるアを選ぶ。イはなす，ウはかぼちゃ，エは切り花のキク類。

(8)　ウ　　神奈川県には日産自動車の組み立て工場が多くあったが，産業の空洞化が進み，座間工場など，閉鎖する工場が増え，神奈川県全体の輸送用機械器具製造業の出荷額は減少し続けている。

(9)　イ　　火力発電所は，大都市周辺の沿岸部に建設され，発電量は多くなる。水力発電所は高低差のある河川の上流に建設される。太陽光発電のメガソーラーは全国で広く建設されているが，発電量は比較的少ない。原子力発電所は，厳しい審査基準をクリアした，活断層のない沿岸部に建設され，発電量は多くなる。以上のことから，アが火力，イが太陽光，ウが水力，エが原子力と判断する。

(10)　ア→ウ　　人口が多いほど，発車する列車の本数は多くなると判断する。人口は，福岡県＞熊本県＞宮崎県の順に多いから，アが福岡県，イが宮崎県，ウが熊本県である。

(11)　カ　　半導体等製造装置は，半導体等をつくるための機械である。半導体等電子部品は，集積回路などの電子部品の総称である。航空機輸送では，小型軽量で単価の高い商品の輸送が適しているため，電子部品や医薬品の輸送に利用される。日本は欧米から多くの医薬品を輸入していることも忘れないようにしたい。

(12)　ウ　　牛トレーサビリティー法によって，国内で飼育される牛には10桁個体識別番号が割り振られ，その番号が書かれた札を装着して飼育される。

(13)　エ　　養殖が可能なのはタイとブリ類であり，ブリ類の方がタイより養殖業収獲量，漁業漁獲量が多い。よって，エがタイである。アはイワシ，イはサンマ，ウはブリ類。

(14)　エ　　東北地方の太平洋側には活火山がない。アは鳥海山，イは蔵王山，ウは磐梯山。

2022 解答例 令和４年度 ★東大寺学園中学校

《国　語》

一 ㈠①心頭　②果断　③今生　④圧巻　⑤快気　⑥年季　⑦路銀　⑧旧交　⑨厳冬　⑩不退転
㈡(例文)晴れているならまだしも、雨の中を長い時間歩くのは大変だ。

二 ㈠a．ア　b．ウ　c．イ　㈡エ　㈢イ　㈣一〇〇パーセント自分の身を人に預けることは快感であり、自分を相手に預けてこそ、相手の感情や意思などが分かるということ。　㈤ア　㈥相手のことを信じられないと、相手がどういう行動を取るか分からないことが心配になり、その不確定要素を限りなく減らすために、相手をコントロールするようになるから。　㈦A，D

三 ㈠オ　㈡ア　㈢エ　㈣ウ　㈤イ　㈥一人でいることが当たり前の真以が、自分と一緒にいるのを受け入れてくれたことに安心し、真以の気持ちを考えて尊重しながら、じっくり関係を築いていきたいと思っている。　㈦ア，ウ

《算　数》

1 (1)(ⅰ)91　(ⅱ)20　(2)(ⅰ)45　(ⅱ)1：3
(3)(ⅰ)ア．311　イ．403　ウ．507　(ⅱ)A．4　B．5　C．6　D．7　E．4

※2 (1)1，40　(2)(ⅰ)8　(ⅱ)25，37，43，49，67　(3)$\frac{26}{27}$

※3 (1)(ⅰ)49：38　(ⅱ)1.4　(2)$11\frac{2}{3}$

※4 (1)12　(2)102　(3)55　(4)S(N)＝24　N＝888，1896，1968

※の考え方・式は解説を参照してください。

《理　科》

1 (1)4／胸　(2)エ，オ，ケ　(3)ク　(4)①エ　②ウ　(5)イ　(6)イ　(7)イ，エ　(8)オ　(9)オ

2 (1)しんしょく　(2)カ　(3)イ　(4)b．オ　c．キ　(5)ウ　(6)エ
(7)①○　②×　③×　④○　⑤×　⑥×

3 (1)80　(2)56.25　(3)60　(4)50　(5)210　(6)37.5

4 (1)①ア，イ，オ　②イ　(2)ウ，エ　(3)さびにくく，加工しやすいから。　(4)①イ，ウ　②5
(5)①都市　②イ，エ

5 (1)ア，エ　(2)①$\frac{3}{2}$　②$\frac{9}{2}$　③$\frac{1}{2}$　(3)A．ア　B．イ　C．イ　D．×

6 あ．100　い．10　う．110　え．60　お．20　か．80　き．1.375　く．27.5　け．17.5
こ．長　さ．16　し．20　す．0

《社　会》

1 (1)ウ　(2)ア　(3)イ→ウ　(4)衆議院を解散　(5)ウ　(6)イ→キ　(7)ア　(8)ア→ウ　(9)イ→ウ→ア　(10)イ

2 (1)①イ　②エ　(2)カ　(3)ア　(4)イ→エ　(5)ウ　(6)ア→ウ　(7)ウ→ア　(8)コンテナ　(9)①ウ
②エ→イ　(10)オ→カ→ア　(11)イ→キ　(12)イ→エ　(13)ア→ウ

3 (1)エ　(2)イ　(3)ウ　(4)イ　(5)a．猿楽　b．観阿弥　(6)ア　(7)ア　(8)ウ　(9)対馬　(10)イ
(11)版籍奉還　(12)ウ　(13)エ→イ

4 (1)ア，ウ　(2)イ　(3)①イ→カ　②ウ　(4)ウ，キ　(5)イ　(6)エ　(7)イ　(8)エ　(9)ウ　(10)イ

←解答例は前のページにありますので，そちらをご覧ください。

《2022　国語　解説》

二

㈡　「さわる」と「ふれる」の使い分けについて、２段落後で「『さわる』というのは一方的で、さわった相手がどう思うか～などと考えずに、自分のしたいようにさわります。一方、『ふれる』の場合には～ふれることによって相手はどう感じるかということを想像しながらふれる、という双方向性があります」と述べているので、エが適する。

㈢　ア（学校を早退する）、ウ（会議に同席する）、エ（身分証を確認する）は、それぞれ、先生、上司、来客の許可を受けなければできないことである。また、頼んだ方には、体を休められる、仕事を学べる、人違いを防止できる、という恩恵がある。イの財布を届けることは、だれかの許可を受けて行うことではないので、適切ではない。

㈣　筆者は今まで、家族や同僚を信頼していたつもりだったが、自分のことは自分でやるのがいいと思っていたので、人を信じていないという部分もあった。しかし、アイマスクをしてのランニングで、一〇〇パーセント伴走者を信頼してみようと思って走ったところ、「経験したことのない快感」を味わうことができた。また、「相手を信じて自分を解放すると、接触面を通して、相手の感情や意思がちゃんと伝わってくる」ということにも気づいた。

㈤　直前の段落では、「信頼」と「安心」の意味するところが逆であることについて説明し、[　　]のある段落では、そのことを、アイマスクをしてランニングしたときの例で分かりやすく説明している。筆者の伴走をしてくれた人は初対面で「どういう人なのかよく分からないまま」だったのだから、「どういう行動を取るかは分からない」、「不確定要素」を持つ人である。だから「『安心』できない」状況であったと言える。よって、アが適する。

㈥　第 13 段落より、「信頼」と「安心」の意味するところは「逆」であり、「信頼」は、「相手がどういう行動を取るか分からないけれど大丈夫だろう」と考えるのに対して、「安心」は、「相手がどういう行動を取るかは分からないので、その不確定要素を限りなく減らして」いこうとするものである。「信頼のない社会」は、相手を大丈夫だろうと信じることがない社会だということである。そして、ＧＰＳ機能で子どもの居場所を把握する親の例のように、安心を求めて相手の行動の不確定要素を減らそうとするので、相手を監視し、コントロールするようになってしまうのである。

㈦　Ａ．第５段落に「実は接触面に人間関係が存在し、その人間関係を表現するために、『さわる』と『ふれる』という二つの言葉があるのだと思います」とあるが、筆者は「二つの言葉を意識して使い分けていくことが大切」だとは言っていない。私たちはすでに（意識せずに）「この二つを何となく使い分けている」（第２段落）のである。
Ｄ．親がスマートフォンのＧＰＳ機能で子どもの居場所を把握することについて、「親に対する子どもの『信頼』」がどうなるかは書かれていないので、本文の内容に合わない。

三

㈡　葉と真以は、真以の住む亀島で遊ぶ約束をしたが、葉が風邪をひいてしまったので会えなかった。葉は真以に「どうして会いにきてくれなかったの」と聞きたかったが、真以の表情から、真以も葉を待っていたのだと気付いた。真以は葉が来ない理由が分からなかったので、（嫌われた等の理由ではなく）風邪だったと分かってほっとしたのである。

㈢　真以と葉は靴のサイズだけでなく、手の大きさも「ぴったりと同じ」だった。二人が手を合わせたときの「触れた部分からあたたかいものが流れ込んできて～体に力がみなぎる。自分たちを取り巻く～世界のぜんぶが、見渡せるような気がした」という描写や「おんなじ」という言葉から、真以と仲良くなることに対する葉の期待と友情の芽を大事にしたいという思いが読みとれる。よって、エが適する。アについて、――部②の「真以の後を追いかけた」などから、葉の真以への思いは伝わるが、真以の気持ちはわからない。よって、「心を通わせることができた」は適さない。

(四) 真以がいなくなっていることに気づいた後の、葉の心理描写(41～44 行目)を参照。「嫌(きら)われているのかと不安になった。親しくなったつもりでいたのは私だけだったのか。することもなく自分の机にいると、ヒロミちゃんたちが私をちらちら見て笑った」「孤立(こりつ)してしまうのかもしれない、と急に怖くなってくる」などから、ウが適する。

(五) 真以のことを聞いた葉に、木村先生は「本当に仲良くなりたかったら、聞きづらいなって思うことは、相手が話してくれるまで聞かないほうがいいと思う」「たまに聞いて欲(ほ)しいことになるときがあるの。そういうときに聞いてあげればいいんだと思う」と伝えた。それを聞いた葉は、「それはいつですか？　どんなとき？」と聞き、早く真以のことを知りたい、真以の方から話してほしいと思っている様子である。そのことについて、「焦(あせ)らない焦らない」と言っているので、イが適する。

(六) 葉は「私、真以ちゃんと一緒(いっしょ)にいたい」と希望を伝えたが、真以が一人でいることに慣れていて、それが当たり前になっていることに気づいた。その一方で、真以に「たぶん、嫌われてもいない」とも感じられた。だから、本を読みたいであろう真以の気持ちを尊重しながら、真以のそばにいて、時間をかけて関係を築こうと思っている。

(七) イ．直前に、葉と真以が手を合わせると「ぴったりと同じだった」という場面があるので、黒と白の色の対比で「『葉』と『真以』の性格が対照的なことを示している」とは考えられない。　エ．葉は「桑田(くわた)さんだって聞かれたくないことはない？」という先生の質問に、病気の父と面倒(めんどう)をみる母の姿が思い浮(う)かび、その時に教室のはしゃぎ声が聞こえた。したがって、葉のみんなには知られたくないという思いや、自分の気持ちは理解されないだろうという孤独な気持ちから、みんなの「はしゃぎ声」が意識されたのだと考えられる。よって「『木村先生』の言葉がしっかりと届いていないことを表している」は適さない。　オ．「野生動物」を思い浮かべたことで、真以にとって一人で過ごすことが自然で「当たり前のことなのだ」ということに気づいたのだから、「さびしさ」は感じさせない。以上から、残ったアとウが適する。

《2022　算数　解説》

1 (1)　**【解き方】1，51，101，151 | 2，52，102，152 | 3，53，103，153 | … | 50，100，150，200 | と4つずつに区切り，左から第1群，第2群，…とすると，第n群には，n，n＋50，n＋100，n＋150が並ぶ。**

(i)　123＝23＋100とすれば，123は第23群の3番目に並んでいる。第22群までに4×22＝88(個)が並ぶから，123は，左から，88＋3＝91(番目)

(ii)　**【解き方】最初の4つの数の和は，1＋51＋101＋151＝304であり，次の4つの数(51，101，151，2)の和は，304＋(2－1)＝305である。このように4つの数のまとまりを右に1つずらすごとに，4つの数の和は1大きくなる。**

323－304＝19だから，4つの数のまとまりを最初から19だけ右にずらすと和が323になる。

このとき4つのうち最も左にある整数は，列全体の左から1＋19＝20(番目)である。

(2)(i)　**【解き方】SがAPの長さに比例しなくなるのは，三角形ABPを折り返したときに，その一部が長方形ABCDからはみ出すからである。**

右図のように，BEを対角線とする正方形を作図できるまで，SはAPの長さに比例し，これ以降は比例しなくなる。よって，∠ABE＝45°

(ⅱ) **【解き方】PがDに一致するときは，右図のようになる。**

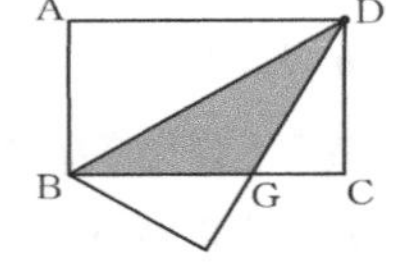

三角形ＢＣＤは，ＤＣ：ＢＤ＝１：２，角ＢＣＤ＝90°の直角三角形だから，角ＢＤＣ＝60°である。また，角ＢＤＧ＝角ＢＤＡ＝30°だから，角ＧＤＣ＝60°－30°＝30°になる。三角形ＧＤＣも，ＣＧ：ＧＤ＝１：２の直角三角形であり，三角形ＢＧＤはＢＧ＝ＤＧの二等辺三角形だから，ＣＧ：ＢＧ＝ＣＧ：ＧＤ＝１：２になるので，ＰがＤに一致したときのＳは，三角形ＢＣＤの面積の$\frac{2}{2+1}=\frac{2}{3}$になる。Ｐが(ｉ)のＥの位置にあるときのＳは，明らかにＰがＤに一致したときのＳの$\frac{1}{2}$より大きく，これ以降Ｓは減り続けるから(Ｓは高さがＡＢの三角形の面積で，底辺が短くなっていく)，条件に合う点Ｆは，点Ｅより左側と判断できる。

三角形ＤＡＢと三角形ＢＣＤは合同だから，三角形ＡＢＦの面積が三角形ＤＡＢの面積の，$\frac{2}{3}\times\frac{1}{2}=\frac{1}{3}$になるときを考えればよい。三角形ＡＢＦと三角形ＤＡＢは，底辺をＡＦ，ＡＤとしたときの高さが等しいから，底辺の長さの比は面積比に等しく，ＡＦ：ＡＤ＝$\frac{1}{3}$：１＝１：３

⑶(ｉ) **【解き方】差を取ってみると，32，44，56，68，…となっているので，差は32から12ずつ増えていることがわかる。**

ア＝231＋(68＋12)＝231＋80＝311，イ＝311＋(80＋12)＝311＋92＝403，ウ＝403＋(92＋12)＝403＋104＝507

(ⅱ) **【解き方】(521－311)＋(739－403)＋(1011－507)＝210＋336＋504＝1050より，(７×８×９×10－Ⓐ×Ⓑ×Ⓒ×Ⓓ)÷Ⓔ＝1050となる数を考える。少なくともⒹは９以下である。**

1050＝２×３×5^2×７より，７×８×９×10－Ⓐ×Ⓑ×Ⓒ×Ⓓ＝２×３×5^2×７×Ⓔ

７×８×９×10－２×３×5^2×７×Ⓔ＝Ⓐ×Ⓑ×Ⓒ×Ⓓ

２×３×５×７×(24－５×Ⓔ)＝Ⓐ×Ⓑ×Ⓒ×Ⓓ

２×３×５×７×(24－５×Ⓔ)を連続する４つの整数の積に表すには，４×５×６×７または，５×６×７×８になるときである。

４×５×６×７のとき，24－５×Ⓔ＝４を満たすのは，Ⓔ＝４のときである。

５×６×７×８のとき，24－５×Ⓔ＝８を満たす整数Ⓔはない。

よって，Ⓐ＝４，Ⓑ＝５，Ⓒ＝６，Ⓓ＝７，Ⓔ＝４

2 ⑴ **【解き方】右のように作図して考える。時間と道のりは比例し，Ｄ君の家からＪ地点までの道のりと，Ｊ地点から学校までの道のりの比が７：３だから，ウキ：アウも７：３になる。**

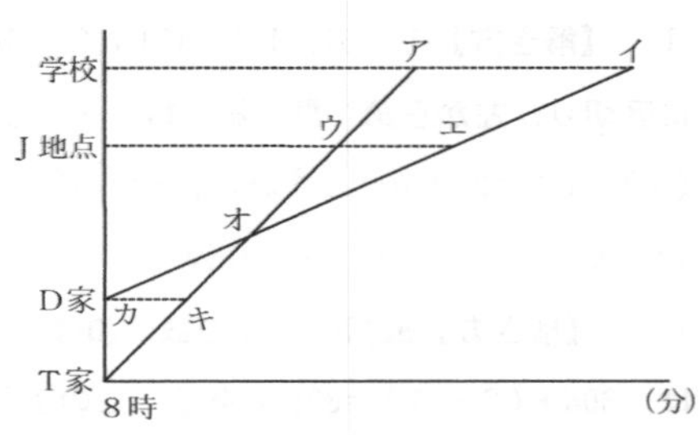

右図で，三角形アオイと三角形ウオエは同じ形の三角形で，アオ：ウオ＝アイ：ウエ＝５：３だから，ウオ：アウ＝３：２である。ここで，アウ＝⑥とおくと，ウオ＝⑥×$\frac{3}{2}$＝⑨であり，ウキ：アウ＝７：３より，ウキ＝⑥×$\frac{7}{3}$＝⑭と表せる。よって，オキ：ウオ：アウ＝(⑭－⑨)：⑨：⑥＝５：９：６で，ウエ＝３分だから，カキ＝ウエ×$\frac{5}{9}$＝３×$\frac{5}{9}$＝$\frac{5}{3}$(分)＝１分($\frac{2}{3}$×60)秒＝１分40秒

求める時刻は，８時１分40秒である。

⑵(ｉ) １×２×45，１×３×30，１×５×18，１×６×15，１×９×10，２×３×15，２×５×９，３×５×６の８通りある。

(ⅱ) **【解き方】異なる３個の整数の積で表せない数は，素数と，ａを素数とするときａ×ａで表される数である。**

20以上の素数を小さい順に並べると，23，29，31，37，41，43，47，53，59，61，67，71，73，…がある。

ａを素数とするときａ×ａで表せる20以上の数を小さい順に並べると，25，49，121，…がある。

下線部の数の中で，４を加えても再び下線部の数になるのは，小さい方から，25，37，43，49，67がある。

⑶　**【解き方】重なっている部分の上半分は，右図の色をつけた部分になる。同じ形の三角形の比を利用してＫＬ，ＭＮの長さを求め，切断三角柱として体積を求める。**

右図の面ＡＥＦＢにおいて，三角形ＡＫＢと三角形ＦＫＥは合同だから，

ＡＫ：ＫＦ＝１：１より，ＡＫ：ＡＦ＝１：２

ＫＬとＦＧは平行だから，三角形ＡＫＬと三角形ＡＦＧは同じ形の三角形であり，

ＫＬ：ＦＧ＝ＡＫ：ＡＦ＝１：２　　ＫＬ＝ＦＧ$\times\frac{1}{2}$＝１(cm)

また，三角形ＡＭＢと三角形ＩＭＫは同じ形の三角形で，

ＡＭ：ＩＭ＝ＡＢ：ＩＫ＝２：１

ＭＮとＩＪは平行だから，三角形ＡＭＮと三角形ＡＩＪは同じ形の三角形であり，ＭＮ：ＩＪ＝ＡＭ：ＡＩ＝２：３　　ＭＮ＝ＩＪ$\times\frac{2}{3}=\frac{4}{3}$(cm)

三角形ＩＭＫにおいて，ＢＫ：ＭＫ＝３：１より，底辺をＩＫとしたときの高さは，ＢＩの$\frac{1}{3}$になるので，

三角形ＩＭＫの面積は，$1\times(2\times\frac{1}{3})\div2=\frac{1}{3}$(cm²)

よって，色をつけた部分の体積は，$\frac{1}{3}\times(2+1+\frac{4}{3})\times\frac{1}{3}=\frac{13}{27}$(cm³)だから，求める体積は，$\frac{13}{27}\times2=\frac{26}{27}$(cm³)

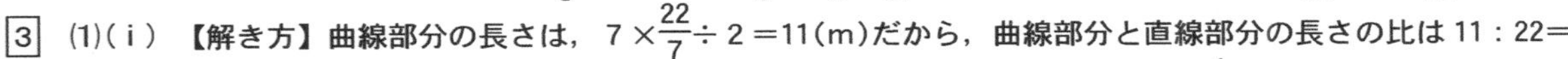

3　⑴(ｉ)　**【解き方】曲線部分の長さは，$7\times\frac{22}{7}\div2$＝11(m)だから，曲線部分と直線部分の長さの比は11：22＝１：２になるので，父が直線部分をＴ＝(76)の時間で進んだとすると，曲線部分は(76)$\times\frac{1}{2}$＝㊳で進んだことになる。**

Ｓ＝Ｔ$\times\frac{11}{76}$＝⑪だから，子どもは曲線部分を⑪＋㊳＝㊾で進んだ。

速さの比は，同じ道のりをかかった時間の逆比に等しいから，父と子どもの歩く速さの比は，㊾：㊳＝49：38

(ⅱ)　**【解き方】父が子どもを追いこしてから７秒後は右図のような位置関係になる。**

ＢＲ：ＢＱは，７秒間に父と子どもが歩いた速さの比に等しく[49]：[38]である。三角形ＰＱＵと三角形ＰＲＶは同じ形の三角形で，ＰＱ：ＰＲ＝ＵＱ：ＶＲ＝120：180＝２：３だから，

ＰＱ：ＱＲ＝２：１より，ＰＱ＝ＱＲ×２＝([49]－[38])×２＝[22]

[38]－[22]＝[16]がＢＰ＝3.2ｍにあたるから，ＢＲ＝[49]＝$3.2\times\frac{49}{16}$＝9.8(m)

よって，父は７秒間に9.8ｍ歩いたから，その速さは，毎秒(9.8÷７)ｍ＝毎秒1.4ｍ

⑵　**【解き方】Ｂ地点を通過するまでは，子どもが前にいるから，影の先端が重なったとき右図１のような状態になる。このとき，ＦＥが子どもの影の長さにあたる。**

図１

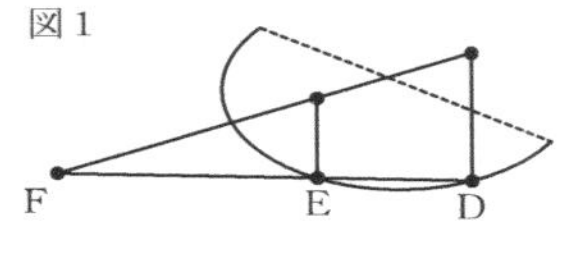

図２

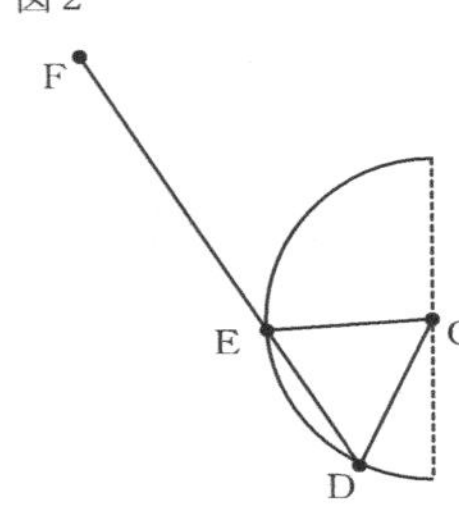

⑴(ⅱ)をふまえると，ＦＥ：ＥＤ＝２：１だから，

ＥＤ＝ＦＥ$\times\frac{1}{2}=7\times\frac{1}{2}$＝3.5(m)になる。図２は，図１を真上から見た図である。

このとき，ＤＯ＝ＯＥ＝ＥＤ＝3.5ｍだから，三角形ＯＤＥは正三角形になるので，

角ＥＯＤ＝60°，ＥＤの曲線部分の道のりは，$11\times\frac{60°}{180°}=\frac{11}{3}$(m)になる。

つまり，子どもは父の$\frac{11}{3}$ｍ前を歩いている。父は子どもより，１秒あたり$1.4\times(1-\frac{38}{49})=1.4\times\frac{11}{49}$(m)多く進むから，父が子どもを追いこすまでに，$\frac{11}{3}\div(1.4\times\frac{11}{49})=\frac{35}{3}=11\frac{2}{3}$(秒)かかる。

4 ⑴ **【解き方】2022 以下の5の倍数の中で，各位の数字の和が5になる数を求めればよい。ただし，5の倍数の一の位は0か5だから，和が5になる2けた以上の数の一の位は0に決まる。**

1けたの数も千の位，百の位，十の位が0の4けたの数として，千の位が0，1，2の場合に分けて考える。

千の位が0のとき，3けたの整数の各位の和が5になる数は，005，050，500，140，410，230，320の7個ある。

千の位が1のとき，3けたの整数の各位の和が4になる数は，040，400，130，310，220の5個ある。

千の位が2のとき，3けたの整数の各位の和が3になる数で2022以下になる数はない。

よって，全部で7＋5＝12(個)ある。

⑵ **【解き方】各位の数字の和が9になる数の作り方について，右図アのように，9個の○と3個の「|」の並べ方と考える。例えば，図イは1422を表し，図ウは504(0504)を表す。**

図ア

○ ○ ○ ○ ○ ○ ○ ○ ○
| | |

図イ

○|○ ○ ○ ○|○ ○|○ ○

図ウ

|○ ○ ○ ○ ○||○ ○ ○ ○

千の位が0の場合，左から1番目が「|」に決まり，左から2番目から12番目までに○9個と「|」2個，計11個を並べる。並べ方の数は，異なる12－2＋1＝11(かしょ)から「|」を並べる2かしょを選ぶ組み合わせの数と等しいから，$\frac{11\times10}{2\times1}$＝55(通り)

千の位が1の場合，左から1番目と2番目が「○|」に決まり，左から3番目から12番目までの12－3＋1＝10(かしょ)から「|」を並べる2かしょを選ぶから，$\frac{10\times9}{2\times1}$＝45(通り)

千の位が2で各位の和が9になる数は，2007，2016の2個ある。

よって，求める個数は，55＋45＋2＝102(個)

⑶ **【解き方】和が18であれば必ず9の倍数になるから，和が18で一の位が偶数になればよい。千の位と一の位の組み合わせで場合を分けて数えていく。**

千の位が0，一の位が0の数は，百の位と十の位の和が18だから，百の位と十の位の並びは，99の1通りある。

千の位が0，一の位が2の数は，百の位と十の位の和が16だから，百の位と十の位の並びは，79，88，97の3通りある。

このように数えていくと，右表のようにまとめられる(千の位が2で各位の数の和が18になる数はない)。

よって，求める個数は，

1＋2＋3＋…＋10＝55(個)

千の位	一の位	百の位と十の位の和	百の位と十の位の並び	個数(個)
0	0	18	99	1
0	2	16	79，88，97	3
0	4	14	59，68，77，86，95	5
0	6	12	39，48，57，66，75，84，93	7
0	8	10	19，28，37，46，55，64，73，82，91	9
1	0	17	89，98	2
1	2	15	69，78，87，96	4
1	4	13	49，58，67，76，85，94	6
1	6	11	29，38，47，56，65，74，83，92	8
1	8	9	09，18，27，36，45，54，63，72，81，90	10

⑷ **【解き方】2022以下の整数では，S(N)の最大値は，1999のときの28である。最大値から1ずつ小さくして，1つ1つ調べていく。**

S(1999)＝28で，1999は28で割り切れないから，1999は【特性】をもたない。

27＝9＋9＋9，999÷27＝37より，999は27で割り切れるから，S(N)の最大値は27である。

26＝8＋9＋9＝1＋7＋9＋9＝1＋8＋8＋9で，26の倍数は偶数だから，一の位を偶数にして26で割れるか調べていく。すると，1898÷26＝73が見つかるので，2番目に大きいS(N)の値は26である。

25の倍数の下2けたの数字の和の最大値は7＋5＝12だから，上2けたの数字の和が25－12＝13で，千の位が

1になる数はないので，S(N)＝25になる数はない。

24＝7＋8＋9＝8＋8＋8＝1＋5＋9＋9＝1＋6＋8＋9＝1＋7＋7＋9＝1＋7＋8＋8で，

24＝3×8だから，下3けたを8の倍数にする(8の倍数判定法)と24の倍数ができる。

888÷24＝37だから，3番目に大きいS(N)の値は24である。

下3けたを8の倍数にすると，888，1896，1968ができ，これが求めるNの値である。

《2022　理科　解説》

1 (1) こん虫のからだはふつう，頭，胸，腹の3つに分かれていて，6本のあしが胸についている。また，はねがある場合には，はねも胸についている。

(2) ミツバチは無せきつい動物の節足動物のうち，こん虫類に分類される。エは節足動物のクモ類，オはせきつい動物のは虫類，ケは節足動物の甲殻(こうかく)類である。

(4)② アゲハの幼虫はミカン科の植物の葉をエサとする。なお，モンシロチョウの幼虫はアブラナ科の植物の葉をエサとする。

(5) ミツバチのエサは花のみつや花粉である。なお，ミツバチは花粉についている細菌(さいきん)を食べているため，雑食動物であるという研究結果も発表されている。

(6)(7) 条件Ⅰにおいて，実験1では青→青と進むとエサがあるから，実験2では縦→縦と進んだ。条件Ⅱにおいて，実験1では緑→青と進むとエサがあるから，実験2では縦→横と進んだ。つまり，色を模様に置きかえて，実験1で同じ色を進んだときには実験2で同じ模様を進み，実験1でちがう色を進んだときには実験2でちがう模様を進んだと考えられる。よって，条件Ⅲの実験2では，縦→縦と進むからyにたどり着く。また，条件Ⅳの実験2では，縦→横と進んでxにたどり着いたから，実験1ではAとBが異なる色であったと考えられる。

(8)(9) (6)(7)解説より，ミツバチは経験をもとに，色や模様そのものではなく，同じかちがうかを認識することでエサのある場所を推測していると考えられる。

2 (1) 流れる水には，しんしょくの他に，土砂を運ぶはたらき(運ぱん)，土砂を積もらせるはたらき(たい積)がある。

(2) しんしょく作用は，水の流れが速い上流ほど強い。

(3) イのように，川が山地から平地に出たところでは水の流れが急におそくなり，たい積作用が強くなって扇状地(せんじょうち)ができる。なお，水の流れが非常におそい河口付近では，たい積作用が強くなって三角州ができる。

(4) bでは，水位が高いところほど川はばが広いので，水位が高くなるほど流量が増加する割合が大きくなるオのようになる。cでは，水位が低いところで川はばが1回だけ変化するので，その水位のときにグラフのかたむきが1回だけ変化する。川はばが広い方が流量が増加する割合が大きいので，キのようになる。

(6) 16日に着目すると，A～Cのすべてで水位の変化が見られるので，どの地点にも雨水の流入があったと考えられる。このような場合，下流の地点ほど水位の変化があらわれる時間帯がおそくなるので，上流から並べると，B，C，Aとなる。

(7) ①○…1日，8日，14日で水位に大きな変化が見られるので，雨水の流入があったと考えられる。　②×…Aの16日9時の水位は最大だが，この増水がAに降った雨によるものか上流で降った雨によるものか，判断はできない。　③×…川の断面の形がわかならいと，川はばの大きさはわからない。高さ(水位)と断面積が同じでも，断面が三角形と四角形の川では川はばが異なる。　④○…Bでは水位が1161㎝から1162㎝へ1㎝高くなると，流量が3021m^3/秒から3025m^3/秒へ4m^3/秒大きくなるのに対し，Cでは水位が479㎝から480㎝へ1㎝高くなると，流量が

3115㎥/秒から3135㎥/秒へ20㎥/秒大きくなるから，同じだけ水位が変化したときの流量の変化が小さいBの方が，川はばは小さいと考えられる。　⑤×…どの地点においても，流量と水位に比例の関係は見られない。　⑥×…陸に降った雨の流入や地下水の流入などもある。

3　⑴　Aの重さを50ｇから60ｇにしても水よう液の濃度が変化しないから，20℃でのAの水よう液の濃度は最大で36.0％である。Aの重さが20ｇのときの濃度は20％で，20ｇのAはすべてとけている状態だから，この水よう液の重さは20÷0.2＝100(ｇ)，水の重さは100－20＝80(ｇ)である。

⑵　⑴解説より，20℃での濃度は最大で36.0％だから，20℃での飽和水よう液100ｇを考えると，36ｇのAが100－36＝64(ｇ)の水にとけていることになる。よって，20℃の水100ｇには36×$\frac{100}{64}$＝56.25(ｇ)までとける。

⑶　表2で，蒸発した水の重さが60ｇ以上のときに着目すると，20ｇの水を蒸発させると沈殿してできたAが12ｇになることがわかる。つまり，20ｇの水に12ｇのAがとけるということだから，20ｇの5倍の100ｇの水には12ｇの5倍の60ｇまでとける。

⑷　表2をもとに，横じくに蒸発した水の重さ，縦じくに沈殿してできた物質Aの重さをとると，図Iのようなグラフになる。水よう液が飽和水よう液になるのは沈殿ができ始めるときだから，グラフの折れ曲がる点に着目して，蒸発した水の重さが50ｇのときだとわかる。

図I

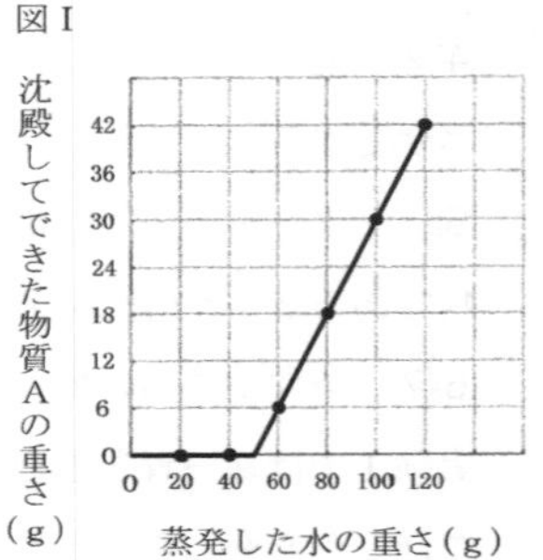

⑸　⑶より，60ｇのAをとかすには100ｇの水が必要であり，⑷で飽和水よう液になったのは50ｇの水が蒸発したときだから，水が蒸発する前の水よう液の重さは60＋100＋50＝210(ｇ)である。

⑹　温度が同じであれば，飽和水よう液の濃度は水よう液の重さにかかわらず一定だから，60ｇのAが100ｇの水にとけているときの濃度を求めればよい。〔濃度(％)＝$\frac{\text{Aの重さ(g)}}{\text{水よう液の重さ(g)}}$×100〕より，$\frac{60}{60+100}$×100＝37.5(％)となる。

4　⑵　ア×…金属の中で，1㎤あたりの重さが最も重いのはオスミウムである。　イ×…金属の中で，最も熱を伝えやすいのは銀である。　オ×…五円玉硬貨の材料は，銅と亜鉛の合金(黄銅)である。

⑷①　イ×…地球に最も多くふくまれる金属は鉄である。　ウ×…銅は，鉄，亜鉛，アルミニウムなどと同じベースメタルである。　②　丹銅にふくまれる銅は塩酸と反応しない。また，62.5ｇの亜鉛が反応すると22.4Lの水素が発生する。よって，450ｇの丹銅にふくまれる亜鉛が反応して8.064Lの水素が発生したことから，ふくまれる亜鉛の重さは62.5×$\frac{8.064}{22.4}$＝22.5(ｇ)であり，割合は$\frac{22.5}{450}$×100＝5(％)である。なお，銅と亜鉛の合金のうち，亜鉛の割合が20％以上のものを黄銅，それより少ないものを丹銅という。

⑸②　イ×…プラスチックを石油にもどす技術は確立されているが，コストなどの面からリサイクル方法として定着していない。　エ×…プラスチックを焼きゃくして発生した熱はエネルギーとして回収され(サーマルリサイクル)，温水プールや発電に利用されている。

5　⑴　イ，ウ，カ×…虹は，空気中の水てきに太陽の光が反射することで見えるから，虹が見えるのは太陽と反対方向である。よって，朝には西，昼には北，夕方には東の空に見える。ただし，太陽が高い位置にあるときには虹を見ることができない。昼の北の空に虹を見ることができるのは，冬などで太陽が低い位置にあるときだけである。オ×…オーロラは夜に観察することができるから，虹とは見える仕組みが異なると考えられる。

⑵①　1㎝当たりの巻き数だけが，$\frac{600}{30}$＝20(回)から$\frac{300}{10}$＝30(回)に変化したから，電磁石の強さは$\frac{30}{20}$＝$\frac{3}{2}$(倍)になる。　②　半径が3分の1になると，円周も3分の1になるから，巻き数は3倍の1800回になる。さらに，はば

を20cmにすると，１cm当たりの巻き数は$\frac{1800}{20}$＝90(回)になるから，電磁石の強さは$\frac{90}{20}$＝$\frac{9}{2}$(倍)になる。　③　エナメル線の長さを半分に切ると電流の大きさは２倍になって，電磁石の強さも２倍になる。また，電池を１本にすると電流の大きさは半分になって，電磁石の強さも半分になるから，電流の大きさの変化による電磁石の強さの変化はないと考えられる。よって，１cm当たりの巻き数だけが$\frac{300}{30}$＝10(回)に変化して，電磁石の強さは$\frac{10}{20}$＝$\frac{1}{2}$(倍)になる。

(3)　電池が直列つなぎに増えた場合には，電池の数に比例して電流が大きくなり，豆電球が直列つなぎに増えた場合には，豆電球の数に反比例して電流が小さくなる。Aがつながっている回路では，直列つなぎの電池２本に対し，直列つなぎの豆電球が２個つながっているので，２個の豆電球の明るさはどちらもアになる。Bがつながっている回路では，Bには電池２本が直列につながっているのでイと同じ明るさになる。なお，下の豆電球には下の電池１本がつながっているのでアと同じ明るさになる。CとDがつながった回路では，左の電池と下の電池から上の電池と右の電池に等しく分かれて流れるから，上の電池と右の電池からはそれぞれ電池２本分の電流が出ていく。このとき，Dには左右から同じ大きさの電流が流れることになるので光らず，Cには電池２本分の電流が流れるのでイと同じ明るさになる。なお，右下の豆電球にも電池２本分の電流が流れるのでイと同じ明るさになり，Cを流れた電流と右下の豆電球を流れた電流は左下の豆電球がつながった導線には流れようとせず，そのまま電池にもどる。

6　あ～う．外径が100cmのSが１回転したときの移動距離(きょり)は，Sの円周と同じ100×3.14(cm)である。このとき，円柱も１回転するから，糸が巻き取られる長さは，Sの円柱の円周と同じ10×3.14(cm)である。よって，結び目は，Sの移動によって100×3.14(cm)，糸が巻き取られることで10×3.14(cm)移動するので，合計で100×3.14＋10×3.14＝110×3.14(cm)移動する。　え～か．Sと同様に考える。Tが１回転したときの移動距離は60×3.14(cm)，糸が出る長さは20×3.14(cm)，結び目の移動距離は80×3.14(cm)である。　き～こ．Sが１回転したときの結び目の移動距離は110×3.14(cm)，Tが１回転したときの結び目の移動距離は80×3.14(cm)だから，Sが１回転するとTは$\frac{110×3.14}{80×3.14}$＝1.375(回転)する(割り切れたと判断したため，四捨五入していない)。Tの円柱は１回転で20×3.14(cm)糸を出すから，1.375回転では20×3.14×1.375＝27.5×3.14(cm)糸を出す。Sの円柱は１回転で糸を10×3.14(cm)巻き取るから，２つの糸巻きの間の糸の長さは(27.5×3.14)－(10×3.14)＝17.5×3.14(cm)長くなる。
さ～す．SとTがそれぞれ１回転したときに２つの糸巻きの間の糸の長さが変化しないのは，Sの円柱が巻き取る糸の長さとTの円柱が出す糸の長さが同じときである。このようになるのは，Sの円柱とTの円柱の直径が同じときだけだから，Sの円柱の直径(a)は16cmである。また，Sの直径とSの円柱の直径の和が，Tの直径とTの円柱の直径の和と等しくないと，２つの糸巻きの回転数は同じにならないから，Tの直径(B)は20＋16－16＝20(cm)であり，２つの糸巻きは直径と円柱の直径が同じだから，段差は０cmである。

《2022　社会　解説》

1　(1)　ウが正しい。諸藩の蔵屋敷が集まる大阪に年貢米や特産物が運ばれ，経済の中心地として「天下の台所」と呼ばれた。　ア．『源氏物語』ではなく『平家物語』である。　イ．武田信玄の死→足利義昭追放・室町幕府滅亡→長篠の戦いの順である。　エ．れんがづくりの建物は都市に増えた。また，全国に鉄道が普及したのは，私鉄(日本鉄道)設立後であった。

(2)　アが正しい。第１次石油危機は 1973 年，日韓の国交正常化は 1965 年，日中平和友好条約締結は 1978 年，日朝首脳会談は 2002 年と 2004 年，日ソの国交回復は 1956 年。

(3)　白神山地は日本海側の気候だから，雪の重みで木の根元が曲がっているイ，北西季節風の影響で冬の降水量が多いウと判断する。

⑷　衆議院の解散後，40日以内に総選挙が実施され，総選挙から30日以内に特別(国)会が召集される。

⑸　西之島は小笠原諸島にあるから，ウを選ぶ(右図参照)。

⑹　距離の近い韓国からの観光客数が最も多いので，カが商用客，キが観光客。ア～ウのうち，訪日客数が多いアはアメリカ，観光客数が16倍以上増えたウは経済が発展したタイなので，ドイツはイと判断する。

⑺　アを選ぶ。近松門左衛門は，18世紀初頭の元禄期に『曽根崎心中』などを書いた。イは1837年，ウは18世紀後半，エは17世紀後半。

⑻　四国山地を県境にもつ愛媛県・高知県・徳島県がア～ウであり，総面積が小さいウは徳島県である。アとイのうち，ミカン畑の多い愛媛県をイと判断し，アを高知県とする。

⑼　Ａは1960年代のピーク後に減少したから，1964年の東京オリンピックまでに普及し，カラーテレビと入れ替わった白黒テレビである。Ｂは1980年の普及率が100％に近いから，洗濯機である。Ｃはいざなぎ景気時(1965～1970年)に普及し始めたから，エアコンである。パソコンは2000年代，ラジオは放送開始の1925年以降に普及した。

⑽　イ．1945年のできごとであり，ａ．沖縄戦の開始(３月)→ｃ．広島への原爆投下(８月６日)→ｂ．ソ連対日宣戦(８月８日)・侵攻(８月９日)の順である。

2　⑴①　イが正しい。　ア．日本海流(黒潮)と千島海流(親潮)がぶつかる潮目(潮境)が形成されるのは宮城県沖である。ウ．日本の排他的経済水域は，国土面積の約11倍広く，アメリカ，オーストラリア，インドネシア，ニュージーランド，カナダに次ぐ世界第６位である。　エ．上図のように，与那国島と南鳥島の間には南西諸島海溝があり，大陸だなは形成されていない。　②　エ．７月の平均気温が10℃以下だから，南半球のウかエである。日本よりも３時間進んでいるから，日本の３×15＝45(度)東に位置するニュージーランドと判断する。ニュージーランドは環太平洋造山帯に属しているため山地が多く，地震活動が多いことも手掛かりになる。

⑵　カ．造船所は，長崎に関連工場が集中している■である。自動車工場は，高速道路沿いの内陸部に立地する▲である。製鉄所は，原料を輸入しやすい沿岸部に立地する●である。

⑶　アを選ぶ。四方八方に光が出ている様子からできている。イは警察署，ウは市役所，エは風車。

⑷　日本海に面する12府県は，青森，秋田，山形，新潟，富山，石川，福井，京都，兵庫，鳥取，島根，山口。果実生産は青森・山形で盛んだから１番目・３番目の割合が高いイを果実，Ｌを青森と判断する。よって，新潟で割合が高いアを米，福井と石川で割合が高いエをせんい工業，兵庫(阪神工業地帯)と山口(瀬戸内工業地域)で割合が高いウを化学工業と判断する。

⑸　木材の輸入量が増えるにつれて，国内生産量が減っていったから，Ｘは外国産，Ｙは国内産。イについて，1995年の外国産の木材供給量は，1965年の90÷20＝4.5(倍)となる。

⑹　乗用車は，日米間の貿易摩擦による産業の空洞化で，1990年代前半に生産量が減ったアと判断する。レトルト食品は，年々生産量が増加しているウと判断する。

⑺　Ａは原油，Ｂは自動車，Ｃは液化天然ガス。自動車運搬船は，多層構造になっているウと判断する。ＬＮＧ船は，液化天然ガス(ＬＮＧ)を入れるタンクのあるアと判断する。

⑻　積荷をおろしたり，使い回されたりすることから，コンテナと判断する。食料品用の冷凍コンテナなどもある。

(9)① ウが正しい。利根川の河口は外房の太平洋，天竜川の河口は遠州灘，筑後川の河口は有明海に注ぐ。

② 4県のうち，政令指定都市が2つ以上ある県は福岡県と静岡県である。2都市とも人口 70 万をこえているイとエで，1位の人口を比較すれば，イが福岡県，エが静岡県と判断できる。アは愛知県，ウは千葉県。

(10) Xは「鉄鉱石」「化学薬品」から鹿島臨海工業地域にある鹿島港，Yはふすま(家畜飼料)から十勝港と判断する。加工貿易が盛んなので，原料の多いaを輸入量，加工品の多いbを輸出量と判断する。

(11) かつおの水揚げ量が多いアは焼津港，さば・まいわしの水揚げ量が多いウは銚子港である。残った2つのうち，暖流魚の水揚げがあるイを石巻港と判断する。

(12) 内陸県の長野県は海がないウである。残ったうち，太平洋側の気候の千葉県・瀬戸内の気候の大阪府は降雪量が少ないアとイなので，エは滋賀県である。面積が広いほどゴルフ場の数は多いから，アは大阪府，イは千葉県である。

(13) 回収頻度(●＞▲＞■)は排出量と比例するから，●は食品を含むア，■は量が少ないイと判断し，▲はウとなる。

3 (1) エの下関条約は日本海に面する山口県で締結されたので，誤り。

(2) の 1911 年締結の日米新通商航海条約が正しい。アの米騒動は 1918 年，ウの三・一独立運動は 1919 年，エの全国水平社結成は 1922 年。

(3) ウ．文字が刻まれた鉄剣は古墳時代の出土品だから，aは誤り。

(4) 藤原京の設置は7世紀末～8世紀始めだから，イの大宝律令の制定(701 年)が正しい。アの大化の改新は 645 年，ウの第一回遣唐使派遣は 630 年，エの国分寺建立の詔の発令は8世紀中頃。

(5) 観阿弥・世阿弥が大成させた能，猿楽から発展した狂言などをあわせて能楽と呼ぶ。

(6) アが正しい。 イ．大名の妻子を江戸へ居住させた参勤交代は江戸時代に出された。 ウ．「源氏の将軍」ではなく「北条政子」である。 エ．元寇は防衛戦だったため，幕府は十分な恩賞を御家人に与えられなかった。

(8) ウ．bは身分統制令，cはバテレン追放令。aの慶安御触書とされていた農民の心得，dのポルトガル船の来航禁止は徳川家光が発した。

(9) 鎖国政策下では，薩摩藩は琉球王国，対馬藩は朝鮮，松前藩はアイヌ(蝦夷地)，長崎はオランダ・中国との窓口になった。

(10) イが誤り。「保元の乱」ではなく「平治の乱」である。保元の乱は，後白河天皇と崇徳上皇の対立。

(11) 1869 年に中央集権の国家を目指して版籍奉還が行われたが，目立った効果が上がらなかったため，1871 年に廃藩置県を実施し，政府から派遣された県令や府知事がそれぞれの県を治めることとした。

(12) ウが正しい。伊藤博文は岩倉使節団の一員として欧米を回り，君主権の強いプロイセン(ドイツ)の憲法を学んで帰国した後，内閣制度を創設し，初代内閣総理大臣に就任した。 ア．伊藤博文は長州藩士，大政奉還の進言を行ったのは土佐藩士。 イ．フランスの教育制度にならって学制が定められた。 エ．大日本帝国憲法下では，内閣総理大臣は大命降下によって指名された。

(13) 満州事変開始(1931 年)→エ．五・一五事件(1932 年)→南京事件(1937 年)→イ．日独伊三国同盟(1940 年)→ジャワ島占領(1942 年)。アは 1925 年，ウは 1943 年。

4 (1) アとウが正しい。 イ．大日本帝国憲法と皇室典範に，皇位を男性に限定するという条文がある。 エ．日本国憲法に自衛隊の記述はない。自衛隊の最高指揮監督権を持つのは内閣総理大臣である。

(2) イを選ぶ。被選挙権年齢は，都道府県知事の方が市長村長よりも高く，都道府県知事と市長村長の任期は4年で同じである。

衆議院議員・都道府県の議会議員・ 市(区)町村長・市(区)町村の議会議員の被選挙権	満 25 歳以上
参議院議員・都道府県知事の被選挙権	満 30 歳以上

(3)① 日本は，女性の政治参加が進んでいないので１に最も近くなる。よって，イを日本，キを政治と判断できる。

② ウは日本国憲法に明記されていない新しい人権なので，誤り。

(4) ウ・キ「教育，科学…平和及び安全に貢献する」から，歴史的な建造物や貴重な自然を世界遺産に登録するユネスコ(国連教育科学文化機関)と判断する。

(5) イが正しい。 ア．女子差別撤廃条約の国連総会での採択(1979年)は，子どもの権利条約の採択(1989年)以前。 ウ．条約は内閣が締結して，国会が承認するので，裁判所に権限はない。 エ．条約は，天皇が国事行為として公布する。

(6) エ．賃金において，最高額は東京都の 1041 円，最低額は高知県・沖縄県の 820 円。全都道府県の最低賃金が 800円以上となったから，平均額も800円を上回る。

(7) イ．女性の社会進出が進み結婚しない人が増えたので，グラフ線の山が小さいａを2015年と判断する。女性の方が平均寿命は高いから，高齢者における割合が高いＸを男性と判断する。

(8) エが正しい。裁判員は地方裁判所の重大な刑事裁判の一審のみ参加する。 ア．日本に少年裁判所はない。 イ．最高裁判所裁判官の長官以外の裁判官は，内閣が任命する。 ウ．国民審査は，衆議院議員選挙のときのみ行われる。

(9) ウの公聴会は国会での審議中に開かれるので，誤り。

(10) イが正しい。 ア．復興庁は2011年の東日本大震災後に設けられた。 ウ．銀行や証券会社の監督は金融庁，ふるさと納税の推進は総務省が担当する。 エ．弾劾裁判の裁判官は衆参両議院から７名ずつ選ばれる。

2021 解答例
令和３年度

★東大寺学園中学校

《国　語》

一 (一)①晩秋　②創業　③軍配　④遊興　⑤眼福　⑥実績　⑦算段　⑧博覧　⑨練　⑩肥
(二)A．エ　B．イ　C．ウ

二 (一)a．ウ　b．イ　(二)ア　(三)エ　(四)エ　(五)本を読み旅をすることで、「今ここ」以外の現実を生き、自分の持っている既成概念を崩され、あらたな「私」自身を手に入れることができる。それを繰り返すうちに、自分向きの「今ここ」にたどり着くということ。　(六)イ　(七)B，E

三 (一)ウ　(二)イ　(三)いいうわさは聞かなかったが、顔立ちは粗野ではないと感じた上に、無邪気な笑顔を見たことで警戒心が解け、親しみを感じている。　(四)エ　(五)イ　(六)エ　(七)ア　(八)丈太郎の行動は惣べえが望まないことだと感じた上に、丈太郎が帰ってきたら自分の織ったちぢみを着てほしい、できれば結婚したいという自分の願いもかなわないから。

《算　数》

1 (1)16　※(2)A．21.6　B．18　※(3)(ⅰ)70　(ⅱ)19

※2 (1)4　(2)65

※3 (1)30　(2)6.25　(3)21.25

※4 (1)2　(2)$9\frac{2}{3}$　(3)Qの速さ…$\frac{2}{3}$　重なる回数…3　(4)3回目…12　4回目…$12\frac{2}{3}$

※の考え方・式は解説を参照してください。

《理　科》

1 (1)ウ　(2)オ　(3)毛細血管　(4)ア，オ　(5)75　(6)はく動の数が増える。　(7)カ　(8)かん臓…ア，オ　じん臓…エ，オ，キ　(9)ウ

2 (1)ア　(2)エ　(3)イ，ウ，エ　(4)ウ，エ，オ　(5)ウ　(6)イ，エ　(7)オ　(8)イ

3 (1)かんそう剤　(2)ア，イ，オ　(3)a．59.0　b．33.0　(4)エ　(5)イ　(6)ア

4 (1)なし　(2)水…10　アンモニア…15.88　(3)1.52　(4)2　(5)5：12　(6)0.2　(7)1.65

5 (1)4　(2)1　(3)9　(4)ウ　(5)キ　(6)6

6 (1)点B…オ　点C…オ　点D…ウ　(2)4.5　(3)エ　(4)イ　(5)右図

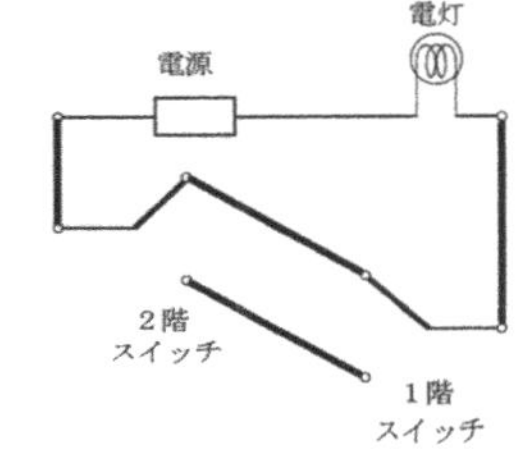

《社　会》

1 (1)ウ　(2)イ　(3)①イ→ウ　②ア　(4)ア　(5)ア，カ　(6)イ→エ　(7)エ　(8)ア→ウ　(9)エ　(10)イ　(11)イ　X．オーストラリア　(12)エ　(13)エ　(14)ウ

2 (1)イ　(2)ウ　(3)エ　(4)イ　(5)自由民主党／公明党　(6)エ→ア　(7)エ　(8)ウ

3 (1)ウ　(2)ウ→イ　(3)エ　(4)イ　(5)エ　(6)ア　(7)応仁の乱で京都が戦場となっていたから。　(8)尾張／水戸　(9)寺子屋　(10)ウ　(11)イ　(12)ウ　(13)ア　(14)①エ　②ユダヤ　(15)ア　(16)エ

4 (1)①コシヒカリ　②イ→ウ　(2)イ→ア　(3)ア　(4)エ　(5)ウ→Y　(6)①語…宇治　記号…イ　②ウ　(7)イ　(8)エ

←解答例は前のページにありますので，そちらをご覧ください。

《2021　国語　解説》

一　(二)A　「生返事」は、いいかげんな返事、気のない返事。よって、一応返事はしたが「いつまでたっても取りかからない」とあるエが適切。　B　「絵空事」は、おおげさで、実際にはあり得ないこと。よって、「まったく信用できない」とあるイが適切。　C　「役不足」は、本人の力量に対して役目が軽すぎること。よって、ウが適切。アのように、「力不足」と混乱し、本人の力量に対して役目が重すぎるという意味で使うのは誤用。

二　(二)　「お金を持っているほうが、持っていないことよりずっといい」という価値観で生きていると、お金がないのはつらいことになるが、そもそもお金に意味がない世界にいけば、なくてもつらくないのである。このように、既成概念（せいがいねん）にとらわれない自由な見方ができるようになるということ。この「お金」のたとえは、旅に出ると「自分の持っている既成概念がことごとく崩（くず）されていく」ということの一例である。よって、アが適する。

(三)　「旅は、私がいる『今ここ』の現実、『今ここ』の日常をも、よりはっきり見せてくれる」ということの具体例として、「女性性」と「差別」を取り上げている。□の直後の一文に「旅をすることによって私ははじめて～知り、考え、自分の暮らす国でのそれらについてあらためて知り、考えた」とあることからも、エが適する。

(四)　「ただしく組み立てていく」ことで得られるものは、「あらたな私たち自身」（――部②の次行）である。旅をして、「既成概念が崩され～ひとつひとつ自分のあたまで考えて自分の言葉を使って、既成ではない自分だけの概念を作ることを余儀（よぎ）なくされる」、「知り、考えることによって～想像力をゆたかにする～自分とは異なる正義～異なる価値観で行動する他者について思いを馳（は）せる」ということを通して、「自分にとって何がうつくしくて何がみにくいか～何を信じられて何は信じられないか」といったことをひとつひとつ自覚していく、つまり、エの「自分自身の物事のとらえ方や考え方自体を新たに作り直す」ことになるということ。

(五)　直前に「『今ここ』～から逃（に）げられる場所は、たくさん～あるほど」とある。この一文で述べているのは、第２段落の、本の効用と同じことである。それは、「たくさんの逃げ場所～に好きなだけ逃げて過ごしてきたからこそ」「自分向きの『今ここ』にたどり着くことができる」ということ。本を読んだり旅をしたりして「『今ここ』以外」の世界をたくさん知ると、何を得られるのか。それは、「私のよく知っている以外の『私』」（＝あらたな私）を知ることである。具体的には、既成概念にとらわれない発想ができるようになったり、それまで気付かなかったことや考えてもみなかったことを考えるようになったりするということ。それをくり返すうちに「自分向きの『今ここ』」にたどり着く。そして、「今ここ」は自分に合っているのだから、「生きているのは楽ちんになる」。

(六)　【文章２】では「実際に旅するだけでなく、家に引きこもることも、本を読めば旅になる」「本を読めば、遠くのことが近くに見えてくる」と述べている。このように、本を読むと想像が広がることを、最終段落で「『想像半径』が広がる」と表現し、「『想像半径』が広がるからこそ、人は大人になる～想像力がしぼんでしまったら～大人ではなくなってしまうのかもしれない」と述べている。これらの内容から、イのような理由が読みとれる。

(七)　Ｂさんの「本を読むことが人の想像力をかき立てて、旅をよりいっそう意義深いものにする」ということは、【文章１】では述べられていない。【文章２】の最初に「もちろん旅に出る直前や旅の最中には、本を読んで想像をふくらませる」とあるが、それよりも「旅が終わったり旅に出られないときに、無性（むしょう）に本が読みたくなる」という内容に重点が置かれている。Ｅさんの「『逃げ場所』を一つずつ減らしていくことで」は誤り。「『今ここ』以外の、いくつもの現実を生きることで～あらたな私たち自身を手に入れていくのだと思う」と述べている。

三 (一)　「とくべつにかわいい」娘に、お客さんの手前「形ばかり叱ってみせた」とあるから、やさしい笑顔で言ったのだと考えられる。よって、ウが適する。

(二)　お客さんに出したまんじゅうを自分のものだと言いに来たこと、「遅く生まれた子はとくべつにかわいいという」とあることから、「ふき」が甘やかされてわがままに育っていることがうかがえる。そのように「とくべつにかわいい」娘であるから、惣べえさんは「ふき」にまんじゅうを食べさせたいと思っているはず。その気持ちを察した「なつ」は、まんじゅうを二つとも残そうと思っただろう。しかしそのまんじゅうは、惣べえさんが外で待たされる「なつ」を気づかって用意してくれたものなので、もらわずに出ていくのも厚意を無にするようで失礼である。だから間をとって、一つだけもらったのだ。この内容に、イが適する。アは、惣べえさんは「おっとつぁんにちっと話(＝「なつ」を息子の嫁にしたいという話)がある。そのまんじゅうを食べながら外で待っててくろ」と言っているので、「なつ」を気に入ったのは、まんじゅうを一つ残したからではない。ウの「『ふき』～自立した子供～惣べえさんの指示に従って行動する『なつ』」、エの「『なつ』を敵視している」は適さない。

(三)　「丈太郎のいいうわさは聞かない。西脇屋の厄介なお荷物と悪しざまにいう人さえもいる」とあることから、「なつ」が丈太郎に良いイメージを持っていなかったことがうかがえる。だから「いそいで灯籠のうしろに身をかくす」ことをした(＝警戒した)のだと考えられる。しかし実際には、「高い鼻梁の端整な(＝ととのった)顔立ち～粗野(＝下品であらあらしい様子)ではなかった」「いたずらな子どものように笑っている」「無邪気としかいいようのない顔で笑った」とあるように、親しみやすそうな、感じの良い人だったので、意外だと思ったのである。――部②の直後の「急に気持ちがほどけたようになって」からも、それまで警戒していたことがわかる。

(四)　「丈太郎は、惣べえさんの実の子ではなかった」が、「妹の忘れ形見～あとをつがせることにした」とある。その後、惣べえさんに実の子が生まれ、自分の生い立ちを知った丈太郎の「素行が荒れ」ても、「丈太郎の立場を変える(＝あとつぎの座からおろす)ようなことはしなかった」とある。ここから、エのような人がらが読みとれる。

(五)　直後に「やおら話を切り出した」とあり、それまで心の中にとどめていた話を、「なつ」と「おばあ」に話したのである。それは「西脇屋のだんさん(＝惣べえさん)が、なつを丈太郎さんの嫁にどうかといいなすった」ということである。この後、「おっとつぁん」は「惣べえさんの心積もりってだけで正式の話じゃねえんだ。丈太郎さんにもまだ話してねえらしいし～騒ぎがおさまらねば何もできねえ」と保留にし、「なつの気持ちは聞かなかった」とある。この様子からも、この話をどうするか判断がつかなかったのだと読みとれる。よって、イが適する。

(七)　丈太郎が会津藩に兵として志願したと聞いて、にわかに信じられなかった「なつ」は、「急くような気持ちで西脇屋さんに向かった」。そして丈太郎と話をしているうちに、「なつの気持ちは一気に丈太郎に傾いた」とある。その丈太郎が「おっかさんの墓参りだ。しばらく～もどれんから」と言った、つまり、本当に戦場に行くのだとわかり、直後に「なつは胸がつぶれるような(＝悲しみや心配で心がしめつけられるような)気持ちになった」とある。口には出せないが「行かないでくれとか、死なないでくれとか」思っているのである。この内容に、アが適する。

(八)　「いつかおれも、おめえの織ったちぢみを着させてもらうな」と言ってくれた丈太郎が無事にもどってくることを信じて「お嫁にしてもらおう」と思っていた「なつ」は、丈太郎が帰って来ないさみしさを感じている。それだけでなく、「<u>そんなの</u>さみし<u>すぎる</u>」には、直前で「おっとつぁん」が言った「惣べえさんの前から姿を消す(＝自分があとつぎにならないようにする)ことが、あんひと(＝丈太郎)にできるたったひとつの恩返しだったんだ」というのがもし本当なら、という意味がこめられていると考えられる。丈太郎は自分がいなくなることが西脇屋にとって良いことだと思って身を引いたのかもしれないが、惣べえさんは丈太郎がいなくなることなど望んでいないはずだと思ったのだろう。この親子の気持ちのすれちがいに、やりきれなさ、せつなさを感じたのだと考えられる。

《2021　算数　解説》

1 (1)　「＝」の左側を整理すると，$(441-361)\div(1+\frac{4}{2021})-20\div(1+\frac{□}{2009})=80\times\frac{2021}{2025}-20\div(1+\frac{□}{2009})=$
$\frac{32336}{405}-20\div(1+\frac{□}{2009})$　　「＝」の右側を整理すると，$441-381=60$　　よって，$\frac{32336}{405}-20\div(1+\frac{□}{2009})=60$
$20\div(1+\frac{□}{2009})=\frac{32336}{405}-60$　　$20\div(1+\frac{□}{2009})=\frac{8036}{405}$　　$1+\frac{□}{2009}=20\div\frac{8036}{405}$　　$1+\frac{□}{2009}=\frac{2025}{2009}$
$2009+□=2025$　　$□=2025-2009=16$

(2)　**【解き方】ＡとＢの１ｇあたりの体積の比がわかれば，ＡとＢを重さが６：５になるように入れたときの体積の比を求められる。**

容器に入る液体ＡとＢの重さの比が54：30＝９：５だから，ＡとＢの１ｇあたりの体積の比はこの逆比の５：９である。したがって，ＡとＢを重さが６：５になるように入れて容器をいっぱいにしたとき，ＡとＢの体積の比は，$(5\times6):(9\times5)=2:3$である。よって，Ａは容器全体の$\frac{2}{2+3}=\frac{2}{5}$，Ｂは容器全体の$\frac{3}{2+3}=\frac{3}{5}$入っているのだから，Ａの重さは$54\times\frac{2}{5}=21.6$(ｇ)，Ｂの重さは$30\times\frac{3}{5}=18$(ｇ)である。

(3)(ⅰ)　**【解き方】解答用紙に各段の上の面と下の段にできる切り口の線をかいて数える。**

図①

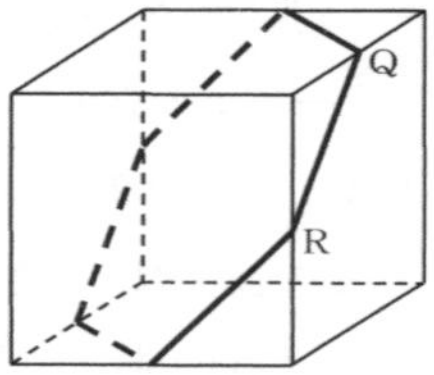

P　Q　R

大きい立方体は右図①のように切断され，切り口は６本の辺の真ん中の点を通り，正六角形となる。小さな立方体を縦５個，横５個並べてできる直方体が５段重なっていると考えて，上から順に１段目，２段目，３段目，…とする。平行な面にできる切り口の線は平行になるので，各段の上の面と下の段にできる切り口の線は直線ＰＱと平行になる。図②は，各段の上の面にできる切り口の線を実線で，下の面にできる切り口の線を破線で表したものである。図の色をつけた小さな立方体が切断される立方体なので，切られた立方体は全部で，９＋12＋13＋12＋９＝55(個)

図②

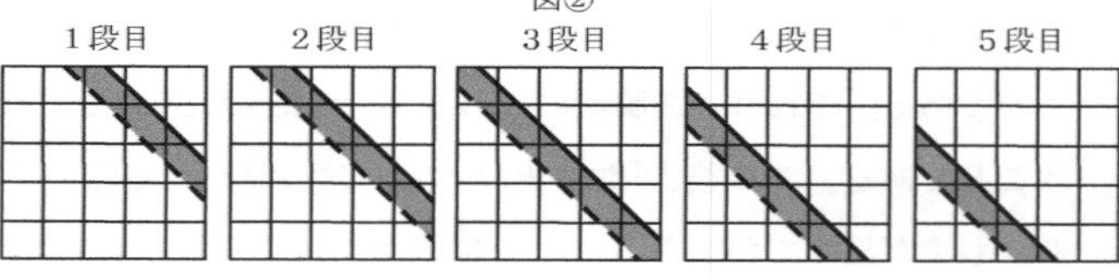

よって，切られなかった小さな立方体は全部で，125－55＝70(個)

(ⅱ)　**【解き方】(ⅰ)でかいた図で，右図のように切られている小さな立方体は，図①と同じ切られ方をしているので，切り口が正六角形になる。**

切り口が正六角形になる小さな立方体は，１段目と５段目に３個ずつ，２段目と４段目に４個ずつ，３段目に５個あるから，全部で，(３＋４)×２＋５＝19(個)

2 (1)　**【解き方】$\frac{1}{3}$と$\frac{1}{5}$の分母の最小公倍数が15だから，全体の人数を⑮人とする。中学生は⑮×$\frac{1}{5}$＝③(人)，男子は⑮×$\frac{1}{3}$＝⑤(人)だから，右表のように表せる。①は整数であり，①の値(あたい)として考えられる数をしぼりこんでいく。**

	中学生	小学生	合計
男子	ア		⑤
女子		25	⑩
合計	③	⑫	⑮

ア＋⑫＋⑩－⑮＝25人だから，ア＝25－⑦(人)

⑦は７の倍数であり，25－⑦は０以上だから，①は１，２，３のいずれかである。

⑩は25以上なので，①は３に決まる。よって，求める人数は，ア＝25－３×７＝４(人)

(2)　**【解き方】まず５を７個かけたときの下２桁(けた)を考える。そこから５を３に置きかえることを１回するごとに下２桁がどのように変化するのかを考える。**

５を何個もかけていくと，５，５×５＝25，25×５＝125，…というように，２個からは下２桁が必ず25になる。

25に3を何個かかけていくと，25×3＝75，75×3＝225，…というように，下2桁で75と25がくり返される。したがって，十の位が偶数になる組み合わせとして，「3が0個，5が7個」「3が2個，5が5個」「3が4個，5が3個」が見つかる。5が1個だけだと下2桁が25にならないので，「3が6個，5が1個」は単純に計算して，3×3×3×3×3×3×5＝3645となり，十の位が偶数になる。「3が7個，5が0個」の場合は，$3645\times\frac{3}{5}=2187$となり，十の位が偶数になる。

次に，右の「組み合わせの数の求め方」を利用して計算する。

「3が0個，5が7個」となる取り出し方は1通り。

「3が2個，5が5個」となる取り出し方は，7回から3を取り出す2回を選ぶので，$\frac{7\times6}{2\times1}=21$(通り)

「3が4個，5が3個」となる取り出し方は，7回から5を取り出す3回を選ぶので，$\frac{7\times6\times5}{3\times2\times1}=35$(通り)

「3が6個，5が1個」となる取り出し方は，7回から5を取り出す1回を選ぶので7通り。

> **組み合わせの数の求め方**
>
> 異なる10個のものから順番をつけずに3個選ぶときの組み合わせの数は，
>
> $\frac{⑩\times9\times8}{③\times2\times1}=120$(通り)
>
> （全体の個数：⑩，選ぶ個数：9×8 の部分，選ぶ個数：③，選ぶ個数：2×1 の部分）
>
> つまり，異なるn個からk個選ぶときの組み合わせの数の求め方は，$\frac{(\text{n個からk個選ぶ順列の数})}{(\text{k個からk個選ぶ順列の数})}$

「3が7個，5が0個」となる取り出し方は1通り。よって，全部で，1＋21＋35＋7＋1＝65(通り)

3 (1) 平行線の錯角は等しいから，角CAD＝角ACB＝60°　角DAF＝60°－45°＝15°

折り返したとき重なるから，角EAF＝角DAF＝15°　よって，角DAE＝15°＋15°＝30°

(2) **【解き方】三角形AEDにおいて右のように作図すると，三角形AEHは1辺が5cmの正三角形を半分にしてできる直角三角形となる。**

EH＝$5\div2=\frac{5}{2}$(cm)だから，三角形AEDの面積は，$5\times\frac{5}{2}\div2=\frac{25}{4}=6.25$(cm²)

(3) **【解き方】(2)で求めた三角形AEDの面積を利用する。また，三角形GCE，三角形GABそれぞれに三角形GCBを合わせて考える。**

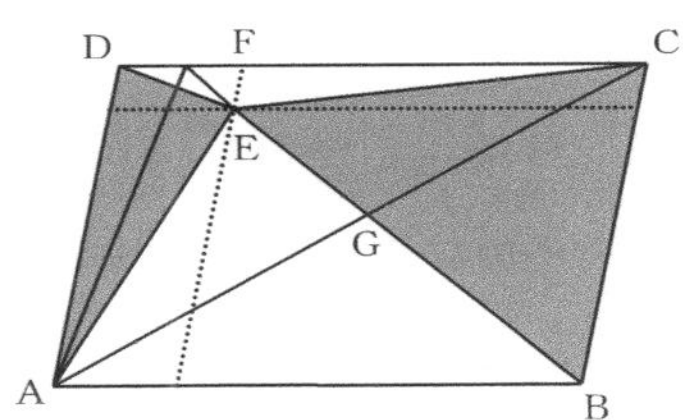

平行四辺形ABCDを右図の点線のように4つの平行四辺形に分けると，三角形AED，GCE，GCBの面積の和は，4つの平行四辺形それぞれの面積の半分の和になっているとわかる。つまり，右図の色をつけた部分の面積の和は，平行四辺形ABCDの面積の半分である。

また，三角形ABCの面積も，平行四辺形ABCDの面積の半分だから，三角形ABCと三角形EBCの面積の差は，三角形AEDの面積に等しい。三角形ABCと三角形EBCは，三角形GBCの部分が重なっているから，三角形ABCと三角形EBCの面積の差は，三角形GABと三角形GCEの面積の差に等しい。

したがって，三角形GCEの面積を⑥，三角形GABの面積を⑪とすると，⑪－⑥＝⑤が三角形AEDの面積に等しいから，⑤＝6.25cm²である。よって，求める面積は，⑥＋⑪＝⑰＝$6.25\times\frac{⑰}{⑤}=21.25$(cm²)

4 (1) **【解き方】Pは，長くなるときは(Qの秒速－秒速2cm)で，短くなるときは(Qの秒速＋秒速2cm)で動くから，Pが停止するのは，棒の長くなるときの速さとQの速さが同じになるときである。**

Pが長くなるときの速さ，(Qの秒速－秒速2cm)が0になるのは，Qの速さが秒速2cmのときである。

(2) **【解き方】QがAに重なるのが(45－10)÷5＝7(秒後)で，9秒後でもOQ＝10＋5×9＝55(cm)だから，少なくともPがAに重なるのは9秒後以降である。**

図1を見ると，９秒後のＰは長くなっている途中であり，その速さは，秒速(５－２)㎝＝秒速３㎝である。

９秒後のＰＱの長さは，１秒後のＰＱの長さと同じ12㎝だから，９秒後のＡとＰは，45－(55－12)＝２(㎝)離れている。長くなるとき，Ｐは２㎝進むのに$2\div3=\frac{2}{3}$(秒)かかるから，ＰがＡに重なるのは，時刻が$9+\frac{2}{3}=9\frac{2}{3}$(秒)のときである。

⑶　**【解き方１】Ｑが毎秒２㎝より速く動くと，ＰはＯの左側に行くことはないので，「時刻０秒」以外にＰとＯが重なることはない。したがって，Ｑの速さは毎秒２㎝よりおそい。ＰとＯがちょうど２回重なるのは，右図①と図②の間で１回重なり，図③で２回目に重なる場合である(Ｓは，棒の上でＱから左に10㎝の位置にある点)。**

図①(棒が14㎝になる１回目)　P S Q O

図②(最初を除いて，棒が10㎝になる１回目)　P(S) Q O

図③(棒が14㎝になる２回目)　P S Q O

図③は「時刻６秒」であり，６秒でＳは４㎝右に動いたから，Ｑの速さは，毎秒$\frac{4}{6}$㎝＝毎秒$\frac{2}{3}$㎝

これは毎秒２㎝よりおそいので，条件に合う。

ＳとＡが重なるのはＳが45㎝動いたときだから，時刻が$45\div\frac{2}{3}=\frac{135}{2}=67.5$(秒)のときである。ＰとＳの間の長さは４秒ごとに０㎝になるから，67.5÷４＝16余り3.5より，「時刻67.5秒」はＰとＳが重なる４－3.5＝0.5(秒)前である。したがって，ＰはＳの２×0.5＝１(㎝)左にある(図④参照)。このあと棒の長さが10㎝になるときと14㎝になるとき(68秒，70秒，72秒，…)の位置関係を順番に調べていく。

図④(67.5秒)　1 cm　P S Q A

図⑤(68秒)　P(S) Q A

図⑥(70秒)　P S Q A

図⑦(72秒)　P(S) Q A

図⑧(74秒)　P S Q A

「時刻68秒」では，ＳがＡから$\frac{2}{3}\times0.5=\frac{1}{3}$(㎝)離れていて，図⑤のようになっている。

「時刻70秒」では，ＳがＡから$\frac{1}{3}+\frac{2}{3}\times2=1\frac{2}{3}$(㎝)離れていて，図⑥のようになっている。

「時刻72秒」では，ＳがＡから$1\frac{2}{3}+\frac{2}{3}\times2=3$(㎝)離れていて，図⑦のようになっている。

「時刻74秒」では，ＳがＡから$3+\frac{2}{3}\times2=4\frac{1}{3}$(㎝)離れていて，図⑧のようになっている。

ＰとＡが重なるのは，図④と図⑤の間に１回，図⑤と図⑥の間に１回，図⑥と図⑦の間に１回であり，図⑧の時点でＳとＡは４㎝よりも離れているので，このあと重なることはない。よって，求める回数は３回である。

【解き方２】１回目に重なるのが短くなるときだから，２回目に重なるのが長くなるときの途中だと，その後短くなるときに３回目の重なりが発生してしまう。したがって，２回目にちょうど長くなり終わった６秒後に重なると，重なりが２回になる。

横軸を時間，縦軸をＯからの距離とするグラフを考えると，右のようになる。グラフより，６秒後，ＯＱ＝14㎝だから，Ｑは６秒間で，14－10＝４(㎝)進んだことになる。

よって，Ｑの速さは，秒速(４÷６)㎝＝秒速$\frac{2}{3}$㎝

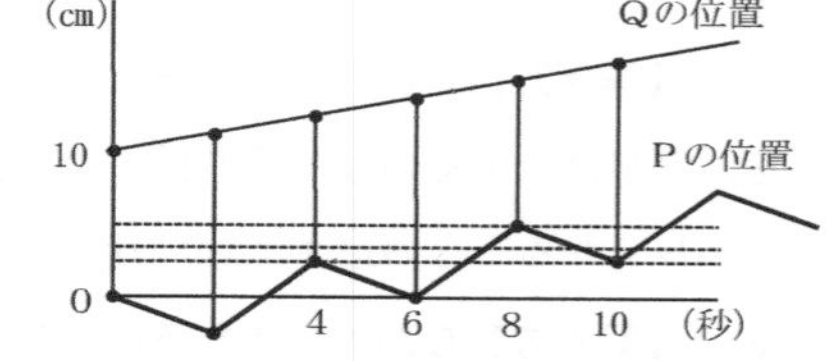

グラフ上に，横軸に平行な点線を引くと，それぞれの地点での重なる回数がわかる。横軸よりも上にある横軸に平行な直線は，Ｐの位置を表すグラフと必ず３回交わっている。よって，棒の左端Ｐは点Ａと３回交わる。

⑷　**【解き方１】棒の上でＱから左に10㎝のところにある点をＳとする。ＲがＱより速いとＲとＰは重なることがないから，ＲはＱよりおそい。棒全体の動きを考えると複雑になるので，Ｐの速さとＲの速さからＱの速さを**

引いて考える。つまり，Pは4cmの長さを往復する点であり(最初に左に進む)，Rは左に進む点と考える。

PとRが右図のBC間を移動すると考える。PとRはCを同時に出発するので，Rの方が速いと一度も重ならないから，Pの方が速い。

図では，PとRがちょうど6回重なる場合の移動の様子を，Rは太線で，Pは破線で表していて，○はPとRが重なることを表す。6回目はPとRが同時にBに着いたときである。

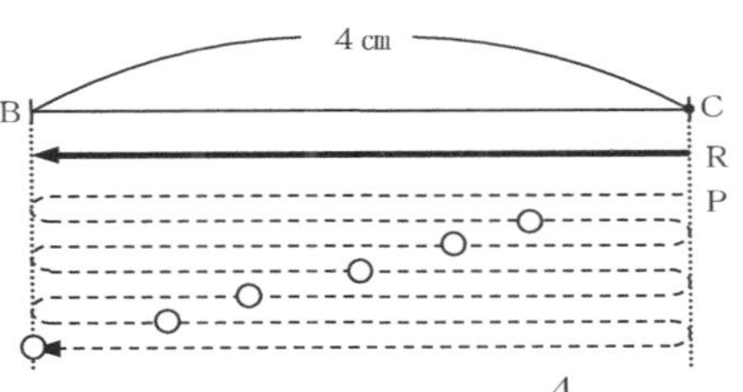

Pは片道を進むのに2秒かかるから，3往復半するのに2×7＝14(秒)かかるので，Rの速さは，毎秒$\frac{4}{14}$cm＝毎秒$\frac{2}{7}$cmである。3回目に重なるのはPが図の全行程の半分まできたときなので，RはBC間のちょうど真ん中にいて，Cから4÷2＝2(cm)進んでいる。よって，3回目の棒PQの長さは，10＋2＝12(cm)

この次に重なるのは，3回目の時点から，PがRよりも2＋2＝4(cm)多く進んだときだから，$4\div(2-\frac{2}{7})=\frac{7}{3}$(秒後)なので，Rは3回目のときから$\frac{2}{7}\times\frac{7}{3}=\frac{2}{3}$(cm)進んでいる。よって，4回目の棒PQの長さは，$12+\frac{2}{3}=12\frac{2}{3}$(cm)

【解き方2】(3)の解き方2を応用する。t秒後のPの位置をP_tとする。

点Pの位置を表すグラフは右図のようになり，「時刻0秒」以外にちょうど6回重なるのは14秒後である。

右図において，P_0～P_7までとP_7～P_{14}までのグラフは，P_7を対称の中心とした点対称の位置にあるので，3回目に重なる点はP_7であり，7秒後のPQの長さは，10cmと14cmの中間点の12cmである。また，4回目に重なった点をP_rとする。右図で，P_8P_{10}と$P_{12}P_{14}$は平行だから，2つの三角形$P_0P_8P_r$と$P_0P_{12}P_{14}$は同じ形であり，

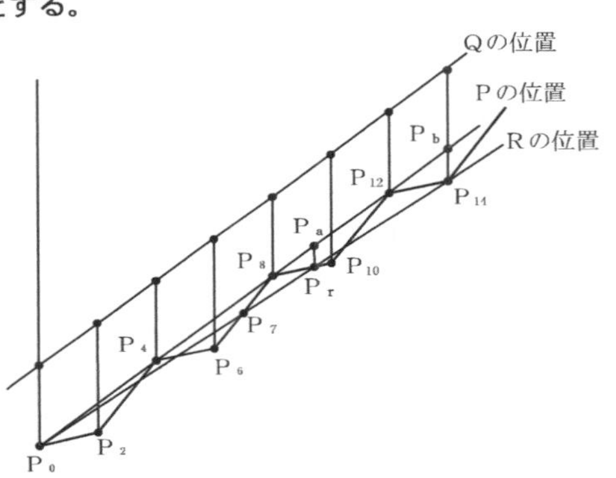

$P_8P_r : P_{12}P_{14}=P_0P_8 : P_0P_{12}=2:3$である。

2つの三角形$P_8P_rP_a$と$P_{12}P_{14}P_b$も同じ形で，$P_rP_a : P_{14}P_b=P_8P_r : P_{12}P_{14}=2:3$だから，

$P_rP_a=P_{14}P_b\times\frac{2}{3}=(14-10)\times\frac{2}{3}=\frac{8}{3}=2\frac{2}{3}$(cm)

よって，4回目に重なった時刻での棒PQの長さは，$10+2\frac{2}{3}=12\frac{2}{3}$(cm)

《2021　理科　解説》

1 (1) ウ×…白血球は赤血球に比べて大きく，体内に入ってきた細菌を死滅(しめつ)させるはたらきがある。

(2) ア×…酸素濃度が最も高い血液が流れるのは血管(B)である。　イ×…血管(B)は肺静脈である。　ウ×…血管(D)はかべが厚く，弁がみられない。　エ×…食後，最も養分が多くふくまれる血液が流れるのは血管(G)である。

(4) ア，オ×…ホニュウ類，鳥類，ハチュウ類は一生肺で呼吸し，両生類の親は肺で呼吸する。オオサンショウウオは両生類，カンガルーはホニュウ類，シマヘビはハチュウ類，ニワトリは鳥類である。一生のうち，どの時期にも肺が見られない動物は，イセエビとスルメイカである。

(5) 1時間→60分より，1時間に50×60＝3000(回)のはく動で，100×3000＝300000(mL)→300Lの血液が心臓から送り出される。そのうちFに5％，Hに20％が流れるので，かん臓に流れこむのは，$300\times\frac{20+5}{100}=75$(L)となる。

⑺ カ○…ヒツジのような草食動物の小腸はヒトやオオカミに比べて長い。また，ヒトの小腸はオオカミよりもわずかに長い。

⑻ イ．かん臓やじん臓は消化管の一部ではない。　ウ．タンパク質を分解する消化液をつくるのは，胃やすい臓などである。　オ．ホニュウ類のブタやウシはかん臓やじん臓をもつ。　カ．じゅう毛は小腸の内側のかべにあり，表面積を大きくし，栄養分を吸収しやすくしている。

⑼ ウ×…筋肉と骨をつなぐ部分をけんという。

2 ⑴ ア○…春分，秋分の日に太陽が南中するときに，太陽と棒の角度が 90 度になるようにする。日本は北緯 35 度にあるので，北向きで高度 35 度である。

⑵ エ○…かげはA，B，Cの順に移動するので，Aの南中時刻が最も早く，Cの南中時刻が最もおそい。東にある地点ほど南中時刻が早いので，AB間に比べてBC間がせまいことから，Aは宮古市，Bは精華町，Cは明石市である。

⑶ イ，ウ，エ○…太陽の南中時刻は東にいくほど早く，西にいくほどおそくなる。したがって，夏至に●より早い時刻に太陽が南中する場所は，●よりも東にあるイ，ウ，エである。

⑷ ウ，エ，オ○…冬至の日の出の時刻は，東にいくほど早く，また，冬至の昼間の長さは南にいくほど短くなるので，冬至の日の出の時刻は南にいくほど早い。したがって，冬至の日の出の時刻が●より確実に早い時刻になるのは，●の真東にあるウ，南東にあるエ，真南にあるオである。

⑸ ウ○…棒がつくるかげの先の位置が棒より南側に来るのは，太陽が真東(真西)よりも北側にあるときだから，夏至の，日の出直後と日の入り直前である。

⑹ イ，エ○…太陽の高度が 45 度よりも高くなるとき，かげの長さが 1 mよりも短くなる。夏至の日の太陽の南中高度は〔90 度－その地点での緯度＋23.4 度〕，春分の日・秋分の日の太陽の南中高度は〔90 度－その地点での緯度〕，冬至の日の太陽の南中高度は〔90 度－その地点での緯度－23.4 度〕で求められる。東大寺学園を北緯 35 度とすると，太陽の南中高度は，夏至の日に 90－35＋23.4＝78.4(度)，春分の日・秋分の日に 90－35＝55(度)，冬至の日に 90－35－23.4＝31.6(度)となる。

⑺ オ○…太陽からの熱が地面，空気の順に伝わって，気温が上がる。

⑻ イ○…太陽の南中時に地面が受ける太陽からの熱の量は最も多くなるが，その熱が地面から空気に伝わるまでには時間がかかる。

3 ⑵ ア○…鉄にうすい塩酸を加えると水素が発生する反応では，熱を出して温度が上がる。　イ○…うすい水酸化ナトリウム水溶液にうすい塩酸を加えると中和して食塩と水ができる反応では，熱を出して温度が上がる。
ウ×…コップに入れた氷がとけるとき，熱を吸収して温度が下がる。　エ×…食塩が水にとけるとき，熱を吸収して温度が下がる。　オ○…鉄が空気中の酸素と結びつく反応では，熱を出して温度が上がる。

⑶ a．表より，水の量が一定のとき，水の温度変化は生石灰の量に比例することがわかる。生石灰 2 g につき水の温度が 25.2－20.0＝5.2(℃)上がるので，生石灰 15 g では，$5.2\times\frac{15}{2}=39.0$(℃)上がって，20.0＋39.0＝59.0(℃)となる。
b．表より，生石灰の量が一定のとき，水の温度変化は水の量に反比例することがわかる。生石灰の量が 10 g，水の量が 100 g のとき，水の温度が 46.0－20.0＝26.0(℃)上がるので，水の量が 200 g では，$26.0\times\frac{100}{200}=13.0$(℃)上がって，20.0＋13.0＝33.0(℃)となる。

⑷ エ○…生石灰(酸化カルシウム)に水を加えると生じる白い固体は消石灰(水酸化カルシウム)である。この水酸化カルシウムの水溶液は石灰水とも呼ばれ，アルカリ性を示し，気体X(二酸化炭素)を通すと白くにごる。

⑸ イ○…生石灰(酸化カルシウム)に水を加えると発熱し，そのとき生じる水酸化カルシウムの水溶液と金属が反応し

てさらに発熱すると考えられる。アルカリ性の水酸化カルシウムの水溶液と反応する金属はアルミニウムである。

(6) ア○…アルカリ性の水溶液とアルミニウムが反応すると水素が発生する。

4 (1) ア×…アンモニアは水にとけるとアルカリ性を示すので，赤色リトマス紙を青色にする。　イ×…プールの消毒に用いられる気体は塩素である。　ウ×…アンモニアは水にとけやすく，空気より軽い。　エ×…塩化アンモニウムの白いけむりが生じる。

(2) 実験の前に調べたことより，18 g の水に２ g の水素成分がふくまれているので，水 90 g には $2\times\frac{90}{18}=10$(g)の水素成分がふくまれている。また，17 g のアンモニアに３ g の水素成分がふくまれているので，アンモニア 90 g には $3\times\frac{90}{17}=15.882$…→15.88 g の水素成分がふくまれている。

(3) 38×0.04＝1.52

(4) 実験準備より，４％の水酸化ナトリウム水溶液 10 g と塩酸Ａ10 g がちょうど反応したので，４％の水酸化ナトリウム水溶液 10 g には水酸化ナトリウムが 10×0.04＝0.4(g)とけていることから，塩酸Ａ50 g とちょうど反応する固体の重さは $0.4\times\frac{50}{10}=2$(g)となる。

(5) 同じ重さのアンモニア，水酸化ナトリウムと反応する塩酸Ａの重さの比はアンモニア：水酸化ナトリウム＝24：10＝12：５で，同じ重さの塩酸Ａと反応するアンモニアと水酸化ナトリウムの重さの比は，この逆比を用いて５：12 となる。

(6) ４％の水酸化ナトリウム水溶液 38 g とちょうど反応する塩酸Ａは $10\times\frac{38}{10}=38$(g)だから，発生したアンモニアと反応した塩酸Ａは 50－38＝12(g)である。0.4 g のアンモニアと塩酸Ａ24 g がちょうど反応するので，発生したアンモニアは $0.4\times\frac{12}{24}=0.2$(g)である。

(7) 0.2 g のアンモニアにふくまれるちっ素成分は $0.2\times\frac{14}{17}=\frac{2.8}{17}$(g)だから，10 g の卵白にふくまれるちっ素成分の割合は $\frac{2.8}{17}\div10\times100=1.647$…→1.65％となる。

5 (1) 図Ⅰのように，スクリーンに当たる明るい部分の幅は鏡の幅の２倍になる。したがって，面積は２×２＝４(倍)になる。

(2) 鏡とスクリーンとの距離を短くしてもスクリーンに当たる明るい部分の面積は(1)のときと変わらない。

(3) 図Ⅱのように，鏡で反射した光は光源を通る鏡やスクリーンに平行な線上で２倍に広がり，スクリーン上では３倍に広がる。したがって，面積は３×３＝９(倍)になる。

(4) 図Ⅲのように，光源の位置をＡに近づけていくと，スクリーンに当たる明るい部分の形や大きさは図Ⅰと変わらないが，位置がＢの方へ動く。

(5) 図Ⅳのように，鏡を少しかたむけると，スクリーンに当たる明るい部分がＡ側に広がる。また，Ｂ側にできる明るい部分の位置は，鏡をかたむけることによって少し左にずれる。

(6) 図Ⅴのように，光源をＡの向きに鏡の半径の３倍の距離のところに移動すると，スクリーンに当たる明るい部分は，Ｂ側の鏡の端からスクリーンに垂直に引いた直線とスクリーンとの交点からＢ側へ，鏡の幅の２倍の長さになる。
このままＯを中心とする円をえがくように光源を一周させると，図Ⅵのようになり，大きい円の半径は鏡の半径の５倍，小さい円の半径は鏡の半径と等しいので，光が当たった部分の面積は鏡の面積の５×５－１×１＝24(倍)である。図２の明るい部分の面積は鏡の面積の４倍だから，光が当たった部分の面積は，図２の 24÷４＝６(倍)となる。

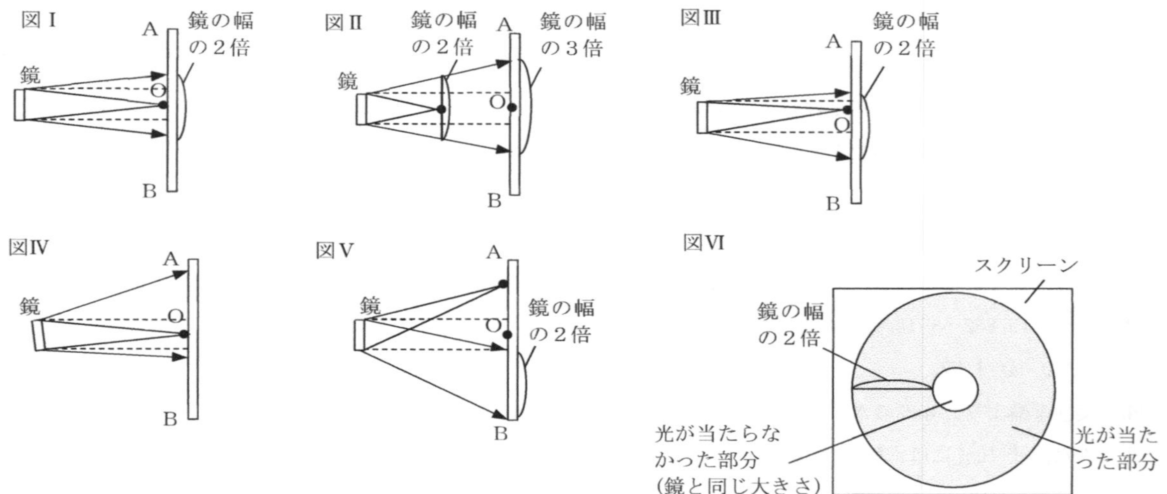

6 ⑴　Aに流れる電流は0.1アンペアだから，電池２個が直列につながれているBに流れる電流は0.2アンペア，電熱線が並列につながれ，１つにまとまった部分のCに流れる電流は0.1×２＝0.2(アンペア)，並列つなぎのDに流れる電流は0.1アンペアである。

⑵　図３のようにばねを直列につなぐと,それぞれのばねにおもりの重さがかかる。また，ばねの両端に同じ重さのおもりをつるすと，片方のおもりはばねを固定するかべや天井と同じはたらきをするので，それぞれのばねにかかる重さは 300ｇである。したがって，Aは$1\times\frac{300}{100}=3$(㎝)，Bは$1\times\frac{300}{200}=1.5$(㎝)のびて，合わせて$3+1.5=4.5$(㎝)のびる。

⑶　エ○…光が空気からガラスに入るとき，境界面から遠ざかるように折れ曲がるので，Xではｃ，Yではｄのように進む。

⑷　イ○…かげAの部分は赤色と緑色の光が当たるが，青色の光は当たらない。したがって，赤色と緑色の光が重なって黄色に見える。

⑸　１階と２階のどちらのスイッチでもつけたり消したりできるようにする。

《2021　社会　解説》

1 ⑴　ウが正しい。中南米からアメリカに移民してきた，スペイン語を母国語とする人々をヒスパニックと言う。
ア．アメリカの国土面積は，日本の約25倍である。　イ．西海岸のロサンゼルスの方が，東海岸のニューヨークよりも東京との距離は短い。　エ．サウジアラビアなどにマクドナルドが進出している。

⑵　イが誤り。一人っ子政策は2016年に廃止された。

⑶①　日本海側の気候の秋田市は冬の降水量が多いイ，和歌山市は瀬戸内の気候に属するため，年間を通して降水量の少ないウと判断する。　②　ア．変化の少ないａを森林面積，大幅に減少しているｃを林業就業者数，ｂを木材輸入量と判断する。

⑷　アが正しい。イは庄川と神通川と常願寺川，ウは物部川と仁淀川，エは大野川などが流れる。

⑸　ア．少子高齢化は青森県鰺ヶ沢町＞岡山県倉敷市＞沖縄県那覇市，第３次産業化は沖縄県那覇市＞岡山県倉敷市＞青森県鰺ヶ沢町となる。

⑹　商品販売額が最高のアの大阪市を除いて，人口が最多のイを名古屋市，昼の人口が最少のエを川崎市と判断する。

⑺　エが誤り。2020 年時点，佐賀県にある新幹線駅は新鳥栖駅のみ。アとイは東北新幹線，ウは北陸新幹線が通る。

⑻　石油製品・石炭製品は，石油化学コンビナートがある千葉県市原市と岡山県倉敷市で生産が盛んだからア，食料品は

人口の多い東京都周辺で生産が盛んだからウと判断する。パルプ紙・紙加工品の第１位は静岡県。

(9)　大根は，寒冷地の北海道や青森県，近郊農業の盛んな千葉県で生産量が多いから，エを選ぶ。アは豚，イは肉用牛，ウはきく。

(10)　牛乳・乳製品は，１人１日あたり食料供給量が上昇傾向で 2015 年に多いイと判断する。アは穀類，ウは魚介類，エは肉類。

(11)　液化天然ガスはマレーシアやカタールが入るイと判断する。アは石炭，ウは原油，エは鉄鉱石，Ｙはサウジアラビア。

(12)　暖流魚のくろまぐろは，対馬海流沿いの長崎県や鹿児島県で漁獲量が多いから，エと判断できる。アはます類，イはうなぎ，ウはかき類。

(13)　二酸化炭素排出量世界一のアメリカはイ，次いで多い中国はア，人口 13 億人以上のインドは１人あたり排出量が少ないウだから，日本はエとなる。

(14)　ウが誤り。台風のハザードマップはつくることができない。台風の進路を予測し，台風が通りそうな地域の人々に注意を呼びかけているのは気象庁である。

2　(1)　ｂのみ誤りだからイを選ぶ。予算に「承認」は必要ない。予算は，国会の議決によって成立する。

(2)　ウが正しい。　ア．鉄道料金は政府によって認可され，郵便料金は法律で定められている。　イ．個人情報はプライバシーの権利で保護されている。　エ．都道府県・市町村議会の議員の被選挙権年齢は，公職選挙法で満 25 歳以上と定められている。

(3)　エが誤り。日本は，1994 年に子どもの権利条約を批准した。

(4)　ｂのみ誤りだからイを選ぶ。「デイサービス」ではなく「ハローワーク」である。デイサービスは通所介護。

(5)　現菅義偉政権(2021 年３月時点)は，自由民主党・公明党による連立政権である。

(6)Ｘ　エ．生活保護が不十分なことは，社会権の侵害にあたる。　Ｙ　ア．非嫡出子が日本国籍を取得できないことは，平等権の侵害にあたる。イとウは自由権。

(7)　エが正しい。核兵器を「持たず，つくらず，持ち込ませず」の非核三原則は，1971 年の国会で決議されたため，日本国憲法前文に載っていない。

(8)　ａのみ誤りだからウを選ぶ。最高裁判所裁判官の長官は内閣の指名に基づき天皇が任命し，他の裁判官は内閣が任命する。

3　(1)　ウが正しい。大正時代には職業婦人が現れ，洋服を着用した女性はモガ(モダンガール)と呼ばれた。
ア．第一次世界大戦(1914～1918)中，日本はヨーロッパに向けて軍需品を輸出し，ヨーロッパの影響力が後退したアジアへの綿織物の輸出を拡大した。　イ．「関東大震災」ではなく「シベリア出兵」である。　エ．全国水平社は部落解放運動のために結成された。また，「人権宣言」ではなく「水平社宣言」である。

(2)　長安(ウ)とバグダッド(イ)と北京(エ)は草原の道，アレクサンドリア(ア)は海の道で結ばれていた。

(3)　エが正しい。　ア．マンモスを捕獲したのは氷河時代。　イ．「田植え」ではなく「脱穀」である。　ウ．弥生時代も，縄文時代同様に狩りや採集が行われた。

(4)　イが正しい。平安時代末期，後白河天皇が皇位継承をめぐって崇徳上皇とあらそい，保元の乱をおこした。
ア．「農民を九州の防衛にあてる制度(防人)」の開始は飛鳥時代。　ウ．三方を山に囲まれて海に面している鎌倉に幕府を開いた。　エ．将軍は，御恩として御家人の以前からの領地を保護したり，新たな領地を与えたりした。

⑸　両方とも誤りだからエを選ぶ。　a．冠位十二階では，家柄に関わらず，能力や功績によって役人に取り立てた。また，物部氏は蘇我氏によって滅ぼされている。　b．法隆寺や四天王寺の建立は飛鳥時代，「阿弥陀仏に対する信仰(浄土信仰)」は平安時代。

⑹　アが正しい。aは狂言，cは能。bの人形浄瑠璃とdの歌舞伎は江戸時代。

⑺　室町幕府8代将軍足利義政の跡継ぎ争いに有力守護の勢力争いが複雑にからみあって，応仁の乱が始まった。主戦場となった京都から公家や貴族らが地方へと逃れ，祇園祭は中断されたが，その後京都の有力な商人である町衆らが復活させた。

⑻　御三家は親藩のなかでも別格で，将軍に跡継がないときは，御三家から後継者をだした。

⑽　aのみ誤りだからウを選ぶ。朱印状を発行されたのは「キリスト教を広めないことを約束した西欧」ではなく西国大名や豪商などの日本の船である。また，その目的地はヨーロッパではなく東南アジアであった。

⑾　イが正しい。図は，ビゴーが『トバエ』に発表したもので，「たらいの中の嵐」や「土佐に気をつけろ」などと呼ばれる，1888年の作品である。自由党は1881年と1890年に結成されている。

⑿　ウは1973年だから正しい。アは1988年，イは1950年代，エは1953年。

⒀　ア．日露戦争後のポーツマス条約(1905 年)では，aの南樺太が日本に割譲された。cの千島列島は，樺太・千島交換条約(1875年)で日本領となっていた。

⒁①　エが正しい。　ア．国際連盟が満州国の成立を認めなかったため，日本は国際連盟を脱退した。　イ．オーストラリア空襲はあったが，占領しなかった。　ウ．学童疎開は，空襲を受けて始まった。

⒂　アが正しい。　イ．厳島神社は広島県廿日市市にある。　ウ．領事裁判権はアメリカ人の裁判で適用された。　エ．自衛隊の災害派遣は続いている。

⒃　エが誤り。平成元年は1989年，日本人初の湯川秀樹のノーベル物理学賞受賞は1949年。アは1993年と2000年と2008年と2016年，イは2002年，ウは1990年。

4　⑴①　味の良いコシヒカリは高い値段で売れるため，作づけ面積の割合が高い。　②　香川県は讃岐のイ，高知県は土佐のウと判断する。

⑵　広島県は自動車を中心とした機械工業が盛んである。従業者数と事業所数が多いAをイ，1事業所あたりの従業員数の多いBをアと判断する。

⑷　エが正しい。　ア．牛馬による田畑の耕作は鎌倉時代以降。　イ．機織りの技術は，古墳時代に大陸から日本に移り住んだ渡来人によって伝えられた。　ウ．6世紀末に聖徳太子が推古天皇の摂政になった。

⑸　四国は，東北に次いで農業用水(Y)の割合が高いから，ウと判断する。水不足になる四国では，ため池を作って農業用水を蓄えている。アは南関東，イは東海，エは北陸。

⑹①　イが正しい。　ア．平等院鳳凰堂は，藤原頼通によって建てられた阿弥陀堂である。　ウ．「阿賀野川」ではなく「渡良瀬川」である。　エ．「貴族院議員」ではなく「衆議院議員」である。　②　ウが正しい。令和2年度の国の当初予算は，防衛費が約5兆円，社会保障関係費が約35兆円だった。

⑺　イが正しい。アは農林水産省，ウは経済産業省，エは厚生労働省の管轄である。

⑻　エが正しい。カジノ誘致の候補地は，東京都，神奈川県，愛知県，大阪府，和歌山である。

★東大寺学園中学校

《国　語》

一 (一)①恩義　②節気　③高　④半旗　⑤無心　⑥利器　⑦思案　⑧政見　⑨はめ　⑩みおも
⑪かどばん　⑫きんげん　(二)(例文)駅までの道に迷い、電車に乗りおくれて途方に暮れる。

二 (一)ウ　(二)ア，オ　(三)ダイヤモンドと石墨はどちらも炭素だけからなるが、地下深いところで高い圧力と温度が加わるとダイヤモンドに変化し、圧力が下がると石墨になる。　(四)イ　(五)エ　(六)鉱物や岩石に接する最大の魅力は、自然のままの鉱物が持つ本来の色や形からその歴史を読み解くことなのに、きれいにカットされた宝石は自然から切りはなされていて、それができないから。　(七)エ

三 (一)オ　(二)ついに圭が家に着いたが、どのように接すればよいのかわからず、待ってなどいなかったというような感じを出そうとする気持ち。　(三)エ　(四)ア　(五)イ，カ　(六)ウ　(七)イ　(八)ウ

《算　数》

1 (1)1919　(2)96　(3)$1\frac{1}{6}$

※2 (1)A．14.5　B．12　C．10　(2)A．12　B．9.5　C．7.5　(3)4.5

※3 (1)①14　②80　(2)ＱＲ…３　ＢＣ…16

※4 (1)①11　②10　(2)43　(3)683

※の考え方・式は解説を参照してください。

《理　科》

1 (1)①ア　②ア　③ウ　(2)ウ　(3)あ．水蒸気　い．蒸散

2 (1)ウ　(2)エ　(3)体を左右にふり，左右での明るさが同じになる方向を探す。

3 (1)石灰岩　(2)イ，ウ　(3)エ，オ　(4)エ　(5)①ア　②ウ　(6)星…アンタレス　星座…さそり
(7)星…ベガ　星座…こと　(8)①ア，エ　②オ

4 (1)あ．天然　い．二酸化炭素　う．燃料　(2)バイオ　(3)592　(4)水　(5)①91　②11.6　③13　④3.6
(6)温室効果

5 (1)$\frac{1}{32}$　(2)４　(3)$\frac{1}{2}$　(4)$\frac{1}{64}$　(5)$\frac{1}{64}$

6 (1)①50　②９　(2)８　(3)①0.03　②20　(4)ア，エ，オ　(5)①A，B，C　②C，B，A

7 (1)表１…イ　表２…エ　(2)４　(3)①ウ　②6.86　(4)①36　②3.45

《社　会》

1 (1)①ア　②エ　(2)ウ　(3)①ウ→ア　②イ　③ウ　(4)ア　(5)①隣組　②ア　(6)大化　(7)ア
(8)①エ　②ア→ウ　(9)エ

2 (1)ウ　(2)イ　(3)イ　(4)オ　(5)エ　(6)働き方　(7)ウ　(8)ア　(9)ア　(10)エ

3 (1)ア　(2)①イ　②イ　(3)ア→ウ　(4)関税　(5)ア　(6)エ　(7)ウ　(8)エ　(9)カ

4 (1)ア　(2)①ウ　②ウ→イ　③エ　(3)①カ　②ウ　(4)①イ→ア　②イ　③山梨　(5)エ　(6)アメダス
(7)ア，エ　(8)①イ　②ア　(9)①ア→ウ　②イ→オ

2020 解説 東大寺学園中学校

令和２年度

←解答例は前のページにありますので，そちらをご覧ください。

《2020　国語　解説》

一　(二)　「途方に暮れる」(方法がなくてどうしてよいかわからなくなる)、または、「途方もない」(道理に合わない、並はずれている)を使う。

二　(一)　③段落で「『石』という言葉～それは鉱物のことであったり、岩石のことであったりする」「地球をつくっている基本単位が鉱物であり、その鉱物が集まって岩石となる」、④段落で「花崗岩(岩石)をハンマーで細かく割っていくと、石英や長石のかけら(鉱物)に分かれる」と述べていることから、ウの内容が読み取れる。

(二)　「迷信」は、科学的根拠や合理的根拠がなく信じられているもの。直前で述べている、「宝石は魔力(人をまどわせ、引きつける不思議な力)を持つと信じられ～魔よけや御守りとして使用されてきた」(イ)、「紫水晶～二日酔いに効くとか、エメラルドが目をよくする～薬としての効用も本気で信じられていた」(ウ)、「パワーストーンなどといって、若い女性に人気がある鉱物もある」(エ)がそれにあたる。同じ段落で述べている、博物館で「わあ、きれい」と思ったり、「神秘的な光～安らぎや豊かさを与えてくれる」と感じ取ったりするのは、「迷信」ではなく、宝石を見た人が直接感じること。よって、アとオが正解。

(三)　「ダイヤモンドと石墨」は、「岩石の成分といった化学的要因」は同じだが、「温度や圧力などの物理的要因」によって異なる鉱物になった、という内容。⑦段落に「ダイヤモンドと石墨～まったく異なる二つの鉱物、じつはどちらも化学成分は同じで、炭素だけからなる」「石墨に高い圧力と温度を加えてやるとダイヤモンドに変化する」「圧力が下がるとダイヤモンドは石墨になる」とあることからまとめる。

(四)　⑥段落で「石が伝えてくれるさまざまなメッセージ～石は『地下からの手紙』」、⑧段落で「地球誕生の当初から地下に炭素が存在していて、それがダイヤモンドになったことを示している」と述べ、⑨段落で「このように、ダイヤモンドという一つの鉱物のなかには、じつにたくさんの情報が含まれている」とまとめていることから、イのようなことが言える。

(五)　同じ段落で「歴史を背負っている～履歴(経歴)を積み重ねていくと～歩んだ歴史が浮かび上がってくる」と述べていることから、エの「過去」が適する。

(六)　「ショーウィンドウ」は商品を並べる窓。きれいにカットされ、値段をつけられた宝石が並んでいるのである。「どんな鉱物もそのつくられてきた歴史を背負っている」のであるが、「ショーウィンドウ」では、自然から切りはなされ、「手紙」の性質を失った状態になっているということ。筆者は、「いろいろなことを雄弁に語ってくれる、自然のままの鉱物や岩石のほうが好き」「鉱物は～取り出してカットするより、岩石のなかに自然のまま存在するほうが美しい」と思っているので、「ショーウィンドウの中の宝石」を好きになれないのである。

(七)　①～④段落は、「石は『地下からの手紙』」だということを述べるための導入であり、石とは、岩石とは、鉱物とは、といった基本を確認している。⑤段落は、鉱物の一般的なとらえ方を話題にし、石への興味の持ち方についての筆者の考えを述べている。⑥段落以降で、本題に入っていく。⑥・⑦段落では、「石は『地下からの手紙』」だということを、ダイヤモンドを例にして述べている。⑧・⑨段落では、その「ダイヤモンドという『手紙』」に書かれた内容を具体的に説明している。ここまでの内容をふまえて、⑩～⑫段落で、「どんな鉱物もそのつくられてきた歴史を背負っている」ということ、それを読み解くことが筆者にとっては最大の魅力であり、「それを伝えてくれるところに、鉱物のほんとうの美しさがある」という思いが述べられている。よって、エが適する。

三 (一)　「思えば思うほど～わからなくなった」の「ほど」は、一方の程度が高まるのにつれて他方も高まる、という意味を表すもの。よって、オの「(軽ければ)軽いほどよい」が適する。

(二)　お父さんと圭(けい)がまもなく来ることがわかった「わたし」は、「キャビネットから～グラスを三個出した」。つまり、飲みものを出す準備をしたのだが、やっぱり「しまった」のはなぜか。「わたし」は、「さも『なんでもないよ』という顔をしていようと思った」が、自然にふるまうことができず、「ただだらっとしていればいいんだ、と～ソファに寝(ね)そべっ」ていたのである。つい準備をしてしまったが、32 行目に「待ってなんかいなかったような感じで言った」とあるとおり、この時も、待っていた感じを出さないようにしようと思ったということ。人数分のグラスが出してあったら、お客さんが来るのを待ち構えていた感じが出てしまう。

(三)　──線部②は、部屋の説明を聞いてわかったことを表すしぐさ。──線部③も姉の話を聞いてあいづちを打つようなしぐさだが、直後に「ぎこちなく笑った」とある。圭は、姉が「家賃は～あがったばっかり」と余計なことまで言ったのを聞いて、姉も緊張(きんちょう)しているのだと察した。よって、エが適する。

(四)　ぬいだ靴(くつ)を自分できちんとそろえ、「麦茶ありますか」とていねい語で聞いている。しつけが行き届いていることがわかる態度だが、父親と姉を前にした態度であることを考えると、他人行儀(たにんぎょうぎ)であり、気がねしていることがうかがえる。よって、アが適する。

(五)　～～線部Bは、人から伝え聞いたことを述べる言い方(伝聞)。イとカは、～の様子だという意味を表す(様態)。

(六)　直前に「胸の中が何かでふさがれて息ができない感じがした」、直後の段落に「いつのころからか～お母さんは～死んでしまうんじゃないか、と考えるようになっていた～予感でいっぱいになったことが何度もあった。そんなとき～泣いた」とあるので、もちろん深い悲しみにつつまれているはず。しかし、72～73 行目に「ほんとうに死んでしまったお母さんを目の前にすると、逆に、これはほんとうのことじゃない、という気がした。うそだよねえ、と思った」とあることから、まだ受けとめきれていないのだと読み取れる。よって、ウが適する。

(七)　(六)で読み取った「わたし」の心境と同じように、「圭<u>も</u>泣いてはいなかった」のである。突然(とつぜん)の母親の死。泣きくずれるであろうはずの子どもたちが泣いていないのは、周りの大人たちが泣いているのと対照的だと言える。「お母さんはもう目をさまさない」ということが頭ではわかっていても、「お母さんだけまだ～寝ている。そんな感じ」がするのである。あまりのショックの大きさに、現実を受けとめきれていない、涙(なみだ)が出ない状態だということ。よって、イが適する。

(八)　「母の死を受け入れ」られたかどうか、「母を失った悲しみから立ち直れずにいる」かどうか、「母への思いを断(た)ち切れずに」いるかどうかなどは、本文で述べられていない。「なんでもないふり」をしようとしてもできない「わたし」のぎこちない様子からは、とまどいが読み取れる。また、51 行目の「少し迷ってからミルクティーに手をのばした」という圭の様子から、この家のものを受け入れようとする姿勢が読み取れる。よって、ウが適する。

《2020　算数　解説》

1 (1)　与式より，$(\frac{1}{17\times101}+\frac{1}{19\times101}-\frac{1}{9\times101})\times51=(\frac{101}{\square\times101}+\frac{1}{21\times101}-\frac{1}{10\times101})\times70$

$(\frac{1}{17}+\frac{1}{19}-\frac{1}{9})\times51\times\frac{1}{101}=(\frac{101}{\square}+\frac{1}{21}-\frac{1}{10})\times70\times\frac{1}{101}$　　$(\frac{1}{17}+\frac{1}{19}-\frac{1}{9})\times51=(\frac{101}{\square}+\frac{1}{21}-\frac{1}{10})\times70$

$3+\frac{51}{19}-\frac{17}{3}=\frac{101\times70}{\square}+\frac{10}{3}-7$　　$\frac{101\times70}{\square}=3+\frac{51}{19}-\frac{17}{3}-\frac{10}{3}+7$　　$\frac{101\times70}{\square}=\frac{70}{19}$　　$\square=101\times70\div\frac{70}{19}=1919$

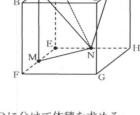

ユークリッドの互除法
AとB（A＞Bとする）の最大公約数を求めるとき，
A÷Bの余りがCになったとする。
次にB÷Cの余りがDになったとする。
これをくり返し，例えば，EをFで割ったときに割り切れたとすると，AとBの最大公約数はFである。
３数の場合には，まず２数で最大公約数を求めて，その最大公約数と残った１つの数との最大公約数を求めればよい。

(2)　800，1376，2144をNで割った余りをnとすると，
800－n，1376－n，2144－nはどれもNで割り切れるから，
1376－800＝576も2144－1376＝768もNで割り切れる。
また，800＋1376＋2144＝4320もNで割り切れるから，
Nは576と768と4320の公約数になる。最も大きい数を求めるので，ユークリッドの互除法を使って576と768の最大公約数を求める。768÷576＝１余り192，576÷192＝３より，576と768の最大公約数は192である。192と4320の最大公約数も同様にして，
4320÷192＝22余り96，192÷96＝２より，求める数は96である。

(3)　Pは2.5秒間で２×2.5＝５(cm)動くから，５÷２＝２余り１より，１往復と１cm進んでABの真ん中の点にある。Qは2.5秒間で１×2.5＝2.5(cm)動くから，
2.5÷２＝１余り0.5より，Dを折り返して0.5cm進んで，AQ＝２－0.5＝1.5(cm)の点にある。よって，指定された６つの面で囲まれた図形は右図のようになる。
三角形EMNと三角形APQが同じ形ではないことから，４点P，M，N，Qは同じ平面上にないため，AとNを結んで，四角すいN－APMEと三角すいN－APQに分けて体積を求める。
四角すいN－APMEは，底面積が１×２＝２(cm²)の長方形，高さがEN＝１cmの四角すいだから，体積は
$2\times1\div3=\frac{2}{3}$(cm³)である。
三角すいN－APQは，底面積が$1\times1.5\div2=\frac{3}{4}$(cm²)の三角形，高さが２cmの三角すいだから，体積は
$\frac{3}{4}\times2\div3=\frac{1}{2}$(cm³)である。よって，求める体積は，$\frac{2}{3}+\frac{1}{2}=\frac{7}{6}=1\frac{1}{6}$(cm³)

2　天びん図を使って作業後のA，B，CをそれぞれA′，B′，C′とすると，
A，B，CとA′，B′，C′の関係は右のようになる。

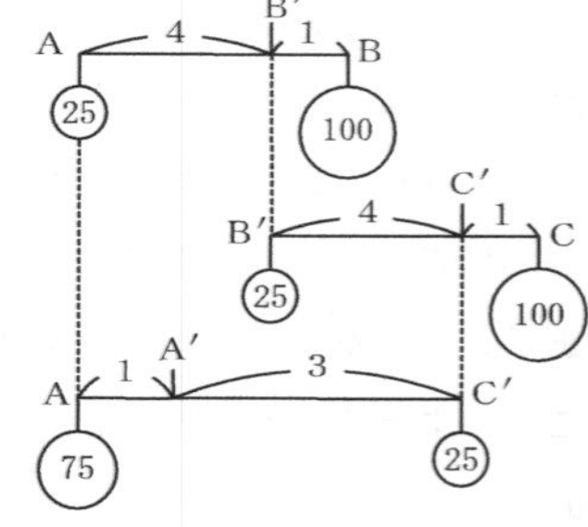

(1)　天びん図において，AB＝16－11＝５(%)だから，BB′＝$5\times\frac{1}{5}$＝１(%)より，B′＝11＋１＝12(%)である。
B′C＝12－9.5＝2.5(%)だから，CC′＝$2.5\times\frac{1}{5}$＝0.5(%)より，
C′＝9.5＋0.5＝10(%)である。
AC′＝16－10＝６(%)だから，C′A′＝$6\times\frac{3}{4}$＝4.5(%)より，
A′＝10＋4.5＝14.5(%)である。

(2)　天びん図において，C′A′＝11－８＝３(%)だから，AA′＝$3\times\frac{1}{3}$＝１(%)より，A＝11＋１＝12(%)である。
AB′＝12－10＝２(%)だから，BB′＝$2\times\frac{1}{4}$＝0.5(%)より，B＝10－0.5＝9.5(%)である。
B′C′＝10－８＝２(%)だから，CC′＝$2\times\frac{1}{4}$＝0.5(%)より，C＝８－0.5＝7.5(%)である。

(3)　天びん図において，AB＝14－11.5＝2.5(%)だから，BB′＝$2.5\times\frac{1}{5}$＝0.5(%)より，A′＝B′＝11.5＋0.5＝12(%)である。AA′＝14－12＝２(%)だから，C′A′＝２×３＝６(%)より，C′＝12－６＝６(%)である。
C′B′＝C′A′＝６%だから，CC′＝$6\times\frac{1}{4}$＝1.5(%)より，C＝６－1.5＝4.5(%)である。

3　(1)①　条件のように作図すると右のようになるので，
QRの長さを求めればよい。三角形ABCと三角形DEFは同じ形であり，対応する点同士を結ぶと１点で交わる。
この点をOとすると，三角形OEF，三角形OQR，

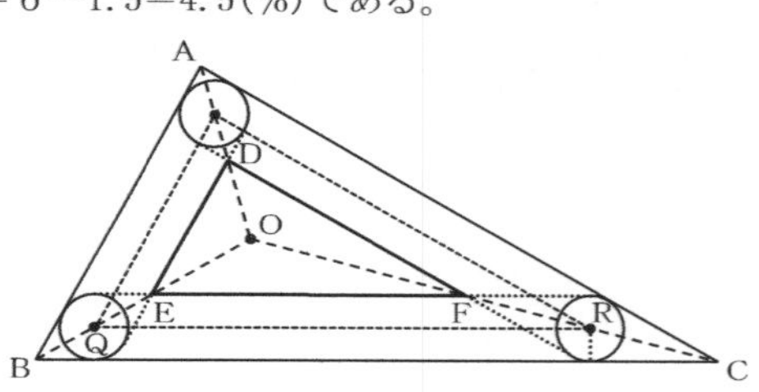

三角形ＯＢＣは同じ形の三角形である。

対応する辺の比は，ＯＥ：ＯＢ＝ＥＦ：ＢＣ＝８：20＝２：５である。

ＱＲは円の中心が動いた線なので，ＥＱ＝ＢＱだから，ＯＥ：ＥＱ＝２：$\frac{5-2}{2}$＝４：３になる。

したがって，ＯＥ：ＯＱ＝４：(４＋３)＝４：７だから，ＱＲ＝ＥＦ×$\frac{7}{4}$＝８×$\frac{7}{4}$＝14(cm)

② 三角形ＡＢＣの頂点Ａ，Ｂ，Ｃの近くと円Ｐが通らなかった部分と右図の斜線のおうぎ形を合わせると，三角形ＡＢＣと同じ形の三角形ができる。この三角形をＧＨＩとすると，ＨＩ＝ＢＣ－ＱＲ＝20－14＝６(cm)になる。三角形ＡＢＣと三角形ＤＥＦと三角形ＧＨＩは同じ形であり，対応する辺の比は，ＢＣ：ＥＦ：ＨＩ＝20：８：６＝10：４：３になるから，面積の比は(10×10)：(４×４)：(３×３)＝100：16：９になる。

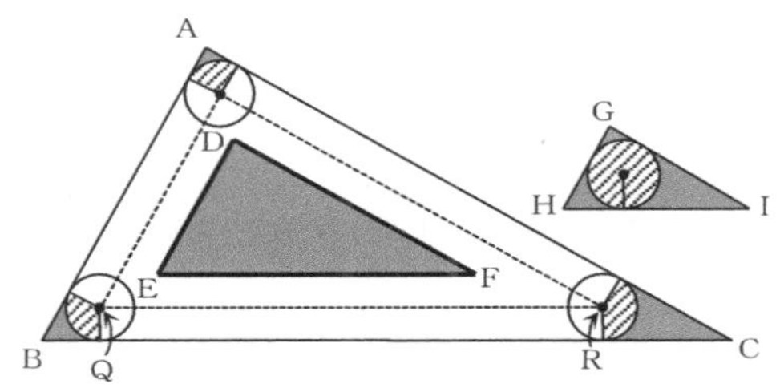

三角形ＤＥＦと三角形ＧＨＩの面積の和は，色のついた部分の面積と半径１cmの円の面積の和に等しく，16.86＋１×１×3.14＝20(cm²)である。面積の比の数の16＋９＝25が20 cm²にあたるから，三角形ＡＢＣの面積は，20×$\frac{100}{25}$＝80(cm²)

(2) 右のように作図する。ＰＲとＢＣが平行だから，２組の三角形ＡＳＱと三角形ＡＥＣ，三角形ＤＱＲと三角形ＤＥＣは，それぞれ同じ形の三角形であり，ＳＱ：ＥＣ＝ＡＱ：ＡＣ＝ＤＱ：ＤＥ＝ＱＲ：ＥＣになるので，ＳＱ＝ＱＲである。また，同じような理由で２組の三角形ＡＰＱと三角形ＡＢＣ，三角形ＡＳＱと三角形ＡＥＣは，それぞれ同じ形だから，ＰＱ：ＢＣ＝ＳＱ：ＥＣになるので，ＰＱ：ＳＱ＝ＢＣ：ＥＣ＝(７＋３)：３＝10：３になる。よって，ＳＱ＝ＰＱ×$\frac{3}{10}$＝10×$\frac{3}{10}$＝３(cm)だから，ＱＲ＝ＳＱ＝３cm

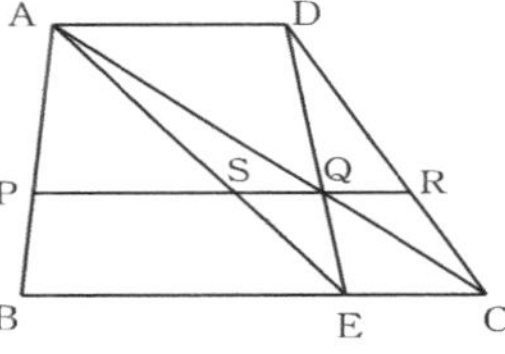

また，三角形ＡＣＤと三角形ＱＣＲは同じ形の三角形だから，ＡＣ：ＱＣ＝ＡＤ：ＱＲ＝８：３になるので，ＡＱ：ＡＣ＝(８－３)：８＝５：８である。三角形ＡＰＱと三角形ＡＢＣにおいて，ＰＱ：ＢＣ＝ＡＱ：ＡＣ＝５：８だから，ＢＣ＝ＰＱ×$\frac{8}{5}$＝10×$\frac{8}{5}$＝16(cm)

4 (1)① Ａの個数が決まれば，Ａに対するＢは１つずつしかないので，Ａの個数だけを考える。１～６を使った２けたの数の最大値は66だから，Ｂ＝２×ＡとなるときのＡは66÷２＝33以下である。Ａの一の位の数に４と５を使えないことに注意して，33以下の整数Ａを探すと，表のように11個見つかるから，Ｂ＝２×ＡとなるＡとＢの組も11組できる。

Ａ	２×Ａ
11，12，13，16	22，24，26，32
21，22，23，26	42，44，46，52
31，32，33	62，64，66

② Ａ×２＋１は奇数(きすう)であり，１～６を使った２けたの奇数の最大値は65になるので，Ａは(65－１)÷２＝32以下である。Ａの一の位の数に３，４を使えないことに注意して，32以下の整数Ａを探すと，表のように10個見つかるから，Ｂ＝２×Ａ＋１となるＡ，Ｂの組も10組ある。

Ａ	２×Ａ＋１
11，12，15，16	23，25，31，33
21，22，25，26	43，45，51，53
31，32	63，65

(2) Ｂ＝２×ＡとなるＡの個数を求めればよいが，Ａの一の位の数を２倍にすることで繰(く)り上がらない場合と，１繰り上がる場合に分けて考えなければならない。そこで，Ａの上２けたに(1)で求めた①と②の２パターンの数をあてはめることができるとわかる。つまり，Ａの一の位の数を２倍して繰り上がらない場合，上２けたは(1)①

で求めた11個が考えられ，Ａの一の位の数を２倍して１繰り上がる場合，上２けたは⑴②で求めた10個が考えられる。また，一の位の数として４と５は条件に合わないことに注意する。

㋐Ａの一の位の数を２倍して繰り上がらない場合

２倍して繰り上がらない数は，１，２，３，４だが，４×２＝８は使えない数なので，一の位の数は１，２，３の３通りが条件に合う。したがって，この場合の３けたの整数Ａは，11×３＝33(個)できる。

㋑Ａの一の位の数を２倍して１繰り上がる場合

２倍して１繰り上がる数は，５，６だが，５×２＝10の一の位の０は使えない数なので，一の位の数は６の１通りが条件に合う。したがって，この場合の３けたの整数Ａは，10×１＝10(個)できる。

よって，求める組数は，33＋10＝43(組)

⑶　ここまでの解説をふまえる。Ａを上３けたと下２けたに分け，Ａを２倍したときに十の位からの繰り上がりがない場合とある場合に分けて考える。

㋕Ａを２倍したときに十の位からの繰り上がりがない場合

上３けたの数は⑵の43通りが，下２けたの数は⑴①の11通りが考えられるから，この場合の５けたの整数Ａは，43×11＝473(個)できる。

㋖Ａを２倍したときに十の位からの繰り上がりがある場合

上３けたの数に⑵の43通りをそのままあてはめることはできない。この場合の上３けたの数を，⑵の解説の㋐と㋑の場合分けにもどって数えなおす。㋐の場合，一番下の位(⑵では一の位)として条件に合うのは１，２の２通りであり，㋑の場合，一番下の位(⑵では一の位)として条件に合うのは５，６の２通りだから，上３けたの数として考えられるのは，11×２＋10×２＝42(通り)ある。

下２けたの数は，１繰り上がる場合なので，56，61，62，63，66の５通りが考えられる。

したがって，この場合の５けたの整数Ａは，42×５＝210(個)できる。

以上より，求める組数は，473＋210＝683(組)

《2020　理科　解説》

1　⑴　ホウセンカやジャガイモなどの双子葉(そうしよう)類では，茎(くき)の中の水の通り道(道管)が輪状に並んでいる。ジャガイモのいもは茎の一部だから，①と②ではアのようになる。また，③では，葉全体に道管が広がっていくように，ウのようになっている。

⑵　図２では，水の通り道に色を付けた断面図ウを上下逆にしたような形で水の通り道が並んでいる。

2　⑴　ウ○…谷川(渓流(けいりゅう))は，谷間を流れる上流の流れが速い川である。流れが速いため，粒(つぶ)の小さな泥(どろ)や砂はたい積していない。

3　⑵　イ，ウ○…サンゴは褐虫藻(かっちゅうそう)と共生の関係にある。サンゴの呼吸で発生する二酸化炭素を利用して褐虫藻が光合成を行い，このときつくられる養分をサンゴが得ている。褐虫藻は，海水温が高い状態が続くことや，海水の汚染(おせん)で十分な光が受けられなくなることなどによって光合成を行うことができなくなり，サンゴが十分な養分を得ることができなくなってしまう。

⑷　エ○…同じ場所で月を観測したとき，月が同じ位置にくるまでの時刻は毎日約48分ずつおそくなっていく。したがって，ある日の正午に月が正面にある場所で次の日に観測すると，約48分後→約１時間後の午後１時ごろに月が正面にくる。したがって，最も潮が満ちた状態になるのも約１時間後の午後１時ごろになる。

(7) こと座のベガ，わし座のアルタイル，はくちょう座のデネブを結んでできる三角形を夏の大三角という。

(8)① ア，エ○…太い実線の円は，風速25m以上の暴風域である。なお，その外側にある細い実線の円は，風速15m以上の強風域である。 ② 一番外側の細い実線で囲まれた部分は，台風の中心が予報円に進んだときに暴風域に入る可能性がある暴風警戒(けいかい)域を表している。

4 (3) メタンの気体は1Lあたり 0.71gだから，420gでの体積は$1\times\frac{420}{0.71}$=591.5…→592Lである。したがって，同じ重さでの液体の体積は気体のときの592分の1になる。

(4) メタンから水素ガスを取り出すことができる(メタンには水素がふくまれている)。水素が燃えて酸素と結びつくと水が生じる。

(5)① メタンハイドレートの1cm³の重さが0.91gだから，100cm³では91gである。 ② 1m³→1000000cm³のメタンハイドレートから取り出せるメタンは164m³→164000000cm³だから，100cm³では16400cm³→16.4Lである。メタンの気体は1Lあたり0.71gだから，16.4Lでは0.71×16.4=11.644→11.6gである。 ③ ①②より，$\frac{11.6}{91}$×100=12.7…→13%となる。 ④ 液体のメタンは1L→1000cm³あたり420gである。また，②解説より，100cm³のメタンハイドレートから取り出せるメタンは11.6gだから，1000cm³では116gである。したがって，$\frac{420}{116}$=3.62…→3.6倍が正答となる。

5 (1) 容器の厚さが1cmのとき，水よう液の濃(こ)さが1%→2%→3%となると，入射光に対する出てくる光の強さの比(以下「光の強さの比」)が$\frac{1}{2}\to\frac{1}{2\times2}\to\frac{1}{2\times2\times2}$となっているから，水よう液の濃さを5%にすると，光の強さの比は$\frac{1}{2\times2\times2\times2\times2}=\frac{1}{32}$になる。

(2) (1)と同様に，容器の厚さが2cmのときで，水よう液の濃さと光の強さの比の関係を考えると，水よう液の濃さがx%のときには，光の強さの比が$\frac{1}{4を x 回かけた値}$になることがわかる。したがって，256=4×4×4×4より，水よう液の濃さは4%である。

(3) Aに入っている1%の濃さの水よう液を容積が2倍のBにうつして容器いっぱいまで水を加えると，水よう液の濃さは1%の半分の 0.5%になる。Aの2%とBの1%のときの光の強さの比が同じであることから，容器の厚さを2倍にして水よう液の濃さを半分にしたときには，光の強さの比が変化しないと考えられる。

(4) それぞれの容器から出てくるたびに$\frac{1}{8}$になるから，$\frac{1}{8}\times\frac{1}{8}=\frac{1}{64}$になる。

(5) 図5のCに入れた1%の水よう液とAに入れた3%の水よう液の体積の比は[3]：[1]だから，図Iより，これらを混ぜた水よう液の濃さは1%より(3－1)×$\frac{①}{①+③}$=0.5(%)大きい1.5%である。つまり，混ぜた水よう液をもどした状態は，濃さ1.5%の水よう液を厚さ4cmの容器に入れたことと同じである。したがって，(3)解説より，光の強さの比は，容器の厚さが2cm，水よう液の濃さが3%のときと同じになるので，$\frac{1}{64}$が正答となる。なお，これは(4)のときと同じである。

図I

6 (1)① 支点の左右で棒をかたむけるはたらき〔おもりの重さ(g)×支点からの距離(cm)〕が等しくなれば，板は水平になる。したがって，AとCの重さの合計がBの重さと等しくなればよいので，250－200=50(g)が正答となる。

② 1秒後，AとCが板を左にかたむけるはたらきは 200(g)×10(cm)+50(g)×5(cm)=2250 小さくなるから，Bが板を右にかたむけるはたらきも 2250 小さくなるように，1秒後，左に2250÷250(g)=9(cm)動いていればよい。

(2) Bが何回転してAの周囲を1周するのかは，$\frac{Bの中心が移動した距離}{Bの円周}$で求めることができる。Bの中心が移動する円の半径は，Aの半径とBの半径の和である 82 cmだから，Bは$\frac{82\times2\times3.14}{10\times2\times3.14}$=8.2(回転)してAの周囲を1周することになる。

(3)① $\frac{9000}{30万}$＝0.03(秒)　② 9000㎞進むのにかかる時間が空気中を進むときの$\frac{0.045}{0.03}$＝1.5(倍)だから，空気中を進む速さより1.5倍おそいことがわかる。したがって，$\frac{30万}{1.5}$＝(毎秒)20万(㎞)である。

(4) イ×…ある一定以上の大きさの電流が流れないとモーターは回らない。　ウ×…発光ダイオードの光でも太陽電池で電流を流すことができる。　カ×…太陽電池が光を電気に変え，モーターが電気を運動(ここではプロペラがついているから風)に変える。

(5)① 電熱線に加わる電圧が大きく，電熱線を流れる電流が大きいほど，電熱線での発熱量は多くなる。図５のような並列回路では，すべての電熱線に加わる電圧が等しいから，電熱線に流れる電流が大きいものほど発熱量が多くなる。したがって，A，B，Cが正答となる。　② 図５の回路では，すべての電熱線に加わる電圧が等しいから，電熱線に流れる電流が小さいものほど電流が流れにくい(流れにくい順にC，B，Aである)。図６のような直列回路では，すべての電熱線に流れる電流が等しいから，電流が流れにくいものほど大きな電圧が加わり，発熱量が多くなる。したがって，C，B，Aが正答となる。

7 (1) 表１…おもりの個数が１個増えるごとに，床からの高さが４㎝ずつ小さくなるから，イが正答となる。
表２…おもりの個数が０個から１個になると床からの高さが８㎝減り，おもりの個数が１個から２個になると床からの高さが４㎝減る。エでは，おもりの個数が０個から１個になると床からの高さが２マス小さくなり，おもりの個数が１個から２個になると床からの高さが１マス小さくなっていて，条件に合う。

(2) (1)解説より，８㎝よりさらに４㎝小さくなって４㎝になる。

(3)① $\frac{1}{床から板までの高さ}$は，おもりの個数が０個のときから順に，$\frac{1}{24}$，$\frac{1}{16}$，$\frac{1}{12}$，$\frac{1}{9.6}$，$\frac{1}{8}$と表せる。これらを，分母を48にそろえて表すと，$\frac{2}{48}$，$\frac{3}{48}$，$\frac{4}{48}$，$\frac{5}{48}$，$\frac{6}{48}$となり，おもりの個数が０個と２個のときを比べると，２個のときは０個のときの２倍になっていることがわかる。ウでは，おもりの個数が０個から２個になると床からの高さが２マスから４マスになるので，条件に合う。なお，分母を48にしたとき，分子の値から２を引くと，おもりの個数を表すことがわかる。　② ①解説より，おもりの個数が５個のときの$\frac{1}{床から板までの高さ}$を，分母を48にして表すと$\frac{5+2}{48}$＝$\frac{7}{48}$となる。したがって，床から板までの高さは48÷７＝6.857…→6.86㎝となる。

(4)① ばねと空気がそれぞれ１個のおもりにおされるので，20＋16＝36(㎝)になる。　② ばねはおもり１個で４㎝縮むから，24－15＝９(㎝)縮むのはおもりの個数が$1\times\frac{9}{4}$＝2.25(個)のときである。また，空気で床から板までの高さが15㎝になるときの$\frac{1}{床から板までの高さ}$を，分母を48にして表すと$\frac{1}{15}$＝$\frac{3.2}{48}$となり，(3)①解説より，おもりの個数が3.2－２＝1.2(個)のときだとわかる。したがって，2.25＋1.2＝3.45(個分)が正答となる。

《2020　社会　解説》

1 (1)① aとcが正しいからアを選ぶ。　a．埼玉県の稲荷山古墳から出土した鉄剣と，熊本県の江田船山古墳から出土した鉄刀の両方に「獲加多支鹵大王」の文字が刻まれていた。　c．大陸から日本に移り住んだ渡来人は，須恵器の製法や漢字なども伝えた。　b．シルクロードで西アジアやヨーロッパと交流していた中国に遣隋使・遣唐使を派遣したのは７世紀以降。　d．『古事記』や『日本書紀』の完成は８世紀。　② エが正しい。　ア．稲作は九州地方に伝わり，西日本から東日本へと普及した。　イ．田植えではなく直播で行われた。　ウ．耕作に牛馬が用いられたのは鎌倉時代以降。

(2) ウが正しい。　a．誤り。一国一城令を発したのは徳川秀忠。　b．正しい。秀吉による太閤検地では予想される収穫量を米の体積である石高で表したため，年貢を確実に集めることができるようになった。

(3)① ウ．初代内閣総理大臣就任(1885年)→ア．大日本帝国憲法の発布(1889年)。イは陸奥宗光，エは大隈重信。
② イが正しい。　ア．「士族」が誤り。徴兵令では20歳以上の男子を兵役につかせた。　ウ．学制はフランスの

教育制度にならって定められ，当初は9年間ではなかった。　エ．富岡製糸場は殖産興業政策のために設立された官営模範工場である。　③　風刺画には，日清戦争前の朝鮮をめぐって対立する日本と清，漁夫の利を狙うロシアが描かれているから，ウを選ぶ。

(4)　アが正しい。与謝野晶子は，出征した弟を思って「君死にたまふことなかれ」で始まる詩を発表し，日露戦争に反対した。津田梅子は，岩倉使節団に従ってアメリカに留学し，帰国後女子英学塾(津田塾大学)を創設した。

(5)①　政府は隣組によって国民が互いを監視するしくみをつくった。　②　a．日本の国際連盟脱退(1935年)→b．日独伊三国同盟(1940年)→c．アメリカによる対日石油輸出禁止(1941年)だから，アを選ぶ。

(6)　「豪族や村の首長らがもっていた私有民や私有地を廃止(公地公民の方針)」から，大化の改新を導く。

(7)　アが正しい。aの大和絵は『源氏物語絵巻』などに見られる。水墨画・能・狂言が成立したのは室町時代。

(8)①　エが誤り。「平清盛」が「平維盛」であれば正しい。　②　Aは関ヶ原の戦いだから岐阜県のア，Bは長篠の戦いだから愛知県のウを選ぶ。イは長野県，エは山梨県。

(9)　エが正しい。惣(惣村)についての記述である。　ア．平安時代についての記述である。　イ．勘合貿易で，日本は明へ銅・硫黄・刀剣などを輸出した。また，足利義満が勘合貿易を始めたときは，将軍を辞した後である。　ウ．日本最古の銅銭である富本銭は飛鳥時代に発行された。

2　(1)　ウが誤り。日本の防衛費を抑制する政策は廃止され，1987年度以降の予算編成では総額明示方式となっている。

(2)　国民の三大義務は「教育の義務」「勤労の義務」「納税の義務」だから，イを選ぶ。

(3)　イが正しい。固定資産税についての記述である。　ア．警察は都道府県公安委員会が管理する。　ウ．電気の供給は政府が許可した企業が行う。　エ．条例の制定や予算の決定は都道府県や市町村の議会が行う。

(4)　オ．高齢化で歳出額が最も増えた社会保障費をC，歳出額が減った地方財政費をA，国債費をCと判断する。

(5)　エが誤り。人事院は内閣に属するが，権限の行使は独立性が認められている。

(7)　ウが正しい。違憲審査権についての記述である。　ア．三審制は，双方が納得すれば1審で終わる場合もある。　イ．裁判員裁判は重大な刑事事件の一審で行われる。　エ．「地方裁判所」が「高等裁判所」であれば正しい。地方裁判所は各都府県と北海道の4か所，計50か所におかれている。

(8)　アが正しい。内閣総理大臣の指名や条約の承認は，参議院よりも衆議院に強い権限が与えられている(衆議院の優越)。　イ．国事行為に対する助言は内閣の持つ権限である。　ウ．議員定数は，衆議院が465人，参議院議員が245人(2022年には248人になる)。被選挙権年齢は，衆議院が満25歳以上，参議院が満30歳以上。　エ．衆議院議員の選挙は4年の任期満了時か解散時に行われる。参議院議員の選挙は3年ごとに半数改選で行われる。

(9)　アは2016年のできごとだから誤り。イとエは2019年，ウは2018年。

(10)　エ．日本のODAでは，ベトナムの自立を促すため，借りた資金の返済義務を負う円借款を重視している。

3　(1)　アを選ぶ。『古事記伝』の完成は1798年，日新館の設立は1803年，薩摩藩による琉球侵攻は1609年。近松門左衛門は元禄期(17世紀後半～18世紀初頭)に活躍した。

(2)①　イが正しい。日本の端については右表参照。　②　イ．日本の南北の長さは約2787㎞，東西の長さは約3146ｋｍ。

最北端		最西端	
島名	所属	島名	所属
択捉島	北海道	与那国島	沖縄県
最東端		最南端	
島名	所属	島名	所属
南鳥島	東京都	沖ノ鳥島	東京都

(3)　幌加内は内陸に位置して緯度が高いから，気温の年較差が最も大きく

冬の気温が最も低いアである。札幌は日本海側に位置して北西季節風の影響で冬の降水量が多いから，ウである。

⑷ 関税の引き下げや自由化が行われる自由貿易に対して，国内産業保護を目的として輸入品に高い保護関税をかける貿易を保護貿易と言う。

⑸ アが正しい。台湾は下関条約～サンフランシスコ平和条約の間，日本に統治された。 イ．日米安全保障条約の締結は1951年，小笠原諸島の返還は1968年。 ウ．日韓基本条約の締結は1965年，独島義勇守備隊の竹島上陸は1953年～1956年。 エ．日中平和友好条約の締結は1978年，中国による尖閣諸島の領有宣言は1971年。

⑹ 両方誤りなのでエを選ぶ。 ａ．出島は，キリスト教の布教を防ぎ，貿易を厳しく監視するためにつくられた。 ｂ．オランダ商館の閉鎖は1858年で，江戸時代である。

⑺ ｂとｃが正しいからウを選ぶ。 ｂ．条例制定の背景には，琵琶湖でのプランクトン異常発生・赤潮の発生があった。 ａ．滋賀県の条例にペットボトルやレジ袋に対する課税は無い。 ｄ．「東海道」が「中山道」であれば正しい。

⑻ エが誤り。「ラムサール条約」が「ワシントン条約」であれば正しい。

⑼ カ．Ｘは隠岐島だからｃ，Ｙは対馬だからｂ，Ｚは種子島だからａである。

4 ⑴ アが正しい。軽減税率は「酒類と外食を除く飲食料品」「定期購読契約が結ばれた週２回以上発行される新聞」に導入されている。

⑵① アメリカは牛肉やビールの供給量が多いウである。アは米を主食とする中国，イは豚肉や酒が禁止のイスラム教徒が多いサウジアラビア，エは小麦でつくるパスタを主食とするイタリア。 ② 日本の貿易赤字となるイとウのうち，貿易額が高いイを中国，ウをサウジアラビアと判断する。 ③ 韓国からは石油製品や鉄鋼を多く輸入しているから，エを選ぶ。韓国はアジアＮＩＥＳの代表で，繊維や工芸品などの軽工業から，造船，鉄鋼，機械，自動車などの重工業へと発展していき，1980年代以降は石油化学や電気製品，エレクトロニクス関連の工業が盛んになった。アはアメリカ，イは中国，ウはサウジアラビア。

⑶① カ．Ｘは庄内平野がある山形県から最上，Ｙは下北半島がある青森県から津軽を導き，残ったＺが福島県だから会津となる。 ② ａは秋田市，ｂは横手市，ｃは盛岡市，ｄは宮古市だから，ウが正しい。 ア．秋田市の７月の降水量は１月よりも多い。 イ．畜産の産出額が最も多いのは北上高地があるＣである。 エ．東北地方で水あげ量が最も多い石巻港があるのは宮城県である。 オ．米の栽培の中心である秋田平野があるのはＡである。

⑷① 食料品製造業出荷額は北海道の[1]が最も高いからイ，鉄鋼業製造品出荷額は[30]の大阪府が高いからアを選ぶ。ウは輸送用機械器具製造業の人口，エは輸送用機械器具製造業の出荷額。 ② [33]は鉄鋼業製造品出荷額が高いから，鉄鋼業の盛んな広島県福山市を導き，イを選ぶ。 ③ [18]の山梨県は，果実の産出額が高く県庁所在地(甲府市)の人口が最も少ないｃである。[23]の岐阜県はｂ，[26]の滋賀県はａ。

⑸ エが正しい。 ア．避難勧告や避難指示は市町村長から出された。 イ．台風15号時に操業停止となった君津製鉄所は千葉県の西部にある。 ウ．台風19号は中部地方→関東地方→東北地方の順で進んだ。

⑹ アメダスは，風の向きや強さ，気温，気圧，降水量などを24時間観測している。

⑺ 大阪市は，１年を通して温暖な那覇市よりも気温の年較差が大きいからア，夏から秋に台風の影響を受ける那覇市よりも降水量が少ないからエを選ぶ。

⑻① 東京都に東経140度線，兵庫県明石市に東経135度線(日本の標準時子午線)が通ることから，経度差は５度に近く，それよりも小さいイを選ぶ。 ② ア．新潟中越地震(2004年)→エ．熊本地震(2016年)→ウ．大阪府北部地震(2018年)だから，アを選ぶ。イは浅間山，オは雲仙岳。

⑼① 林業の就業者は男性高齢者が多いからア，医療業の就業者は若い女性が多いからウを選ぶ。 ② 養殖業の収穫量が多いウがたい類であり，残ったうちの遠洋漁業での漁獲量が多いアがかつお類だから，いわし類はイ，沿岸漁業はオを選ぶ。

■ ご使用にあたってのお願い・ご注意

（1）問題文等の非掲載

著作権上の都合により，問題文や図表などの一部を掲載できない場合があります。

誠に申し訳ございませんが，ご了承くださいますようお願いいたします。

（2）過去問における時事性

過去問題集は，学習指導要領の改訂や社会状況の変化，新たな発見などにより，現在とは異なる表記や解説になっている場合があります。過去問の特性上，出題当時のままで出版していますので，あらかじめご了承ください。

（3）配点

学校等から配点が公表されている場合は，記載しています。公表されていない場合は，記載していません。

独自の予想配点は，出題者の意図と異なる場合があり，お客様が学習するうえで誤った判断をしてしまう恐れがあるため記載していません。

（4）無断複製等の禁止

購入された個人のお客様が，ご家庭でご自身またはご家族の学習のためにコピーをすることは可能ですが，それ以外の目的でコピー，スキャン，転載（ブログ，ＳＮＳなどでの公開を含みます）などをすることは法律により禁止されています。学校や学習塾などで，児童生徒のためにコピーをして使用することも法律により禁止されています。

ご不明な点や，違法な疑いのある行為を確認された場合は，弊社までご連絡ください。

（5）けがに注意

この問題集は針を外して使用します。針を外すときは，けがをしないように注意してください。また，表紙カバーや問題用紙の端で手指を傷つけないように十分注意してください。

（6）正誤

制作には万全を期しておりますが，万が一誤りなどがございましたら，弊社までご連絡ください。

なお，誤りが判明した場合は，弊社ウェブサイトの「ご購入者様のページ」に掲載しておりますので，そちらもご確認ください。

■ お問い合わせ

解答例，解説，印刷，製本など，問題集発行におけるすべての責任は弊社にあります。

ご不明な点がございましたら，弊社ウェブサイトの「お問い合わせ」フォームよりご連絡ください。迅速に対応いたしますが，営業日の都合で回答に数日を要する場合があります。

ご入力いただいたメールアドレス宛に自動返信メールをお送りしています。自動返信メールが届かない場合は，「よくある質問」の「メールの問い合わせに対し返信がありません。」の項目をご確認ください。

また弊社営業日（平日）は，午前９時から午後５時まで，電話でのお問い合わせも受け付けています。

2025 春

株式会社教英出版
〒422-8054　静岡県静岡市駿河区南安倍３丁目 12-28
TEL　054-288-2131　　FAX　054-288-2133
URL　https://kyoei-syuppan.net/
MAIL　siteform@kyoei-syuppan.net

神奈川県

①[県立] 相模原中等教育学校 / 平塚中等教育学校
②[市立]南高等学校附属中学校
③[市立]横浜サイエンスフロンティア高等学校附属中学校
④[市立]川崎高等学校附属中学校
✿⑤聖光学院中学校
✿⑥浅野中学校
⑦洗足学園中学校
⑧法政大学第二中学校
⑨逗子開成中学校(1次)
⑩逗子開成中学校(2・3次)
⑪神奈川大学附属中学校(第1回)
⑫神奈川大学附属中学校(第2・3回)
⑬栄光学園中学校
⑭フェリス女学院中学校

新潟県

①[県立] 村上中等教育学校 / 柏崎翔洋中等教育学校 / 燕中等教育学校 / 津南中等教育学校 / 直江津中等教育学校 / 佐渡中等教育学校
②[市立]高志中等教育学校
③新潟第一中学校
④新潟明訓中学校

石川県

①[県立]金沢錦丘中学校
②星稜中学校

福井県

①[県立]高志中学校

山梨県

①山梨英和中学校
②山梨学院中学校
③駿台甲府中学校

長野県

①[県立] 屋代高等学校附属中学校 / 諏訪清陵高等学校附属中学校
②[市立]長野中学校

岐阜県

①岐阜東中学校
②鶯谷中学校
③岐阜聖徳学園大学附属中学校

静岡県

①[国立]静岡大学教育学部附属中学校(静岡・島田・浜松)
② [県立]清水南高等学校中等部 / [県立]浜松西高等学校中等部 / [市立]沼津高等学校中等部
③不二聖心女子学院中学校
④日本大学三島中学校
⑤加藤学園暁秀中学校
⑥星陵中学校
⑦東海大学付属静岡翔洋高等学校中等部
⑧静岡サレジオ中学校
⑨静岡英和女学院中学校
⑩静岡雙葉中学校
⑪静岡聖光学院中学校
⑫静岡学園中学校
⑬静岡大成中学校
⑭城南静岡中学校
⑮静岡北中学校
⑯ 常葉大学附属常葉中学校 / 常葉大学附属橘中学校 / 常葉大学附属菊川中学校
⑰藤枝明誠中学校
⑱浜松開誠館中学校
⑲静岡県西遠女子学園中学校
⑳浜松日体中学校
㉑浜松学芸中学校

愛知県

①[国立]愛知教育大学附属名古屋中学校
②愛知淑徳中学校
③ 名古屋経済大学市邨中学校 / 名古屋経済大学高蔵中学校
④金城学院中学校
⑤椙山女学園中学校
⑥東海中学校
⑦南山中学校男子部
⑧南山中学校女子部
⑨聖霊中学校
⑩滝中学校
⑪名古屋中学校
⑫大成中学校
⑬愛知中学校
⑭星城中学校
⑮名古屋葵大学中学校(名古屋女子大学中学校)
⑯愛知工業大学名電中学校
⑰海陽中等教育学校(特別給費生)
⑱海陽中等教育学校(I・II)
⑲中部大学春日丘中学校
新刊⑳名古屋国際中学校

三重県

①[国立]三重大学教育学部附属中学校
②暁中学校
③海星中学校
④四日市メリノール学院中学校
⑤高田中学校
⑥セントヨゼフ女子学園中学校
⑦三重中学校
⑧皇學館中学校
⑨鈴鹿中等教育学校
⑩津田学園中学校

滋賀県

①[国立]滋賀大学教育学部附属中学校
②[県立] 河瀬中学校 / 守山中学校 / 水口東中学校

京都府

①[国立]京都教育大学附属桃山中学校
②[府立]洛北高等学校附属中学校
③[府立]園部高等学校附属中学校
④[府立]福知山高等学校附属中学校
⑤[府立]南陽高等学校附属中学校
⑥[市立]西京高等学校附属中学校
⑦同志社中学校
⑧洛星中学校
⑨洛南高等学校附属中学校
⑩立命館中学校
⑪同志社国際中学校
⑫同志社女子中学校(前期日程)
⑬同志社女子中学校(後期日程)

大阪府

①[国立]大阪教育大学附属天王寺中学校
②[国立]大阪教育大学附属平野中学校
③[国立]大阪教育大学附属池田中学校

④[府立]富田林中学校
⑤[府立]咲くやこの花中学校
⑥[府立]水都国際中学校
⑦清風中学校
⑧高槻中学校（A日程）
⑨高槻中学校（B日程）
⑩明星中学校
⑪大阪女学院中学校
⑫大谷中学校
⑬四天王寺中学校
⑭帝塚山学院中学校
⑮大阪国際中学校
⑯大阪桐蔭中学校
⑰開明中学校
⑱関西大学第一中学校
⑲近畿大学附属中学校
⑳金蘭千里中学校
㉑金光八尾中学校
㉒清風南海中学校
㉓帝塚山学院泉ヶ丘中学校
㉔同志社香里中学校
㉕初芝立命館中学校
㉖関西大学中等部
㉗大阪星光学院中学校

兵庫県

①[国立]神戸大学附属中等教育学校
②[県立]兵庫県立大学附属中学校
③雲雀丘学園中学校
④関西学院中学部
⑤神戸女学院中学部
⑥甲陽学院中学校
⑦甲南中学校
⑧甲南女子中学校
⑨灘中学校
⑩親和中学校
⑪神戸海星女子学院中学校
⑫滝川中学校
⑬啓明学院中学校
⑭三田学園中学校
⑮淳心学院中学校
⑯仁川学院中学校
⑰六甲学院中学校
⑱須磨学園中学校(第1回入試)
⑲須磨学園中学校(第2回入試)
⑳須磨学園中学校(第3回入試)
㉑白陵中学校
㉒夙川中学校

奈良県

①[国立]奈良女子大学附属中等教育学校
②[国立]奈良教育大学附属中学校
③[県立] 国際中学校
青翔中学校
④[市立]一条高等学校附属中学校
⑤帝塚山中学校
⑥東大寺学園中学校
⑦奈良学園中学校
⑧西大和学園中学校

和歌山県

①[県立] 古佐田丘中学校
向陽中学校
桐蔭中学校
日高高等学校附属中学校
田辺中学校
②智辯学園和歌山中学校
③近畿大学附属和歌山中学校
④開智中学校

岡山県

①[県立]岡山操山中学校
②[県立]倉敷天城中学校
③[県立]岡山大安寺中等教育学校
④[県立]津山中学校
⑤岡山中学校
⑥清心中学校
⑦岡山白陵中学校
⑧金光学園中学校
⑨就実中学校
⑩岡山理科大学附属中学校
⑪山陽学園中学校

広島県

①[国立]広島大学附属中学校
②[国立]広島大学附属福山中学校
③[県立]広島中学校
④[県立]三次中学校
⑤[県立]広島叡智学園中学校
⑥[市立]広島中等教育学校
⑦[市立]福山中学校
⑧広島学院中学校
⑨広島女学院中学校
⑩修道中学校
⑪崇徳中学校
⑫比治山女子中学校
⑬福山暁の星女子中学校
⑭安田女子中学校
⑮広島なぎさ中学校
⑯広島城北中学校
⑰近畿大学附属広島中学校福山校
⑱盈進中学校
⑲如水館中学校
⑳ノートルダム清心中学校
㉑銀河学院中学校
㉒近畿大学附属広島中学校東広島校
㉓AICJ中学校
㉔広島国際学院中学校
㉕広島修道大学ひろしま協創中学校

山口県

①[県立] 下関中等教育学校
高森みどり中学校
②野田学園中学校

徳島県

①[県立] 富岡東中学校
川島中学校
城ノ内中等教育学校
②徳島文理中学校

香川県

①大手前丸亀中学校
②香川誠陵中学校

愛媛県

①[県立] 今治東中等教育学校
松山西中等教育学校
②愛光中学校
③済美平成中等教育学校
④新田青雲中等教育学校

高知県

①[県立] 安芸中学校
高知国際中学校
中村中学校

福岡県

①[国立]福岡教育大学附属中学校（福岡・小倉・久留米）
②[県立]育徳館中学校
門司学園中学校
宗像中学校
嘉穂高等学校附属中学校
輝翔館中等教育学校
③西南学院中学校
④上智福岡中学校
⑤福岡女学院中学校
⑥福岡雙葉中学校
⑦照曜館中学校
⑧筑紫女学園中学校
⑨敬愛中学校
⑩久留米大学附設中学校
⑪飯塚日新館中学校
⑫明治学園中学校
⑬小倉日新館中学校
⑭久留米信愛中学校
⑮中村学園女子中学校
⑯福岡大学附属大濠中学校
⑰筑陽学園中学校
⑱九州国際大学付属中学校
⑲博多女子中学校
⑳東福岡自彊館中学校
㉑八女学院中学校

佐賀県

①[県立]香楠中学校
致遠館中学校
唐津東中学校
武雄青陵中学校
②弘学館中学校
③東明館中学校
④佐賀清和中学校
⑤成穎中学校
⑥早稲田佐賀中学校

長崎県

①[県立]長崎東中学校
佐世保北中学校
諫早高等学校附属中学校
②青雲中学校
③長崎南山中学校
④長崎日本大学中学校
⑤海星中学校

熊本県

①[県立]玉名高等学校附属中学校
宇土中学校
八代中学校
②真和中学校
③九州学院中学校
④ルーテル学院中学校
⑤熊本信愛女学院中学校
⑥熊本マリスト学園中学校
⑦熊本学園大学付属中学校

大分県

①[県立]大分豊府中学校
②岩田中学校

宮崎県

①[県立]五ヶ瀬中等教育学校
②[県立]宮崎西高等学校附属中学校
都城泉ヶ丘高等学校附属中学校
③宮崎日本大学中学校
④日向学院中学校
⑤宮崎第一中学校

鹿児島県

①[県立]楠隼中学校
②[市立]鹿児島玉龍中学校
③鹿児島修学館中学校
④ラ・サール中学校
⑤志學館中等部

沖縄県

①[県立]与勝緑が丘中学校
開邦中学校
球陽中学校
名護高等学校附属桜中学校

もっと過去問シリーズ

北海道

北嶺中学校
7年分（算数・理科・社会）

静岡県

静岡大学教育学部附属中学校
（静岡・島田・浜松）
10年分（算数）

愛知県

愛知淑徳中学校
7年分（算数・理科・社会）
東海中学校
7年分（算数・理科・社会）
南山中学校男子部
7年分（算数・理科・社会）
南山中学校女子部
7年分（算数・理科・社会）
滝中学校
7年分（算数・理科・社会）
名古屋中学校
7年分（算数・理科・社会）

岡山県

岡山白陵中学校
7年分（算数・理科）

広島県

広島大学附属中学校
7年分（算数・理科・社会）
広島大学附属福山中学校
7年分（算数・理科・社会）
広島学院中学校
7年分（算数・理科・社会）
広島女学院中学校
7年分（算数・理科・社会）
修道中学校
7年分（算数・理科・社会）
ノートルダム清心中学校
7年分（算数・理科・社会）

愛媛県

愛光中学校
7年分（算数・理科・社会）

福岡県

福岡教育大学附属中学校
（福岡・小倉・久留米）
7年分（算数・理科・社会）
西南学院中学校
7年分（算数・理科・社会）
久留米大学附設中学校
7年分（算数・理科・社会）
福岡大学附属大濠中学校
7年分（算数・理科・社会）

佐賀県

早稲田佐賀中学校
7年分（算数・理科・社会）

長崎県

青雲中学校
7年分（算数・理科・社会）

鹿児島県

ラ・サール中学校
7年分（算数・理科・社会）

※もっと過去問シリーズは国語の収録はありません。

教英出版
〒422-8054
静岡県静岡市駿河区南安倍3丁目12−28
TEL 054-288-2131
FAX 054-288-2133
詳しくは教英出版で検索
教英出版 検索
URL https://kyoei-syuppan.net/

令和六年度　東大寺学園中学校入学試験問題

国語

――六〇分――

注意　字数制限のある問題については、句読点や符号も一字に数えます。

一　次の①～⑧のカタカナ部分を漢字に書き改めなさい。また、⑨・⑩の□□に漢字一字ずつを入れて四字熟語を完成させなさい。

① インシュウにとらわれていては、改革は進まない。
② 彼は、オウネンの名投手として知られている。
③ 不当な疑いをかけられ、ゲンカに否定する。
④ その研究は、科学の発展にシするものとして期待されている。
⑤ 国宝の秘仏が半世紀ぶりにカイチョウされた。
⑥ 解決しなければならない課題がサンセキしている。
⑦ 新作映画で主演を務める予定だった俳優が、急病のためコウバンすることになった。
⑧ 恥も**ガイブン**もなく、旧敵に助けを求めた。
⑨ 恩師の教えが、今も私の金科□□となっている。
⑩ 監督の話にうなずいている選手も、実際には面従□□で、ひそかに不満を持っているようだ。

二　次の文章を読んで、後の問いに答えなさい。

齢九十ともなれば心の方はいざ知らず、体の方は近いうち必ず失うことになっていますから、人類とは言わないまでも、私個人は少なくともまず機能面でどんどん体を失いつつあって、最近試乗中の電動車椅子は自分の*アンドロイド化の初歩的な段階だろうかと考えざるを得ません。

体を失った後の人間はどうなるのかという難題は、大昔から東西で論じられていると思いますが、幽霊という伝統的存在を私は好ましく思っています。ただ残念なことに私はこれまで幽霊に*遭遇したことがないのです。自分が*怨念というような心の状態を経験したことがないせいか、それとも子どもの頃に知った*論語の一節「*子ハ怪力乱神ヲ語ラズ」に当時、科学少年だった私が①共鳴していたのかもしれません。一人っ子だった私はドロドロした人間関係に悩んだことがなく、成人してからも自分の意識下の*混沌を主に詩作の源泉として考えるという呑気さでした。

自分にかまけるなという言葉も母から何度も聞いた覚えがあって、躾の一環として子どもの自分本位を戒める言葉でしたが、これも物心ついた頃から折に②触れて気にしている言葉で、詩を自己表現と考えずに初めから読者を意識して書き始めたことも、この言葉が自分の中に生きていたからではないかと思います。幽霊はやはり自分にかまけざるを得ない事情があって、この世に舞い戻ってくるのではないでしょうか。

私は幽霊よりもお化けの方が性に合っていて、子ども向けのお話や舞台によく登場してもらいますが、さまざまなお化けが登場することで、日常を少々超えた*ノンセンスな次元が出現するのがなぜ楽しいのかなあと考えてしまうことがあります。幽霊は足があると失格ですが、お化けは足の有無にこだわらない、というのは私の思いこみでしょうか。

私はどうやら③アンドロイドよりも、幽霊に近づいているのかもしれません。

（谷川俊太郎「幽霊とお化け」『図書２０２３年２月号』所収　岩波書店による）

〔注〕＊アンドロイド――人間型ロボット。
　　＊遭遇――不意に出あうこと。

*怨念――うらみに思う気持ち。
*論語――古代中国の思想書。
*「子ハ怪力乱神ヲ語ラズ」――「孔子(古代中国の思想家)は、理屈では説明しきれないような、あやしげなことや不確かなことはあまり語ろうとはしなかった」という意味。
*混沌――すべてが入りまじって区別がつかない状態。
*ノンセンス――実際にはありそうもないこと。また、そのさま。

(一) ――部①「共鳴」とありますが、本文中での意味として最も適当なものを、次の**ア**～**エ**の中から一つ選んで、その記号を書きなさい。

ア 他人の気持ちに寄りそって理解しようとすること。
イ 他人と同じことに興味や関心をもつこと。
ウ 他人の考えや行動にそのとおりだと感じること。
エ 他人と調子を合わせて行動しようとすること。

(二) ――部②とありますが、筆者が「折に触れて気にしている」のは、どういう「言葉」ですか。五十字以内で具体的に説明しなさい。

下書き用

(三) ――部③「アンドロイドよりも、幽霊に近づいている」とありますが、これはどういうことですか。その説明として最も適当なものを、次の**ア**～**エ**の中から一つ選んで、その記号を書きなさい。

ア 年のせいで失われた体の機能を電動車椅子で補っているが、まだ初心者の自分はアンドロイドにはほど遠いということ。
イ 老いた自分はやむをえず機械にたよっているけれども、体を失った後の姿として幽霊は身近に感じられるということ。
ウ ありえない別世界を見せてくれるお化けは、自分の好みに合っているので、仲間の幽霊にも親しみを覚えるということ。
エ 年老いて足が不自由になり、電動車椅子を使っている自分は、幽霊のイメージに近い存在になりつつあるということ。

三 次の文章を読んで、後の問いに答えなさい。

「会話」は知り合い同士、またはたまたま居あわせた者同士の気楽なおしゃべりをさす。しゃれた会話、楽しい会話というように、「会話がスムーズに進む」とは、なめらかで、よどみのない言葉のやりとりをいう。「会話が弾む」とは、ときどきジョークなどもまじえて、とぎれることなく、キャッチボールのように言葉のやりとりがつづくときだ。

それは音楽でいえばハーモニーだ。互いに協力して加速したり、ゆるめたり、盛りあげたりする。それによって関係性が深まり、親密度が増す。そのためにはそれぞれの楽器、つまり*キャラが決まっていたほうがいい。

キャラがはっきりしていれば、期待される役回りもおのずと決まり、コミュニケーションがしやすくなる。リーダーシップをとる役、盛りあげ役、雰囲気づくりの役など、オーケストラのようにそれぞれの楽器の役回りが決まっていれば、ハーモニーは生まれやすい。

そのもっともシンプルな形が、漫才におけるボケとツッコミだ。ボケが世間的な常識から外れたことをいい、ツッコミが常識や論理の側からそのまちがいを指摘する。ボケは放っておくと間延びしてしまう。そこにすかさず相手が突っこむことでリズムや笑いが生まれる。会話が弾むときというのは、知らず知らずのうちにボケとツッコミのような緊張と*弛緩のリズムが生まれている。

一方、「議論」は両方ともツッコミ役である。特定のテーマをめぐって、互いの主張をぶつけあい、相手の主張についての疑問点を問いただす。会話とちがって、ただ弾めばいいというものではなく、なんらかの結論に到達することが求められる。さらに、相手に自分の正しさを認めさせ、勝ち負けを決することを目的とするのが「討論（ディベート）」である。

たとえば、ツイッターなど＊ＳＮＳの世界はツッコミであふれている。だが、その多くは議論にはなっていない。議論や討論では、自分の主張を裏づける根拠を明示して、話を論理的に展開することが求められる。そのためには、自分が使っている言葉の意味を明確にするとともに、相手が言葉にこめている意味をも理解する必要がある。しかし、ＳＮＳ上ではたんに相手のささいな言葉尻をとらえた揚げ足とりに終始しがちだ。

ちなみに、①ＳＮＳではボケとツッコミの関係はあまり見られない。ボケとツッコミは互いが知り合いであったり、同じ場を共有しあった者同士であるからこそ成立する。匿名で、互いをよく知らない者同士のやりとりではボケとツッコミのようなかけ合いは生まれにくい。

それでは「対話」とはなにか。会話は知り合い同士や、たまたま居あわせた人のあいだでなされるおしゃべりであると述べた。それに対して、＊価値観がちがう者同士で交わされるのが対話だ。また、議論や討論とちがうのは、かならずしも結論を出したり、どちらが正しいかをはっきりさせることを目的としない点だ。

会話がどちらかといえば互いの共通点を軸として話が展開していくのに対して、対話は互いのちがう点を軸として話が進む。同じものを見ていても、相手には見えていて、自分には見えていないものがある。また、自分には見えていても、相手には見えていないものがある。互いが見ている世界のちがいに注目して、それをいっしょに探究していこうとする姿勢でなされるのが対話だ。

たとえ会話が弾んでいても、どこか違和感をおぼえることがある。キャラに徹して、自分の役回りを演じていれば、会話はスムーズに進み、楽しい雰囲気にはなる。場の雰囲気をこわさないために、ａ愛想笑いをしたり、よけいなことをいわないように口をつぐんだりすることもあるだろう。しかし、一方でなにか自分の中で＊スルーされているものがあり、その言葉にできない思いが胸の中に沈澱していく。そんな経験はないだろうか。

極端な例だが、たとえば、部屋の中で友人たちと話しているとき、部屋の隅に一頭のゾウがいるのを目にしたとしよう。冷静に考えれば、部屋の中にゾウなどいるはずがないことはあなたにもわかっている。まわりの人たちもなにもいわないので、見えているのは自分だけなのだろうとあなたは思う。

「ゾウがいる！」などと口にしたら、変に思われるだろうから、あなたはゾウなど見えないふりをしておしゃべりをつづける。たいていの会話はそうやってつづく。みなそれぞれに視界の中にゾウやカモシカやイノシシがいるのかもしれない。でも、そのことに気づかぬふりをして、会話をつづけるうちに、②自分の中のゾウが見えなくなっていくのだ。

けれども、自分の中のゾウの存在感が大きくなりすぎて、がまんできず「この部屋にゾウがいる」と口にしてしまったとしたら、どうだろう。一瞬、シーンとなるかもしれない。あるいはそのままスルーされてしまうかもしれない。

会話を中断したり、とぎれさせたりすることはハーモニーを崩してしまう。しかし、対話はちがう。対話は、むしろとぎれたり、隙間があいたりするところからはじまる。

対話的姿勢とは、たとえ相手の言葉が自分の理解を超えていたとしても、それを相手の心の現実として、そのまま受けとめる態度だ。

「えっ、ゾウが見えるんだ！」「どのへんに？」「どのくらいの大きさ？」「どんな様子？」といったように、相手にしか見えていない世界に関心を寄せる。それを自分の常識のｂ物差しで判断したり評価したりせず、まずは相手にとって＊リアルなものとして受けとめようとする。それが対話的姿勢だ。

世界が多様化し、さまざまな価値観をもった人たちがいる中では、③対話的姿勢は重要だ。そのためにまず必要なのは、「ゾウがいる」といっても否定されたり、スルーされたりしない安全な場である。対話には、なにかの役割を担ったり、キャラを演じたりしなくても、安心してそこにいられるような場が必要なのだ。

弾むような会話は、音楽でいえばハーモニーにたとえられると述べた。ハーモニーはそれぞれの役割をもった声が重なりあってつづいていく。とぎれなく、隙間なくつづきながら、あるメインとなる＊旋律を盛りあげていく。いわばシンフォニー（交響曲）のようなイメージだ。

それに対して、対話はしばしばポリフォニー（多声音楽）にたとえられる。ポリフォニーとは、それぞれの声のパートが、独立した旋律をもち、どのパートも対等な重要性をもって重なっていく音楽様式だ。主旋律があるわけではなく、どこに耳を澄ますかによって、音楽はちがって聞こえてくる。

それは、たとえばアフリカのジャングルに暮らすピグミーと呼ばれる人びとの音楽などを聴くとイメージしやすいかもしれない。「密林のポリフォニー」とも呼ばれるピグミーの合唱は、別々のリズムの歌を＊即興的に重ねていく独特の音楽だ。

④初めてピグミーの合唱を聴いたとき、なんて自由なんだろうと思った。ふつう音楽は洗練されればされるほど、ハーモニーをこわす音や＊ノイズのように聞こえる音が排除されていく。しかし、ピグミーの合唱は、つぶやき、くしゃみ、独り言、背景に聞こえる虫の音までもが出入り自由で、互いを許容しあっている。複雑なリズムの重なりはあるのだけれど、それがぴったりと組みあわさるのではなく、無数の隙間がある。

それはピグミーたちの生活の場であるジャングルを満たす動物や鳥や虫の声が重なって聞こえるさまに似ている。主旋律があるわけではなく、それぞれの生き物が、自分はここにいるとアピールしている。それぞれの生き物に生きられる場所があり、それぞれの声が響く場所がある。互いに排除しないし、一体化もしない。それはまさに対話の空間だ。

対話がよくて、会話や議論がよくないというのではない。会話がふさわしい場もあるし、議論や討論が必要な場もある。でも、人と人との言葉のやりとりが、会話や議論だけになってしまうと、その中では伝えられない思いが行き場をなくしてしまう。

対話ができる空間とは、自分が感じている違和感を安心して表明できる場のことである。共通点を確かめることによって安全を得るのではなく、ちがっていても安全であることを確認する場だ。

とはいえ、対話的空間をつくるのは、けっしてかんたんではない。国家間の対立や紛争の調停にあたって「対話が重要だ」とよくいわれる。しかし、実際には、互いの利害関係や、「支配／被支配」といった関係性が固定化してしまったうえでの対立を、対話によって崩すのは容易ではない。⑤互いの関係性が固定化する前の、小さなひっかかりや漠然とした違和感があるという段階でこそ対話は力を発揮する。

人は生きていくうえで対話的空間にずっととどまれるわけではない。不本意なことを受け入れなくてはならないこともある。どっちが正しいかを決めなくてはならないこともある。それによって傷つくこともある。

しかし、傷つかないために対話をするのではない。むしろ逆である。⑥互いが安全に傷つくためにこそ対話がある。人は傷つくことなしには生きられない。生きるとは傷を受け、そこから回復することのくりかえしにほかならない。傷がとり返しのつかないほど深くならないようにするためにこそ対話をつづけるのである。

（田中真知「風をとおすレッスン」による）

〔注〕＊キャラ――キャラクターのこと。その人の性格や役割。
＊弛緩――ゆるむこと。
＊SNS――インターネットを通じて他人とコミュニケーションをはかるためのサービス。
＊価値観――何に価値があるかについての考え方。
＊スルー――まともに取り合わないで、適当に受け流すこと。
＊リアル――現実にありそうなこと。
＊旋律――いろいろな高さや長さの音が組み合わさって続く、音の流れ。メロディー。
＊即興――その場で感じたことを、すぐに歌や詩などにあらわすこと。
＊ノイズ――雑音。

（一）――部a「愛想笑い」・b「物差し」の本文中での意味として最も適当なものを、次のア～エの中からそれぞれ一つずつ選んで、その記号を書きなさい。

a 愛想笑い
ア 相手に気に入られようとする笑い
イ 人を傷つけないようにごまかす笑い
ウ 自分の欠点をかくそうとする笑い
エ 他人につられて出てしまう笑い

b 物差し
ア 方法
イ 感覚
ウ 独断
エ 基準

（二）――部①「SNSではボケとツッコミの関係はあまり見られない」とありますが、筆者がこのように言うのはなぜですか。その説明として最も適当なものを、次のア～エの中から一つ選んで、その記号を書きなさい。

ア SNSでは、「会話」のように、それぞれの役回りに従ってやりとりをするわけではないから。
イ SNSでは、「議論」のように、同じ場を共有しあって楽しく話をしているわけではないから。
ウ SNSでは、「討論」のように、それぞれの役割の人が自分の正しさを主張しているわけではないから。
エ SNSでは、「会話」や「議論」のように、互いのやりとりが論理的に展開しているわけではないから。

(三) ——部②「自分の中のゾウが見えなくなっていく」とありますが、どういうことですか。その説明として最も適当なものを、次の**ア**～**エ**の中から一つ選んで、その記号を書きなさい。

ア 人とやりとりをするうちに、友人たちに対して自分の役回りを演じきれなくなっていくということ。

イ 人とやりとりをするうちに、自分がいだいていた違和感が少しずつなくなっていくということ。

ウ 人とやりとりをするうちに、自分の思いを相手にどう伝えたらよいかがわからなくなっていくということ。

エ 人とやりとりをするうちに、その場の雰囲気がこわれるのをおそれて何も言えなくなっていくということ。

(四) ——部③「対話的姿勢は重要だ」とありますが、「対話的姿勢」が「重要」になってきたのはなぜですか。八十字以内で説明しなさい。

下書き用

(五) ——部④「初めてピグミーの合唱を聴いたとき、なんて自由なんだろうと思った」とありますが、筆者がこのように思ったのはなぜですか。その説明として最も適当なものを、次の**ア**～**エ**の中から一つ選んで、その記号を書きなさい。

ア ふつうの合唱では、決まった役割をもった声がとぎれながらも一つの旋律に重なっていくが、ピグミーの合唱では、隙間がうまれないように歌われていたから。

イ ピグミーの合唱の中では、一つ一つの声がうまくかみ合っていなくても受け入れられ、どの声も同じ重要性をもって重なっている音楽をつくっていたから。

ウ ピグミーの合唱は、それぞれの声がその美しさを十分にあらわしながら、よりすばらしい合唱になるように、響き合わない声をなくそうとしていたから。

エ ジャングルの中で暮らすピグミーの合唱は、かれらの生活の場がさまざまな音に満たされていたので、複雑なリズムもぴったりと組み合わされた音楽となっていたから。

(六) ——部⑤「互いの関係性が固定化する前の」とありますが、「前の」は、どの部分にかかっていますか。次の**ア**～**オ**の中から一つ選んで、その記号を書きなさい。

互いの関係性が固定化する前の、小さなひっかかり(ア)や漠然とした違和感(イ)があるという段階(ウ)でこそ対話(エ)は力(オ)を発揮する。

(七) ——部⑥「互いが安全に傷つくためにこそ対話がある」とありますが、どういうことを言っているのですか。その説明として最も適当なものを、次の**ア**～**エ**の中から一つ選んで、その記号を書きなさい。

ア 対話的空間をつくるのはかんたんなことではないが、自分が感じている違和感を安心して表明できる場さえあれば、互いの心の隙間をうめることもできるということ。

イ 現実の生活で、互いの利害関係が対立して争いが起こり傷つけあうことがあっても、対話をする姿勢を持ち続けることによって、受けた心の傷がいやされることもあるということ。

ウ 相手と会話をする中で、互いの共通点を見つけることができずに苦しむことがあっても、対話を大切にすることで自分の気持ちを伝えることができるということ。

エ 人は生きていく中でさまざまな人とやりとりをし、その中で互いが傷ついてしまうことが時として生じるけれども、対話を続けることでその傷の程度が軽くてすむことがあるということ。

四　次の文章を読んで、後の問いに答えなさい。

星崎芽以は父親が作った弁当を高校に持参している。父親は、「愛娘のための今日もがんばる親父弁当」というブログ（インターネット上に公開されている日記）にその弁当の写真をのせていた。ある日の昼休み、ブログにのっている弁当が芽以のものであることに、クラスメートの木村さんが気づいた。これをきっかけとして、芽以は周囲の生徒から一気に注目を浴びることになった。

自分の平凡な弁当に突然クラス中の注目が集まり、芽以は大いに戸惑ったが、苦笑いを浮かべるしかなかった。

「星崎さんのお父さん、ずっとシングルファーザーでがんばってるんだ……」

誰かがぽつりとつぶやいたセリフが、騒いでいたクラスメートたちを一瞬にして、しん、とさせた。ブログのタイトルの下には、「娘が一歳二ヶ月のとき、妻は虹の橋を渡りました。妻が空で安心できるように、親父は今日もがんばります！」という文章が添えられていた。

「芽以の家、そうだったんだ……」

同じ卓球部で仲良くしている未奈美がしんみりした声で言った。

「あ、うん、そう」

芽以は答えながら、食べていた弁当の蓋を　A　閉じた。

「別に、秘密にしてたってわけじゃないよ。でも、わざわざ、言う必要もないかなーって、ははは」

〝ないかなー〟のところで身体を斜めに傾けて、＊ポップに答えて笑ってみせたつもりだったが、誰も笑わなかった。芽以は、①脇の下に変な汗が滲むのを感じた。

父親が毎日食事を作ってくれることは、物心ついてからずっとそうだったので、特別だと思ったことはない。高校一年の今のクラスメートには、自分の家が父子家庭であることは特に伝えていなかった。

母親が幼い子どもを残して死んでしまったことを知っている人たちの間で、微妙な気遣いのような空気が生まれる。それは、芽以をいつも憂鬱な気分にさせた。母親が死んでしまったかわいそうな子ども、という認識のもたらす、②なんとなく腫れ物にさわるような重い空気とよそよそしさ。あるいは逆に生まれる妙ななれなれしさ。そして、遠くで自分を指さしながら言われる、「あの子、お母さん死んじゃったんだって、かわいそう」というささやき。聞きたくもないのに、なぜかそのセリフは、すぐそばでささやかれたように無遠慮に耳にしのびこんできて、胸に刺さった。「かわいそう」という言葉は、その言葉をはっきりと理解することができなかった頃から、芽以は雨のように浴びてきた。正確な意味は分からなくても、自分が特別扱いされている居心地の悪さは感じていた。

こっちが子どもで言い返せないからって、なんでも言っていいと思うんじゃないよ、と、その頃のまわりの大人たちの様子を思い出しては、芽以は腹を立てていた。保育園でも、小学校でも、中学校でも、「あの子のお母さん、死んじゃったんだって」がつきまとい続けることに心底うんざりしていた。だから、地元の子が誰も行かないような少し遠くの高校にあえて進学したのだ。自分のことを誰も知らない場所に身を置くことができて、芽以は心からほっとした。こちらから口に出さない限り、誰も親のことなど話題にしない。自分は、ありきたりの、どこにでもいる、「まあまあ」な女子高生でいることができるのだ。そのことが、何より安らぎになった。

なのに、今、それが崩れた。父親の、弁当ブログのせいで。　B　足元が揺らぐような感覚に襲われた。

自分が話題の発端を作って気まずい空気にさせてしまったことに責任を感じたのか、木村さんが「ま、まあ、あれだよねえ」と高めの声を出した。

「照れくさいとは思うけどさ、星崎さんもうれしいよね、こんだけ愛されてるのがわか……」

「こんなの！」

木村さんの言葉を断ち切るように、芽以は大きな声を出した。

「うれしくない！　迷惑なだけ！」

自分でも、言ってはいけないことを言ってる、と思った。でも、止まらなかった。

「こんなの、どこがすごいの？　全部、全部別に、普通じゃん、普通の弁当じゃん。これ、お母さんが作ったお弁当だったら、誰もなんにも言わないよね。なんで父親が作ると、みんなおもしろがるの？　すごいってなるの？　お母さんが死んでるから？　ねえ、なんで？」

③<u>「芽以、やめなよ！」</u>

末奈美が芽以の肩に手を置いてその言葉を遮った。芽以は、はっと我に返った。

ごめん、と誰にも聞こえないような小さな声で芽以はつぶやいてから、机の上の弁当箱を乱暴につかんでリュックサックに投げ入れた。そしてリュックサックのストラップを片方だけ引っかけて、教室を飛び出した。末奈美が何か言いながら追いかけてくるのを振り切って、全速力で階段を駆け下りていった。

帰宅した父親が、わっ、と声をあげたので、ダイニングテーブルに制服姿のまま突っ伏していた芽以は、顔を上げた。

「なんだ、もう帰ってたのか」

そんなところで電気も点けないで、と言いながら、父親がダイニングルームの電灯を点けた。

「今日は＊部活なかったってこと？」

「部活は、休んだ」

芽以は沈んだ声で言った。

「休んだって……どうした、具合でも悪いのか？」

「具合……悪い」

「え、大丈夫か？　なら、着替えて横になったらどうだ？」

「具合悪いのは、身体じゃない」

「身体じゃない……って、あ」

父親の表情が変わったのに気づいて、芽以は思わず目をそらした。

「何が、あったんだ？」

父親は、やさしく話しかけながらポケットからハンカチを取り出した。紺色のおじさんハンカチが目の前に迫ってくる。自分の濡れている頬をハンカチで拭おうとしているのだ、ととっさに察知した芽以は、ばしっと父親の手をはね返した。反動で父親はハンカチを取り落とした。

「え、なん……で？」

父親は目を見開いた。芽以はテーブルに伏せていたスマートフォンを持ち上げ、驚いた顔のまま固まっている父親に液晶画面を向けた。

「これ」

「え……あ……！」

「だよね」

「やあ、ばれちゃったかあ」

父親の顔に照れ笑いのようなものが浮かんだのを見て、芽以の胸にもやっとした苛立ちが生まれた。が、父親の方も敏感に芽以の心の動きを感じ取り、④<u>すぐに真顔になった。</u>

「今、泣いてたのって、もしかして……これのことなのか？」

「……」

「ブログに、弁当のことを上げたから、怒ってるのか？」

「……お弁当は……」

「ごめん、悪かった、勝手に……」

芽以はうつむいて首を横にふるふると振った。

「お弁当は、ありがたいと思ってる。ほんとに感謝してる」

そう言いながら父親を見上げた芽以は、また涙が込み上げてくるのを感じた。

「でも、嫌だった……」

ぼろぼろと涙がこぼれた。

「学校で、嫌なこと言われたのか」

「……違う」

芽以は、手でごしごしと顔をこすった。

「嫌なことなんて、別に言われてない。みんな、やさしかった。すごいって言ってくれた。おいしそうって」

「そ、そっか……。じゃ、なんで……」

「すごいよ、お父さんは、すごいよ、ほんとすごいって、私も思う。わかってる」

「うん、実はな、父さんも、自分はすごい、がんばってるって思ってた。でも、そう思われるようなことをわざわざアピールするってどうだろう、ってことだよな。いや、これでも、人に褒められると、がんばれる気がしてたんだけど、そうだな、やっぱ、弁当もプライバシーの一つだからな、勝手に載せてたのは、悪かった。ほんと悪かったよ」

「謝らないでよ」

「え？」

「悪かったって、言わないで」

「う……」

「悪かった」を封じ込められた父親が、言葉につまった。芽以は、⑤父親を追いつめてしまったような気がして、胸がちくりとした。

「そんなこと言われても、だよね。でも、お父さんに謝ってほしいわけじゃない。謝られても、私、困る」

「困る……？」

「今日、お弁当食べてるときに、あのブログと同じ弁当だってことを言われて、だから、うちがお母さんのいない家だってこともわかって、それがなんか私、すごく嫌だなって思って、学校を飛び出して帰ってきちゃったから、みんな心配して＊LINEとかくれて、謝ってきてるみたい。それが、辛い。別にクラスの子だれも悪くないし。私が一人で怒って、空気悪くしただけだし。だからもう、LINE見るの怖い。さっきからずっと開けない。そしたらなんか、泣けてきた。何これ。なんなのこれ。もうなんだかよくわかんないよ、わかんなすぎて、笑える」

芽以は涙を流しながら、ははは、と空々しい笑い声を漏らした。

「つまり、その、あれだ。とにかく、特別扱いしてほしくないってことだな」

芽以は父親の言葉に、はっとしたように目を見開き、こくりと頷いた。

「そう。誰にも、私のこと特別だって思ってほしくなかった。だって、だって普通のことだもん、私にとっては、全部」

そう言いながら、涙が［C］引いてくるのを、芽以は感じた。

「じゃあ、どうしたらいいんだろうな」

「うん……」

「芽以の普通が、他の子たちにとっては、ちょっとだけ普通じゃないんだ。でも、芽以が自分の普通を理解してほしいなら、その子たちの普通を、芽以も理解してあげなくちゃいけないんじゃないかな。それぞれの〝普通〟が同じじゃないから、それぞれが素敵に見えるっていうのも、あるだろうしさ」

「……うん。やっぱ……お父さん、すごい」

「いや、まあ、長いこと大人やってるからな」

「お父さんがシングルファーザーになったのって、何歳？」

「二十七歳だね」

「若っ」

「若かった。でもさ、お母さんが命がけで残してくれた芽以は、めちゃくちゃかわいかったから、思い切りがんばれたよ。若いからこそがんばれたのかもしれない。芽以のためにしてあげたいことを覚えるのは、実はすごく楽しかった。料理とか、化学実験と同じだなと思ってさ。ほら、もともと理系だからさ。料理とか家事とか、実験みたいなものだよ。ブログで実験の成果を自慢してるだけ。その意味では、芽以が言うみたいに普通の人と同じ」

「うん」

「でもあれだな、シングルファーザーという付加価値を付けて同情を引いたうえでの自慢っていうのが、嫌な感じだよな、考えてみれば」

「だけど、よく考えてみれば、それはほんとのことだから、堂々としてていいんだよ。そうだよ。なんでこれまで私、堂々とできなかったんだろ。こうやってお父さんと二人でちゃんと生きてること、すごい自慢なのに」

「そうだ、自慢しよう、堂々と、普通に」

「うん、普通に……。って、なんだろ、普通って、バカみたい……。もういいよ、お父さん」
「もういい?」
「もう、がんばらなくてもいいよ、私のために」
「え……?」
「って、私が思うことにする。ずっとお父さんは私のためにがんばってくれてるんだって思ってきた、その私の気持ちが息苦しかったってこと。みんなが自分のために気を遣ってくれてるって思ってしまう自意識過剰な気持ちが重かったってこと」
「ほう、なるほど」
「⑥だからいいよ、ブログ、続けなよ。私、お父さんのこと、承認欲求高めの*蘊蓄好きな自慢おじさんって、気楽に思うことにするから」

（東直子「もういいよ」による）

［注］*ポップに――軽い感じで。
*部活――放課後のクラブ活動のこと。
*LINE――インターネットを通じて他の人とメッセージのやりとりができるサービス。
*蘊蓄好き――自分の持っている知識を他の人に話したがるさま。

(一) [A]～[C]に入る語の組み合わせとして最も適当なものを、次のア～エの中から一つ選んで、その記号を書きなさい。

ア　A ぱっと　B ずるっと　C ほっと
イ　A ぱたりと　B ふっと　C すうっと
ウ　A ぱかっと　B ぐらっと　C さっと
エ　A ぱたんと　B そろっと　C そっと

(二) ――部①「脇の下に変な汗が滲むのを感じた」とありますが、このときの「芽以」の気持ちを説明したものとして最も適当なものを、次のア～エの中から一つ選んで、その記号を書きなさい。

ア　父親しかいないことを今日までだまっていたことが気まずくて、それをなんとかごまかそうとしたのに、うまくごまかしきれなかったことをもどかしく感じている。
イ　自分の家庭が父子家庭であることをかくしていたことで、周りの友達から水くさいと思われ、これまでの友人関係が崩れてしまうのではないかとあせっている。
ウ　これまでは母親をなくした悲しみをおさえこんできたが、今日の一件を境にいろいろ聞かれることが予想され、母を失ったことを今さらながらつらく思っている。
エ　家庭のことを話題にしなくても学校生活を送れていたのに、今回の弁当のことをきっかけとして、おだやかな毎日が失われてしまうのではないかと不安に思っている。

(三) ――部②「なんとなく腫れ物にさわるような重い空気とよそよそしさ。あるいは逆に生まれる妙ななれなれしさ。」とありますが、それは周囲の人がどのように接してくることですか。八十字以内で説明しなさい。

下書き用

(四) ——部③「未奈美が芽以の肩に手を置いてその言葉を遮った」とありますが、「未奈美」がこのような行動を取ったのはなぜですか。その説明として最も適当なものを、次の**ア**～**エ**の中から一つ選んで、その記号を書きなさい。

ア クラスメートに対して芽以が過度な反応を見せてしまうと、芽以の今後の立場が悪くなるので、落ち着きを取りもどしてもらいたいと思ったから。

イ 心ない言葉で傷ついてきたはずの芽以が、今は反対に友人たちにきつい言葉を投げかけているので、このままだと芽以をきらいになってしまいそうだったから。

ウ 一番ふれられたくない父親のことを言われた芽以が、冷静さを失って一気にまくしたてて話すようすに、すっかりあきれはててしまったから。

エ 心から芽以のことを知りたいと思っているクラスメートの言動を、芽以が不快に感じるのは見当違いであるため、早く謝った方がよいと考えたから。

(五) ——部④「すぐに真顔になった」とありますが、「父」が「真顔になった」のはなぜですか。六十字以内で説明しなさい。

下書き用

(六) ——部⑤「父親を追いつめてしまったような気がして、胸がちくりとした」とありますが、このときの「芽以」の気持ちを説明したものとして最も適当なものを、次の**ア**～**エ**の中から一つ選んで、その記号を書きなさい。

ア 学校でのできごとは自分と友人との間の問題であるのに、この場を収めるために謝ってくれている父親に、八つ当たりをして冷たく接していることに気がとがめている。

イ ブログのせいで泣いている芽以に父親は心から謝罪してくれているのに、その言葉を受けつけないような態度を取って、父親を混乱させていることに気がとがめている。

ウ 今日の一連のできごとについては芽以自身に非があるのに、多くの友人に謝罪をさせただけではなく、父親にまで謝罪を強要してしまっていることに気がとがめている。

エ 父親にとってブログが大切なものだと理解しているのに、適当な謝罪をくり返す父親の言動が気に食わなくて、その言葉をさえぎってしまったことに気がとがめている。

(七) ——部⑥「だからいいよ、ブログ、続けなよ」とありますが、「芽以」がこのように言っているのはなぜですか。その説明として最も適当なものを、次の**ア**～**エ**の中から一つ選んで、その記号を書きなさい。

ア 自分にとって父親の弁当があることは日常のことであったが、父親にとっては母親の死をきっかけに始まった特別なものであるうえ、人から認められたい願望を満たす方法としても大切なものだと考えたから。

イ 父親が作ってくれている弁当そのものはありきたりな内容のものであるけれども、父親が作っているというめずらしさには価値があり、ブログを通じてもっと多くの人に知ってもらえたらいいと考えたから。

ウ 幼い時期に母親を失うという、他の人とは異なる経験をした娘のために父親はがんばっていると思っていたが、父親は父自身が楽しいと思うことをしているだけで、それを発信したくなるのは自然なことだと考えたから。

エ 母親を早くに失った娘のために毎日の弁当を作ることは父親には当然のつとめであったとしても、自分にとっては特別なことであり、多くの人からの賞賛を受けることによってむくわれてほしいと考えたから。

算　数

――６０分――（中学算数・２枚のうち１）

※ 円周率が必要なときは，円周率は 3.14 として計算しなさい。

※ 角すい，円すいの体積は (底面積) × (高さ) ÷ 3 で求められます。

1 次の各問いに答えなさい。(解答欄には答えのみを記入しなさい。)

(1) $0.775 \times 7.5 + 5.5 \div \frac{4}{7} + 15.75 \div 2.4$ を計算しなさい。

(2) 次の空欄に適切な数を入れて正しい式にしなさい。

$$105 \times \left\{ \left(2024 + \square \right) \times \frac{1}{4} \times \frac{1}{5} \times \frac{1}{6} \times \frac{1}{7} \times \frac{1}{8} + \frac{2}{15} \right\} = 78$$

(3) 45 との最大公約数が 1 となるような 1 以上の整数のうち，小さいほうから 345 番目の数を求めなさい。

(4) 下の図で，AB と PQ はどちらも BD と垂直です。三角形 ACD を PQ のまわりに 1 回転させたときにできる立体の体積を求めなさい。

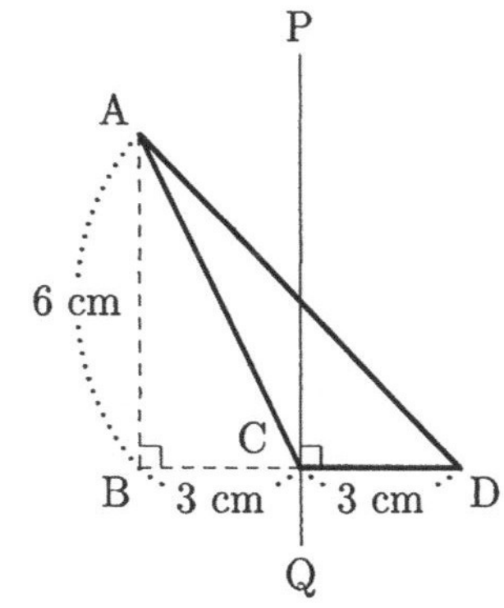

2 下の図のような五角形 ABCDE があります。角 C，角 D，角 E はすべて直角で，辺 BC，辺 DE の長さはそれぞれ 10.5 cm，33 cm です。AC と BD の交点を F とするとき，三角形 BCF，三角形 AFD の面積はそれぞれ 27 cm^2，432 cm^2 です。このとき，次の問いに答えなさい。

(1) 辺 CD の長さを求めなさい。

(2) 三角形 ADE の面積を求めなさい。

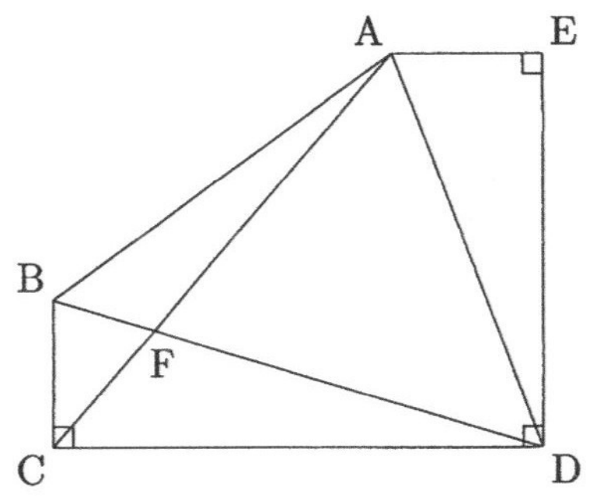

3 一辺の長さが 10 cm の立方体の 3 つの面の一部分に，下の【図 1】,【図 2】のように色をつけます。そして，色をつけた部分をその面から向かい合う面までまっすぐくりぬいて穴をあけ，くりぬいた部分を取り除いて新しい立体を作ります。このとき，次の問いに答えなさい。ただし，各図の点線は 2 cm の間隔で引かれています。

(1) 【図 1】のように色をつけた場合にできる立体の体積を求めなさい。

(2) 【図 2】のように色をつけた場合にできる立体の体積を求めなさい。ただし，【図 2】の正面から見た面の色のついている部分は，【図 1】の正面から見た面の色のついている部分を左へちょうど 1 cm ずらしたものです。

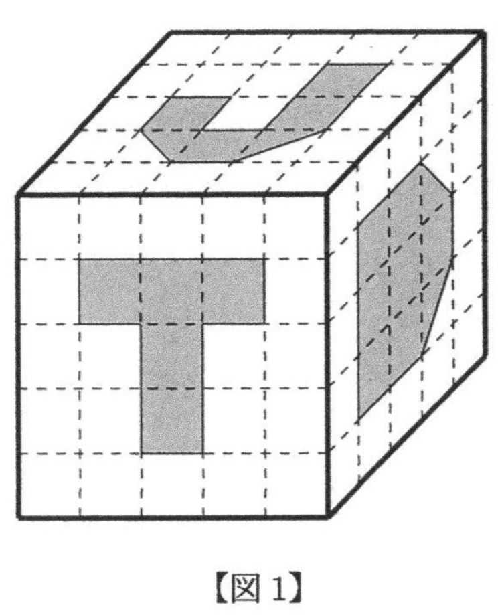

【図 1】

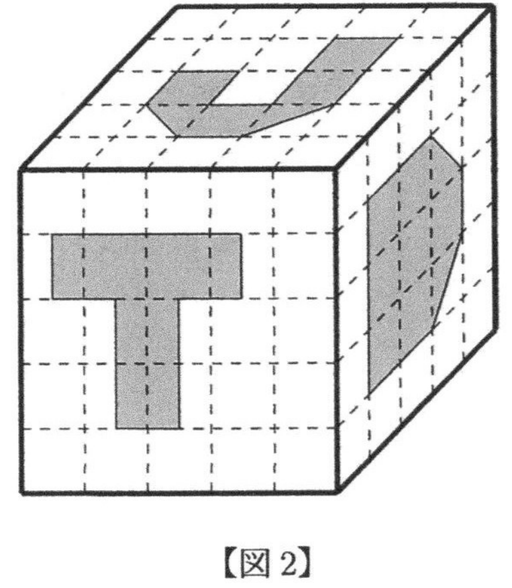

【図 2】

4 下の図のような，大きさの異なる正方形 ABCD，正方形 AEFG と直線 AO を組み合わせた図形があります。この図形において，4 つの点 P, Q, R, S を，A を出発点として次に示すコース上をそれぞれ動かします。

P, R のコース … 正方形 ABCD の周を A → B → C → D → A の順に移動して一周し，その後 O へ向かってまっすぐ移動する
Q, S のコース … 正方形 AEFG の周を A → E → F → G → A の順に移動して一周し，その後 O へ向かってまっすぐ移動する

ただし，O は E から遠いところにあり，P, Q, R, S が O に着くことは考えないものとします。

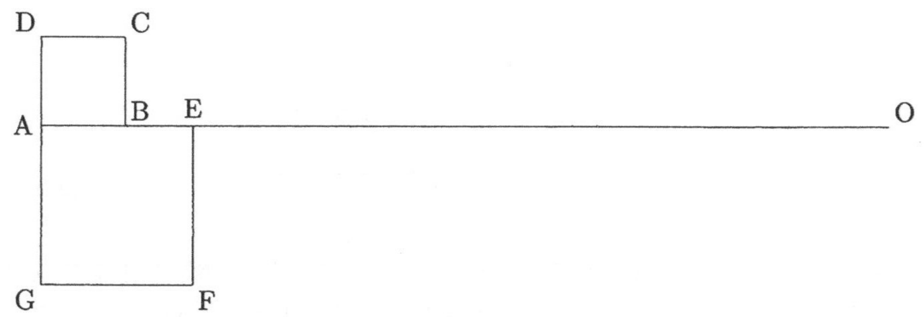

まず，P と Q をそれぞれ一定の速さで，P が 1 分間に動く距離(きょり)と Q が 1 分間に動く距離の和が 12 cm となるように動かします。すると，P と Q が同時に A を出発してからちょうど 10 分後に，P は正方形 ABCD を一周したのちに E の位置にあり，Q は正方形 AEFG を一周したのちに B の位置にありました。

(1) DG の長さを求めなさい。

(2) P と Q が A 以外の点で重なるのは A を出発してから何分何秒後ですか。また，この重なる位置の点を K とするとき，AK の長さを求めなさい。

次に，R と S をそれぞれ一定の速さで動かします。R と S が同時に A を出発してからちょうど 12 分後に，R と S は (2) の点 K より 6 cm だけ O の方向に進んだ点で重なりました。

(3) R と S が重なる 3 分前の R の位置の点を L とします。EL の長さを求めなさい。

5 1 から 5 までの数字が 2 個ずつ合計 10 個あります。この 10 個の数字を，次の規則にしたがって左から横一列に並べます。

規則 どの隣(とな)り合う 3 個の数字も，真ん中の数字が両隣の数字よりも大きいか，両隣の数字よりも小さい

たとえば，

4 5 1 3 2 5 3 4 1 2

という並びはこの規則を満たします。このとき，次の問いに答えなさい。ただし，(1) と (2) は答えのみを解答欄に記入しなさい。

(1) 次の ① のように，左から 2 番目が 2，4 番目が 3，6 番目が 4，8 番目が 5 であるような数字の並びは 1 通りだけあります。空欄に入る数字の並びを答えなさい。

□ 2 □ 3 □ 4 □ 5 □□ … ①

(2) 次の ② のように，左から 4 番目が 4，6 番目が 3，8 番目が 2 であるような数字の並びはちょうど 2 通りあります。空欄に入る数字の並びを 2 通りすべて答えなさい。ただし，解答の順序は問いません。

□□□ 4 □ 3 □ 2 □□ … ②

(3) 次の ③ のように，左から 2 番目が 3，4 番目が 5，6 番目が 4，8 番目が 5 であるような数字の並びは全部で何通りありますか。

□ 3 □ 5 □ 4 □ 5 □□ … ③

(4) 次の ④ のように，左から 1 番目と 10 番目がどちらも 3 であるような数字の並びは全部で何通りありますか。

3 □□□□□□□□ 3 … ④

令和６年度　東大寺学園中学校入学試験問題

理　　科　――５０分――（中学理科・７枚のうち１）

１　奈良市に住むＴ君は，季節の変化と身のまわりの生き物のようすを一年間観察し，記録しました。この記録について(1)～(8)の問いに答えなさい。

４月… (あ)セイヨウタンポポの花がさいていた。　５月… (い)ツバメが巣の中のひなにえさを与えていた。
６月… 草むらに (う)オオカマキリの幼虫がいた。　７月… (え)ヘチマのお花とめ花がさいた。
11月… (お)イチョウが紅葉した。　12月… (か)オンブバッタのたまごが土の中にあった。

(1)　次の①～④もＴ君の記録です。それぞれ何月の記録と考えられますか。あとの**ア**～**エ**から１つずつ選んで，記号で答えなさい。同じ記号をくり返し選んでもかまいません。
①　オオカマキリがたまごを産んでいた。　②　ヒキガエルのオタマジャクシがたまごからかえった。
③　ダイコンの花がさいていた。　④　オオオナモミに成熟した種ができていた。
ア　4月　**イ**　7月　**ウ**　10月　**エ**　1月

(2)　下線部(あ)について，セイヨウタンポポのように，本来生息していなかった場所へ人間によって運ばれた生き物を外来生物といいます。日本でみられる外来生物として**適当でないもの**を，次の**ア**～**コ**から**３つ**選んで，記号で答えなさい。
ア　ウシガエル　**イ**　タガメ　**ウ**　オオカナダモ　**エ**　セイタカアワダチソウ　**オ**　ブラックバス
カ　アライグマ　**キ**　セアカゴケグモ　**ク**　ナズナ　**ケ**　アホウドリ　**コ**　ワニガメ

(3)　下線部(い)について，ツバメのように夏に日本に来るわたり鳥として適当なものを，次の**ア**～**オ**から１つ選んで，記号で答えなさい。
ア　オナガガモ　**イ**　ホトトギス　**ウ**　ハクチョウ　**エ**　タンチョウヅル　**オ**　キジ

(4)　ツバメが民家の軒先（のきさき）のような人間の行き来する場所に巣をつくることが多いのはなぜですか。人間の作った建物はじょうぶで雨風をしのげること以外で，考えられる理由を20字以内で答えなさい。

(5)　下線部(う)について，オオカマキリのように他のこん虫を食べるこん虫を，次の**ア**～**オ**から１つ選んで，記号で答えなさい。
ア　キリギリス　**イ**　ノコギリクワガタ　**ウ**　カミキリムシ　**エ**　トノサマバッタ　**オ**　オオムラサキ

(6)　下線部(え)について，ヘチマと同じようにお花とめ花がある植物はどれですか。次の**ア**～**オ**から１つ選んで，記号で答えなさい。
ア　チューリップ　**イ**　ホウセンカ　**ウ**　アサガオ　**エ**　エンドウ　**オ**　トウモロコシ

(7)　下線部(お)について，イチョウは秋に紅葉し，冬に葉を落とします。このような樹木を落葉樹といいます。
①　イチョウの特ちょうとして適当なものを，次の**ア**～**オ**から１つ選んで，記号で答えなさい。
ア　子ぼうがある　**イ**　花はさくが，花びらがない　**ウ**　道管はあるが，師管がない
エ　種子を作らない　**オ**　葉脈は網（あみ）の目のように広がっている
②　落葉樹を，次の**ア**～**オ**から１つ選んで，記号で答えなさい。
ア　クスノキ　**イ**　ツバキ　**ウ**　ケヤキ　**エ**　マツ　**オ**　スギ

(8)　下線部(か)について，こん虫によって冬の過ごし方は異なります。さなぎで冬を過ごすものを，次の**ア**～**オ**から１つ選んで，記号で答えなさい。
ア　アブラゼミ　**イ**　カブトムシ　**ウ**　ナナホシテントウ　**エ**　アゲハ　**オ**　シオカラトンボ

２ 図１は，ある湖の底の地層の一部分です。この図について説明した次の文を読んで，⑴～⑷の問いに答えなさい。

<u>湖底にパイプをさしこんで引き上げ，縦に切断すると図１のように地層を直接観察することができます</u>。この地層では，大部分はＡのように黒い部分と白い部分があわせて１mm 以下の厚さでたがいちがいにならんでいて，たまにＢのように同じ色で数 mm～数 cm の厚さでたい積している部分も見られます。黒いのはケイソウなどのプランクトンが多いことを，白いのは黄砂など細かい砂のつぶが多いことを示していて，白と黒で１年にあたります。ほとんどの湖では湖底をかき乱すものやできごとが多いので，図１のような白黒のしまもようはできません。図１は１年もかき乱されることなく，静かにたい積したことを示しています。

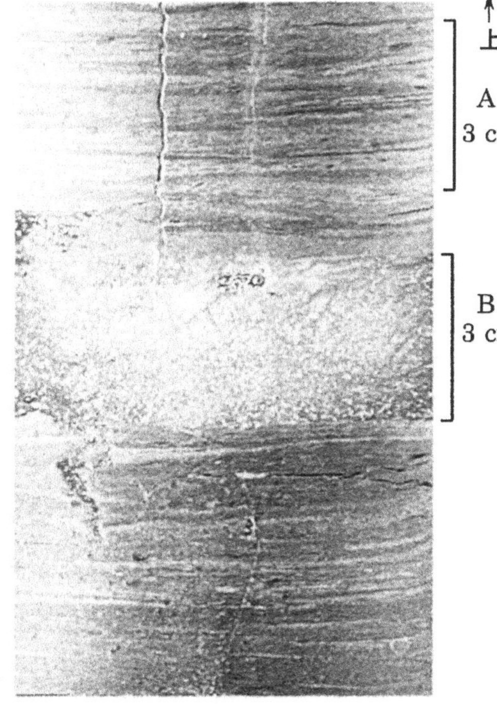

図１

⑴　下線部のような地層の調査方法を答えなさい。

⑵　Ａのような地層ができた時期のこの湖の特ちょうとして適当なものを，次の**ア～カ**から**２つ**選んで，記号で答えなさい。

ア　直接流れこむ川がなく，上流側の大きな湖とせまい水路でつながっていた。
イ　大きな川が流れこみ，大量の水や泥を運び込んだ。
ウ　火口にできた湖で，流れこむ川がなく，湖水は強い酸のため生き物がすめなかった。
エ　深さ２ｍの浅い湖だったので，底まで日光が届いた。
オ　深さ 10 ｍの湖だったので，底まで日光が届いたり届かなかったりした。
カ　深さ 30 ｍの湖だったので，底まで日光が届かなかった。

⑶　図２は図１のしまもようの一部分をけんび鏡で拡大した写真です。図２の ↕ は１年間でたい積したはん囲を示していて，どの年でもだいたい同じようになります。黒っぽいＣやＥに対して，少しだけ白に近いＤは梅雨の時期にたい積したものです。図２を正しく説明しているものを，次の**ア～エ**から１つ選んで，記号で答えなさい。

ア　１か月あたりにたい積した厚さは，ＣとＤとＥでほぼ等しかった。
イ　Ｃは，ＤやＥよりも長い期間でたい積した。
ウ　Ｄは，ＣやＥよりも長い期間でたい積した。
エ　Ｅは，ＣやＤよりも長い期間でたい積した。

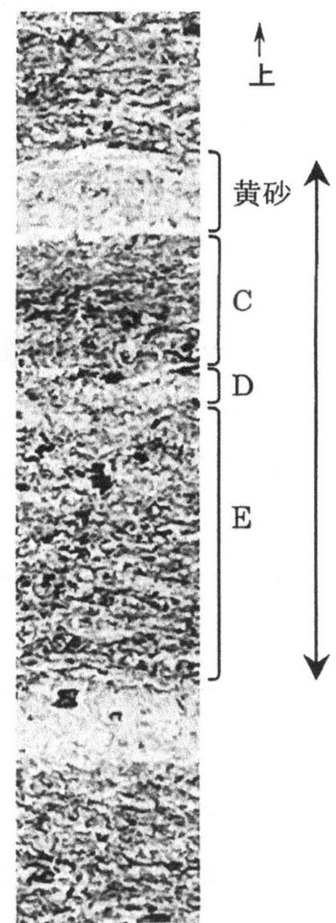

図２

⑷　図１のＢはＡの１組のしまもようの数十倍の厚さの層ですが，プランクトンはほとんど含まれていませんでした。このＢの層を作ったできごととして可能性の高いものを，次の**ア～オ**から**２つ**選んで，記号で答えなさい。

ア　台風による大雨によって，上流の川から大量の土砂が流入した。
イ　大きな地震が起こり，湖を囲むしゃ面に土石流が発生した。
ウ　大規模な火山噴火で火山灰が湖に降り積もった。
エ　雪解け水がたい積物を大量に運びこんだ。
オ　落葉樹の落とした葉が分解されて雨水とともに流れこんだ。

3　次の(1)〜(4)について，奈良市付近で観察したものとして各問いに答えなさい。

(1)　図は夏の大三角をあらわしていて，ＡとＢとＣはそれぞれ１等星です。ＡとＢの星の名前の組み合わせを，次の**ア**〜**カ**から１つ選んで，記号で答えなさい。

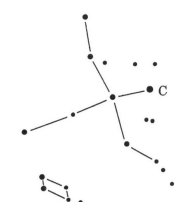

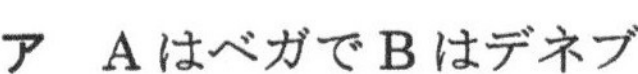

ア　ＡはベガでＢはデネブ
イ　ＡはベガでＢはアルタイル
ウ　ＡはデネブでＢはベガ
エ　ＡはデネブでＢはアルタイル
オ　ＡはアルタイルでＢはベガ
カ　ＡはアルタイルでＢはデネブ

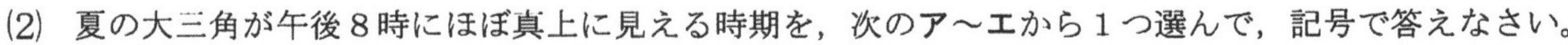

(2)　夏の大三角が午後８時にほぼ真上に見える時期を，次の**ア**〜**エ**から１つ選んで，記号で答えなさい。

ア　５月15日ごろ　　**イ**　７月15日ごろ　　**ウ**　９月15日ごろ　　**エ**　11月15日ごろ

(3)　次の**ア**〜**エ**はオリオン座を示しています。Ｄはベテルギウス，Ｅはリゲルです。東の低い空で見られるものに最も近いのはどれですか。**ア**〜**エ**から１つ選んで，記号で答えなさい。

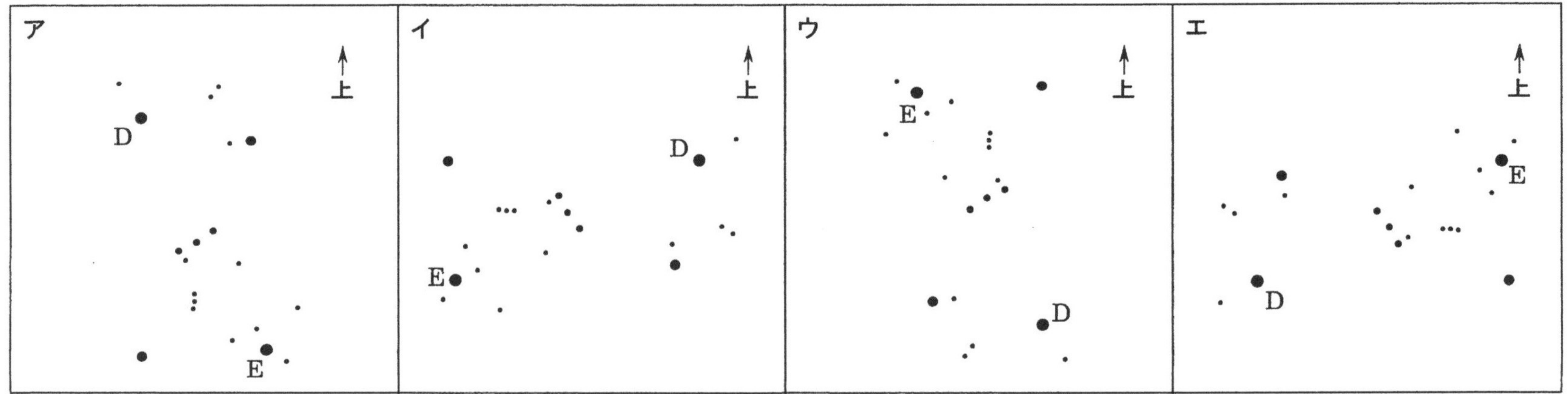

(4)　おうし座のアルデバラン，おおいぬ座のシリウス，こいぬ座のプロキオンのうち，オリオン座のベテルギウスよりも早い時刻に東の低い空に上がってくる星はどれですか。正しいものを次の**ア**〜**キ**から１つ選んで，記号で答えなさい。

ア　アルデバランだけ　　**イ**　シリウスだけ　　**ウ**　プロキオンだけ　　**エ**　アルデバランとシリウス
オ　アルデバランとプロキオン　　**カ**　シリウスとプロキオン　　**キ**　アルデバランとシリウスとプロキオン

4 次の文を読んで，(1)〜(8)の問いに答えなさい。

私たちに最も身近な気体はふだん呼吸に使っている空気です。空気はAちっ素，酸素，二酸化炭素そしてアルゴンといった気体が混ざった混合物です。私たちのまわりにはこのほかにもさまざまな性質をもった気体があります。たとえば，気体の重さについてはB最も軽い気体は［あ］で，その次に軽い気体の［い］はアドバルーンや大型の飛行船によく使われています。

また，私たちの生活に大きな影響を与えている気体もあります。たとえば，工場から排出（はいしゅつ）される気体の中にはC雨にとけることで屋外にある銅像をとかしてしまう気体があることも知られていますし，D地球温暖化は二酸化炭素や［う］が原因と考えられています。しかし，［う］は地球温暖化の原因とされている一方で，多くの家庭にきている天然ガス（都市ガス）の主成分であり，火力発電の燃料として使われ，私たちの生活を支えています。

そのほかにも，地上はるか上空には太陽光にふくまれる有害な紫外線（しがいせん）を吸収して生物たちを守ってくれている気体の層があり，これを［え］層といいます。1982年に南極上空で［え］層の一部がうすくなっていることを日本の観測隊が発見しました。このうすくなっている部分は穴のように見えることから［え］ホールとよばれており，うすくなった原因はフロンとよばれる気体であると考えられています。

(1) 文中の［あ］〜［え］の中にあてはまる気体の名前をそれぞれ答えなさい。

(2) 下線部Aについて，空気中に下線部の４種類の気体が存在するとき，二酸化炭素の体積は何番目に大きいですか。

(3) 次の**ア〜カ**について，二酸化炭素が発生するものを**すべて**選んで，記号で答えなさい。

ア 重そうを試験管に入れて加熱する。

イ うすい水酸化ナトリウム水よう液にアルミニウム片を入れる。

ウ うすい塩酸にアルミニウム片を入れる。

エ 卵の殻（から）にうすい塩酸を加える。

オ 燃えている木片をじゅうぶんな量の酸素が入った集気びんの中に入れる。

カ 加熱して赤くなったスチールウールをじゅうぶんな量の酸素が入った集気びんの中に入れる。

(4) 下線部Bの気体［あ］の特ちょうとして最も適当なものを次の**ア〜オ**から１つ選んで，記号で答えなさい。

ア ものを燃やすはたらきがある。　**イ** 二酸化炭素を出さないエネルギー源として注目されている。

ウ 多量に集めると，鼻をつくようなにおいがする。　**エ** 少量でも，人体に有毒な気体である。

オ 水によくとけて，消毒液として使うことができる。

(5) 下線部Cとして考えられる気体を次の**ア〜エ**から１つ選んで，記号で答えなさい。

ア アンモニア　**イ** 酸素　**ウ** 二酸化硫黄　**エ** 一酸化炭素

(6) (5)の気体がとけた雨が降ると森林，湖そして池などの生物に被害（ひ）が生じたりします。湖や池の性質を改善するために使用する薬品として最も適当なものを次の**ア〜エ**から１つ選んで，記号で答えなさい。

ア 塩酸　**イ** 食塩　**ウ** 炭酸カルシウム　**エ** 塩素

(7) 下線部Dについて，二酸化炭素や文中の［う］は赤外線を吸収し，大気の温度をあげてしまいます。こういった気体をいっぱんに何といいますか。解答欄（らん）に当てはまるように**漢字４文字**で答えなさい。

(8) 図は理科室で酸素を発生させるときの実験装置をあらわしています。次の①〜③の問いに答えなさい。

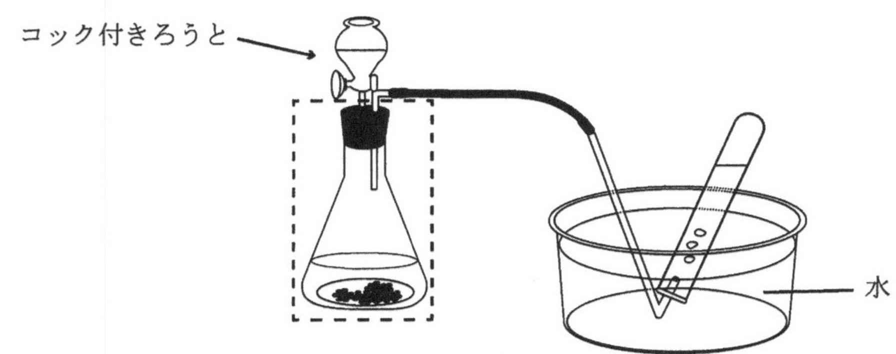

① 図の装置は点線内の一部が正しくかかれていません。適切な装置になるように解答欄の図にかきこみなさい。

② 図で酸素を発生させるために使用する，無色とう明の液体と黒色の固体の名前をそれぞれ答えなさい。

③ 次の文は図で示された気体の集め方について書かれた文です。文中の［お］にあてはまる気体の名前を答えなさい。

「この方法は多少の［お］が混ざってしまうが，空気が混ざっていない気体を集めることができる。」

5 【実験１】～【実験４】を行い，できた水や水よう液の温度を調べました。下の(1)～(5)の問いに答えなさい。ただし，水１gもさまざまな水よう液１gもあたたまり方は同じものとします。また，実験操作以外による温度変化は考えないものとします。計算結果が割り切れない場合は小数第２位を四捨五入して，小数第１位まで答えなさい。

【実験１】下の表のように温度のちがう水を混ぜると，その重さによって混ぜた後の水の温度が変わりました。

混ぜるものA	混ぜるものB	混ぜた後の水
50 gの水(20℃)	50 gの水(50℃)	100 gの水(35℃)
50 gの水(20℃)	100 gの水(50℃)	150 gの水(40℃)
100 gの水(20℃)	50 gの水(50℃)	150 gの水(30℃)

【実験２】ビニールのふくろにとじこめた0℃の氷 10 gを50℃の水 40 gに入れました。ふくろの中の氷がちょうどとけて0℃の水 10 gになったとき，ふくろの外側の水 40 gの温度は50℃から30℃になりました。

【実験３】下の表のように，20℃のある濃度の塩酸Xに，20℃のある濃度の水酸化ナトリウム水よう液Yを加えて混ぜると，中和により水よう液の温度が上がりました。

混ぜるものA	混ぜるものB	混ぜた後の水よう液
50 gの塩酸X (20℃)	50 gの水酸化ナトリウム水よう液Y(20℃)	100 gの中性の水よう液(35℃)
Xの２倍の濃度で 50 gの塩酸(20℃)	Yの２倍の濃度で 50 gの水酸化ナトリウム水よう液(20℃)	100 gの中性の水よう液(50℃)

【実験４】下の表のように，20℃の塩酸Xに20℃の固体の水酸化ナトリウムを加えて混ぜると，水よう液の温度が上がりました。

混ぜるものA	混ぜるものB	混ぜた後の水よう液
50 gの塩酸X(20℃)	4 gの固体の水酸化ナトリウム(20℃)	54 gの中性の水よう液(65℃)
26 gの塩酸X(20℃)	4 gの固体の水酸化ナトリウム(20℃)	30 gのアルカリ性の水よう液(□℃)

実験４の結果は，中和による温度の上がり方だけでは説明できないものでした。そこで，下の表のように20℃の水に20℃の固体の水酸化ナトリウムをとかす実験をしたところ，固体はすべてとけ，温度が上がりました。そのときの温度の上がり方はとけた水酸化ナトリウムの重さに比例し，できた水よう液の重さには反比例することがわかりました。

混ぜるものA	混ぜるものB	混ぜた後の水よう液
水(20℃)	ある重さの固体の水酸化ナトリウム(20℃)	100 gのアルカリ性の水よう液(35℃)
水(20℃)	上と同じ重さの固体の水酸化ナトリウム(20℃)	50 gのアルカリ性の水よう液(50℃)
水(20℃)	上の重さの２倍の固体の水酸化ナトリウム(20℃)	100 gのアルカリ性の水よう液(50℃)

(1) 【実験１】について，20℃の水 40 gを50℃の水 60 gに入れると温度は何℃になりますか。

(2) 【実験２】について，0℃の氷 20 gをふくろに入れず，そのまま50℃の水 80 gの中に入れました。氷が完全にとけたあと水全体の温度が同じになったとき，温度は何℃になりますか。

(3) 【実験３】について，20℃の塩酸X 50 gと20℃の水酸化ナトリウム水よう液Y 100 gを混ぜたとき，温度は何℃になりますか。

(4) 【実験３】について，Xの$\frac{2}{3}$倍の濃度で20℃の塩酸 50 gと，Yの$\frac{3}{2}$倍の濃度で20℃の水酸化ナトリウム水よう液 50 gを混ぜたとき，温度は何℃になりますか。

(5) 【実験４】について，□にあてはまる数値を答えなさい。

6 次の(1)〜(4)の問いに答えなさい。

(1) 図１のように，ＡとＢの２種類の定規を用意します。Ａは１cmおきに目盛りをつけて，Ｂは９cmを10等分した間隔で目盛りをつけています。どちらも左はしを０とします。図２のように，この２つの定規を用いて，木片の長さをはかりました。このとき，Ａの13の目盛り線とＢの８の目盛り線がぴったり一致しました。

① 図１において，Ａの１の目盛り線とＢの１の目盛り線との間隔は何mmですか。

② 図２において，木片の長さは何mmですか。ただし，Ａの定規の目盛りは，一部表示していません。

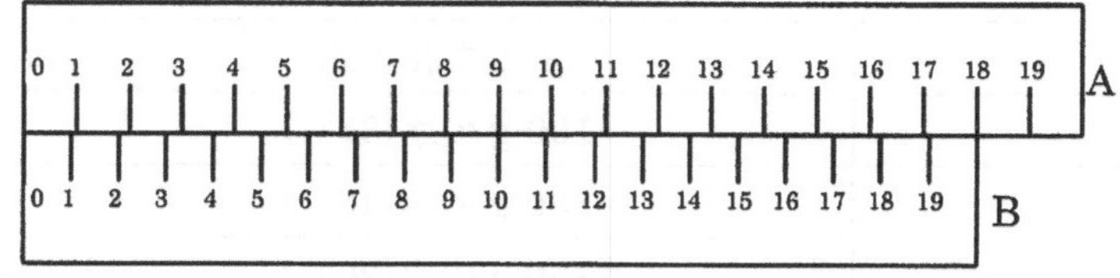

図１

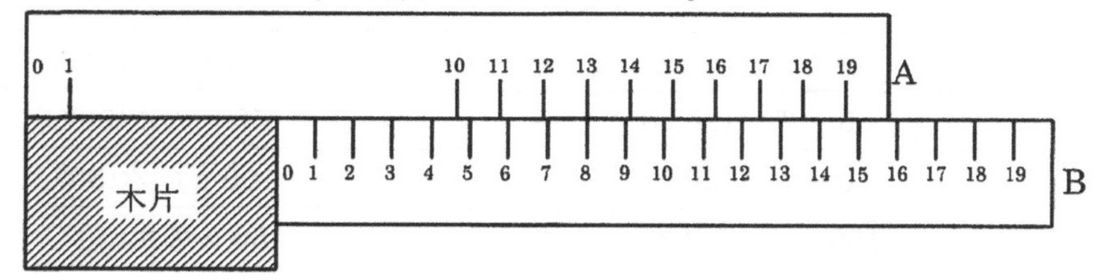

図２

(2) 図３のように，物体Ａを水中にしずめたところ，ばねばかりは80ｇを示しました。同様に図４のように物体Ｂを水中にしずめたところ，ばねばかりは60ｇを示しました。図５のように，重さの無視できる軽い棒に物体Ａと物体Ｂをつるし，両方とも水中にしずめたところ，支点が棒の中心より左へ2.5cmずれたところで，棒は水平となりました。棒の長さは何cmですか。

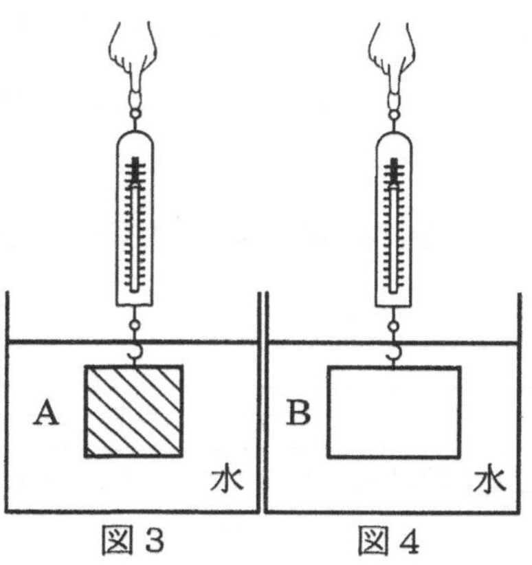

図３　図４

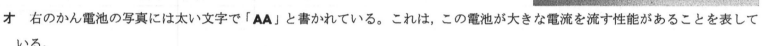

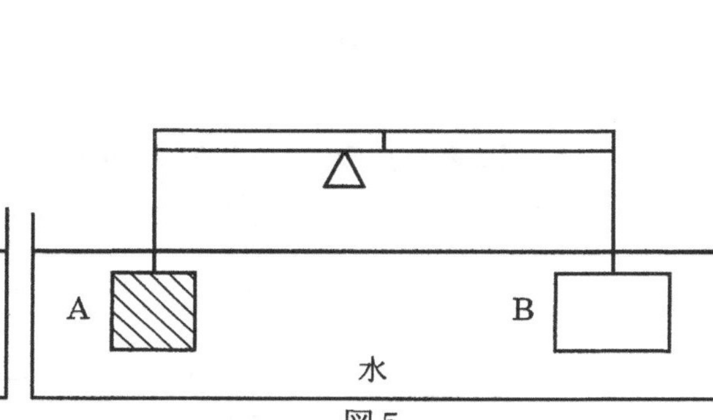

図５

(3) 次の**ア**〜**オ**の文の中で，正しいものを１つ選んで，記号で答えなさい。

ア 電流の単位のアンペアは「A」と書かれることが多いが，「a」と書いてはいけない。

イ １mAとは，１Aの電流を１メートルの長さだけ流すことを表す。

ウ 一定の電流が流れている導線の近くでは，どんなものでも電磁石になる。

エ かみなりが落ちるとき，光は発生するが電気は関係しない。

オ 右のかん電池の写真には太い文字で「**AA**」と書かれている。これは，この電池が大きな電流を流す性能があることを表している。

(4) 次の文中の［　①　］〜［　③　］に適する文を下の**ア**〜**サ**から１つずつ選んで，記号で答えなさい。ただし，音の反射は光の反射と同じように考えてよいものとします。

図６のように，特別な形（衛星放送受信用のパラボラアンテナと同じ形）をした鏡Ａと平らな鏡Ｂを置き，点Ｐには小さな電球を置きました。電球から出る光のうち，鏡Ａに当たった光だけを考えます。この光は鏡Ａで反射したあと，直線Ｌに平行な光線となり，鏡Ｂで反射してから鏡Ａまで来ました。このあと，この光はすべて［　①　］。

パラボラアンテナ

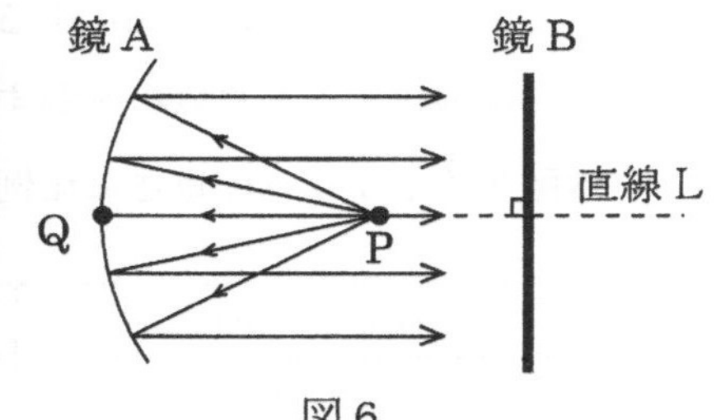

図６

図７のように，図６と同じ鏡Ａと，鏡Ａと同じ形をした鏡Ｃを左右反対向きに置きました。鏡Ｃの中央の点をＳとし，PQの長さとRSの長さとPRの長さはすべて等しいとします。ここで，点Ｐに小さなスピーカーを置きました。このスピーカーは周囲すべての方向に音を出すことができます。点Ｐから出た音のうち一度も反射せずに点Ｒに届く音（Ｘ）と，点Ｐから出た音のうち鏡Ａに当たって反射し，続いて鏡Ｃに当たって反射してから点Ｒに届く音（Ｙ）で，音の大きさを比べると［　②　］という結果でした。また，音の高さは［　③　］という結果でした。

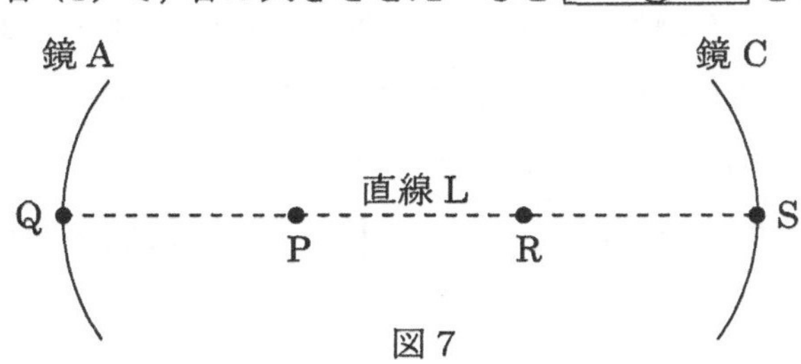

図７

ア 鏡Ａと鏡Ｂのあいだを平行に往復し続けます

イ 鏡Ａで反射したあと，点Ｐの左側のある１点に向かいます

ウ 鏡Ａで反射したあと，点Ｐに向かいます

エ 鏡Ａで反射したあと，点Ｐの右側のある１点に向かいます

オ 鏡Ａで反射したあと，鏡Ｂで反射して，鏡Ａの中央の点Ｑに向かいます

カ Ｘの方が大きい　**キ** Ｙの方が大きい　**ク** ＸとＹは同じ大きさ

ケ Ｘの方が高い　**コ** Ｙの方が高い　**サ** ＸとＹは同じ高さ

7 次の実験の説明を読み，(1)〜(6)の問いに答えなさい。

天気予報では「気圧」という用語が使われます。その単位は「hPa」と書き，「ヘクトパスカル」と読みます。地表での気圧の平均的な値 1013hPa を１気圧ということもあります。また，温度の単位は「℃」がよく使われます。水がこおる温度は 0℃ですが，それより低い温度は「氷点下」や「マイナス」という用語を用います。たとえば 0℃より 10 度高い場合は 10℃，10 度低い場合は氷点下 10℃やマイナス 10℃と表します。

右図のように，注射器とピストンとその中に閉じこめられた空気があります。注射器には，中の空気の気圧と温度が同時に測定できる器具 A，および中の空気の温度を高くしたり低くしたりできる温度調節器を取り付けています。この装置を使って，空気の温度や気圧と体積の関係について調べてみました。

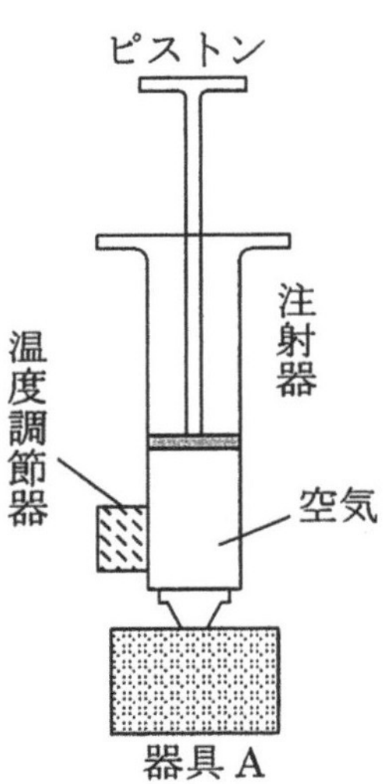

【実験１】注射器の中の空気の温度が一定になるように注意して，ピストンを動かして空気の気圧を変えながら体積を測定したところ，表１のような結果になりました。ただし，体積は小数第２位を，気圧は小数第１位を四捨五入しています。

【実験２】注射器の中の気圧が一定になるように注意して，空気の温度を変えながらピストンを動かして体積を測定したところ，表２のような結果になりました。ただし，体積は小数第２位を，温度は小数第１位を四捨五入しています。

表１

体積〔mL〕	気圧〔hPa〕
80.0	940
60.0	1253
50.0	1504
40.0	a
30.0	2507
20.0	3760

表２

体積〔mL〕	温度〔℃〕
42.6	14
43.5	20
45.0	30
46.5	40
b	50
49.5	60

(1) 表中の［ a ］，［ b ］にあてはまる数値を答えなさい。

以下の(2)〜(4)では，計算結果が割り切れない場合は小数第２位を四捨五入して小数第１位まで答えなさい。

(2) いっぱんに，気体は温度が下がると液体に，もっと下がるとやがて固体になります。しかし，ここではどんなに温度が下がっても気体のままだとして，次の①と②について，表２の測定結果から求められる計算上の数値を答えなさい。

① 温度が 0℃になったときの気体の体積は何 mL ですか。

② 気体の体積が 0 mL となってしまう温度は，0℃から何度下がったときですか。

(3) 気圧が一定のままで，空気の温度が 14℃から 16℃になると，空気の体積は何％増えますか。

(4) 体積が 45.0 mL で，温度が 30℃の注射器内の空気に対してピストンと温度調節器を操作したところ，体積が 45.0 mL で温度が 90℃になりました。このとき，気圧は何倍になりますか。

(5) 温度が一定の場合，空気の気圧と体積の関係をグラフに表すと，どのような形になりますか。最も適当なものを，次の**ア**〜**カ**から１つ選んで，記号で答えなさい。ただし，グラフは横じくを体積〔mL〕，縦じくを気圧〔hPa〕とします。

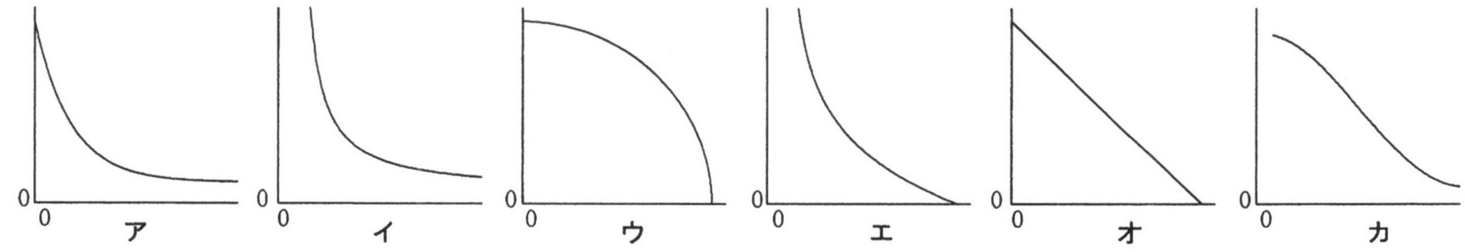

(6) 気圧が一定の場合，温度を１度だけ高くしたとき，空気の体積の増える割合〔%〕をグラフで表すと，どのような形になりますか。最も適当なものを次の**ア**〜**カ**から１つ選んで，記号で答えなさい。ただし，グラフは横じくを温度〔℃〕，縦じくを体積の増える割合〔%〕とします。

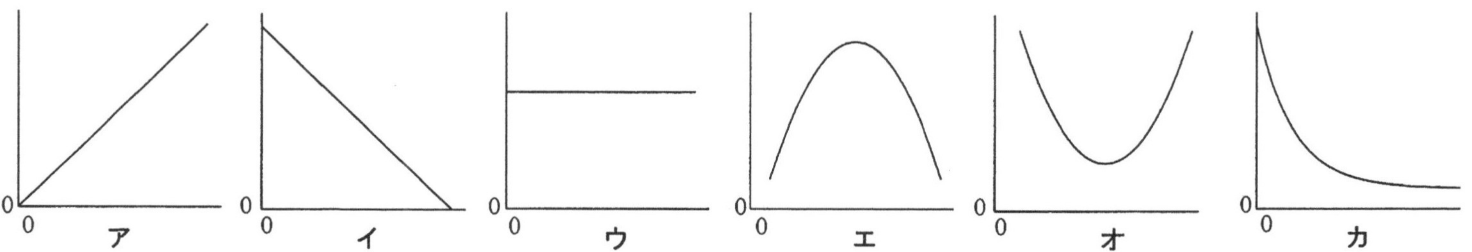

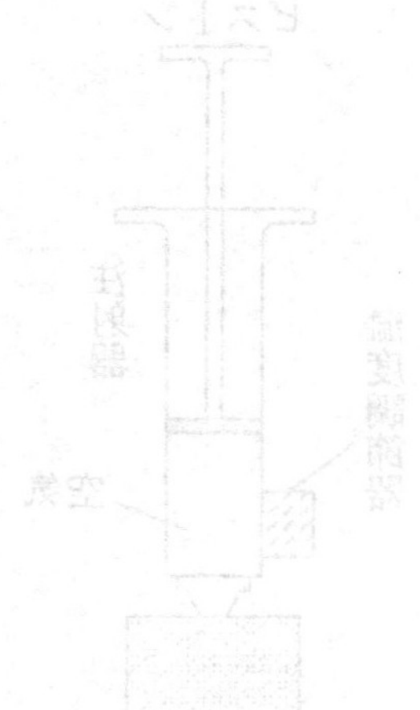

社　　会　　――５０分――（中学社会・９枚のうち１枚）

1　次の文を読んで、文中の＿(1)＿～＿(12)＿について、後の同番号の各問いに答えなさい。

世界の情勢の変化によって日本国内では、(1)農水産物や(2)工業製品が、余ったり不足したりすることがしばしばみられます。たとえば、(3)2023年９月、(4)福島第１原子力発電所の処理水の海洋放出を受け、(5)中国が(6)日本産の水産物の輸入を全面的に停止した結果、日本各地で水産物が余ってしまいました。そのため、(7)北海道森町では、輸出できずに水産会社の冷とう庫で保管されているホタテを町が買い取り、全国の学校給食用に無償（むしょう）で提供することを決めました。

また、新型コロナウイルス感染症（かんせんしょう）が流行した時期には、世界的な半導体（集積回路）の不足が問題になりました。テレワークが急速に普及（ふきゅう）し、パソコンの需要（じゅよう）が増加したことが、その背景のひとつであるといわれました。日本国内で生産する半導体を増やして安定的に供給する必要性が増し、政府による工場誘致（ゆうち）の働きかけもあったことから、台湾の有力企業（きぎょう）が(8)熊本県菊陽町（きくようまち）への進出を決めました。この場所に決まった理由のひとつは、(9)熊本空港に近く、製品の輸送に便利であることが考えられます。キャベツ畑などの(10)農地が広がり、(11)牛舎が点在していた地域に、2022年から工場建設が始まっており、今後、本格的な生産が開始される予定です。そのため菊陽町では雇用（こよう）機会が増えることから、この先も(12)人口の増加が予想されています。

(1)　これについて、次の各問いに答えなさい。

①　日本では、食生活の変化とともに米の消費量が減り、米が余るようになってきました。そのため1970年ころから、農業政策の一環（いっかん）として、大豆や麦などほかの農作物への転作をすすめて、稲（いね）の作付け面積を減らしてきました。この農業政策の名称（めいしょう）を**漢字**で書きなさい。

②　右の図は、四国地方における野菜産出額・果実産出額・漁業産出額にしめる４県の割合をあらわしたものです。愛媛県と高知県にあてはまるものを図中の**ア～エ**からそれぞれ選んで、**愛媛県→高知県の順**にその記号を書きなさい。

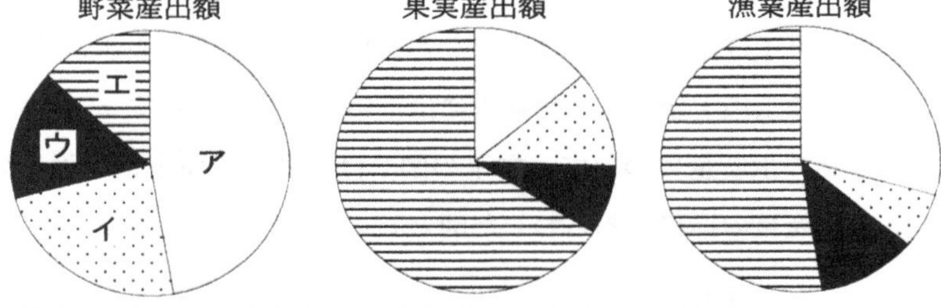

統計年次は2020年。各図で同じ色や模様は、同じ県を示している。
漁業産出額には、養殖（ようしょく）がふくまれている。（データでみる県勢2023年版より作成）

(2)　これについて、次の表は、鉄鋼切断品・衛生用紙・ガソリン・しょうゆの出荷（しゅっか）額上位府県を、それらの主要な原材料である鉄鉱石・木材・原油・大豆の輸入先上位国とともにあらわしたものです。衛生用紙と木材の組み合わせにあてはまるものを表中の**ア～エ**から選んで、その記号を書きなさい。なお、衛生用紙とはティッシュペーパーやトイレットペーパー用紙のことです。

ア		イ		ウ		エ	
製造品出荷額	原材料輸入先	製造品出荷額	原材料輸入先	製造品出荷額	原材料輸入先	製造品出荷額	原材料輸入先
静岡県　31.3	カナダ　29.8	千葉県　23.4	アメリカ　74.8	神奈川県　21.6	サウジアラビア　40.0	愛知県　17.5	オーストラリア　55.4
愛知県　16.6	アメリカ　17.0	神奈川県　14.7	ブラジル　14.1	千葉県　21.0	アラブ首長国連邦（れんぽう）　34.8	大阪府　15.5	ブラジル　28.2
愛媛県　13.6	ロシア　13.1	兵庫県　12.9	カナダ　9.9	大阪府　11.3	クウェート　8.5	千葉県　7.0	カナダ　7.0

数字は総出荷額、総輸入額にしめる割合(%)。統計年次は製造品出荷額が2019年、原材料輸入先が2021年。
（2020年工業統計表、データブック オブ・ザ・ワールド2023年版より作成）

(3)　この月に発生したアフリカ北部の災害について述べた次の文中の（　a　）・（　b　）にあてはまる語句の組み合わせとして正しいものを下の**ア～エ**から選んで、その記号を書きなさい。

９月８日、モロッコの●地点で（　a　）が発生し、土壁（かべ）の家屋が倒壊（とうかい）して多くの死傷者が出ました。また９月11日、リビアの▲地点で（　b　）が発生し、多くの人が亡（な）くなり、行方（ゆくえ）不明者も多数にのぼりました。

ア　ａ－大量の噴石（ふんせき）をともなう火山噴火　ｂ－極度な乾燥（かんそう）による森林火災
イ　ａ－大量の噴石をともなう火山噴火　ｂ－大雨による洪水（こうずい）
ウ　ａ－マグニチュード6.8の地震（じしん）　ｂ－極度な乾燥による森林火災
エ　ａ－マグニチュード6.8の地震　ｂ－大雨による洪水

(4)　これがある福島県について、右の図を見て、次の各問いに答えなさい。

①　図中の（　X　）・（　Y　）にあてはまる山脈・高地の名称の組み合わせとして正しいものを右のア～エから選んで、その記号を書きなさい。

	X	Y
ア	越後	阿武隈
イ	越後	北上
ウ	飛驒	阿武隈
エ	飛驒	北上

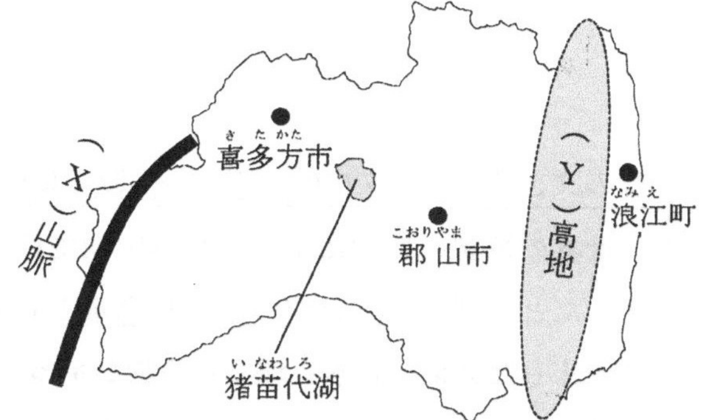

②　図中の猪苗代湖から流れ出る日橋川は、日本海に注ぐある河川の支流のひとつであり、この河川の下流域では1960年代なかばから公害病が発生しました。この河川を次のア～エから選んで、その記号を書きなさい。

ア　阿賀野川　　イ　信濃川

ウ　神通川　　エ　最上川

③　右の図は、右上の図中の喜多方市・郡山市・浪江町の月別降水量をあらわしたものです。郡山市と浪江町にあてはまるものをア～ウからそれぞれ選んで、**郡山市→浪江町の順**にその記号を書きなさい。

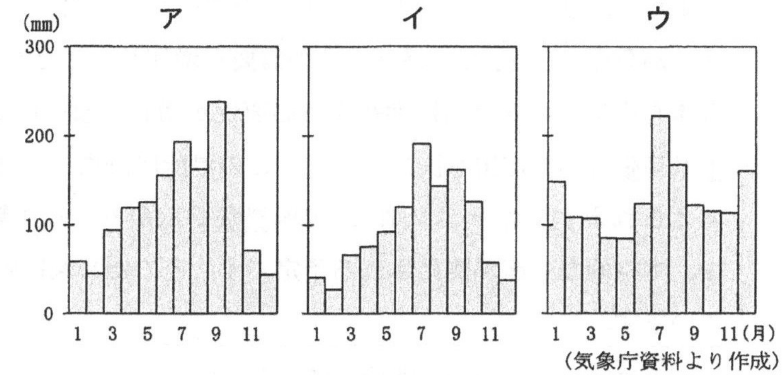

（気象庁資料より作成）

(5)　これについて述べた文として正しいものを次のア～エから選んで、その記号を書きなさい。

ア　中国の人口が2023年にインドの人口を下回ったことを受けて、中国政府は一人っ子政策の廃止を決めた。

イ　中国南西部はインドとの国境にあたり、人やモノの行き来がさかんなため、人口が集中して多くの都市が発達している。

ウ　日本は、中国からたくさんの衣類を輸入しているが、イタリアから輸入する衣類に比べると価格の安い製品が中心である。

エ　横浜市・新潟市・那覇市には、中国系住民が集まって住む中華街があり、飲食店などが立ちならんでいる。

(6)　この生産量について、左下の図Ｐは、沖合漁業と沿岸漁業の生産量の推移をあらわしたものです。同様に遠洋漁業と養殖業の生産量の推移をあらわした図として正しいものを右下のア～エから選んで、その記号を書きなさい。

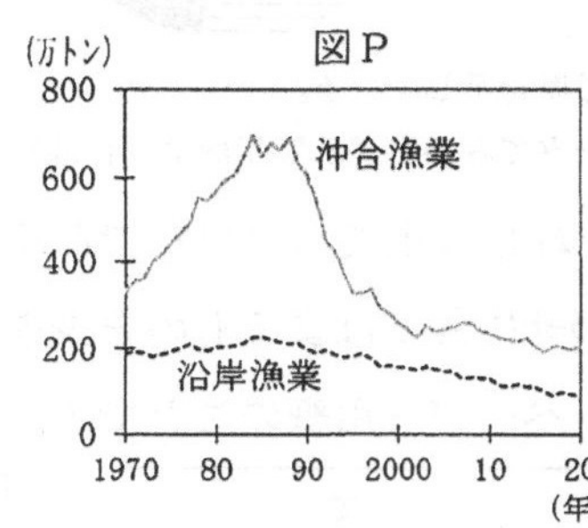

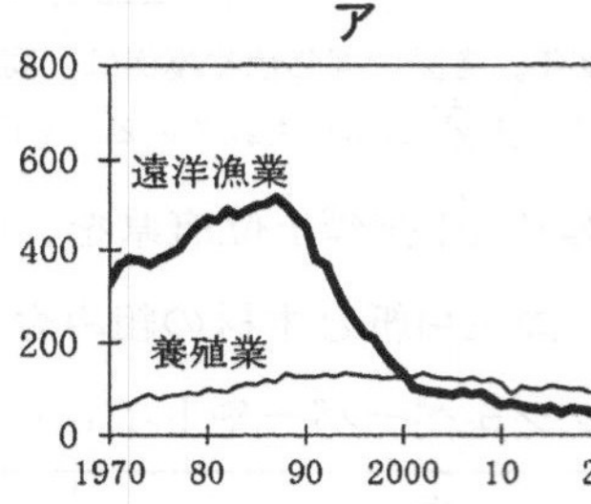

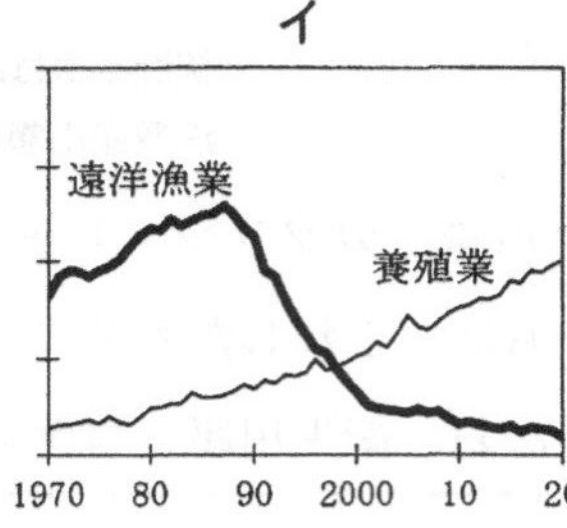

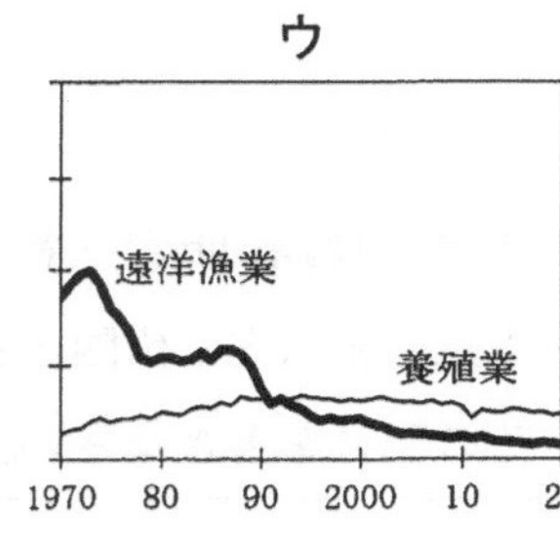

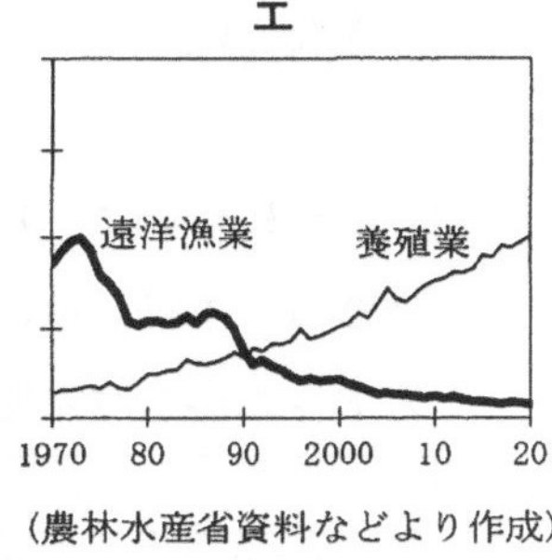

（農林水産省資料などより作成）

(7)　これについて、右の図は、北海道西部における代表的な半導体工場・製鉄所・造船所の所在地をあらわしたものです。半導体工場と製鉄所にあてはまるものを図中のア～ウからそれぞれ選んで、**半導体工場→製鉄所の順**にその記号を書きなさい。

(8)　この町の水道について述べた次の文中の（　　）に共通してあてはまる語を**漢字３字**で書きなさい。

日本の多くの地域において水道には河川水が用いられますが、熊本県菊陽町は、阿蘇山に近く（　　）が豊富なことから、町内の水道はすべて（　　）が用いられます。なお、菊陽町の（　　）は、自然にわき出てくるものと、ポンプでくみ上げるものがあり、そのまま飲めるほどきれいな（　　）ですが、安全のために消毒しています。

⑼　これについて、右の表は、熊本空港・仙台空港・高松空港における午前７～９時台の旅客便の出発予定時刻をあらわしたものです。熊本空港と仙台空港にあてはまるものを表中の**ア**～**ウ**からそれぞれ選んで、**熊本空港→仙台空港の順**にその記号を書きなさい。

ア	イ	ウ
7:30　東京（羽田）	7:35　東京（羽田）	7:35　大阪（伊丹）
7:35　東京（羽田）	7:35　東京（羽田）	7:35 名古屋（中部）
9:25　東京（羽田）	7:35　大阪（伊丹）	7:35　福岡
9:45　東京（羽田）	7:40　大阪（伊丹）	7:45　札幌（新千歳）
	8:15　東京（羽田）	7:50　大阪（伊丹）
	8:50　東京（羽田）	8:05　広島
	9:00　大阪（伊丹）	8:10　札幌（新千歳）
	9:15　大阪（伊丹）	9:15　大阪（伊丹）
	9:30 名古屋（小牧）	9:20　大阪（関西）
	9:40　東京（羽田）	9:30　札幌（新千歳）
	9:45 名古屋（中部）	9:45　神戸
		9:55　大阪（伊丹）

2023年10月上旬の国内線のみを示している。同時刻の同じ行き先の便があるのは、航空機を運行する会社が異なっていることによる。
（各空港Webサイトより作成）

⑽　これに関して、次の文は、三重県伊賀地方で撮影した農地の写真について説明したものです。文中の（　a　）・（　b　）にあてはまる語句の組み合わせとして正しいものを下の**ア**～**エ**から選んで、その記号を書きなさい。

写真１は、2023年９月下旬に撮影したものであり、（　a　）直後の田の様子です。また写真２は、写真１の場所から少しはなれた高齢者が多く住む地域において、同じ日に撮影したものであり、（　b　）田の様子です。

写真１

写真２

ア　a－稲刈り　b－耕作が放棄されている　　**イ**　a－稲刈り　b－二毛作で麦が栽培されている
ウ　a－しろかき　b－耕作が放棄されている　　**エ**　a－しろかき　b－二毛作で麦が栽培されている

⑾　ここではおもに肉牛や乳牛が飼われています。右の図は、日本の肉牛・乳牛・豚の飼育頭数にしめる九州地方・関東地方・北海道地方の割合をあらわしたものです。肉牛にあてはまるものを**ア**～**ウ**から、関東にあてはまるものを**カ**・**キ**からそれぞれ選んで、**肉牛→関東の順**にその記号を書きなさい。

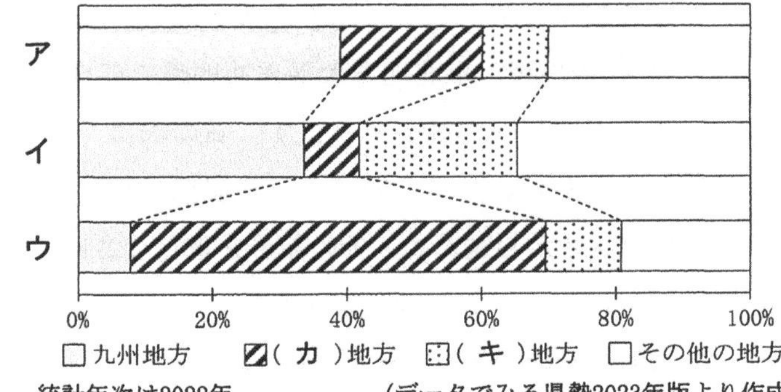

□九州地方　▨（ カ ）地方　⬚（ キ ）地方　□その他の地方
統計年次は2022年。　（データでみる県勢2023年版より作成）

⑿　これについて、右の図は、関東地方、新潟県を除く中部地方、近畿地方の都府県における都府県外へ通勤や通学で流出する人口の割合と、就業者数にしめる製造業に就く人数の割合の高低を、次の表にしたがって異なる模様でぬりわけたものです。なお、静岡県はまだぬりわけられていません。これらを見て、下の各問いに答えなさい。

統計年次は2020年。
（令和２年国勢調査より作成）

		就業者数にしめる製造業に就く人数の割合	
		高い（20％以上）	低い（20％未満）
都府県外へ通勤や通学で流出する人口の割合	高い（５％以上）	[斜線]	（　a　）
	低い（５％未満）	（　b　）	（　c　）

①　上の表中の（　a　）～（　c　）にあてはまる模様の組み合わせとして正しいものを右の**ア**～**カ**から選んで、その記号を書きなさい。

	ア	イ	ウ	エ	オ	カ
a	[白]	[白]	[格子]	[格子]	[点]	[点]
b	[格子]	[点]	[白]	[点]	[白]	[格子]
c	[点]	[格子]	[点]	[白]	[格子]	[白]

②　静岡県にあてはまる模様を次の**ア**～**エ**から選んで、その記号を書きなさい。

ア [斜線]　**イ** [白]　**ウ** [格子]　**エ** [点]

2 次の文を読んで、文中の (1) ～ (9) について、後の同番号の各問いに答えなさい。

(1)近鉄奈良駅前の広場に立つ行基像。奈良時代の僧である行基は、民衆のために川に橋をかけたり、貧しい人たちの救済などの福祉事業に取り組んだりしたことから、ボランティア活動の先がけといわれることがあります。

ボランティアとは、自発性・社会性・無償性を原則とする活動とされています。(2)兵庫県南部地震（阪神・淡路大震災）では、全国各地から多数のボランティアがかけつけ、1995年は「ボランティア元年」とよばれるようになりました。ボランティア活動の範囲は、自然災害からの復旧・復興のみならず、教育や福祉、まちづくりや地域活性化、国際貢献など多岐にわたります。近年では、新型コロナウイルスの感染が拡大するなかでオンラインを活用した学習支援が行われたり、(3)ＳＮＳ（ソーシャル・ネットワーキング・サービス）を利用した募集や広報が行われたりするなど、社会情勢の変化に応じた試みもみられます。

(4)国や地方自治体もボランティア活動を奨励しており、(5)特定非営利活動促進法では、ＮＰＯ（非営利組織）に(6)税金の優遇措置を定めるなど、その活動を後押ししています。国際的にも、(7)国連総会は12月５日を国際ボランティア・デーと定めており、国連機関や(8)ＮＧＯ（非政府組織）で多くのボランティアが活動しています。

行基が活躍した時代も、人びとが疫病や天変地異で苦しめられていた時代です。グローバル化が進んだ現代においても、(9)環境問題などさまざまな社会的課題の解決にむけて、ボランティアの果たす役割への期待は高まっています。

(1) これは近畿日本鉄道（以下、近鉄）の駅です。近鉄について述べた次の文中の（ ａ ）・（ ｂ ）にあてはまる語を（ ａ ）は**カタカナ６字**で、（ ｂ ）は**漢字４字**で、それぞれ書きなさい。

近鉄は、少子高齢化に加え、新型コロナウイルス感染症の流行によって利用客が減少していること、また車両・設備の更新や（ ａ ）の推進などの費用がかかることから、（ ｂ ）省に運賃の値上げ申請を行いました。その結果、2022年９月にこれが認められ、2023年４月１日より値上げが実施されました。なお、（ ａ ）とは、一般的に障がいのある人や高齢者が生活する際に障壁となるものを取り除くことを意味し、具体的には駅構内にスロープ、エレベーター、多機能トイレなどの設置を進めることです。

(2) このとき、震度７が観測されました。昨年までに震度７が観測された地震として、兵庫県南部地震（阪神・淡路大震災）のほかに、新潟県中越地震、東北地方太平洋沖地震（東日本大震災）、熊本地震、北海道胆振東部地震があります。右の表は、これらの地震による被害の様子をあらわしたものです。新潟県中越地震にあてはまるものを表中の**ア～オ**から選んで、その記号を書きなさい。

	全壊した住家	関連するできごと
ア	122,006 棟	原子力発電所の事故が発生した。
イ	104,906 棟	高速道路の橋脚が倒壊した。
ウ	8,667 棟	城の天守閣が大きな被害を受けた。
エ	3,175 棟	走行中の新幹線が脱線した。
オ	469 棟	大規模停電が発生した。

（令和４年版防災白書などより作成）

(3) これについて述べた次の文中の（ ａ ）・（ ｂ ）にあてはまる語句の組み合わせとして正しいものを下の**ア～エ**から選んで、その記号を書きなさい。

これまでＳＮＳなどインターネット上での情報の規制は、憲法が保障する（ ａ ）の制限につながることから、慎重さが求められてきました。しかしながら、インターネットを利用した人権侵害や犯罪被害が深刻化するなか、近年では規制が強まりつつあります。たとえば、インターネット上での誹謗中傷の問題に対処するため、2022年に（ ｂ ）が厳罰化されました。

ア ａ－思想の自由 ｂ－脅迫罪　　**イ** ａ－思想の自由 ｂ－侮辱罪

ウ ａ－表現の自由 ｂ－脅迫罪　　**エ** ａ－表現の自由 ｂ－侮辱罪

(4) これについて、次の各問いに答えなさい。

① 国の政治のしくみについて述べた文として正しいものを次の**ア～エ**から選んで、その記号を書きなさい。

ア 内閣総理大臣は、憲法の規定により、衆議院において多数をしめた政党の党首が選ばれる。

イ 内閣総理大臣は、内閣の最高責任者として、国務大臣を任命したりやめさせたりすることができる。

ウ 最高裁判所の長官は、内閣によって指名され、国会による同意を得たのちに天皇によって任命される。

エ 最高裁判所の長官は、国民から選ばれた裁判員による弾劾裁判によってやめさせられることがある。

② 地方自治のしくみについて、奈良県を例にして述べた文として正しいものを次の**ア～エ**から選んで、その記号を書きなさい。

ア 奈良県知事は、奈良県議会が作成した予算案を拒否することができる。

イ 奈良県議会は、奈良県知事に対する不信任の議決を行うことができる。

ウ 奈良県の条例は、県民のみに適用されることから、裁判所による違憲審査の対象とはならない。

エ 奈良県の財政は、県民の税金のみでまかなわれ、国が補助金を支出する対象とはならない。

(5)　これに関して、法律やその制定過程について述べた文として正しいものの組み合わせを下の**ア**～**エ**から選んで、その記号を書きなさい。

a　国会が毎年４月に召集されることは、法律によって定められている。

b　昭和の日や憲法記念日などの国民の祝日は、法律によって定められている。

c　法律案は、原則として委員会で審査が行われたのちに、本会議で審議が行われる。

d　法律案は、参議院より先に衆議院で審議されなければならない。

ア　a・c　　**イ**　a・d　　**ウ**　b・c　　**エ**　b・d

(6)　これについて述べた次の文ａ・ｂの正誤の組み合わせとして正しいものを下の**ア**～**エ**から選んで、その記号を書きなさい。

a　消費税の税率は、経済情勢の変化に応じて、内閣総理大臣が政令によって定めている。

b　消費税、所得税、法人税のなかで、昨年度の国の税収にしめる割合がもっとも大きかったのは法人税である。

ア　a－正　b－正　　**イ**　a－正　b－誤　　**ウ**　a－誤　b－正　　**エ**　a－誤　b－誤

(7)　ここで採択された条約に女子差別撤廃条約があります。右の表は、アメリカ・韓国・ドイツ・日本の４か国について、同条約を批准しているかどうかをあらわしたものです。それに加えて、ジェンダーギャップ指数（2023年）の順位と、過去に女性が大統領・首相に就任したかどうかについてもあらわしています。ドイツと日本にあてはまるものを表中の**ア**～**エ**からそれぞれ選んで、**ドイツ→日本の順**にその記号を書きなさい。

	女子差別撤廃条約	ジェンダーギャップ指数※の順位	女性の大統領・首相
ア	批准している	6 位	就任した
イ	批准していない	43 位	就任していない
ウ	批准している	105 位	就任した
エ	批准している	125 位	就任していない

※ジェンダーギャップ指数(2023年)とは、世界経済フォーラムが146か国を対象とし、政治・経済・教育・健康の４分野について、男女平等の達成度を数値化したものである。

（ジェンダーギャップ指数は世界経済フォーラム資料より作成）

(8)　これは、日本では1960年代から設立数が増加し、1990年代にはとくに多くのＮＧＯが設立されました。1960年代から1990年代の日本でおこったできごとについて述べた文として正しいものを次の**ア**～**エ**から**２つ**選んで、その記号を書きなさい。

ア　高い経済成長率が続くなか、大阪で万国博覧会が開催された。

イ　第一次石油危機によって財政赤字が深刻化したため、消費税が導入された。

ウ　急激に上昇していた土地や株式の価格が下落に転じ、バブル経済が崩壊した。

エ　沖縄がアメリカから返還され、東京オリンピックに沖縄出身選手が日本代表として出場した。

(9)　これについて、地球温暖化防止にむけた取り組みのなかで、再生可能エネルギーによる発電は有効な方法のひとつとされています。右の図は、日本における太陽光・地熱・風力による発電量の推移をあらわしたものです。太陽光と風力にあてはまるものを図中の**ア**～**ウ**からそれぞれ選んで、**太陽光→風力の順**にその記号を書きなさい。

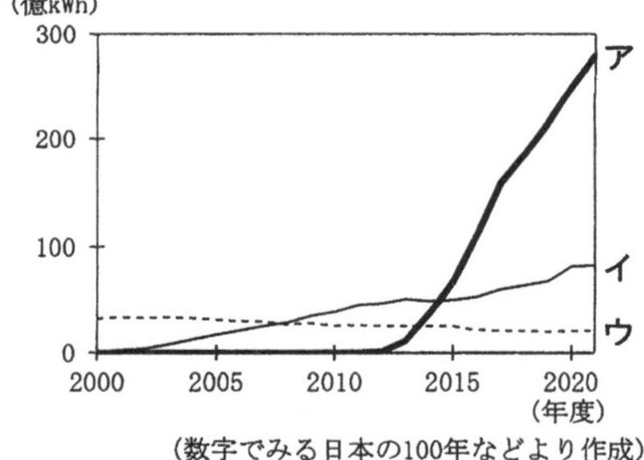

（数字でみる日本の100年などより作成）

3　次の文を読んで、文中の　(1)　～　(8)　について、後の同番号の各問いに答えなさい。

昨年、『古事記』の編さん者である(1)太安万侶の没後1300年をむかえました。その編さんは、稗田阿礼が暗誦していた(2)歴史書の内容などを、太安万侶が文字に書きおこす形で行われました。『古事記』は朝廷が作成を命じた歴史書であり、朝廷はほかにも(3)『日本書紀』をはじめとして公式な歴史書を編さんさせています。こうした歴史書は国史とよばれます。書物の形として残っているのは10世紀初めの『日本三代実録』が最後で、以降も国史の編さんは進められましたが、完成したものはありません。

明治時代になり新政府ができると、天皇から「国史が途絶えて続きがないというのは、あまりにも不完全なことである。今こそ(4)鎌倉時代以降の武家政権の弊害を除き、政治を復興したのだから、国史の校正局を開き、かつての偉業を継いで……人としてのあるべき道を知らしめよ。」という指示がだされ、国史の編さんを行うことが決定されました。ここからは、天皇を中心とする(5)あらたな国家のありかたが歴史的に正しいものであることを示そうという意図が読み取れます。しかし事業は難航したため、政府は歴史書にかわり、史料集である『大日本史料』の編さんを始めました。その編さんは、第二次世界大戦での敗戦を受けて一時中断されましたが、(6)1952年から出版を再開し、現在も事業が引き継がれています。

明治政府にかぎらず、あらたに成立した政府や王朝が歴史書をつくらせることは、(7)中国において古くからみられます。日本についての記述が残る最古の書物である『漢書』のほか、(8)あわせて24の歴史書が、清朝において公式なものとして定められました。こうした歴史書は、その成立の背景から、編さんを命じた政府や王朝にとって不都合な内容は除かれたり書きかえられたりしているとみてよいでしょう。

⑴　この人物の墓の碑文には、太安万侶が平城京の左京四条四坊に住んだことが記されています。これについて、次の各問いに答えなさい。

①　平城京について述べた次の文a・bの正誤の組み合わせとして正しいものを下の**ア〜エ**から選んで、その記号を書きなさい。

a　平城京から出土した木簡のなかには、調として都に納められた地方の特産物について、その品名だけでなく産地名も記されたものが見つかっている。

b　天皇が派遣した役人に全国の土地と人民を統治させる公地公民制がとられたため、地方の支配地を失った豪族は平城京に移り住んで、朝廷の役人として仕えた。

ア　a−正　b−正　　**イ**　a−正　b−誤　　**ウ**　a−誤　b−正　　**エ**　a−誤　b−誤

②　四条大路や四坊大路とは、平城京のなかにつくられた道路の名称であり、前者は東西、後者は南北の道を示します。平城京における南北の道のうち、羅城門と宮城とを結ぶ中央の大通りの名称を解答らんにあわせて**ひらがな3字**で書きなさい。

⑵　このほかにも、歴史を知るうえでは絵画資料を参考にすることがあります。これについて、次の各問いに答えなさい。

①　右の図は、平安時代の宮中の様子がえがかれたものです。これについて述べた次の文中の（　　　）にあてはまる語を**漢字4字**で書きなさい。

これは、叙位（位階をさずける朝廷の儀式）の場面です。貴族社会では、こうした政務に関する儀式だけでなく、3月3日の上巳や5月5日の端午などの節会といった多様な（　　　）が発達し、手順や作法が細かく決められていました。

②　右の図は、室町時代の田植えの様子がえがかれたものです。この図中のA〜Cについて述べた次の文a〜cの正誤の組み合わせとして正しいものを下の**ア〜カ**から選んで、その記号を書きなさい。

a　Aでは、田植えの作業のそばで、豊作を祈願するために神仏に狂言を奉納している。

b　Bでは、このころあらたに肥料として用いられるようになった干したイワシを田の土に混ぜている。

c　Cでは、牛に鉄製の農具を引かせることで、田の土を耕している。

ア　a−正　b−正　c−誤　　**イ**　a−正　b−誤　c−正　　**ウ**　a−正　b−誤　c−誤

エ　a−誤　b−正　c−正　　**オ**　a−誤　b−正　c−誤　　**カ**　a−誤　b−誤　c−正

⑶　これについて、次の史料Xは『日本書紀』、史料Yは中国の歴史書からの抜粋であり、一部をわかりやすく書き改めたものです。それぞれの史料中の「推古天皇十五年」と「大業三年」が同じ年にあたります。史料X・Yとこのころの日本について述べた下の文a・bの正誤の組み合わせとして正しいものを下の**ア〜エ**から選んで、その記号を書きなさい。

X　推古天皇十五年……大礼の小野妹子を中国に派遣し……十六年……中国の使者裴世清と従者十二人とが小野妹子に従って筑紫に到着した。……九月……客人の裴世清が帰路についた。よってふたたび小野妹子を大使とし、……客人に付き添わせた。天皇は中国の皇帝にあいさつのことばを送り、そこに「東の天皇が、謹んで西の皇帝に申し上げる……。」と書いた。

Y　大業三年、倭の王が使者を派遣してきた。……その国書には「太陽が昇るところにいる天子が、書を太陽が沈むところにいる天子に届ける。恙なきか。」と書かれていた。皇帝はこれを見て……「野蛮人の国書に無礼きわまるものがある。二度と私に取りつぐな。」と言った。翌年、皇帝は文林郎※の裴世清を倭に使者として派遣した。

※中国の官職のひとつ。

a　「大業」という年号が中国で使用されていたことに配慮して、「国書」では年号が用いられなかったが、日本には独自の年号が存在した。

b　「文林郎」など中国の官職を参考にして、「裴世清」が帰国したのちに、日本でも官僚制度として冠位十二階の制が整えられた。

ア　a−正　b−正　　**イ**　a−正　b−誤　　**ウ**　a−誤　b−正　　**エ**　a−誤　b−誤

(4)　これについて、次の各問いに答えなさい。

①　最初の武家政権とされる鎌倉幕府について述べた文として下線部が正しいものを次の**ア**～**エ**から選んで、その記号を書きなさい。

ア　源頼朝は征夷大将軍の地位に就くと、源義経に奥州藤原氏の追討を命じ、これにしたがわなかった義経を滅(ほろ)ぼした。

イ　幕府は承久の乱で京都の朝廷に勝利すると、それまで東国においていた守護と地頭を西国にもおいた。

ウ　北条泰時が定めた御成敗式目には、北条氏に反発する御家人を統制するために執権の権限拡大が盛りこまれた。

エ　モンゴル軍の攻撃(こうげき)を受けて、幕府は御家人だけでなく、将軍と主従関係がない武士にも九州の防備を命じた。

②　右の図は、織田信長が権力を拡大する過程でのできごとを年代順にならべたものです。織田信長が足利氏の将軍を京都から追放した時期としてあてはまるものを図中の**ア**～**エ**から選んで、その記号を書きなさい。

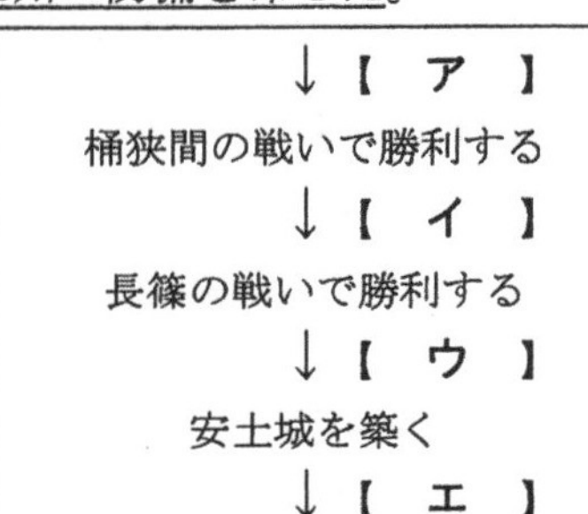

↓【　ア　】
桶狭間の戦いで勝利する
↓【　イ　】
長篠の戦いで勝利する
↓【　ウ　】
安土城を築く
↓【　エ　】

③　武家政権は、江戸幕府の将軍であった徳川慶喜が政権を天皇に返上したことで終わりました。徳川慶喜の出身である水戸藩について述べた次の文中の＿ア＿～＿エ＿から正しいものを選んで、その記号を書きなさい。

> 水戸藩は、尾張藩・紀伊藩とならんで徳川一門が藩主を務めました。こうした藩は、ァその領地や領民を幕府が直接支配する親藩に分類されます。そのなかでも水戸藩は、ィ藩主が参勤交代を行わないことを徳川家康以来の歴代将軍から認められていました。また水戸藩は歴史書の編さん事業を行ったことでも知られます。幕末にはその事業を通じて、天皇を中心とする政治をめざす思想が高まりました。こうした思想は水戸学とよばれ、藩の学校として設立された弘道館(こうどうかん)でも教えられました。ここは、ゥのちに五箇条の御誓文を起草する木戸孝允が水戸藩士時代に学んだことで知られます。ェ版籍奉還に続く廃藩置県の実施を通じて水戸藩が廃止されたあとも編さん事業は引き続き行われ、1906年にようやく完成しました。

(5)　このひとつとして、明治時代には議会が開かれました。明治時代の議会について述べた次の文ａ・ｂの正誤の組み合わせとして正しいものを下の**ア**～**エ**から選んで、その記号を書きなさい。

ａ　自由民権運動を指導した板垣退助は、政府が議会の開設を約束すると、自由党を設立してその党首となった。

ｂ　大日本帝国憲法により内閣や議会の制度が定められると、議会は伊藤博文を初代内閣総理大臣に選出した。

ア　ａ－正　ｂ－正　　**イ**　ａ－正　ｂ－誤　　**ウ**　ａ－誤　ｂ－正　　**エ**　ａ－誤　ｂ－誤

(6)　この年に、連合国軍による占領(せんりょう)が終わり日本は独立を回復しました。占領下の日本でおこったできごとについて述べた文としてあてはまるものを次の**ア**～**エ**から選んで、その記号を書きなさい。

ア　選挙法が改正され、衆議院議員選挙で女性の候補者が初めて当選した。

イ　地方から大都市の工場などに集団就職した若者が、「金の卵」とよばれた。

ウ　アメリカがビキニ環礁(かんしょう)で行った水爆(すいばく)実験により、日本の漁船が被曝(ひばく)した。

エ　朝鮮戦争が勃発(ぼっぱつ)した際に設置された警察予備隊をもとに、自衛隊が設立された。

(7)　この国と日本とのかかわりについて述べた文として正しいものを次の**ア**～**エ**から選んで、その記号を書きなさい。

ア　明との貿易が開始されると留学僧の往来も増加し、その一人である雪舟は中国で水墨画の技術を学んだのち、帰国して足利義満の保護を受けた。

イ　江戸幕府が鎖国政策を行うなかでも、幕府が発行した朱印状をもつ日本の商人は清との貿易を認められ、その拠点(きょてん)として中国沿岸部に日本町が形成された。

ウ　遼東半島に進軍したロシア軍を乃木希典(のぎまれすけ)率いる日本軍が撃破し、ロシアを中国から撤退させたことで、日本は南満州鉄道を中国から対価として獲得(かくとく)した。

エ　日本が中国東北部を軍事占領し、満州国としてその独立を宣言するなかで、日本から中国東北部への移民が本格化し、土地の開拓(かいたく)が進められた。

(8)　これらは、1739年から1784年にかけて出版されました。この期間のできごとについて述べた文としてあてはまるものを次の**ア**～**エ**から選んで、その記号を書きなさい。

ア　歌川広重がえがいた浮世絵を、オランダの画家であるゴッホがまねて油絵の作品を残した。

イ　近松門左衛門が、人形浄瑠璃の脚本のひとつとして『曽根崎心中』を書いた。

ウ　オランダの医学書を、杉田玄白や前野良沢が翻訳(ほんやく)し、『解体新書』として出版した。

エ　伊能忠敬が幕府に命じられて行った海岸線の測量事業をもとに、日本地図が作成された。

4　次の文を読んで、文中の＿(1)＿～＿(7)＿について、後の同番号の各問いに答えなさい。

日本には、(1)文化庁のホームページによると5700ほどの(2)博物館（類似施設などをふくむ）があります。これらの年間入館者総数は、2017年には約3000万人を数え、私たちにとって身近な施設といえるのではないでしょうか。
「博物館」という言葉は、江戸時代末期に(3)欧米(おうべい)へ派遣された使節が残した現地の記録などを通じて日本に広まっていったとされています。明治時代には、(4)ウィーン万博への出品準備として湯島聖堂で最初の博覧会が開かれました。これが現在の(5)東京国立博物館の創設につながっており、日本における本格的な博物館の始まりとされます。
1923年におこった(6)関東大震災は、東京に壊滅(かいめつ)的な被害をもたらしました。東京国立博物館（当時の東京帝室(ていしつ)博物館）も例外ではなく、旧本館などが大きな損害を受けました。幸い陳列(ちんれつ)品の被害は少なかったため、翌年には展示が再開されました。その後、６年の歳月(さいげつ)をかけて新しく建設されたのが現在の本館で、1938年に開館すると多くの入場者が押しかけました。(7)太平洋戦争が始まり、空襲(くうしゅう)が激化すると東京帝室博物館は閉鎖(へいさ)されましたが、戦後、1947年に東京国立博物館として再開されました。

(1)　これに関して、近年の官公庁をめぐる動きについて述べた文として正しいものを次の**ア～エ**から選んで、その記号を書きなさい。

ア　外国人観光客の増加によって業務が拡大したため、観光庁が観光省に格上げされた。
イ　東京への行政機関の集中を避(さ)けるため、省庁の地方移転の先がけとして宮内庁が京都市に移された。
ウ　子どもや子育て世帯のさまざまな課題への対策を一元的に行うため、こども家庭庁が設置された。
エ　国内の銀行に対する監督(かんとく)を強化するため、財務省のもとに金融(きんゆう)庁が組み入れられた。

(2)　これについて、次の各問いに答えなさい。

①　博物館のひとつである国立科学博物館について述べた次の文中の（　　）にあてはまる語を下の**ア～エ**から選んで、その記号を書きなさい。

国立科学博物館では、慢性(まんせい)的な財政難の状態にあり、近年は入館料収入の減少や光熱費の高騰(こうとう)の影響もあって、動植物や化石などの標本を十分に管理できないという懸念(けねん)が生じていました。そこで、この博物館は、これらの標本の管理費用などを得るために１億円を目標金額にした（　　）を実施し、インターネット上で資金を募(つの)りました。その結果、多くの寄付金が集まり、開始初日で１億円をこえ、最終的に支援総額はおよそ９億2000万円となりました。

ア　クラウドファンディング　**イ**　スタートアップ　**ウ**　ビッグデータ　**エ**　マイクロファイナンス

②　アイヌ文化の展示や調査研究などに特化した国立アイヌ民族博物館が北海道にあります。江戸時代、アイヌの人びとはさまざまな地域と交易を行っていました。これについて述べた次の文中の（ a ）・（ b ）にあてはまる語句の組み合わせとして正しいものを下の**ア～エ**から選んで、その記号を書きなさい。

アイヌの人びとは松前藩と交易を行い、（ a ）などと引きかえに、米や酒などを手に入れました。また、（ b ）とも交易を行って、絹織物を入手しました。それは松前藩を通じて江戸の将軍に献上(けんじょう)され、蝦夷錦(えぞにしき)として珍重(ちんちょう)されました。

ア　a－銅・硫黄(いおう)　b－樺太(からふと)を通じて中国　**イ**　a－銅・硫黄　b－千島列島を通じてロシア
ウ　a－ニシン・昆布(こんぶ)　b－樺太を通じて中国　**エ**　a－ニシン・昆布　b－千島列島を通じてロシア

③　博物館の地図記号が、2002年からあらたに使われるようになりましたが、反対に廃止された地図記号もあります。2013年に廃止された地図記号を次の**ア～エ**から選んで、その記号を書きなさい。

ア　∴（茶畑）　**イ**　Ｙ（くわ畑）　**ウ**　Ｙ（消防署）　**エ**　◇（税務署）

(3)　これには、さまざまな人物が参加しています。次の文は、そのうちの一人があらわした書物の一部をわかりやすく書き改めたものです。文中の（　　）にあてはまる語を**漢字２字**で書きなさい。

もし人民が暴政を避けたいと思うのであれば、ただちに（　　）を志して自ら才能や徳義を高め、政府と向かい合って同位同等の地位に立たねばならない。これがすなわち私の勧(すす)める（　　）の目的である。……われわれ日本国民も今より（　　）を志し、気力を確かにして、まず一身の独立をはかり、それによって一国の富強を実現すれば、どうして西洋人の力を恐(おそ)れることがあるだろうか。

(4)　これには、岩倉使節団が訪れています。岩倉使節団が欧米を訪問していたころの明治政府の政策について述べた文として正しいものを次の**ア〜エ**から選んで、その記号を書きなさい。

ア　江戸時代に被差別身分とされた人びとが大規模な差別撤廃運動をおこすと、政府は解放令をだしてこれをしずめた。

イ　政府は学制を公布して小学校への通学を義務化したが、国家の財政が厳しく、学校の建設費は地元住民の負担とした。

ウ　政府は軍隊の近代化を進めるために徴兵令をだし、士族を中心とする20歳以上の男子に一定期間の兵役を義務付けた。

エ　地租を耕作者一人ひとりに現金で納めさせることで、政府は米の収穫量に左右されない税収を得ようとした。

(5)　これについて、次の各問いに答えなさい。

①　右のＡ・Ｂは、東京国立博物館の収蔵品です。これらについて述べた次の文ａ・ｂの正誤の組み合わせとして正しいものを下の**ア〜エ**から選んで、その記号を書きなさい。

A

B

（東京国立博物館Webサイトより引用）

ａ　Ａは女性をかたどった土偶であり、渡来人によって伝えられた工芸技術を用いて作製され、子孫繁栄を祈る儀式で用いられた。

ｂ　Ｂは武人をかたどった埴輪であり、大王の権威を示すために作製され、大和政権が軍事的支配を進めていた東北地方で多くみられた。

ア　ａ－正　ｂ－正　　**イ**　ａ－正　ｂ－誤　　**ウ**　ａ－誤　ｂ－正　　**エ**　ａ－誤　ｂ－誤

②　東京国立博物館は国立文化財機構が運営しています。この機構が運営する国立博物館は、東京都のほか、京都府・奈良県・福岡県にあります。これら４都府県について、次の各問いに答えなさい。

ｉ　右の表は、東京都・京都府・奈良県・福岡県における農業産出額上位５品目（生乳・鶏卵・肉類などの畜産品はふくまない）をあらわしたものです。奈良県にあてはまるものを表中の**ア〜エ**から選んで、その記号を書きなさい。

	ア	イ	ウ	エ
1位	米	米	米	こまつな
2位	ねぎ	かき	いちご	ほうれんそう
3位	茶（生葉）	いちご	ぶどう	日本なし
4位	荒茶	ほうれんそう	なす	切り葉
5位	ほうれんそう	きく（切り花）	みかん	ブルーベリー

統計年次は2021年。推計値による統計である。　（農林水産省資料より作成）

ⅱ　京都府と福岡県で生産される伝統的工芸品にあてはまるものを次の**ア〜エ**からそれぞれ選んで、**京都府→福岡県の順**にその記号を書きなさい。

ア　小千谷縮　　**イ**　九谷焼　　**ウ**　久留米絣　　**エ**　西陣織

(6)　これ以降、1930年代までの日本の社会や経済について述べた文として正しいものを次の**ア〜エ**から選んで、その記号を書きなさい。

ア　大阪や愛知などの官営紡績工場では機械化が進み、生産量が大はばに増えた綿糸は輸出されるようになった。

イ　東京では銀行の倒産があいつぎ、預金者が銀行に押しかけて騒動となったため、政府は治安維持法を制定した。

ウ　アメリカで始まった不景気が日本におよぶなか、東北地方では農作物の価格が暴落し、農村の困窮が深刻化した。

エ　京浜工業地帯の工業生産が停滞する一方、鉄鋼の国産化をはかるために、九州北部に八幡製鉄所が建設された。

(7)　この戦争下、人びとは戦争への協力を求められ、生活は大きく制限されることになりました。次の文は、右の写真について説明したものです。文中の（　　　）にあてはまる語句を書きなさい。

右の写真は、第二次世界大戦中の東京帝室博物館構内の様子を撮影したものです。戦争が長期化するなか、（　　　）が深刻化してきました。右の写真から、開放された構内の土地を利用して、その状況を改善するための作業を人びとが行っている様子がわかります。

（東京国立博物館Webサイトより引用）

令和六年度　東大寺学園中学校入学試験問題

国語解答用紙

受験番号

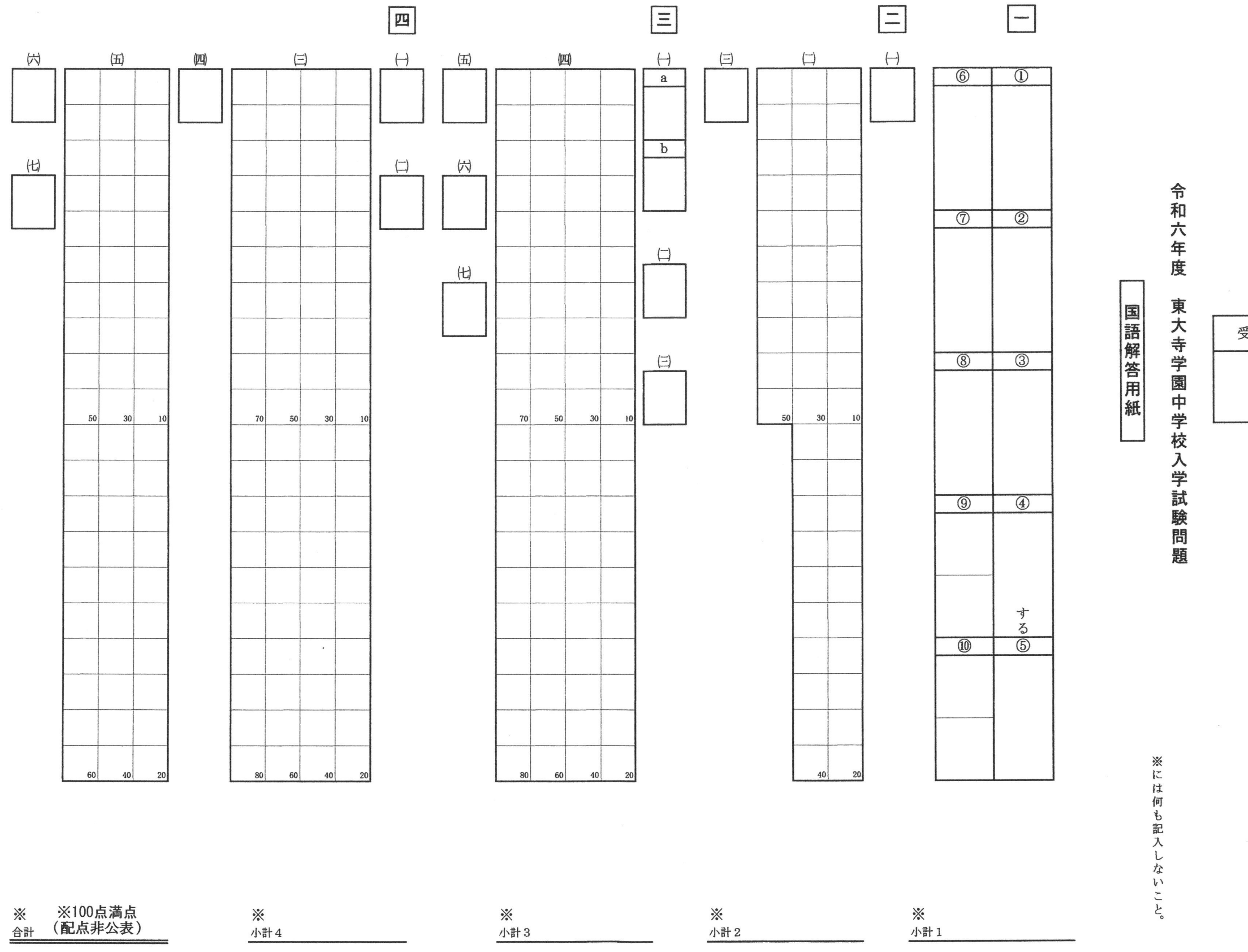

※には何も記入しないこと。

受験番号	

令和６年度　東大寺学園中学校入学試験問題

算数解答用紙（表）

1

(1)		(2)		(3)		(4)	cm³

2 〔考え方・式〕

A E B F C D

(1)	cm
(2)	cm²

3 (1)〔考え方・式〕

(1)	cm³

(2)〔考え方・式〕

(2)	cm³

＊以下の表や＿＿＿には何も記入しないこと。

(1)	(2)	(3)	(4)	小計１

(1)	(2)	小計２

(1)	(2)	小計３

※100点満点
（配点非公表）

令和６年度　東大寺学園中学校入学試験問題

算数解答用紙（裏）

4　〔考え方・式〕

D　C
A　B　E　O
G　F

(1)	cm
(2)	分　秒後
	cm
(3)	cm

5

(1) □ 2 □ 3 □ 4 □ 5 □□

(2) □□□ 4 □ 3 □ 2 □□ と □□□ 4 □ 3 □ 2 □□

(3) 〔考え方・式〕

□ 3 □ 5 □ 4 □ 5 □□

(3)	通り

(4) 〔考え方・式〕

3 □□□□□□□□ 3

(4)	通り

＊以下の表には何も記入しないこと。

(1)	(2)		(3)	小計４

(1)	(2)	(3)	(4)	小計５

受験番号	

令和６年度　東大寺学園中学校入学試験問題

理科解答用紙

＊＿＿＿には，何も記入しないこと

※100点満点
（配点非公表）
＊

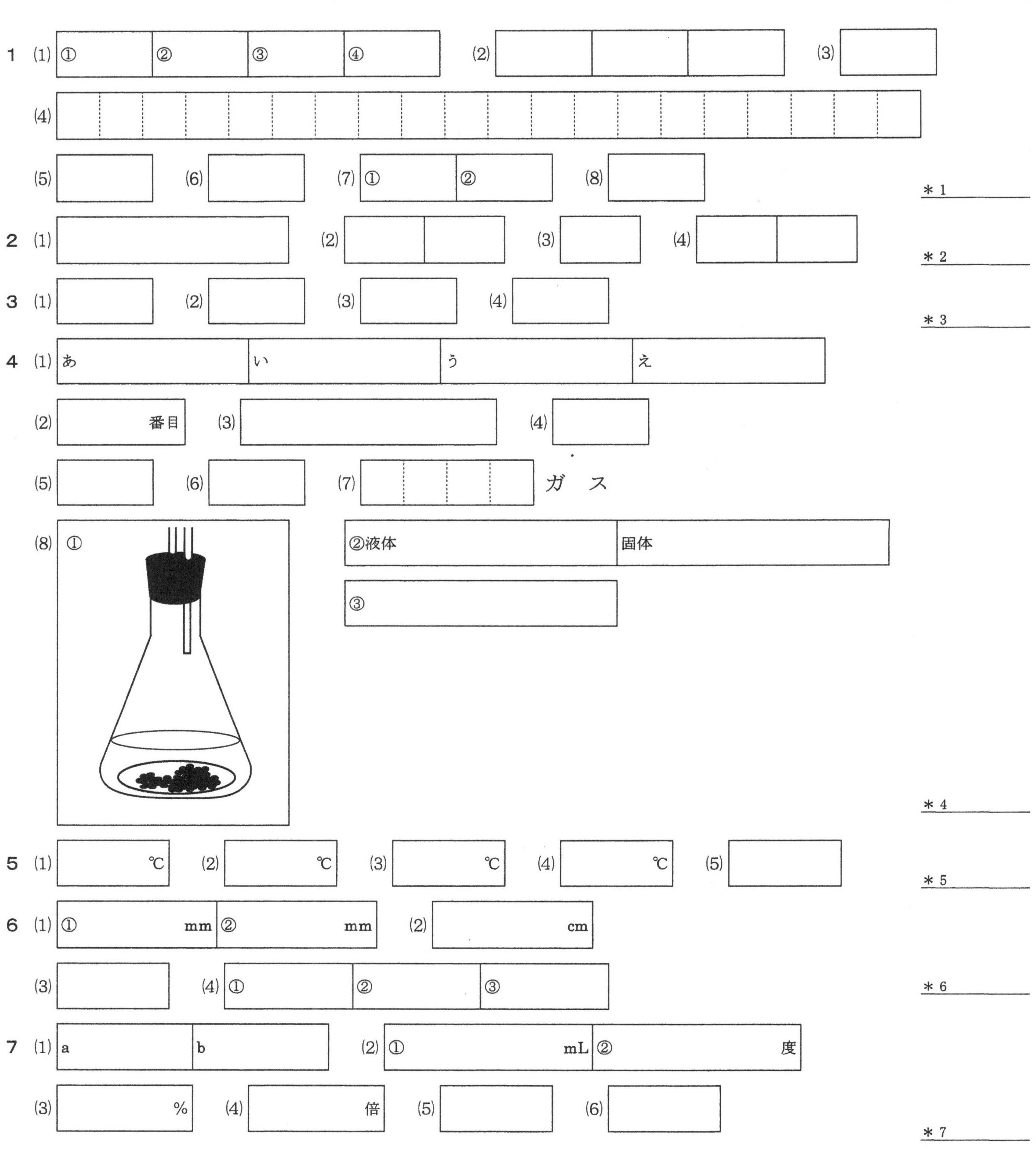

1 (1) ① ② ③ ④ (2) (3)
(4)
(5) (6) (7) ① ② (8)
＊1

2 (1) (2) (3) (4)
＊2

3 (1) (2) (3) (4)
＊3

4 (1) あ い う え
(2) 番目 (3) (4)
(5) (6) (7) ガス
(8) ① ②液体 固体
③
＊4

5 (1) ℃ (2) ℃ (3) ℃ (4) ℃ (5)
＊5

6 (1) ① mm ② mm (2) cm
(3) (4) ① ② ③
＊6

7 (1) a b (2) ① mL ② 度
(3) % (4) 倍 (5) (6)
＊7

受験番号	

令和６年度　東大寺学園中学校入学試験問題

社会解答用紙

＊右側の下線部には何も記入しないこと

1　(1)①　②　→　(2)　(3)
(4)①　②　③　→　(5)　(6)
(7)　→　(8)　(9)　→
(10)　(11)　→　(12)①　②
＊

2　(1) a　b
(2)　(3)　(4)①　②　(5)
(6)　(7)　→　(8)　(9)　→
＊

3　(1)①　②　大路　(2)①
(2)②　(3)　(4)①　②　③
(5)　(6)　(7)　(8)
＊

4　(1)　(2)①　②　③　(3)
(4)　(5)①　② i　ii　→　(6)
(7)
＊

＊＊　※100点満点（配点非公表）

令和五年度　東大寺学園中学校入学試験問題

国語

――五〇分――

注意　字数制限のある問題については、句読点や符号も一字に数えます。

一

次の㈠・㈡の問いに答えなさい。

㈠　①～⑩のカタカナ部分を漢字に書き改めなさい。

① 兄が有名な楽曲をエンソウした。
② 製本後にラクチョウが見つかった。
③ 厳しい練習に、選手たちはネをあげた。
④ 友人の発言にビンジョウして自分の意見を述べた。
⑤ 初夏をむかえ、リョクジュが目にあざやかだ。
⑥ その天守閣は、チクジョウされた当時のままだ。
⑦ 予算をシュクゲンするための会議が開かれた。
⑧ 魚のあゆには、ナワバりをもつ習性がある。
⑨ 新入幕の力士がドヒョウに上がった。
⑩ 思い出がソウマトウのようによみがえる。

㈡　「ついぞ」という語を正しく使って、二十字以上、三十字以内の短文をつくりなさい。

下書き用

二

次の文章は、アメリカ出身の作家・翻訳家であるロジャー・パルバース氏の著書の一節です。これを読んで、後の問いに答えなさい。（途中に省略部分があります。）

お詫び
著作権上の都合により、文章は掲載しておりません。
ご不便をおかけし、誠に申し訳ございません。
教英出版

お詫び
著作権上の都合により、文章は掲載しておりません。
ご不便をおかけし、誠に申し訳ございません。
教英出版

お詫び
著作権上の都合により、文章は掲載しておりません。
ご不便をおかけし、誠に申し訳ございません。
教英出版

（ロジャー・パルバース／早川敦子訳『驚くべき日本語』による）

〔注〕＊第一言語――ここでは、後に出てくる「母語」と同じ。「母語」とは、幼児期に周囲の人々が話すのを聞いて、その人が自然に覚えて使えるようになった言語のこと。
＊石板――粘板岩などをうすい板に加工して木の枠をつけたもの。石筆で文字や絵をかく。後に出てくる「タブレット」も同じものを指す。
＊概念――ものごとに対する考え方。

㈠ ――部①「この母と子の会話は非常に基本的な会話ですが、ここで特徴的なことは、いったい何でしょうか？」とありますが、この「母と子の会話」において「特徴的なこと」とはどのようなことですか。本文をふまえて五十字以内で説明しなさい。

下書き用

㈡ ――部②「多くの人は自分の頭を白紙状態にできないでいます」とありますが、「自分の頭を白紙状態にできない」でいる人は、どのような方法で外国語を学ぼうとするのですか。本文をふまえて三十字以内で説明しなさい。

下書き用

㈢ ③ に入ることわざとして最も適当なものを、次のア～オの中から一つ選んで、その記号を書きなさい。

ア 老い木に花がさく　**イ** 老いてはますますさかんなるべし
ウ 老いては子に従え　**エ** 老いたる馬は道を忘れず
オ 老い木は曲がらぬ

㈣ ――部④「わたしの場合、好奇心にかけては言葉に限ったことではありませんでした」とありますが、筆者は、「言葉」への「好奇心」の他に、どのようなことに対して「好奇心」をもっていたと言っているのですか。それを適切に表している語句を、論の展開をふまえて本文中からさがし、五字でぬき出しなさい。

㈤ ――部⑤「自分が日本人であるように」とありますが、この「ように」と意味や用法が同じ「ように」を、次のア～オの中から一つ選んで、その記号を書きなさい。

ア 二人は兄弟だが性格はまるでちがうように見える。
イ 彼女のように速いランナーは見たことがない。
ウ 彼の目はえものをねらう鳥のようにするどい。
エ この問題は簡単なように見えて実は難しい。
オ 部屋に風が入るように窓をすべて開けた。

(六) ——部⑥「短期間」とありますが、三字熟語としての構成が「短期間」と同じものを、次のア～オの中から一つ選んで、その記号を書きなさい。

ア 新参者　イ 新境地　ウ 新年会　エ 新刊書　オ 新入生

(七) ——部⑦「第一言語によって創られたわたしたちの自己」とありますが、そのような「自己」があらわれた実例として最も適当なものを、次のア～エの中から一つ選んで、その記号を書きなさい。

ア 日本語を第一言語とするAさんは、英語でヘビを表す「スネーク（snake）」という言葉は日本語の「ヘビ」という言葉にイメージが似ていると感じている。

イ 日本語を第一言語とするBさんは、ヘビという動物を言い表すのに「スネーク」という言葉を使う必要などあるのだろうかと不満に思っている。

ウ 英語を第一言語とするCさんは、「ヘビ」という言葉にも「スネーク」という言葉にも、それぞれの必然性を認めて、どちらも尊重しようと思っている。

エ 英語を第一言語とするDさんは、「スネーク」という言葉こそがその動物の姿や生態を言い表すのに最もふさわしいと感じている。

三 次の文章を読んで、後の問いに答えなさい。

「宮本さんのところ、引っ越したんだってな」

洗濯ものをたたみながら、父さんが言った。なにげない感じの口調だった。カーペットに正座して、折り紙のつるでも折るみたいに丁寧に、バスタオルの角と角を合わせている。

「宮本さんって、蓮の家？」

口のなかの目玉焼きをのみこんで、ぼくはきいた。

「そう。昨日の面談のときに教えてくれた保護者がいて。知ってたか？」

「いや、蓮とはもう全然喋ってもないし」

「そうか……なら、透には関係ない話だったな」

たたみ終えたタオルを抱えて、父さんがリビングを出ていった。

あみ戸の向こうで、せみが鳴いている。たしか、小六のいまぐらいの時期だった。ぼくが蓮と仲良くなったのも。

最初の頃は楽しかった。先生に怒られるようなことを、蓮と一緒にめちゃくちゃやった。たいてい、ぼくは蓮の後ろにくっついていただけだったけど、それでもスリルは十分だった。そのうちにしたくないことも増えていって、卒業してクラスが離れるとわかったときにはほっとして……。

①でも関係なくなんかは、ない、とおもう。

「透、＊部活行くなら水筒忘れるなよ。今日も朝から暑くなるらしい」

戻ってきた父さんが、テーブルの上の水筒を指して言う。

「わかってるよ」

ぼくだけに聞こえる声でそう返事した。

水筒とタオルとスパイク、それに三百円が入ったチャック付きの小袋とお守りをつめたスポーツバッグを、自転車の荷台にゴムひもでくくりつける。日差しに焼かれたサドルにまたがって、家を出た。

走りだしてすぐに、ペダルが重くなってくる。

夏休みの間も、週に三日は部活がある。ぼくは最初から陸上部に入ろうとおもっていたわけじゃなかった。あの頃、父さんがやけにうるさかったのだ。

自分はケガさえなければ全国大会にも行けたかもしれない、とか、きっと透にも短距離走のセンスがあるはずだ、とか。しきりに武勇伝を語っては、ぼくのなかに眠っているらしいA才能にうったえかけた。

だけど陸上部に入ってから、一年間、記録会やレースに出てわかったのは、父さんが期待するような才能はぼくにはないということ、それと、そう実感しながら走るのはそんなに愉快じゃないということ。

踏切を渡ると、道の右側に田んぼの海が広がりはじめた。その青々とした波のすき間に、なにか白いものが見えかくれしている。お尻を上げて目をこらすと、シラサギだとわかった。この頃、頻繁に見かける。

――あの鳥って、なんかキモくね？

いつだったか、蓮にそう問いかけられたことがあった。ぼくはシラサギが好きだった。とぼけた感じの目も、傘の持ち手みたいな細い首も。

――わかる。めっちゃキモい。

ぼくもそう答えた。シラサギを見るたびに、②おもいだして心に刺さる。いつまでものどから抜けない魚の骨みたいに、ちくちくと。

汚れたビニール袋が、側溝の水に流されてぼくを追いこしていった。ヘルメットの内側が蒸れて、こめかみに汗がつたう。いつもは学校へ向かうために右に曲がる十字路を、気づいたときには、ぼくはまっすぐに進んでいた。

このまま行けば蓮の家に着く。ぼくは、蓮がもうそこにいないことを確かめることを考えた。どうしてもそうしたかったのか――といえば、たぶん、そうじゃない。ただグラウンドから離れたい。そっちの気持ちの方が強かった。

夏休みになってから、結局、部活には一度も行っていない。

父さんは駅のそばにある塾に勤めている。朝はゆっくりでいい分、帰りはいつも遅くて、たいていぼくがふとんのなかで夢をみている最中だ。だから、階段を上がってくる足音に続いてノックの音がしたときは、母さんだとおもった。

寝ているふりをしようかどうしようかと迷っているうちに、ドアが開けられた。廊下の明かりとひとり分の気配が入ってくる。

「透、起きてるか」

ドアの向こうから聞こえてきたのは、かすれぎみの父さんの声だった。

「③あんなもの、よく掘りだしてきたな」

ドアの閉まる音がして、部屋はまっ暗に戻った。

あきれた感じの言い方だった。もちろん、なんのことかはわかっている。ぼくが何日もかけて洋間の机の下のスペースから見つけだし、イスの上に置いておいた、父さんの中学時代の卒業文集のことだ。

「嘘をついていたのは悪かった。ただ、あのまま蓮くんと一緒にいることが、透にはふさわしくないとおもって、つい……」

井口直也、父さんのページには、将棋部での思い出が、いまより汚い字で、読んでいて恥ずかしくなるようないきいきとした文章でつづられていた。

父さんが陸上部を推していなかったら、確かに、ぼくは蓮と同じサッカー部に入っていたかもしれない。ぼくは、蓮とするサッカーはずっと楽しかったから。

父さんにとっては、きっと、お昼ご飯の用意をしておくのと同じようなつもりだったんだろう。④それがわかるくらいには、ぼくは成長している。でも、ぼくの不安が父さんの心配として、先回りして矢印を作っている、その感じがいやだった。

「やめたくなったら、やめてもいいからな……おやすみ」

ドアノブを回す音がした。

「やめないよ」

おもったよりもずっと、大きな声が出た。

「やめないから」

「そうか……わかった」

部屋に明かりが差しこみ、すぐにまたもとの暗さに戻った。足音がすこしずつちいさくなるのとは反対に、心臓の音は大きくなっていった。ぼくは天井を見上げ、右手をぎゅっと握り、声を出さずに笑った。そして、眠りにつくまでの長い間、何度もタオルケットをけとばした。

目が覚めても、ゆうべの興奮が残っていた。いまならなんでもできそう。そんな気持ちにB急かされるように階段を下りて、リビングのドアを開けた。父さんはもう出かけたあとらしい。からだが全力で走りたがっていると感じる、晴れやかな朝だった。

テーブルの上に視線を移すまでは。

白い紙があった。なにか書かれていて、その下には、一万円札が三枚。

――これで、新しいスパイクでも買うといい。今履いているものが足に合っていないという可能性もある。やるなら、最後までサポートする。

ぼくは目を閉じて、息を吸って吐いて、それからもう一度目を開けた。おんなじ光景が広がっている。全身の血が一気に冷えていくようだった。さっきまで、確かに感じられていたはずの力も急速にしぼんでいく。

そうじゃないのに。⑤わかってない。ぜんぜん、そうじゃないのに。

ジャージに着替えて、バッグも持たずに家を出た。ハンドルにぶら下げたヘルメットが、ときどきフレームに当たってカツンカツンと音を立てている。

踏切を渡った先に、シラサギがいた。道路のまん中に立って、こちらをじっと見つめている。キモくね？という蓮の声が頭のなかに再生される。

ぼくは、ペダルを強く踏んだ。ベルを二回鳴らしてみたけれど、シラサギはつくりもののように微動だにしない。近づくにつれ、その大きさも、生々しさも増してくる。そして、自転車の前輪がシラサギにぶつかって――

衝撃はなかった。音も、痛みも。

数秒経ってから、ぼくはブレーキを握った。地面に足をついて、ゆっくりとふり返ってみる。道にも空にもシラサギはいなかった。

（有賀拓郎「夏の日、蔵のなか」『飛ぶ教室 第70号』所収 光村図書出版による）

〔注〕＊部活――クラブ活動のこと。

㈠ ＝＝部Ａ「才能にうったえかけた」・Ｂ「急かされるように」の本文中での意味として最も適当なものを、次の**ア**～**エ**の中からそれぞれ一つずつ選んで、その記号を書きなさい。

Ａ 才能にうったえかけた
- **ア** 才能をむだにしているとたしなめた
- **イ** 才能がすばらしいとほめたたえた
- **ウ** 才能を生かすようにうながした
- **エ** 才能がさらにのびるようにはげました

Ｂ 急かされるように
- **ア** 流されるように
- **イ** あせらされるように
- **ウ** 元気づけられるように
- **エ** ひきずられるように

㈡ ――部①「でも関係なくなんかは、ない、とおもう」とありますが、このときの「ぼく」の気持ちについて説明したものとして最も適当なものを、次の**ア**～**エ**の中から一つ選んで、その記号を書きなさい。

- **ア** 蓮とは話すことがなくなったけれども、蓮と過ごした日々のことは大切な思い出になるにちがいないと感じている。
- **イ** 蓮とのことを早く忘れたいと「ぼく」は思っているのに、蓮のことを今さら話題にする父にわずらわしさを感じている。
- **ウ** 蓮へのわだかまりがなくならないと思いつつも、蓮とかかわらなければいつかは少しずつ消えていくと感じている。
- **エ** 蓮のことは今も「ぼく」の心に残っているのに、蓮とはもうかかわりがなくなったと言い切る父に反発を感じている。

㈢ ――部②「おもいだして心に刺さる」とありますが、それはなぜですか。六十字以内で説明しなさい。

下書き用

(四) ――部③「あんなもの、よく掘りだしてきたな」とありますが、このときの「父さん」の気持ちについて説明したものとして最も適当なものを、次の**ア**〜**エ**の中から一つ選んで、その記号を書きなさい。

ア しまってあった卒業文集を見つけ出してきたむすこに対して気まずさを感じている。

イ ずいぶんと昔の卒業文集を見つけ出してきたむすこに対して腹を立てている。

ウ 自分の中学時代の卒業文集を見つけ出してきたむすこの意図をはかりかねている。

エ すっかり忘れていた卒業文集を見つけ出してきたむすこの行動力におどろいている。

(五) ――部④「それ」とはどのようなことですか。八十字以内で説明しなさい。

下書き用

(六) ――部⑤「わかってない」とありますが、「ぼく」がこのように思ったのはなぜですか。その説明として最も適当なものを、次の**ア**〜**エ**の中から一つ選んで、その記号を書きなさい。

ア 才能などないかもしれないが、とにかく陸上部でがんばってみようとしている今の自分をそっと見守ろうともせずに、お金や物だけでサポートしようとする父親のことをあわれに思ったから。

イ 陸上部よりもサッカー部に入っていた方が楽しかったと今も思っているが、そんな自分の気持ちをわかろうとしないで、陸上部でりっぱな成績を残してほしいと期待する父親のことがいやだったから。

ウ 走ることに才能がなく、おもしろくも思っていなかったが、なんとか前向きにがんばろうとしている今の自分の気持ちを理解しようともせずに、何かと世話を焼く父親のことがうっとうしかったから。

エ ずっと休んでいた陸上部であったが、ようやく行こうとする気持ちになりはじめた矢先、自分のむすこの足のサイズも知らないのに、わかったようなことをいう父親のことをもどかしく思ったから。

(七) 本文の表現や内容について説明したものとして適当なものを、次の**ア**〜**オ**の中から二つ選んで、その記号を書きなさい。ただし、解答の順序は問いません。

ア 8行目「そうか……なら、透には関係ない話だったな」や、64行目「そうか……わかった」の「……」という無言の部分には、父親のほっとする気持ちが表されている。

イ 21行目「日差しに焼かれたサドル」という部分は、自転車が日ごろほとんど使われていないことを示しているとともに、「ぼく」が外にあまり出たがらない人物であることをそれとなく表している。

ウ 29行目「田んぼの海」や、同じ29行目「その青々とした波」という部分は、一面に広がる「田んぼ」に稲穂(いなほ)がゆれる様子を表しており、その青々とした色が「シラサギ」の白色によって強調されている。

エ 47行目「廊下の明かりとひとり分の気配が入ってくる」という部分には、眠(ねむ)っているむすこを起こしてしまうのではないかと、ためらいながら部屋に入ってくる父親の様子が表されている。

オ 80行目「踏切を渡った先に、シラサギがいた」から本文の最後までの部分は、実際にはいないシラサギを「ぼく」の想像によって描(えが)くことで、何かわりきれずにいる「ぼく」の思いを感じさせる表現になっている。

令和５年度　東大寺学園中学校入学試験問題

算　　数

――６０分――　（中学算数・４枚のうち１）

※ 円周率が必要なときは，円周率は 3.14 として計算しなさい．

※ 角すい，円すいの体積は (底面積) × (高さ) ÷ 3 で求められます．

※ 2 つの数量の差とは，等しい 2 つであれば 0，異なる 2 つであれば大きいものから小さいものを引いた数量をさすものとします．

1 次の各問いに答えなさい（解答欄には答のみ記入しなさい）．

(1) ある商品を 140 個仕入れ，仕入れ値の 40 %の利益を見込んで定価をつけました．そのうち 100 個を定価で売りましたが，残りを定価の何%か値下げして売ったところ，すべての商品を売ることができました．利益の合計が仕入れ値の合計の 30 %であったとすれば，定価の何%の値下げをしたのでしょうか．

(2) 1 の位が 7 である 10 個の整数

7, 17, 27, 37, 47, 57, 67, 77, 87, 97

から 3 個を選んで，その 3 個の整数の積を求めます．例えば，

$7 \times 7 \times 27 = 1323$,　$7 \times 17 \times 27 = 3213$,　$7 \times 17 \times 17 = 2023$,　$17 \times 17 \times 17 = 4913$

です．ただし，上の例のように 3 個の整数の中に等しいものが何個あってもよいとします．求められる積（かけ算の答え）の中で 9 で割り切れるが 27 では割り切れないものは全部で何個ありますか．

(3) 図のように，東西の道路と南北の道路がすべて等間隔に，格子状に並んでいます．道路と道路が交わる点を交差点といい，交差点において進行方向に向かって右に曲がることを右折，左に曲がることを左折といいます．

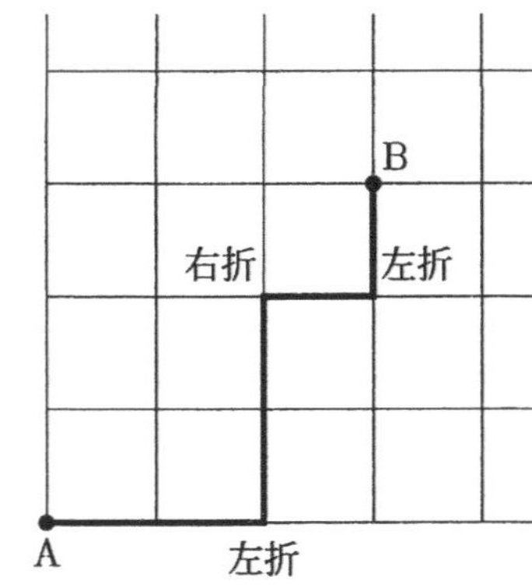

例えば，交差点 A から交差点 B まで上図のような方法で進んだとき，右折を 1 回，左折を 2 回したことになります．交差点 A から交差点 B まで，道のりが最も小さくなるように進む方法の中で，右折の回数と左折の回数が等しい方法は全部で何通りありますか．

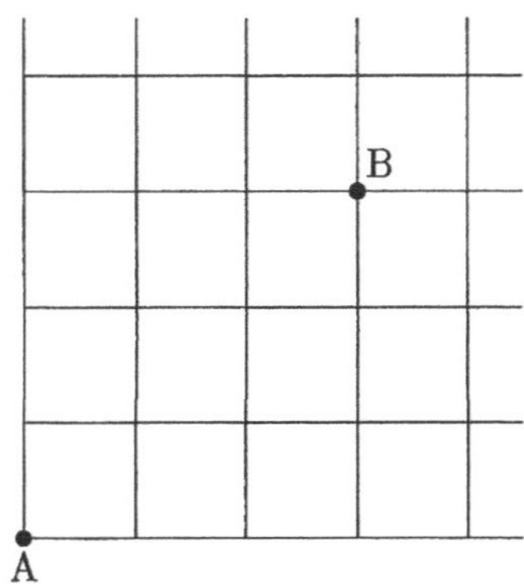

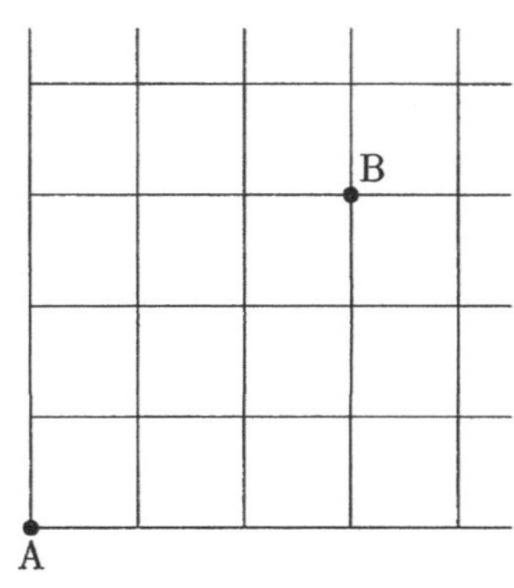

2 それぞれ一定の濃度の食塩水が出てくる３個のじゃ口Ａ，Ｂ，Ｃを使って水そうに食塩水を入れます．Ａ，Ｂ，Ｃからはそれぞれ毎分100ｇの食塩水が出ます．水そうは十分に大きいので食塩水があふれることはありません．また，水そうに入っている食塩水はすぐによく混ざり合うものとして，次の問いに答えなさい．

(1) はじめ，水そうには濃度２％の食塩水が200ｇ入っていて，全てのじゃ口は閉まっていました．まず，Ａを３分間だけ開けてから閉め，水そう内の食塩水の濃度を測定しました．ふたたび，Ａを１分間だけ開けてから閉め，水そう内の食塩水の濃度を測定したところ，さきほど測定したときよりも0.4％高くなっていました．Ａから出てくる食塩水の濃度は何％ですか．

(2) (1)の後，ＡとＢを同時に開け，２分後にＢだけを閉めました．その後，水そう内の食塩水の濃度を複数回測定しても濃度が変わらなかったので，Ａも閉めました．Ｂから出てくる食塩水の濃度は何％ですか．

(3) (2)の後，Ｃを４分間だけ開けてから閉め，水そう内の食塩水の濃度を測定すると３％高くなっていました．ふたたび，Ｃを４分間だけ開けてから閉め，水そう内の食塩水の濃度を測定するとさらに２％高くなっていました．Ｃから出てくる食塩水の濃度は何％ですか．

3 次の各問いに答えなさい.

(1) 下の図は，１辺の長さが6cmの正方形と，１辺の長さが3cmの正三角形PQRです．図の状態から，正三角形PQRを正方形の内側に沿いながらすべらせずに回転させていきます．初めて３つの頂点がすべて図の状態に戻るまで回転させたとき，頂点Pが動いてできる線の中で，頂点Pが１回だけ通った部分の長さを求めなさい．

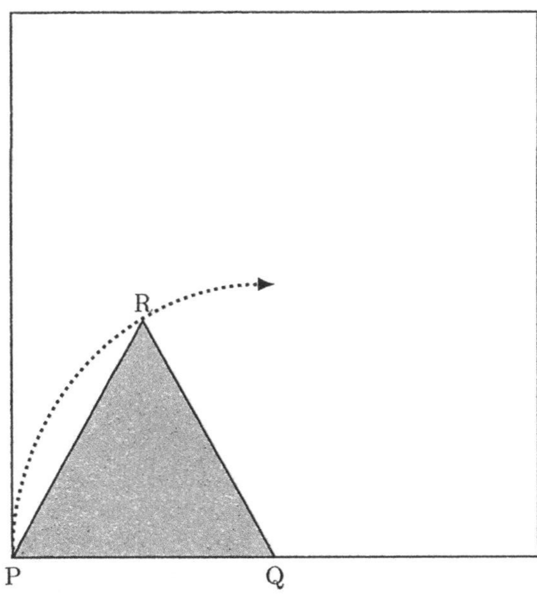

(2) 下の図は，１辺の長さが6cmの立方体ABCD-EFGHです．図にある12個の点I，J，K，L，M，N，O，P，Q，R，S，Tは，それぞれ12本の辺の真ん中の点とします．この立方体ABCD-EFGHに含まれる３つの立体X，Y，Zを，

Xは8個の点I，J，K，L，Q，R，S，Tを頂点とする直方体，
Yは8個の点I，M，Q，P，K，N，S，Oを頂点とする直方体，
Zは8個の点J，M，R，N，L，P，T，Oを頂点とする直方体，

とします．

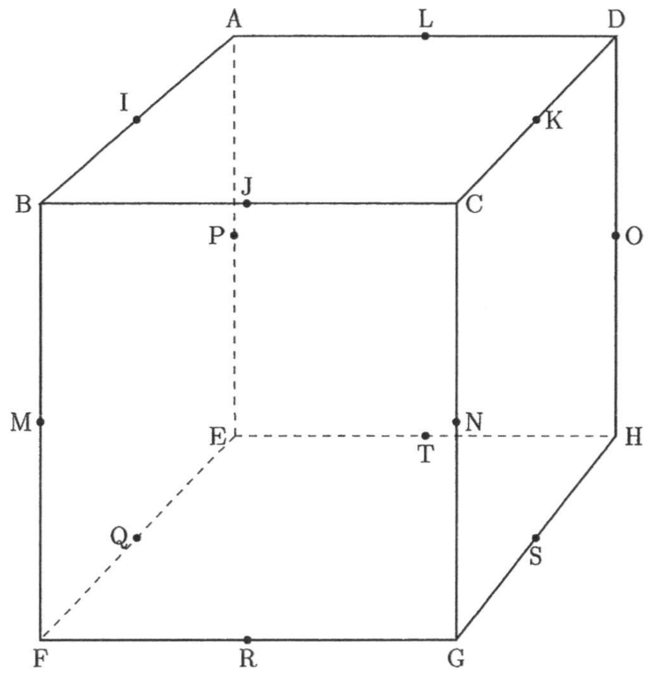

(i) XとYが重なっている部分の体積を求めなさい．

(ii) (i)で求めた部分とZが重なっている部分の体積を求めなさい．

4 次の各問いに答えなさい．

(1) 4 けたの整数について，次の性質 (P) を考えます．

性質 (P)　千の位の数を十の位の数，百の位の数を一の位の数とする 2 けたの整数で割り切れる．

例えば，

$1900 = 19 \times 100, \quad 1352 = 13 \times 104$

ですから，1900 や 1352 は性質 (P) を満たします．

性質 (P) を満たす 4 けたの整数の中で 2023 以下のものは全部で何個ありますか．

(2) 4 けたの整数について，次の性質 (Q) を考えます．

性質 (Q)　百の位の数を十の位の数，十の位の数を一の位の数とする 2 けた以下の整数で割り切れる．

例えば，

$6786 = 78 \times 87, \quad 6076 = 7 \times 868$

ですから，6786 や 6076 は性質 (Q) を満たします．

これらの例のように，千の位と一の位がともに 6 であり，性質 (Q) を満たすような 4 けたの整数は全部で何個ありますか．

(3) 4 けたの整数について，次の性質 (R) を考えます．

性質 (R)　十の位の数を十の位の数，一の位の数を一の位の数とする 2 けた以下の整数で割り切れる．

最初に 2 けたの整数を 1 つ選んで，その整数の十の位の数を千の位の数に，一の位の数を百の位の数とする 4 けたの整数をつくります．そして，その中で性質 (R) を満たすものが何個あるかを考えます．例えば，最初に 20 を選んだときは，

$2025 = 25 \times 81, \quad 2008 = 8 \times 251$

ですから，2025 や 2008 は性質 (R) を満たします．

(i) 上の例のように最初に選んだ 2 けたの整数が 20 のときは，性質 (R) を満たす 4 けたの整数を全部で何個つくることができますか．

(ii) すべての 2 けたの整数に対して，性質 (R) を満たす 4 けたの整数がそれぞれ全部で何個つくられるかを考えたとき，その個数は最も少なくて何個ですか．また，そのときに最初に選んだ 2 けたの整数を求めなさい．

(iii) すべての 2 けたの整数に対して，性質 (R) を満たす 4 けたの整数がそれぞれ全部で何個つくられるかを考えたとき，その個数が (ii) の答えより 1 個だけ多いような 2 けたの整数として考えられるものを小さい順に 5 個求めなさい．

問題は以上です．

令和５年度　東大寺学園中学校入学試験問題

理　　　　科　　――５０分――（中学理科・７枚のうち１）

1　次の文を読んで，各問いに答えなさい。

動物はこどもや，卵を産んで子孫を増やします。そのときのこどもや卵の，数やようすは，動物の種類によってさまざまです。右図は，ニワトリの卵のつくりを表しています。

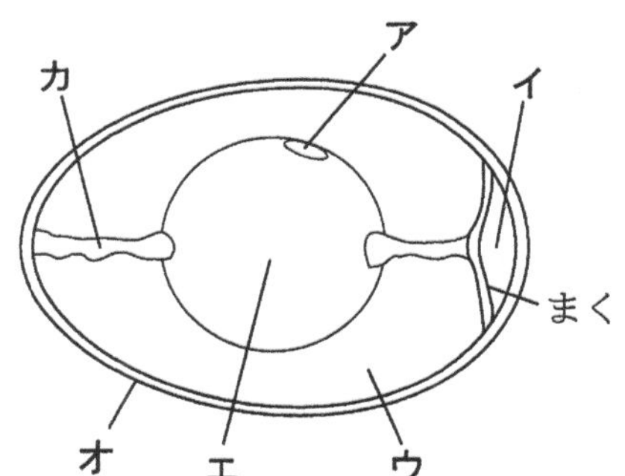

(1)　右図の**ア～カ**のうち，やがてひなになっていく部分を１つ選んで，記号で答えなさい。

(2)　(1)が育つための養分がふくまれているところを，右図の**ア～カ**から２つ選んで，記号で答えなさい。

(3)　次の**ア～オ**について，一度に産まれるこども，または卵の数の多い順に記号で答えなさい。

ア　ニワトリ　　**イ**　サケ　　**ウ**　イヌ　　**エ**　ウミガメ　　**オ**　カブトムシ

(4)　次の**ア～カ**のうち，からのある卵を産むものを**すべて**選んで，記号で答えなさい。

ア　アユ　　**イ**　ペンギン　　**ウ**　ヤモリ　　**エ**　イモリ　　**オ**　カエル　　**カ**　トカゲ

(5)　ニワトリはからのある卵を産みますが，サケはからのない卵を産みます。ニワトリの卵について正しいものを，次の**ア～カ**から２つ選んで，記号で答えなさい。

ア　からは酸素は通すが，ちっ素は通さない。

イ　胚(はい)が育つあいだのかんそうをからによって防ぐことができる。

ウ　水を吸うと容積は大きくなる。

エ　からの内側にたまる尿(にょう)の毒性は低い。

オ　からの内側にフンをためておく部分がある。

カ　からによって気温のえいきょうを受けにくく，胚の温度を一定に保つことができる。

(6)　次の**ア～オ**のうち，受精してから卵を産むものを**すべて**選んで，記号で答えなさい。

ア　スズメ　　**イ**　メダカ　　**ウ**　ヒキガエル　　**エ**　カマキリ　　**オ**　ワニ

(7)　ニワトリの受精卵(じゅせいらん)では，胚は21日でひなになって，卵からかえります。21日の間に卵の中で少しずつ体の部分がつくられていきますが，次の**ア～カ**のうち最初につくられてくるのはどれですか。１つ選んで記号で答えなさい。

ア　骨　　**イ**　血管　　**ウ**　胃や腸　　**エ**　くちばし　　**オ**　目　　**カ**　脳

(8)　ニワトリの卵にもっとも多くふくまれる栄養素は何ですか。次の**ア～オ**から１つ選んで，記号で答えなさい。

ア　脂質(ししつ)　　**イ**　炭水化物　　**ウ**　タンパク質　　**エ**　ビタミン　　**オ**　ミネラル

(9)　(8)の栄養素はヒトではおもにどの臓器で消化されますか。もっとも適当なものを次の**ア～カ**から１つ選んで，記号で答えなさい。

ア　食道　　**イ**　すい臓　　**ウ**　胃　　**エ**　じん臓　　**オ**　大腸　　**カ**　かん臓

2 地層について各問いに答えなさい。

Ｔ君はがけを観察していると，図１のような地層を見つけました。

石　上↑

砂

泥　↓下

図１

(1) 泥が水の流れで運ばれるときの特徴を，次の**ア**～**エ**から２つ選んで，記号で答えなさい。

ア　急激な流れでないと運ばれない。

イ　ゆるやかな流れでも運ばれる。

ウ　はやくしずむ。

エ　なかなかしずまない。

(2) (1)以外に，泥はどんな方法で地層がたい積する場所まで運ばれますか。簡単に答えなさい。

(3) 図１のような地層がたい積した場所について，正しいものを次の**ア**～**エ**から２つ選んで，記号で答えなさい。地層の逆転はないものとします。

ア　河口に近い海底から，河口から遠い海底に変化した。

イ　河口から遠い海底から，河口に近い海底に変化した。

ウ　浅い海底から深い海底に変化した。

エ　深い海底から浅い海底に変化した。

Ｔ君は別の場所で，がけ**Ａ**とがけ**Ｂ**に同じ地層（地層Ｚ）があることに気づき，図２のようにスケッチしました。図３はその場所の地図を示しています。がけ**Ａ**・**Ｂ**はかべのように立っていて，がけ**Ａ**は南に，がけ**Ｂ**は東に面しています。

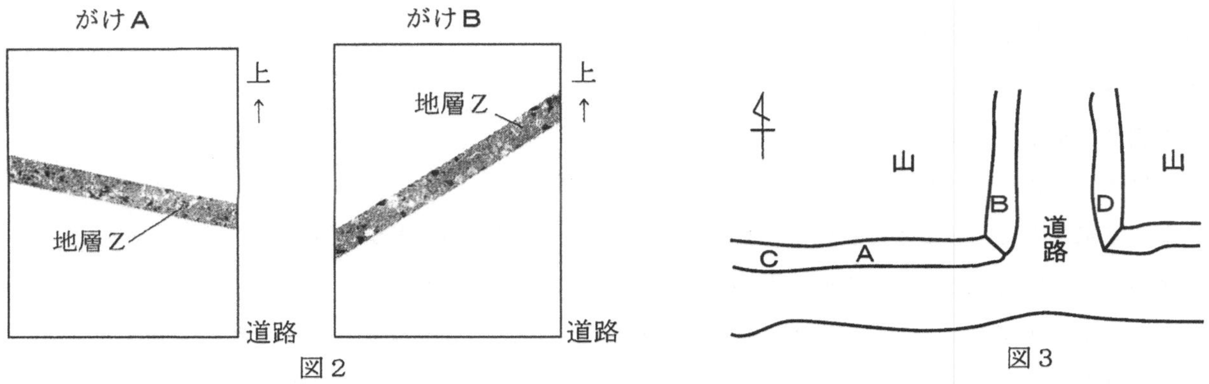

図２　　図３

(4) がけ**Ａ**の続きで少し西にはなれたがけ**Ｃ**のスケッチを，次の**ア**～**カ**から１つ選んで，記号で答えなさい。

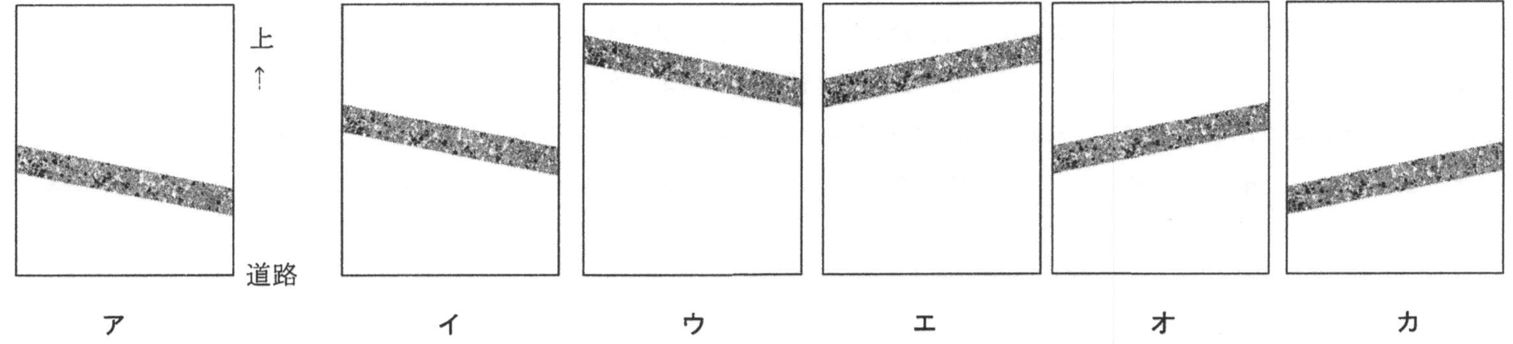

ア　**イ**　**ウ**　**エ**　**オ**　**カ**

(5) がけ**Ｂ**のスケッチをした場所で後ろをふり返ると，がけ**Ｄ**にも地層Ｚがあり，スケッチをしました。がけ**Ｄ**のスケッチを簡単に解答らんに記入しなさい。地層はぬりつぶさなくてかまいません。

(6) がけ**Ａ**・**Ｂ**の上の山をブルドーザーで水平にけずると地層Ｚが現れます。このときの地層Ｚを上から見た図としてもっとも近いものを，右の**ア**～**エ**から１つ選んで，記号で答えなさい。

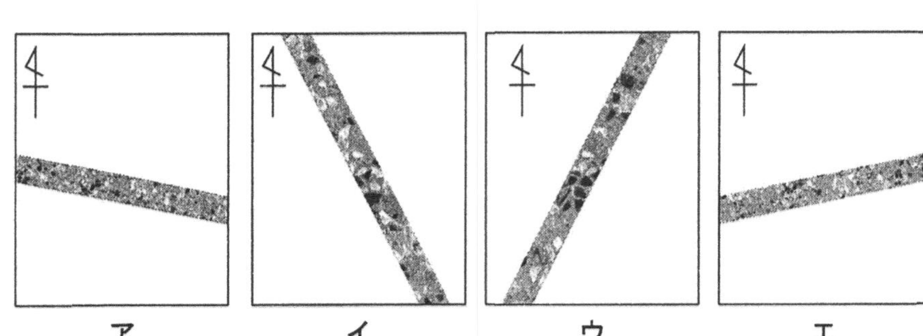

ア　**イ**　**ウ**　**エ**

3　星について各問いに答えなさい。

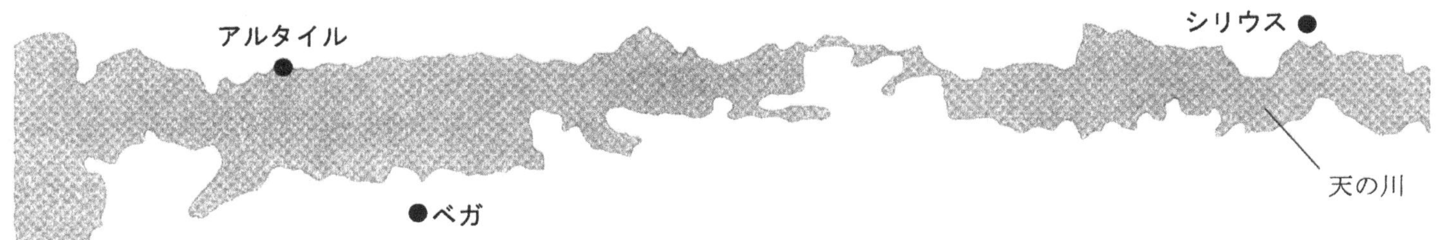

(1)　次の**ア**～**オ**のうち，図に示した天の川の中に見られる星を２つ選んで，記号で答えなさい。

ア　北極星　　**イ**　北斗（と）七星の中央の星　　**ウ**　はくちょう座のデネブ

エ　オリオン座のリゲル　　**オ**　カシオペア座の中央の星

(2)　次の**ア**～**カ**のうち，赤色からだいだい色に見える星を**すべて**選んで，記号で答えなさい。

ア　おおいぬ座のシリウス　　**イ**　おとめ座のスピカ　　**ウ**　こと座のベガ

エ　さそり座のアンタレス　　**オ**　おうし座のアルデバラン　　**カ**　オリオン座のベテルギウス

(3)　星の等級や色について，正しいものを次の**ア**～**キ**から**すべて**選んで，記号で答えなさい。

ア　１等星よりも６等星のように，等級の数字が大きいほど星から地球に届く光は弱い。

イ　１等星よりも６等星のように，等級の数字が大きいほど星は地球から遠くにある。

ウ　１等星よりも６等星のように，等級の数字が大きいほど星はかがやき始めてから時間がたっている。

エ　青・白・黄・だいだい・赤のように，赤に近いほど星の表面温度が低い。

オ　青・白・黄・だいだい・赤のように，赤に近いほど星の表面温度が高い。

カ　青・白・黄・だいだい・赤のように，赤に近いほど星の直径が小さい。

キ　青・白・黄・だいだい・赤のように，赤に近いほど星の直径が大きい。

4　次の文を読んで，各問いに答えなさい。

大気中にはA二酸化炭素が存在しています。二酸化炭素は炭素という成分をふくんでいて，二酸化炭素 44 g 中には 12 g の炭素がふくまれています。炭素は，大気中では二酸化炭素として存在し，地表ではおもに植物や動物のからだに存在します。水中にも二酸化炭素がとけこんでいるほか，海の生き物のからだにも存在します。炭素をふくむものを燃やしたときや，炭素をふくむ食べ物をたべたB生き物が呼吸したときに，二酸化炭素は大気中に放出されるいっぽう，植物に取りこまれたりなどするので，地表，海，大気でC炭素は形を変えてめぐりますが，それぞれの量は安定しています。しかし，地中の炭素を人間がD石油，石炭，天然ガスといった化石燃料としてほり出して，使用すると大気中の二酸化炭素は増加することになります。このことが，E地球温暖化の原因として問題視されています。化石燃料の代わりになる液体燃料として注目されている「バイオエタノール」（バイオマスエタノール）とは，サトウキビやトウモロコシといった植物資源（バイオマス資源）からつくられるエタノールであり，クリーンな燃料であると言われています。

(1)　下線部Aについて，正しいものを次の**ア**～**オ**から**すべて**選んで，記号で答えなさい。

ア　二酸化炭素をとけるだけとかした水に，青色リトマス紙をつけると赤色に変わる。

イ　無色で鼻をつくにおいのする気体であり，炭酸飲料にふくまれる。

ウ　水にとけやすく，空気より軽い。

エ　こい塩酸に近づけると塩化ナトリウムの白いけむりを生じる。

オ　火のついたろうそくをいれると，火が消える。

(2)　下線部Bについて，石灰水（せっかいすい）に息をふきこむと二酸化炭素が吸収されて，白いにごりが生じます。白いにごりの正体は炭酸カルシウムといい，貝がらや石灰石と同じ成分です。炭酸カルシウム 100 g 中には 12 g の炭素が含まれています。はいた息中の二酸化炭素のう度は４％です。10 L（重さは 12 g）の息をふきこみすべての二酸化炭素が吸収されたとすると，何 g の炭酸カルシウムが生じますか。なお，答えが割り切れない場合は，小数第２位を四捨五入して**小数第１位まで**答えなさい。

（４枚目に続く）

(3)　下線部Ｃについて，二酸化炭素の排出量と吸収量がつり合っていて，大気中の二酸化炭素が増加しない状態を，カーボンニュートラルが達成された状態であるといいます。次の**ア**～**オ**のうち，カーボンニュートラルが成り立たず大気中の二酸化炭素が増加していくものを，１つ選んで記号で答えなさい。

ア　木を切らず，落ちた枝やかれた木々から得られた材木を燃料として用い，二酸化炭素を大気中に排出する。

イ　サトウキビやトウモロコシをさいばいし，そこから得られたバイオエタノールなどを燃料として用い，二酸化炭素を大気中に排出する。

ウ　地中の石炭・石油をほりだして，そこにふくまれる有害物質を取り除く処理をしたあと，燃料として用い，二酸化炭素を大気中に排出する。

エ　**イ**の排出するときに，アルカリ性の液体に二酸化炭素を吸収させて回収し，地中にうめる。

オ　**ウ**の排出するときに，アルカリ性の液体に二酸化炭素を吸収させて回収し，地中にうめる。

(4)　下線部Ｄについて，化石燃料に関する次の問いに答えなさい。

①　１kgの燃料を燃やしたときに得られるエネルギー量の比は　ガソリン：エタノール＝５：３　です。ガソリン100ｇには85ｇの炭素が，エタノール100ｇには52ｇの炭素がふくまれています。同じ量のエネルギーを得るために排出される二酸化炭素の量の比は　ガソリン：エタノール　でいくらになりますか。ただし，ガソリンとエタノールの体積当たりの重さは同じであるとします。

②　１kgの燃料を燃やしたときに得られるエネルギー量の比は　ガソリン：天然ガス＝４：５　です。天然ガス100ｇには75ｇの炭素がふくまれています。次の**ア**～**ウ**のうち，同じ量のエネルギーを得るために排出される二酸化炭素がもっとも少ない燃料はどれですか。１つ選んで記号で答えなさい。

ア　ガソリン　　　**イ**　エタノール　　　**ウ**　天然ガス

(5)　下線部Ｅに関係することとして，正しいものを次の**ア**～**オ**から**すべて**選んで，記号で答えなさい。

ア　水中にとけこむ二酸化炭素が増加し，炭酸カルシウムを骨格にもつサンゴや貝類がよく成長し，生態系が豊かになる。

イ　熱帯雨林を切り開き，大規模な畑を作ってサトウキビなどをさいばいし，そこから得られたバイオエタノールなどを輸入して燃料として用いることで，世界的に大気中の二酸化炭素量は減らすことができる。

ウ　地球温暖化によって蒸発する水量が増加し，ゲリラごう雨などによる大規模な水害が発生する可能性が高くなる。

エ　食用可能な穀物をバイオエタノール製造に用いることで，地球全体での食料供給量が減り，穀物価格が上がる。

オ　大気中の二酸化炭素が増えるとオゾン層がこわされ，太陽からのエネルギーが地表に吸収されるために地球が温暖化する。

5　次の文を読んで，各問いに答えなさい。

家庭の中には，いろいろな化学物質があります。その中で，台所をはじめ，さまざまな場所にある白い粉末Xについて，その性質を調べることにしました。

【実験１】粉末Xが，いろいろな温度の水にどのくらいとけるかを調べました。右の表は，水の温度が０℃～50℃で，水100ｇに粉末Xが何ｇとけるかを表したものです。

温度〔℃〕	0	10	20	30	40	50
とける量〔g〕	7.0	8.1	9.6	11.1	12.7	14.5

【実験２】ビーカーに40℃の水60ｇを用意して，そこに温度を保ったまま，粉末Xをとけるだけとかしました。このうち，50ｇをべつのビーカーに分けました。

残りの水溶液（すいようえき）について，ガラス棒を使って赤色リトマス紙につけると青色になりました。また，少量をスポイトで取り，ムラサキキャベツの葉のしるに加えると青色になりました。次に，この残りの水溶液を試験管に入れて，右図のようにガスバーナーで加熱しました。しばらく加熱すると，ふっとうしたようにあわが生じはじめました。その中にふくまれていた気体Yによって石灰水（せっかいすい）が白くにごりました。

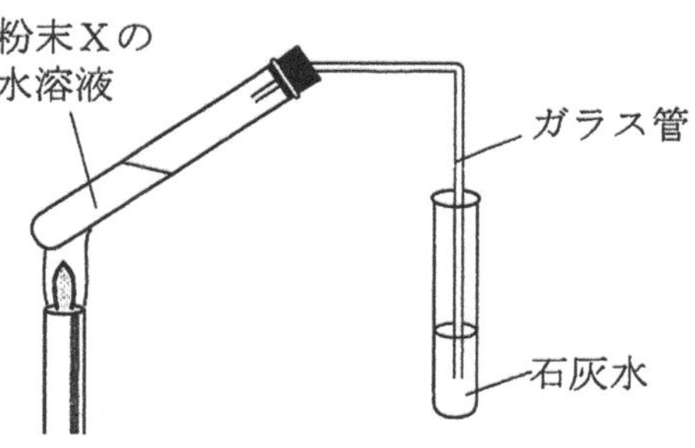

最後に，加熱したあとの試験管の水溶液を，スポイトで少量取り，ムラサキキャベツの葉のしるに加えると緑色に変化しました。

【実験３】実験２でビーカーに分けた50ｇの水溶液を10℃まで冷やすと，白い粉末Xが生じました。

(1)　実験２について，粉末Xの水溶液のほかに，赤色リトマス紙につけると青色に変える水溶液を，次の**ア**～**カ**から**すべて**選んで，記号で答えなさい。

ア　食塩水　　**イ**　うすい塩酸　　**ウ**　石灰水　　**エ**　うすい水酸化ナトリウム水溶液
オ　さとう水　　**カ**　うすいアンモニア水

(2)　実験２について，ガスバーナーの火を消して加熱を止めるときに，必要な操作があります。これについて，図中のことばを用いて，簡単に説明しなさい。

(3)　実験２について，加熱前の水溶液と加熱後の水溶液で，ムラサキキャベツの葉のしるに加えたときの色がちがいます。この理由について，正しいものを次の**ア**～**オ**から１つ選んで，記号で答えなさい。

ア　加熱前の水溶液にとけていたXと，加熱後の水溶液にとけていた物質は同じものである。
イ　加熱前の水溶液に対して，加熱後の水溶液は酸性に変化した。
ウ　加熱前の水溶液に対して，加熱後の水溶液はアルカリ性が弱くなった。
エ　加熱前の水溶液に対して，加熱後の水溶液はアルカリ性が強くなった。
オ　加熱前の水溶液に対して，加熱後は純すいな水になった。

(4)　実験３でビーカーの水溶液を10℃まで冷やしたときに生じた粉末Xは何ｇですか。なお，答えが割り切れない場合は，小数第２位を四捨五入して**小数第１位まで**答えなさい。

(5)　粉末Xの水溶液から気体Yをつくる場合，加熱するほかにも，ある薬品を加えると同じように気体Yが発生します。このときに用いる薬品として適当なものを，次の**ア**～**オ**から２つ選んで，記号で答えなさい。

ア　うすいアンモニア水　　**イ**　レモンのしる　　**ウ**　消毒用アルコール
エ　うすい酢（す）　　**オ**　さとう水

(6)　粉末Xが用いられている身のまわりのものを，次の**ア**～**キ**から３つ選んで，記号で答えなさい。

ア　ひょう白ざい　　**イ**　ベーキングパウダー　　**ウ**　発ぽう入浴ざい　　**エ**　胃酸を中和する胃薬
オ　かんそうざい　　**カ**　人工甘（かん）味料　　**キ**　うま味調味料

6 次の各問いに答えなさい。

(1) 手回し発電機に電子オルゴールをつないでハンドルを回します。速く回したときと比べて，ゆっくり回すと，オルゴールから出る音にどのような変化が起こるでしょうか。２つ簡単に答えなさい。

(2) おもり３個のつなぎ方とふりこの周期（ふりこが１往復する時間）の関係を調べる実験を行いました。図１のようにおもりどうしをつなげた場合と，図２のようにおもりを一か所にまとめてつけた場合では，ふりこの周期はどうなりますか。次の**ア**～**ウ**から１つ選んで，記号で答えなさい。

ア 図１のほうが長い。
イ 図２のほうが長い。
ウ 図１も図２も同じ。

糸　糸

図１　図２

(3) 図３のように，水が入ったコップに立方体の氷を１個入れました。しばらくして氷が半分とけたときのようすを，次の**ア**～**エ**から１つ選んで，記号で答えなさい。

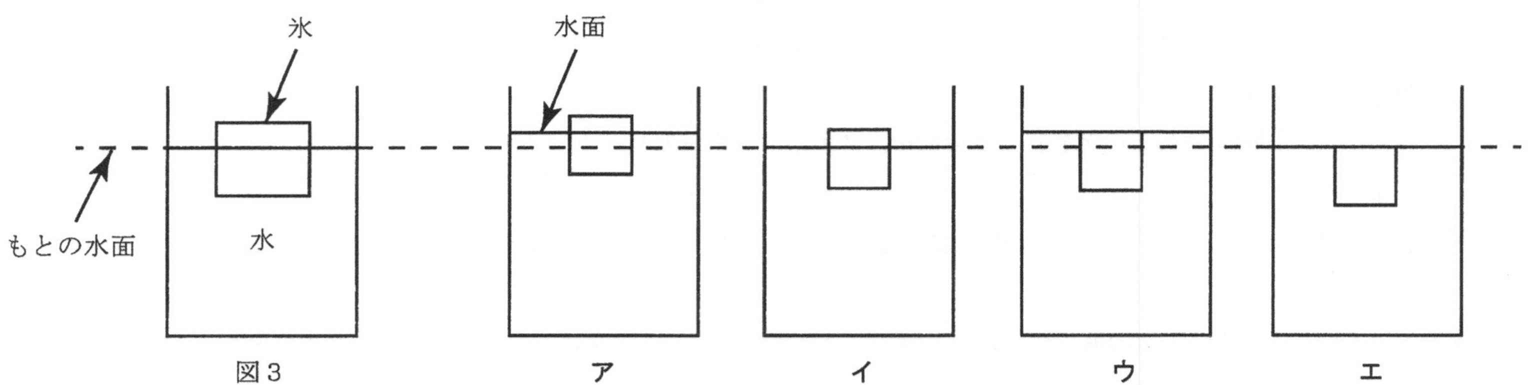

(4) 次の**ア**～**カ**のうち，電気を通すが磁石につかないものを，**すべて**選んで，記号で答えなさい。

ア アルミホイル　**イ** 鉄くぎ　**ウ** スチールかん　**エ** 10円硬貨（こうか）
オ 100円硬貨　**カ** ガラス棒

(5) 長さ100 cmで20 gの太さがいちような棒を使って，図４および図５のように，おもりやばねはかりをつないでつり合わせました。ばねはかりＡ～Ｃの示す値（あたい）は，それぞれ何ｇですか。

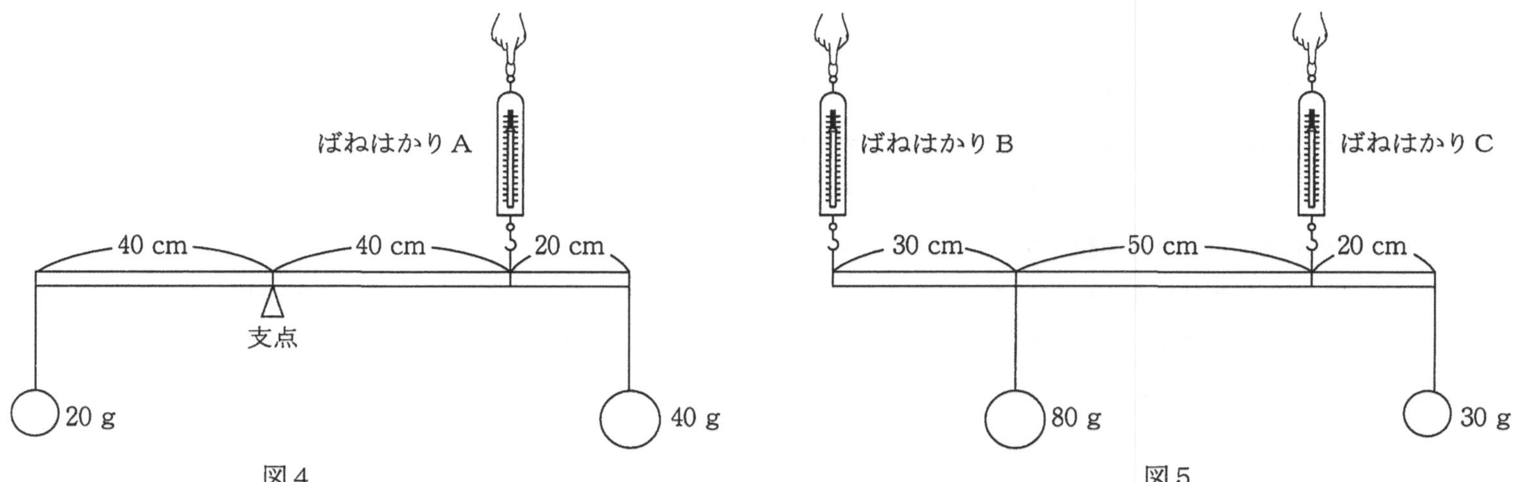

7 次の文を読んで，各問いに答えなさい。

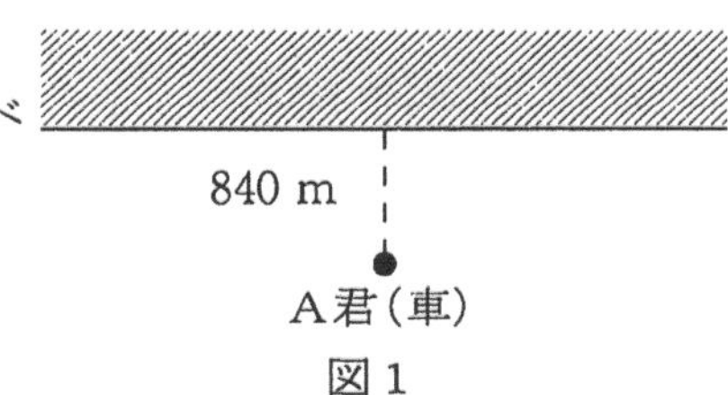

図１

図１のようにかべから 840 m はなれた位置に車があり，車内にＡ君がいます。Ａ君がこの車から短時間，クラクションを１回だけ鳴らします。空気中での音速は毎秒 336 メートルで，風はふいていません。車から出たクラクションの音は，四方八方に広がりますが，このかべでのみ反射し，反射の前後で音の進む向きは，光と同じ反射の法則にしたがうものとします。なお，以下の問いでは必要に応じて右下の三角形の辺の比や角度を用いなさい。また，答えが割り切れない場合は，小数第２位を四捨五入して**小数第１位まで**答えなさい。

(1) はじめに車は静止しています。Ａ君がクラクションを鳴らしてから，ふたたびＡ君にクラクションの音が聞こえるまでの時間差は何秒ですか。

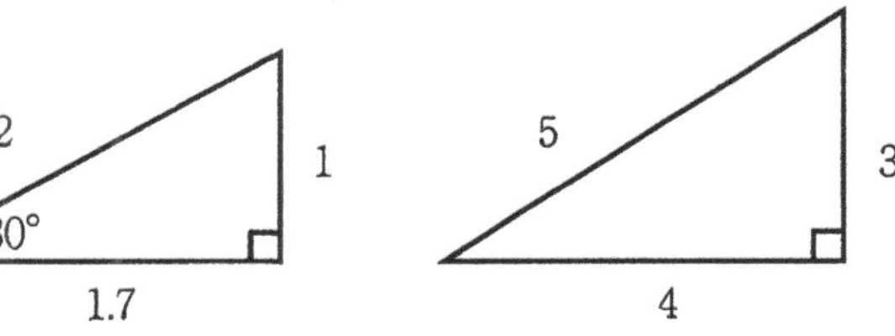

(2) 次にＡ君がはじめの位置でクラクションを鳴らすと同時に，毎秒 14 メートルの速さでかべに対して垂直に，かべに向かってまっすぐ車を走らせたところ，しばらくしてふたたびＡ君がクラクションの音を聞きました。

① はじめにクラクションを鳴らしてから，ふたたびＡ君にクラクションの音が聞こえるまでの時間差は何秒ですか。

② ふたたびＡ君がクラクションの音を聞いた位置は，かべから何ｍはなれた位置ですか。

(3) 図２のように，Ａ君（車）からかべに平行に 1260 m はなれた位置に観測者Ｂ君がいます。Ａ君が静止している車からクラクションを鳴らすと，Ｂ君がはじめにクラクションの音を聞いてから，２回目にクラクションの音を聞くまでの時間差は何秒ですか。

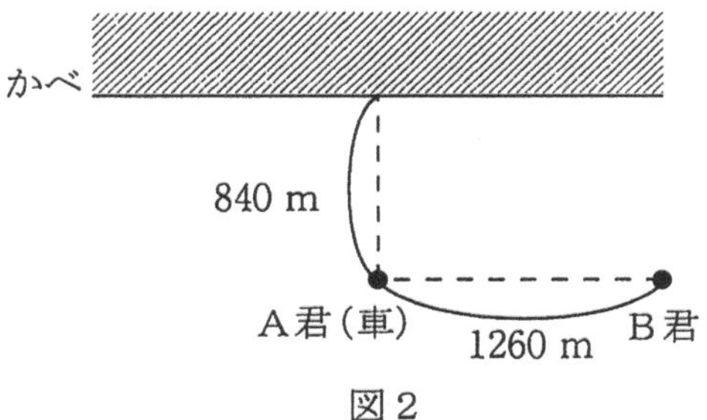

図２

(4) 次に，Ｂ君の位置を，図２におけるＡ君（車）のいる位置からかべに平行に右方向へと少しずつ移動させます。そして，そのたびに(3)の実験をくりかえして，クラクションの音が聞こえる時間差をはかりました。このとき，縦じくにこの時間差を，横じくにＡ君（車）からＢ君までのきょりをとったグラフのおおよその形として，もっとも適当なものを，次の**ア～オ**の中から１つ選んで，記号で答えなさい。

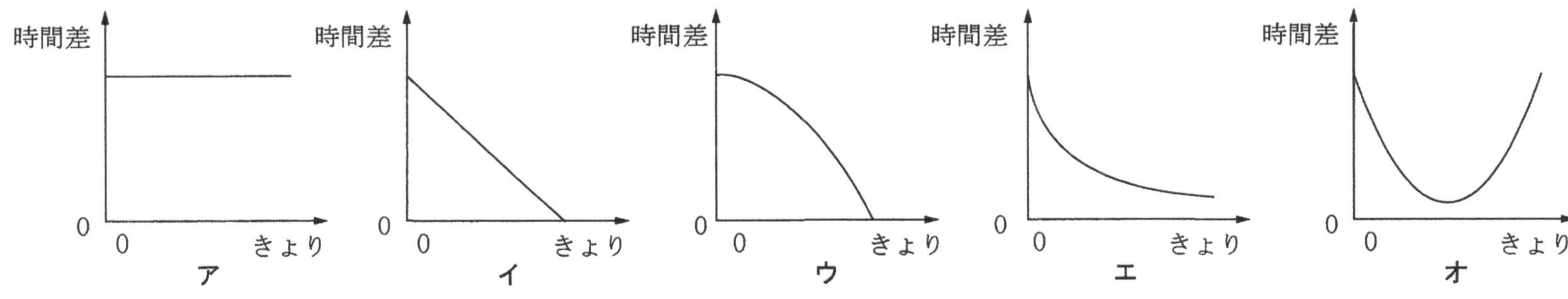

(5) 図３のように，Ａ君（車）をかべから 300 m はなれた位置に移動させます。Ｂ君は，かべより手前側（Ａ君側）のどこかにいるものとして，Ａ君（車）が静止している車からクラクションを鳴らしたとき，ふたたびＡ君にクラクションの音が聞こえるまでの間に，Ｂ君にとって２回目のクラクションの音が聞こえるような，Ｂ君の位置を考えます。

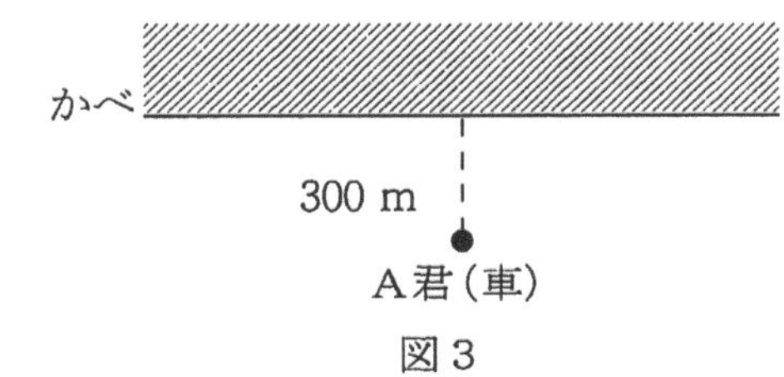

図３

① ふたたびＡ君にクラクションの音が聞こえると同時に，Ｂ君が２回目のクラクションの音を聞くようなＢ君の位置を調べました。真上からみたときにその位置を太線でつないだ図として，もっとも適当なものを次の**ア～エ**から１つ選んで，記号で答えなさい。

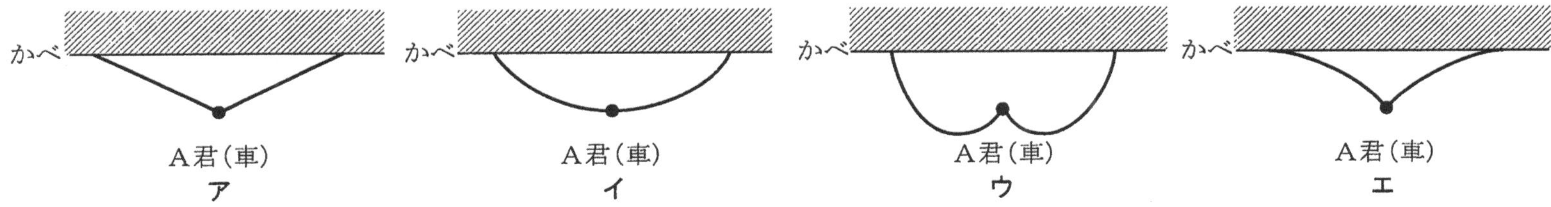

② ふたたびＡ君にクラクションの音が聞こえるまでのあいだに，Ｂ君にとって２回目のクラクションの音が聞こえるような，Ｂ君の位置を示したとき，そのはん囲を真上からみた面積は何㎡ですか。ただし，必要であれば円周率は 3.14 を用いなさい。

令和５年度　東大寺学園中学校入学試験問題

社　会　――５０分――（中学社会・９枚のうち１）

1　次の文を読んで、文中の (1) ～ (12) について、後の同番号の各問いに答えなさい。

世界の人びとは、住んでいる地域の気候やそこで収穫される(1)農産物、あるいは信じている(2)宗教などによって独自の(3)食文化を形成してきました。その食文化は食材や料理の違いだけでなく、食べ方や食べ物の保存方法の違いまでさまざまです。

日本の食文化の一つとして、弁当があります。職場や(4)学校で日常的に食べるものから休日などに行楽地で食べるものまで、弁当は日本人の食生活のなかに入りこんでいます。また、栄養バランスの良さ、いろどりの豊かさ、食材や味のおいしさ、キャラクター弁当や(5)駅弁などのユニークさが海外でも注目を集めています。

(6)中世以前は、(7)糒、屯食といった携行食は存在しましたが、現在の弁当箱のようなものはありませんでした。安土桃山時代になると、(8)大名など支配者階級が花見やもみじ狩りなどで食事をとるときに、食べ物がつめられた弁当箱をひらくようになりました。江戸時代に入り、(9)庶民も参詣と観光をかねた旅行にでかけたり、花見を楽しんだりするようになると、弁当を食べる文化は庶民にも普及し、この食文化が日本に定着していきました。

現在、(10)コンビニエンスストアやスーパーマーケットでは、のり弁当や幕の内弁当をはじめ、さまざまな種類の弁当が売られており、消費者は気軽にそれを買うことができます。(11)女性の社会進出がすすむなかで、このような市販の弁当は家庭内での調理の手間を省くことにも役立っています。また、(12)単身生活者や身体的な衰えから調理することが難しい高齢者に、療養食や健康食として弁当を宅配する民間事業者も増えており、弁当の役割は多様化しています。

(1)　これを日本はさまざまな国から輸入しています。右の図は、牛肉・バター・紅茶・コーヒー豆について、輸入額上位２か国からの流れを矢印であらわしたものです。バターと紅茶にあてはまるものを図中の**ア～エ**から選んで、**バター→紅茶の順**にその記号を書きなさい。

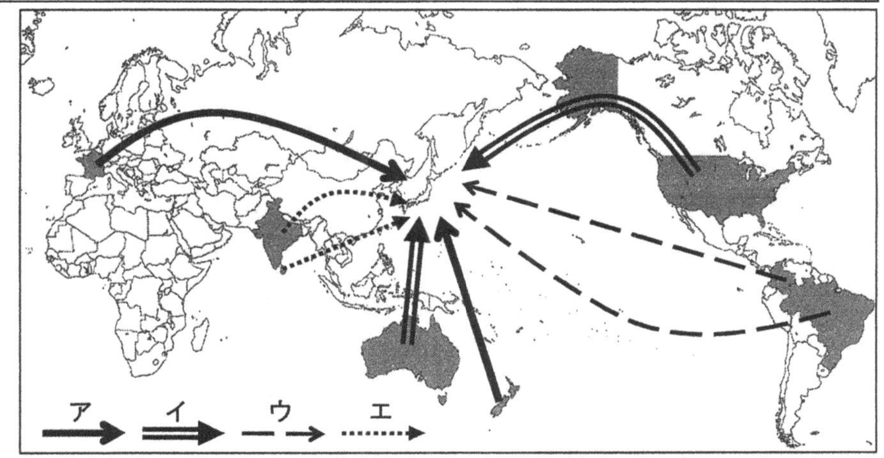

統計年次は2021年。（財務省貿易統計より作成）

(2)　これについて述べた次の文中の（　　　）にあてはまる宗教の名称を書きなさい。

右のマークは、ハラル認証マークとよばれています。ハラルとは、（　　　）の教えにおいて「許されている」という意味の言葉です。このマークがついた食品などには、（　　　）で食べることが禁止されている豚肉の成分が一切ふくまれていません。

(3)　これに関して、縄文時代の食料事情について述べた次の文ａ・ｂの正誤の組み合わせとして正しいものを下の**ア～エ**から選んで、その記号を書きなさい。

ａ　縄文時代の遺跡からは釣り針や漁網は発見されておらず、おもに銛を使って魚をとっていたと考えられている。

ｂ　縄文土器はもろく、火にかけて使用することができないため、おもに木の実の貯蔵に用いられたと考えられている。

ア　ａ－正　ｂ－正　　**イ**　ａ－正　ｂ－誤　　**ウ**　ａ－誤　ｂ－正　　**エ**　ａ－誤　ｂ－誤

(4)　これに関して、学校給食の始まりは1889年といわれています。この年、大日本帝国憲法が発布されました。この憲法について述べた文として**誤っているもの**を次の**ア～エ**から選んで、その記号を書きなさい。

ア　君主権の強いドイツの憲法を学んだ伊藤博文が中心となって、憲法がつくられた。

イ　帝国議会は貴族院と衆議院からなり、衆議院議員だけが国民のなかから選挙で選ばれた。

ウ　内閣総理大臣は、陸軍大臣と海軍大臣をのぞく国務大臣を任命する権限をもっていた。

エ　国民の権利は法律の範囲内で認められ、納税の義務と兵役の義務が課せられた。

⑸　これについて述べた文として下線部が正しいものを次の**ア〜エ**から選んで、その記号を書きなさい。

ア　「秋田比内地鶏のいいとこどり弁当」は秋田駅で販売されているが、秋田県の肉用鶏の飼養羽数は全国１位である。

イ　「うなぎまぶし」は浜松駅で販売されているが、静岡県の養殖うなぎの収獲量は全国１位である。

ウ　「近江牛勝負刻」は米原駅で販売されているが、滋賀県の肉用牛の飼養頭数は全国１位である。

エ　「しゃもじかきめし」は広島駅で販売されているが、広島県の養殖かきの収獲量は全国１位である。

⑹　これに関して、平安時代末期について述べた次の文中の（　a　）・（　b　）にあてはまる語の組み合わせとして正しいものを下の**ア〜エ**から選んで、その記号を書きなさい。

平安時代末期には、浄土信仰の広まりを受け、天皇や貴族による（　a　）が数多く行われた。武士として初めて（　b　）となった平清盛もたびたび（　a　）を行っている。

ア　a－熊野詣　b－関白　　**イ**　a－熊野詣　b－太政大臣

ウ　a－伊勢参り　b－関白　　**エ**　a－伊勢参り　b－太政大臣

⑺　これらは米などを使った携行食です。右の図Ｘ・Ｙは、江戸時代に米づくりの過程で使用された農具をあらわしたものです。これらの農具について述べた文として正しいものを次の**ア〜エ**から選んで、その記号を書きなさい。

ア　Ｘは風をおこして、モミとモミくずやワラくずとを選別するための農具である。

イ　Ｘは根元から刈り取った稲の穂先から、モミを分離するための農具である。

ウ　Ｙは風をおこして、モミとモミくずやワラくずとを選別するための農具である。

エ　Ｙは根元から刈り取った稲の穂先から、モミを分離するための農具である。

（クボタウェブサイトなどより引用）

⑻　これに関して、織田信長と豊臣秀吉について述べた次の文a・bの正誤の組み合わせとして正しいものを下の**ア〜エ**から選んで、その記号を書きなさい。

a　織田信長は南蛮文化を積極的に取り入れ、安土城下にキリスト教の教会や学校を建てることを認めた。

b　豊臣秀吉はキリスト教を禁止し、宣教師を国外へ追放するとともに、南蛮人との貿易を停止する命令を出した。

ア　a－正　b－正　　**イ**　a－正　b－誤　　**ウ**　a－誤　b－正　　**エ**　a－誤　b－誤

⑼　このようなことが行われた背景として、道路の整備があげられます。江戸時代に整備された五街道のうち、奥州街道について述べた次の文中の（　　）にあてはまる語を**漢字２字**で書きなさい。

奥州街道は江戸の日本橋を起点とし、（　　）宿を終点とする五街道の一つであり、幕府の道中奉行によって管理された。（　　）宿の南方には、古代に関所が置かれており、蝦夷に対抗するための軍事基地の役割を担っていたとされる。（　　）関とよばれたこの関所は、その廃止後にも東北地方と他の地方との境界をあらわす語として使用されており、松尾芭蕉の『奥の細道』にも記載がみられるほか、現在でもそのような意味で使用されることがある。

⑽　これについて、次の各問いに答えなさい。

①　コンビニエンスストアでは、商品の販売時にバーコードを読み取り、それぞれの店で売れた商品の情報はリアルタイムで本部に送られます。大量に集められた情報は本部で管理され、商品の仕入れ量の設定などに利用されるほか、新しい商品の開発にもいかされます。このしくみの名称を解答らんにあてはまるように**アルファベット**で書きなさい。

②　スーパーマーケットは、1960年代からチェーン店が増えてきました。1960年代の日本のできごとを次の**ア〜エ**から**２つ**選んで、その記号を**年代順**に書きなさい。

ア　東京と大阪とを結ぶ東海道新幹線が開通した。　　**イ**　防衛庁のもとに自衛隊が創設された。

ウ　アメリカとの間で沖縄返還協定が調印された。　　**エ**　国民総生産がアメリカに次いで第２位となった。

⑾　これについて、大正時代に平塚らいてうや市川房枝らが結成した女性団体は、女性の政治的・社会的な権利の拡大を求めて活動しました。この団体の名称を**漢字**で書きなさい。

⑿　これについて、右の表は、勤労者の単身世帯と65歳以上の無職の単身世帯の消費支出の割合をあらわしたものです。表中の**ア〜ウ**には食料費・医療費・住居費のいずれかがあてはまります。医療費と住居費にあてはまるものを表中の**ア〜ウ**からそれぞれ選んで、**医療費→住居費の順**にその記号を書きなさい。

	勤労者の単身世帯	65歳以上の無職の単身世帯
ア	23.2	27.4
イ	17.3	9.9
ウ	3.8	6.4
光熱・水道費	5.9	9.5
その他	49.8	46.8

統計年次は2021年。単位は％。（日本国勢図会2022/2023年版より作成）

2 次の文を読んで、文中の　(1)　～　(8)　について、後の同番号の各問いに答えなさい。

(1)小倉百人一首は、鎌倉時代の歌人である(2)藤原定家が選んだとされています。小倉の名は、定家が京都の(3)嵯峨野にある小倉山の山荘で和歌を選んだことに由来します。成立した年は正確にはわかっていませんが、鎌倉時代のなかごろであるといわれています。

小倉百人一首には、(4)（　　　）天皇から、承久の乱で(5)佐渡に流罪となった順徳上皇の歌までが、ほぼ年代順に収められています。(6)男性が詠んだ歌が79首、女性が詠んだ歌が21首で、歌の内容は恋愛に関するものが43首と全体の半数近くを占め、続いて四季に関する歌が32首、その他が25首となっています。

近年、小倉百人一首は、競技かるたを題材にした漫画などの影響もあって人気が高まっています。競技かるたは、明治時代に活躍したジャーナリストの黒岩涙香がルールをまとめ、1904年に東京で競技会を開催したことにルーツがあるといわれています。黒岩自身が創刊した新聞(7)『萬朝報』に競技かるたの特集を掲載して普及につとめたこともあり、大正時代以降に全国に広がりました。その後、競技かるたは(8)第二次世界大戦中に一時途絶えますが、戦後の1948年に、現在の全日本かるた協会が設立され、競技かるた日本一を決める名人戦などが行われるようになりました。

(1)　これをはじめとして、後世にさまざまな百人一首がつくられました。これについて、次の各問いに答えなさい。

①　室町時代に編さんされた『新百人一首』には、小倉百人一首に選ばれなかった著名な人物が詠んだ和歌が選定されています。『新百人一首』の二番目には、ある天皇が詠んだ和歌が掲載されていますが、この天皇が在位していた時期のできごととして**あてはまらないもの**を次の**ア～エ**から選んで、その記号を書きなさい。

ア　近江国の紫香楽に都が遷された。　　**イ**　国分寺や国分尼寺が建立された。

ウ　日本で初となる律令が制定された。　　**エ**　大仏造立の詔がだされた。

②　明治時代に編さんされた『新撰百人一首』は、明六社の創設メンバーの一人である西村茂樹によってまとめられたものです。明六社は、明治時代初期に西洋思想を日本に紹介する役割を果たしました。明治時代初期に西洋から取り入れられた制度や文化について述べた次の文a・bの正誤の組み合わせとして正しいものを下の**ア～エ**から選んで、その記号を書きなさい。

a　欧米の学校制度にならい、政府は学制を定めて義務教育の拡充をはかったが、明治時代を通じて小学校の就学率は男女ともに50%程度にとどまった。

b　日本の西洋化を諸外国に示すために、政府が洋服の着用を奨励したことで、明治時代の終わりには都市部で着物姿の人はほとんどみられなくなった。

ア　a－正　b－正　　**イ**　a－正　b－誤　　**ウ**　a－誤　b－正　　**エ**　a－誤　b－誤

(2)　このきっかけは、鎌倉幕府の御家人である宇都宮頼綱が和歌の記された色紙を自身の邸宅に飾ろうと考え、その作製を藤原定家に依頼したこととされています。これについて、次の各問いに答えなさい。

①　藤原定家が作製した色紙は宇都宮頼綱の子孫などに継承され、室町時代に茶の湯が流行すると茶室に飾られるようになっていきました。茶の湯について述べた次の文中の（　a　）・（　b　）にあてはまる語句の組み合わせとして正しいものを下の**ア～エ**から選んで、その記号を書きなさい。

茶の湯は千利休によって大成された。そこには、日常生活そのものを厳しい修行ととらえ、目の前の世界がそのまま悟りの場だとする禅の考え方の影響がみられる。こうした考え方は、（　a　）のなかに美や悟りの世界をみてとる枯山水や（　b　）、あるいは能楽の美意識のうちにもうかがえる。

ア　a－自然をありのままに写し取った表現　b－水墨画
イ　a－自然をありのままに写し取った表現　b－大和絵
ウ　a－自然の簡素で飾り気のない表現　b－水墨画
エ　a－自然の簡素で飾り気のない表現　b－大和絵

②　右の図は、宇都宮頼綱と鎌倉幕府や将軍とのかかわりを年代順に並べたものです。次のX・Yのできごとがおこった時期としてあてはまるものを**ア～エ**からそれぞれ選んで、**X→Yの順**にその記号を書きなさい。

X　御成敗式目が制定された。

Y　朝廷により守護・地頭の設置が認められた。

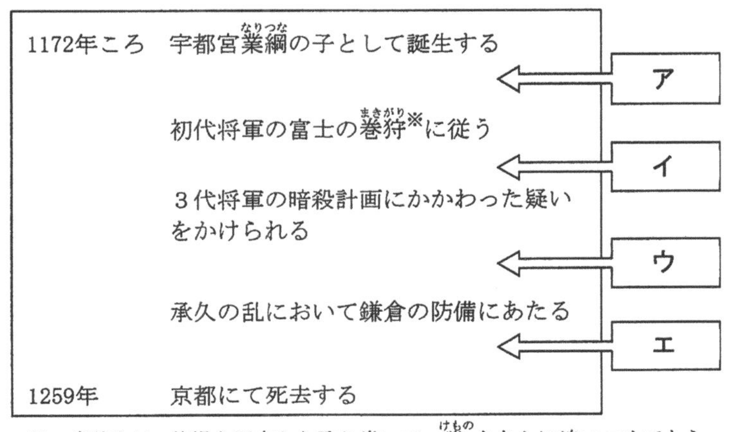

1172年ころ　宇都宮業綱の子として誕生する
ア
初代将軍の富士の巻狩※に従う
イ
３代将軍の暗殺計画にかかわった疑いをかけられる
ウ
承久の乱において鎌倉の防備にあたる
エ
1259年　京都にて死去する

※　巻狩とは、狩場を四方から取り巻いて、獣をなかに追いつめてとらえること。武士の戦闘訓練の意味合いもあった。

(3)　この地域には、多くの古墳がみられます。これについて、次の各問いに答えなさい。

①　嵯峨野にある古墳は、豪族の秦氏に関係するものが多いと考えられています。秦氏は京都の太秦にある広隆寺の創建にかかわったことで知られており、そのきっかけは聖徳太子から仏像をあたえられたこととされています。聖徳太子について述べた次の文ａ・ｂの正誤の組み合わせとして正しいものを下の**ア～エ**から選んで、その記号を書きなさい。

ａ　役人の心がまえとして十七条の憲法を定め、そのなかに仏教を重んじることを条文としてもりこんだ。

ｂ　冠位十二階の制を定め、寺院の建立や仏像の制作などの貢献度に応じて、役人を12の位に分けた。

ア　ａ－正　ｂ－正　　　**イ**　ａ－正　ｂ－誤

ウ　ａ－誤　ｂ－正　　　**エ**　ａ－誤　ｂ－誤

②　次の文Ｘで述べられている古墳の場所を右の図中の**ア・イ**から、Ｙで述べられている古墳の場所を**カ・キ**からそれぞれ選んで、**Ｘ→Ｙの順**にその記号を書きなさい。

Ｘ　この古墳からは、中国風または朝鮮風の衣装を身につけた女性がえがかれた壁画がみつかった。

Ｙ　この古墳からは、「ワカタケル大王」の名前が刻まれた刀剣がみつかった。

(4)　（　　　）天皇は、舒明天皇の子として生まれ、母である斉明天皇の死後、長期にわたり皇位につかず実権をにぎったのち、ようやく７世紀後半に即位しました。この人物が生きた時代のできごとを次の**ア～エ**から選んで、その記号を書きなさい。

ア　鑑真が日本を訪れた。　　　**イ**　九州に防人がおかれた。

ウ　『日本書紀』が編さんされた。　　　**エ**　儒教が日本に伝えられた。

(5)　これについて、次の各問いに答えなさい。

①　佐渡は、江戸時代に金山の開発で栄えました。江戸時代には、このような鉱山の開発だけでなく、各地でさまざまな産業が発達して特産品がみられるようになり、それらを相撲の番付のようにあらわした見立番付がさかんにつくられました。右の図は、その一部をわかりやすく書き改めたものです。図中の（ａ）・（ｂ）にあてはまる語の組み合わせとして正しいものを次の**ア～エ**から選んで、その記号を書きなさい。

東の方				西の方			
前頭	前頭	小結	大関	前頭	前頭	小結	大関
マツマエ	（ａ）	ヒタチ	アイヅ	（ｂ）	ヤマシロ	トサ	ナガト
塩引鮭昆布	紅花大山酒	西之内紙干蛸	蝋燭塗り物	藍玉塩煙草	宇治茶園	鰹節諸紙類	山代半紙硯

	ア	イ	ウ	エ
a	ショウナイ	ショウナイ	ツガル	ツガル
b	アワ	イズモ	アワ	イズモ

②　佐渡には、江戸幕府の奉行所がおかれました。江戸時代の奉行について述べた文として下線部が正しいものを次の**ア～エ**から選んで、その記号を書きなさい。

ア　日光には一族の守り神をまつるために徳川家康が建立した神社が存在し、日光奉行がその管理を行った。

イ　鎖国政策によって長崎市中にはオランダ人以外の外国人の出入りが禁止されたため、長崎奉行が港の監視にあたった。

ウ　江戸の人口は100万人をこえ、武士や町人の住居がせまい地域に混在するなかで、町人の行政や裁判は町奉行が担った。

エ　京都には朝廷の監視や西国大名の統率を行う京都所司代が設置され、京都町奉行はその指揮下におかれた。

(6)　これについて、左下の和歌は、藤原氏の策謀によって左遷されることになった人物が都を離れる直前に詠んだものです。この和歌が詠まれた時期を**ア・イ**から、和歌を詠んだ人物をあらわす小倉百人一首の絵札（人物の名前は省略しています）を**カ～ク**から選んで、**時期→絵札の順**にその記号を書きなさい。なお、絵札の下にある文はこれらの人物について述べたものです。

ア　９世紀初め　　　**イ**　10世紀初め

東風吹かばにほひをこせよ梅の花
主なしとて春な忘れそ

［現代語訳］
春風が吹いたら匂いを
（九州まで）送っておくれ、梅の花よ。
主人である私がいないからといって、
春を忘れてはならないよ。

※（　）内の言葉は歌を補った部分。

カ

留学生として唐にわたり、皇帝の信頼を得て高い地位についた。

キ

学者の家に生まれたが、天皇の信頼を得て右大臣の地位についた。

ク

土佐の国司の任期を終えて都へ帰る際のできごとを、のちに日記風に記した。

（任天堂　小倉百人一首　都錦より引用）

⑺　これについて、次の文は『萬朝報』に掲載された論評をわかりやすく書き改めたものです。（　　　）にあてはまる語を**漢字４字**で書きなさい。

天災は避けることができないが、人為的な災害は避けることができる。鉱毒の災害は後者に属し、しかも、そのもっとも悲惨なものである。……悲しむ者は一府四県の人びと数十万人である。喜ぶ者は（　　　）の所有者一人である。一人が豊かになろうとするために万人が泣いている。……世の小説家よ、渡良瀬川沿岸に杖をついて見に行きなさい。きっと新たな着想を得て一大悲劇を書き上げることができるだろう。……この事件は大日本帝国の大汚点である。これを一地方問題としてはならない。これは実に国家の問題、いや、人類の問題である。

⑻　このできごとについて述べた文として正しいものを次の**ア**～**エ**から選んで、その記号を書きなさい。

ア　日本は、東南アジアに軍をすすめて天然資源を確保した後、中国大陸に進出し南京を占領した。

イ　ドイツは、日本・イタリアとの間で三国軍事同盟を結んだ後、隣国のポーランドに侵攻した。

ウ　イギリスは、日本軍によるマレー半島の攻撃を受け、アメリカとともに日本への石油の輸出を禁止した。

エ　アメリカは、沖縄本島に上陸して地上戦を始める前から、東京や大阪など都市部への空爆を行っていた。

3　次の文を読んで、文中の＿⑴＿～＿⑽＿について、後の同番号の各問いに答えなさい。

⑴昨年夏の新型コロナウイルス第７波では、日本の新規感染者数が世界最大となった。この間、日本の対応については、「検査数が少ない」「⑵保健所が機能していない」「病床が足りない」「経済の落ちこみからの回復が⑶アメリカなど他国よりおそい」などの指摘があった。そのうちの保健所についてみてみよう。

明治から大正にかけてはコレラなどの伝染病や結核などの感染症が流行し、⑷政府はこれらに対応する法律を定めるとともに、昭和になると国民の健康を保持するために保健所の設置をすすめた。第二次世界大戦後、「すべて国民は、⑸健康で文化的な最低限度の生活を営む権利を有する。国は、すべての生活部面について、社会福祉、社会保障及び公衆衛生の向上及び増進に努めなければならない」と、公衆衛生が⑹日本国憲法に明記された。しかし⑺高度経済成長期には、結核など感染症の患者が減る一方で、ガンなど生活習慣病の患者が増えてきたことなどから、公衆衛生における感染症対策の重要性が低下していく。さらに1994年に⑻地域保健法が制定され、地方へ権限や財源を移していくという動きのなかで、保健所や職員が減少し始めたのである。その結果、もっとも多いときで850をこえていた保健所が⑼2020年には469とほぼ半減、それが「保健所が機能していない」との指摘につながったのであろう。

新型コロナウイルスの感染拡大では、保健所や公立病院などの重要性が明らかとなった。今後、人口減少や⑽高齢化がすすんで財源が厳しくなっていくが、公衆衛生のあり方についてしっかりと議論されることが求められているのではないだろうか。

⑴　これについて、昨年７月に参議院議員通常選挙が行われました。国政選挙について述べた文として下線部が正しいものを次の**ア**～**エ**から選んで、その記号を書きなさい。

ア　選挙権があたえられる年齢が20歳から18歳に引き下げられたときに、被選挙権の年齢も引き下げられた。

イ　日本国籍を有しない人でも、日本での永住権を取得した人には選挙権が認められている。

ウ　昨年夏に行われた参議院議員通常選挙において、選挙区選挙では「一票の格差」が約３倍であった。

エ　現行の憲法下で実施されてきた衆議院議員総選挙における投票率は、70％前後で推移してきた。

⑵　これは奈良市にもあります。右の図は、奈良市の2021年度における衛生費（ごみ処理や病気の予防にかかる費用）・教育費・消防費・民生費（高齢者・児童・障がい者などの福祉にかかる費用）など目的別の歳出をあらわしたものです。衛生費と民生費にあてはまるものを図中の**ア**～**ウ**からそれぞれ選んで、**衛生費→民生費の順**にその記号を書きなさい。

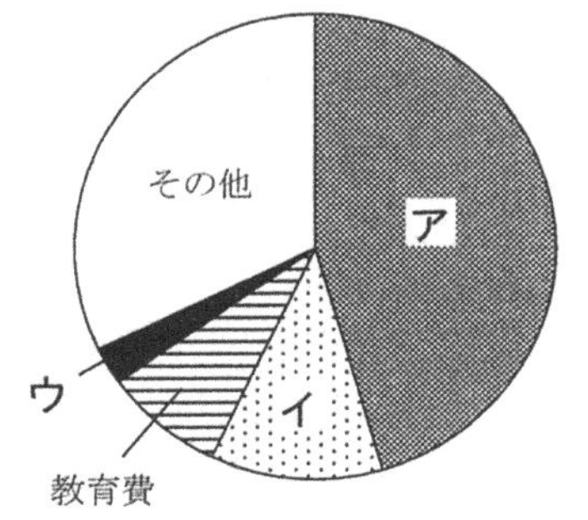

（奈良市資料より作成）

⑶　この国には、国際連合の本部があります。国際連合について述べた文として正しいものを次の**ア**～**エ**から選んで、その記号を書きなさい。

ア　発足時の加盟国は約70か国であったが、現在は約200ある国のうち、およそ８割が加盟している。

イ　国連分担金の国別割合は、アメリカがもっとも多く、次いで日本、イギリスの順となっている。

ウ　ユニセフや青年海外協力隊など、発展途上国の経済成長を支援する組織が存在する。

エ　17の持続可能な開発目標（ＳＤＧｓ）をかかげ、2030年までに達成することを目標としている。

(4)　これの中心となるのが内閣です。内閣について述べた文として正しいものを次の**ア〜エ**から選んで、その記号を書きなさい。

ア　安倍晋三（あべしんぞう）元首相の国葬儀（こくそうぎ）は、国会の議決を経て内閣が中心となって実施した。

イ　内閣としての意思決定を行う閣議では、全会一致（いっち）で議決することになっている。

ウ　内閣は、内閣法制局などが属する内閣府と総務省など８つの省で構成されている。

エ　国会において内閣不信任決議案が可決された場合、内閣は衆議院を解散しなければならない。

(5)　この権利を何といいますか。**漢字３字**で書きなさい。

(6)　この第１章では、天皇について記されています。天皇の国事行為について述べた文として**誤っているもの**を次の**ア〜エ**から選んで、その記号を書きなさい。

ア　内閣の助言と承認にもとづいて行われ、その責任は内閣が負う。

イ　国会の指名にもとづいて、内閣総理大臣や最高裁判所長官を任命する。

ウ　外交に関する文書を認証したり、条約を公布したりする。

エ　国会を召集（しょうしゅう）したり、総選挙の施行を公示したりする。

(7)　この時期にはさまざまな公害が発生し、四大公害訴訟（そしょう）では、いずれも裁判で原告である住民側が勝訴しています。裁判や裁判所について述べた文として正しいものを次の**ア〜エ**から選んで、その記号を書きなさい。

ア　地方裁判所と家庭裁判所は、すべての都道府県に設置されている。

イ　裁判は最大３回まで実施され、３回目の裁判は必ず最高裁判所で行われる。

ウ　すべての刑事（けいじ）裁判において、国民のなかから選ばれた裁判員が審理（しんり）に参加する。

エ　すべての裁判官は、国政選挙が実施されるときに国民審査を受ける。

(8)　このような法律は、国会での審議を経て成立します。法案や予算案の扱（あつか）いについて述べた文として正しいものの組み合わせを下の**ア〜エ**から選んで、その記号を書きなさい。

a　法案は、国会議員だけが提出でき、提出された議院で先に審議される。

b　予算案は、内閣だけが提出でき、衆議院で先に審議される。

c　法案は、両議院において過半数の賛成を得られれば可決される。

d　予算案は、両議院において３分の２以上の賛成を得られなければ否決される。

ア　a・c　　**イ**　a・d　　**ウ**　b・c　　**エ**　b・d

(9)　この年から現在までにおこったできごととして**あてはまらないもの**を次の**ア〜エ**から選んで、その記号を書きなさい。

ア　アメリカでは、トランプ大統領からバイデン大統領に代わった。

イ　韓国では、文在寅（ムンジェイン）大統領から尹錫悦（ユンソンニョル）大統領に代わった。

ウ　日本において、最初の新型コロナウイルス感染者がでた。

エ　日本では、消費税率が８％から10％に上がった。

(10)　これについて、右の図は、アメリカ・中国・日本・フランスにおける高齢化のようすをあらわしたものです。この図では、65歳以上の人口割合が７％に達したときを○、14％に達したときを■、21％に達したときを△で示しており、一部予測値もふくまれています。日本にあてはまるものを図中の**ア〜エ**から選んで、その記号を書きなさい。

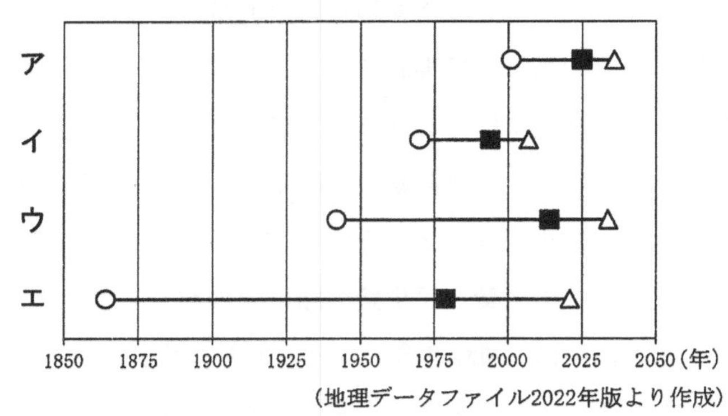

（地理データファイル2022年版より作成）

4 次の各文を読んで、文中の (1) ～ (14) について、後の同番号の各問いに答えなさい。

日本各地を(1)自動車で旅行していると、(2)一般国道や地方主要道路沿いに「道の駅」をよくみかけるようになった。24時間利用できる駐車場やトイレだけでなく、道路や観光、緊急医療の情報提供施設、さらに地域振興施設等を備えることが要件となっており、(3)市町村などが設置し、その申請を受けて国土交通省が登録している。この制度が(4)1993年に始まって以降、全国の「道の駅」は毎年増え続け、昨年８月には1198か所に達した。都道府県別にみると、もっとも多いのは(5)北海道の127か所、次いで(6)岐阜県・長野県の56か所・52か所である。少ない方では、(7)東京都の１か所と(8)神奈川県の４か所が目立っており、(9)大阪府・沖縄県・佐賀県が10か所で並んでいる。

(1) これについて、次の各問いに答えなさい。

① 自動車について述べた文として**誤っているもの**を次の**ア**～**エ**から選んで、その記号を書きなさい。

ア 両足が不自由な人が運転できるように、ブレーキやアクセルを手で操作するための装置が実用化されている。

イ 歩行者への衝突を避けるためブレーキを自動的に作動させる装置など、さまざまな運転支援技術が実用化されている。

ウ 電気自動車は、バッテリーにたくわえた電気で走行するので、ガソリンタンクやエンジンを搭載する必要がない。

エ 燃料電池自動車は、搭載したタンクのなかの酸素と空気中の水素から電気をつくり、走行するしくみをもっている。

② 次の図は、アメリカ・中国・日本について、自動車の国内生産台数と国内販売台数の変化をあらわしたものです。アメリカと中国にあてはまるものを**ア**～**ウ**からそれぞれ選んで、**アメリカ→中国の順**にその記号を書きなさい。

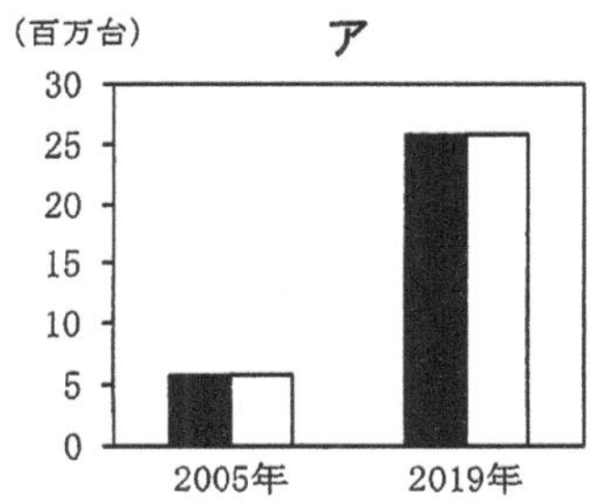

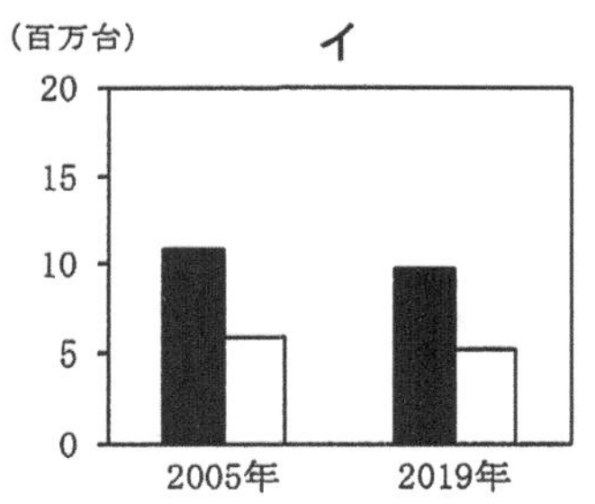

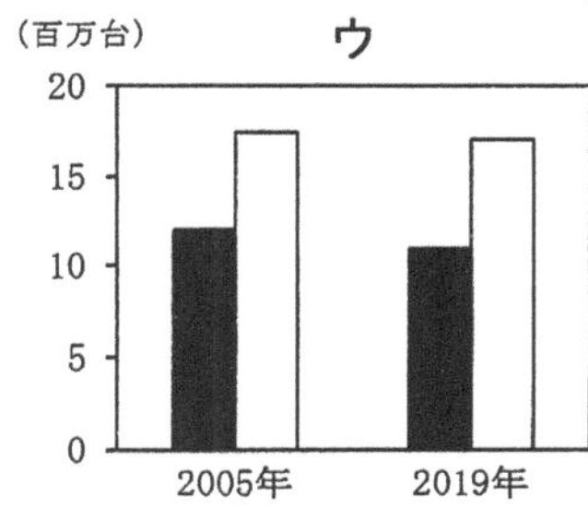

■は生産台数、□は販売台数。（日本国勢図会などより作成）

(2) このうち国道17号線と18号線を利用すると、東京都心から群馬県中南部、長野県北部を経て新潟県南西部に至ります。次の図は、この経路の近くに位置する東京都千代田区・群馬県前橋市・長野県長野市・新潟県上越市について、月別降水量をあらわしたものです。前橋市にあてはまるものを**ア**～**エ**から選んで、その記号を書きなさい。

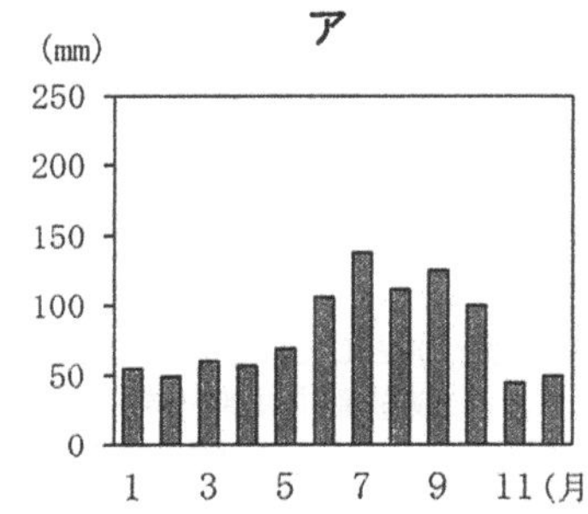

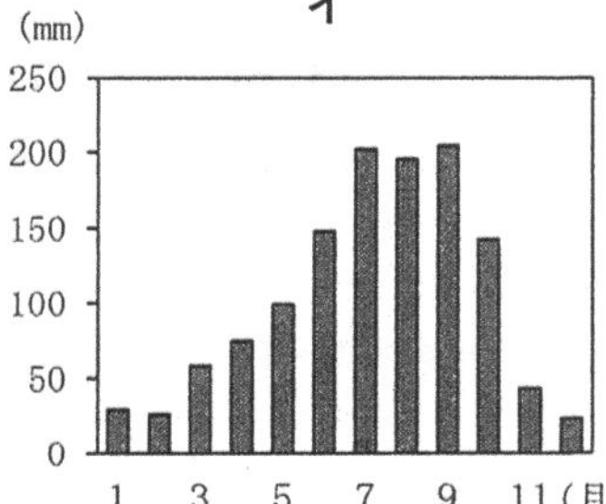

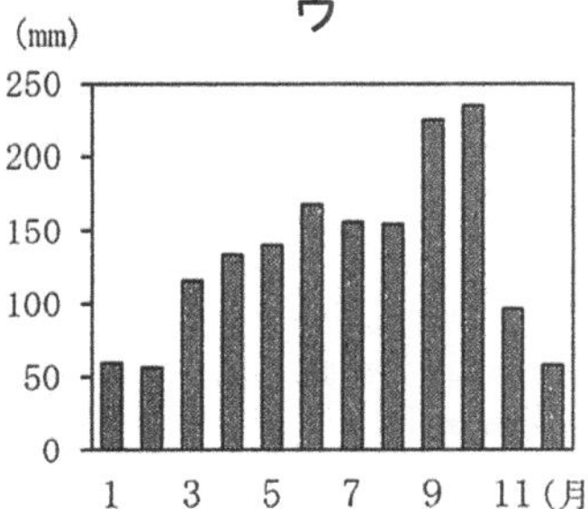

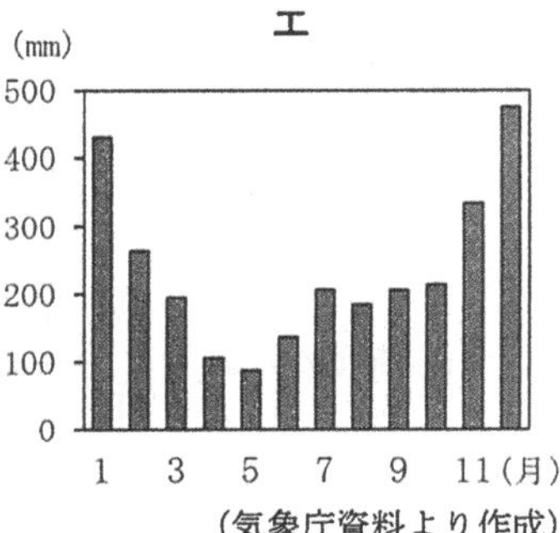

（気象庁資料より作成）

(3) これに関して、次の図は、小売業商品販売額（2015年）・製造品出荷額（2019年）・農業産出額（2020年）について、中国・四国地方の上位10市町村をあらわしたものです。小売業商品販売額と製造品出荷額にあてはまるものを**ア**～**ウ**からそれぞれ選んで、**小売業商品販売額→製造品出荷額の順**にその記号を書きなさい。

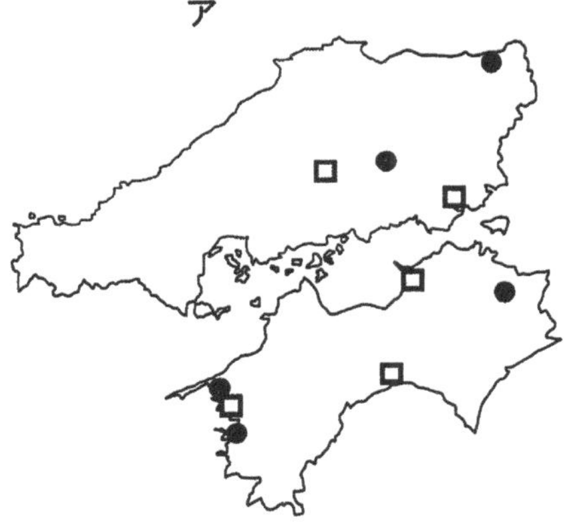

□は１～５位、●は６～10位。（経済産業省資料・農林水産省資料より作成）

⑷　この年にヨーロッパ連合（ＥＵ）が発足しました。この組織の現在の加盟国として**あてはまらないもの**を次の**ア～エ**から選んで、その記号を書きなさい。

ア　イギリス　　**イ**　イタリア　　**ウ**　スペイン　　**エ**　ポーランド

⑸　この地域の森林と林業について述べた次の文中の＿ａ＿～＿ｃ＿の正誤の組み合わせとして正しいものを下の**ア～カ**から選んで、その記号を書きなさい。

林野庁資料（2017年）によると、北海道の森林面積は約554万ヘクタールもあり、これは全国の森林面積のａ2割をこえる広さである。森林を天然林と人工林に分けてみたときの天然林の割合は、全国のｂ約３割に対し、北海道は約７割となっており、天然林の割合が高いことが特徴である。ただし木材生産は、ｃトドマツ・ミズナラ・ブナといった針葉樹の人工林が中心となっており、パルプ用・製材用・合板用などとして出荷されている。

	ア	イ	ウ	エ	オ	カ
a	正	正	正	誤	誤	誤
b	正	誤	誤	正	正	誤
c	誤	正	誤	正	誤	正

⑹　これについて、右の図は、岐阜県・長野県に加えて、隣接する滋賀県と山梨県の範囲をあらわしたものです。図中のａ～ｈ地点について述べた文として正しいものを次の**ア～エ**から選んで、その記号を書きなさい。なお流域とは、ある河川の河口に着目したときに、そこに集まる河川水のもとになる降水がもたらされる範囲のことです。

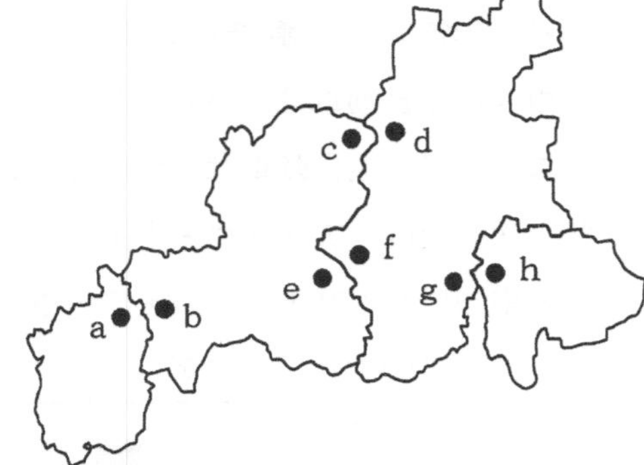

ア　ａ地点とｂ地点は、どちらも淀川の流域である。
イ　ｃ地点とｄ地点は、どちらも信濃川の流域である。
ウ　ｅ地点とｆ地点は、どちらも木曽川の流域である。
エ　ｇ地点とｈ地点は、どちらも富士川の流域である。

⑺　ここへは、国内からだけでなく、世界各地からもさまざまな農産物が集まってきます。次の図は、かぼちゃ・なす・レタス・切り花のキク類について、東京都中央卸売（おろしうり）市場における月別取り扱い量をおおまかな産地に分けてあらわしたものです。レタスにあてはまるものを**ア～エ**から選んで、その記号を書きなさい。

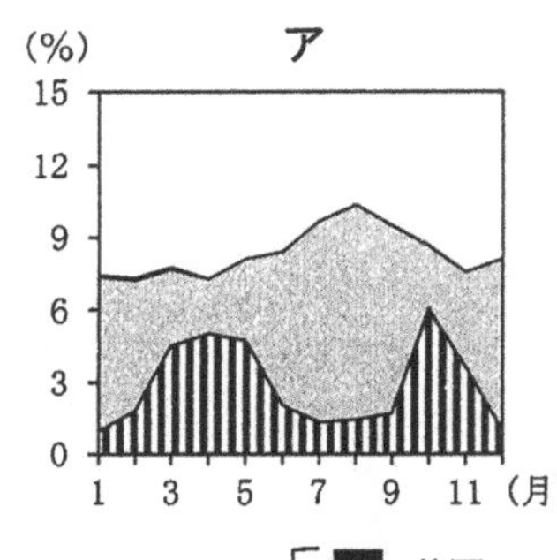

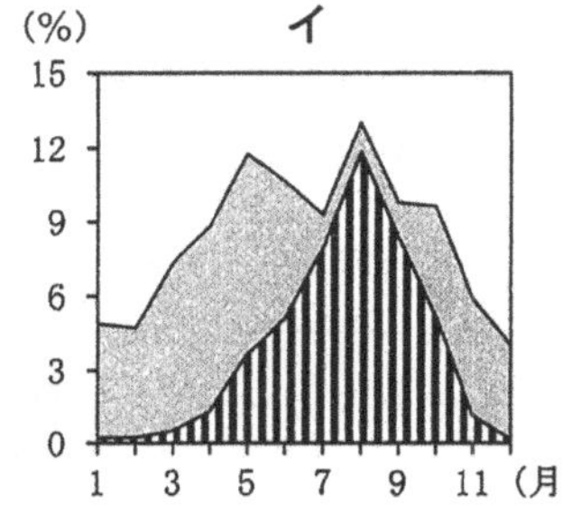

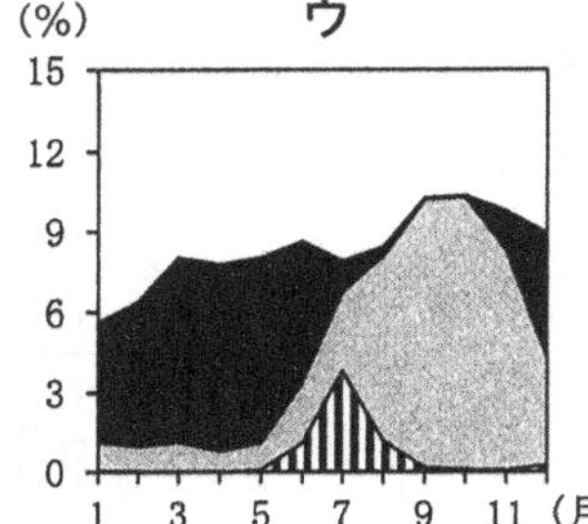

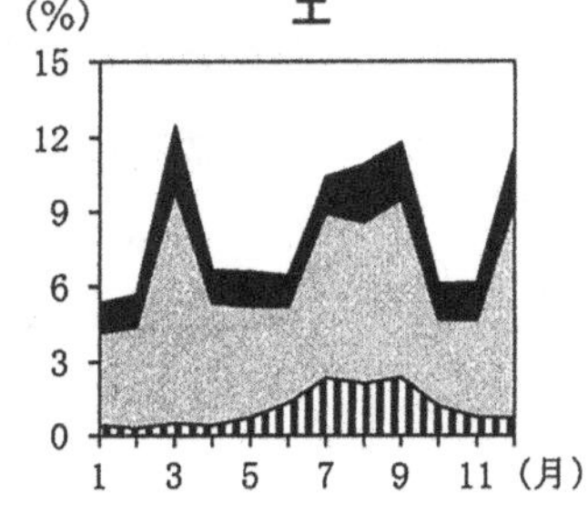

産地の区分
- 外国
- 関東地方以外の40道府県
- 関東地方の７都県

統計年次は2019年。一年間の総取り扱い量を100としている。

（東京都中央卸売市場資料より作成）

⑻　この県は、製造品出荷額において愛知県・大阪府・静岡県などとともに全国の上位にあります。右の図は、鉄鋼業と輸送用機械器具製造業の出荷額について、神奈川県・愛知県・大阪府・静岡県の全国にしめる割合の推移をあらわしたものです。神奈川県にあてはまるものを図中の**ア～エ**から選んで、その記号を書きなさい。

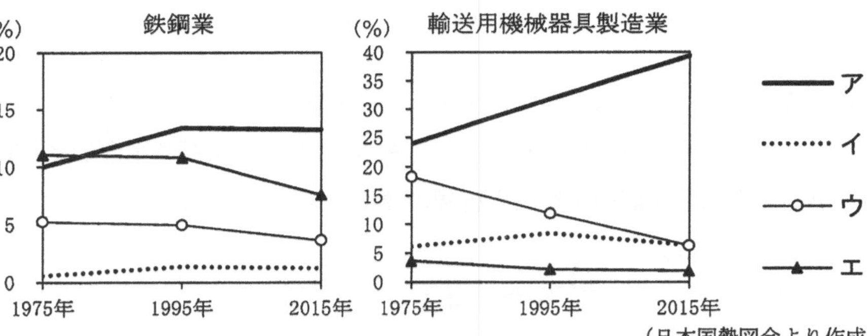

（日本国勢図会より作成）

⑼　これら３府県について、右の表は、火力発電・原子力発電・水力発電・太陽光発電による発電電力量（百万kWh）をあらわしたものです。太陽光発電にあてはまるものを表中の**ア～エ**から選んで、その記号を書きなさい。

	ア	イ	ウ	エ	その他	計
大阪府	26,855	156	1	—	—	27,012
沖縄県	7,485	17	—	—	35	7,537
佐賀県	199	103	538	15,631	37	16,508

統計年次は2020年度。—は、まったくないことを示す。

（データでみる県勢2022年版より作成）

「道の駅」とはいうものの、なかには⑽鉄道の駅や⑾空港施設と一体化しているものもある。交通機関相互（そうご）の連携を通じて、利用者の利便性向上をはかったものであろうか。また、地域振興施設等として、農村の場合は米・野菜・果実・⑿畜産物（ちくさん）の直売所、漁港近くの場合は⒀水産物の直売所を設けるところが多いなか、それだけにとどまらず、たとえば⒁温泉入浴施設や伝統工芸品の製作体験施設を備えたりするなど、地域の特色をいかす工夫が各地で見受けられる。

⑽　これについて、右下の図は、九州地方の３つの県における、おもな鉄道の駅の位置をあらわしたものです。図中の◎は、その県内でもっとも人口の多い都市の中心駅、●は同じ県内で２番目に人口の多い都市の中心駅を示しています。新幹線を使わずＪＲの在来線を使って、各県内を●から◎へ移動することを考えてみましょう。次の表は、３つの県の●における列車の発車時刻をあらわしたものであり、乗り継（つ）ぎなしで同一県内の◎まで在来線で到達（とうたつ）できる便のみを示しています。図中のａとｂにおける発車時刻表にあてはまるものを次の**ア〜ウ**からそれぞれ選んで、**ａ→ｂの順**にその記号を書きなさい。

	ア	イ	ウ
時	分	分	分
4	51		
5	09 20 38 46 [58]	44	08 58
6	00 [13] 17 23 30 34 [50] 53 57	29 56	15 39 48 59
7	01 [07] 17 21 [32] 34 [40] 45 57	[11] 26	12 26
8	[10] 13 25 36 40 [45] 48 55 59		02 23 46
9	13 [19] 22 [39] 43	[07] 29	11 29
10	[05] 16 22 [41] 44	[08] 41	05 25
11	[05] 16 22 [41] 44	[22] 37	02 36

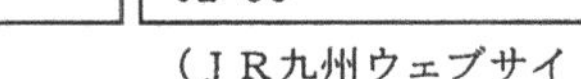
2022年８月の平日午前中の発車時刻。□は在来線の特急列車。　（ＪＲ九州ウェブサイトより作成）

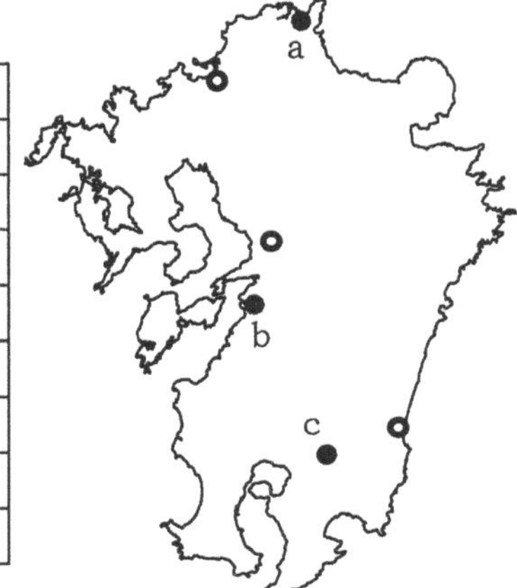

⑾　これについて、右の表は、成田国際空港のおもな貿易品目（2018年）をあらわしたものです。表中の（　あ　）〜（　う　）にあてはまる品目の組み合わせとして正しいものを次の**ア〜カ**から選んで、その記号を書きなさい。

おもな輸出品目

（　あ　）	7.4
（　い　）	7.0
科学光学機器	6.2
金	5.2
電気回路等の機器	4.3

おもな輸入品目

通信機	14.0
（　う　）	11.6
（　あ　）	10.3
事務用機器	8.7
科学光学機器	6.3

数値は、輸出または輸入総額に対する割合（％）。（東京税関資料より作成）

	ア	イ	ウ	エ	オ	カ
（　あ　）	医薬品	医薬品	半導体等製造装置	半導体等製造装置	半導体等電子部品	半導体等電子部品
（　い　）	半導体等製造装置	半導体等電子部品	医薬品	半導体等電子部品	医薬品	半導体等製造装置
（　う　）	半導体等電子部品	半導体等製造装置	半導体等電子部品	医薬品	半導体等製造装置	医薬品

⑿　これについて、スーパーマーケットなどで売られている牛肉には、法律にもとづき、10桁（けた）の数字がパックの表面などに記されていることがあります。この数字ともっとも関係の深いことがらを次の**ア〜エ**から選んで、その記号を書きなさい。

ア　消費期限　　**イ**　地産地消　　**ウ**　トレーサビリティー　　**エ**　フェアトレード

⒀　これについて、次の図は、イワシ（マイワシ）・サンマ・タイ（マダイ）・ブリ類について、養殖業収獲量および漁業漁獲量の推移をあらわしたものです。タイにあてはまるものを**ア〜エ**から選んで、その記号を書きなさい。

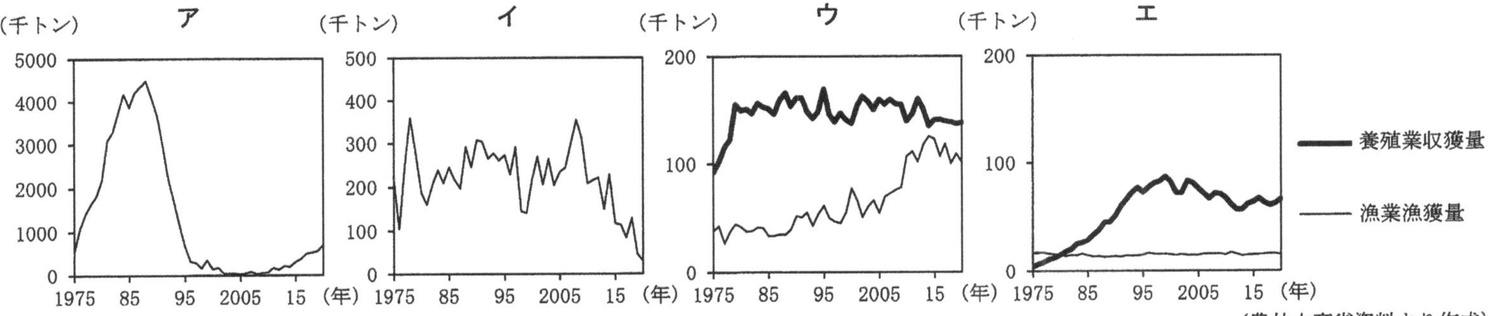

（農林水産省資料より作成）

⒁　これには火山との関係が深いものもあります。日本にはたくさんの火山があり、気象庁は、そのうち111を活火山としています。東北地方南部における活火山の例として**あてはまらないもの**を右の図中の**ア〜エ**から選んで、その記号を書きなさい。

令和五年度　東大寺学園中学校入学試験問題

国語解答用紙

受験番号

※には何も記入しないこと。

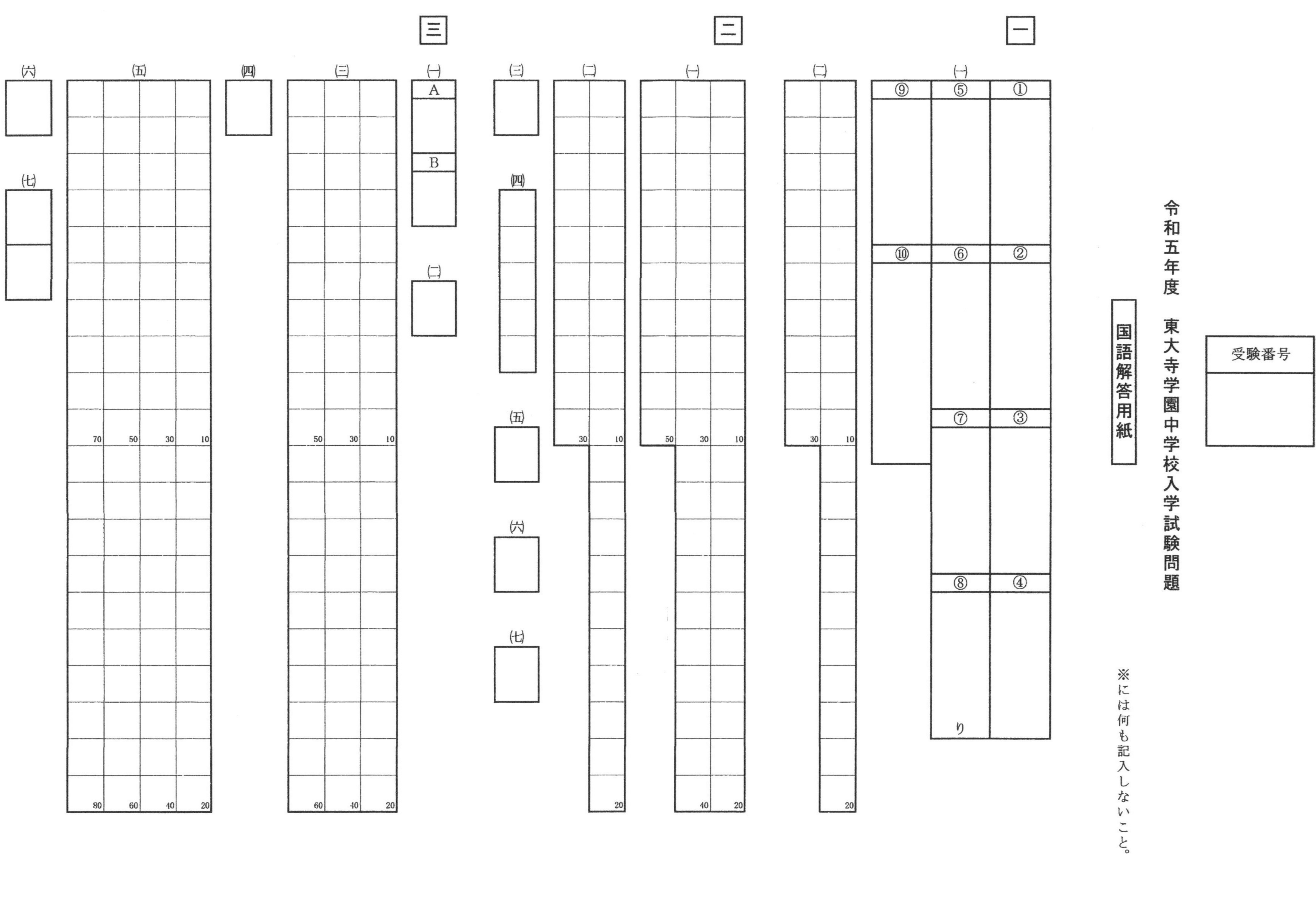

※ 小計3

※ 小計2

※ 小計1

※ 合計　※100点満点（配点非公表）

令和５年度　東大寺学園中学校入学試験問題

受験番号

算数解答用紙（表）

1

(1) %

(2) 個

(3) 通り

2

(1) (考え方・式)

(1) %

(2) (考え方・式)

(2) %

※ 右の欄には何も記入しないこと.

(1) (2) (3) 1

2

(3) (考え方・式)

(3) %

3

(1) (考え方・式)

(1) cm

※ 右の欄には何も記入しないこと.

(1) (2) (3) 2 総計

※100点満点
（配点非公表）

算数解答用紙（裏）

3

(2) (考え方・式)

(i) cm^3

(ii) cm^3

4

(1) (考え方・式)

(1) 個

※ 右の欄には何も記入しないこと．

(1) (2)(i) (ii) 3

4

(2) (考え方・式)

(2) 個

(3) (考え方・式)

(i) 個

(ii) 個で２けたの整数は

(iii) , , , ,

※ 右の欄には何も記入しないこと．

(1) (2) (3)(i) (ii) (iii) 4

受験番号	

令和５年度　東大寺学園中学校入学試験問題

理科解答用紙

＊＿＿＿には，何も記入しないこと

※100点満点（配点非公表）

＊

1 (1) ＿ (2) ＿｜＿ (3) → → → →

(4) ＿ (5) ＿｜＿ (6) ＿

(7) ＿ (8) ＿ (9) ＿

＊1

2 (1) ＿｜＿

(2) ＿

(3) ＿｜＿ (4) ＿

(6) ＿

がけBのスケッチ

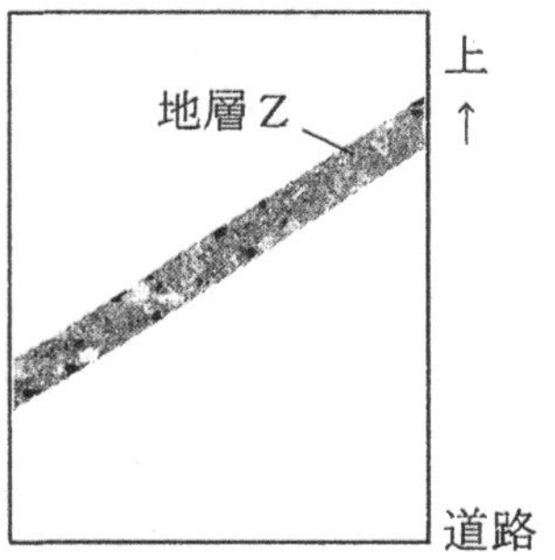

地層Z

上↑

道路

2 (5)の解答らん

上↑

道路

＊2

3 (1) ＿｜＿ (2) ＿ (3) ＿

＊3

4 (1) ＿ (2) g (3) ＿

(4) ① ガソリン：エタノール＝　： ② (5) ＿

＊4

5 (1) ＿ (2) ＿

(3) ＿ (4) g (5) ＿｜＿ (6) ＿｜＿｜＿

＊5

6 (1) ＿｜＿

(2) ＿ (3) ＿ (4) ＿

(5) A g B g C g

＊6

7 (1) 秒 (2) ① 秒 ② m

(3) 秒 (4) ＿ (5) ① ② m^2

＊7

受験番号	

令和５年度 東大寺学園中学校入学試験問題

社会解答用紙

＊右側の下線部には何も記入しないこと

1　⑴ [　→　]　⑵ [　]　⑶ [　]　⑷ [　]

⑸ [　]　⑹ [　]　⑺ [　]　⑻ [　]　⑼ [　|　]

⑽① [　|　|　] システム　② [　→　]

⑾ [　]　⑿ [　→　]

＊

2　⑴① [　]　② [　]　⑵① [　]　② [　→　]

⑶① [　]　② [　→　]　⑷ [　]　⑸① [　]　② [　]

⑹ [　→　]　⑺ [　|　|　|　]　⑻ [　]

＊

3　⑴ [　]　⑵ [　→　]　⑶ [　]　⑷ [　]

⑸ [　|　|　]　⑹ [　]　⑺ [　]

⑻ [　]　⑼ [　]　⑽ [　]

＊

4　⑴① [　]　② [　→　]　⑵ [　]　⑶ [　→　]

⑷ [　]　⑸ [　]　⑹ [　]　⑺ [　]

⑻ [　]　⑼ [　]　⑽ [　→　]　⑾ [　]

⑿ [　]　⒀ [　]　⒁ [　]

＊

※100点満点
＊＊（配点非公表）

令和四年度　東大寺学園中学校入学試験問題

注意　字数制限のある問題については、句読点や符号も一字に数えます。

国語

——五〇分——

一

次の(一)・(二)の問いに答えなさい。

(一) ①〜⑩のカタカナ部分を漢字に書き改めなさい。

① あまりに息子の態度が悪く、怒り**シントウ**に発する。

② 行政には、**カダン**な対応が求められている。

③ 思いがけず、これが二人の**コンジョウ**の別れとなってしまった。

④ すばらしい演劇だったが、中でも最後の場面は**アッカン**だった。

⑤ 無事に病が治ったので、見舞いに来てくれた知人に**カイキ**祝いを送る。

⑥ ずいぶんと**ネンキ**の入った道具ですね。

⑦ **ロギン**も使いはたしてしまったので、旅はもう終わりだ。

⑧ 学生時代の友人に会って**キュウコウ**を温めた。

⑨ **ゲントウ**の中、雪にたえて咲く花は美しい。

⑩ 次の大会は**フタイテン**の決意で臨みたい。

(二) 「まだしも」という語を正しく使って、二十字以上、三十字以内の短文をつくりなさい。

下書き用

二

次の文章を読んで、後の問いに答えなさい。

コロナは、直接的にウイルスに感染するということ以上に、私たちの身体観*に大きな影響を与えていると思います。その影響がどのようなものかということについては私もすべてを分かっているわけではありませんが、とりあえず大きなこととしては、触覚というものの変化があるのではないかと考えています。特に新型コロナウイルスの正体がよく分からなかった最初の頃は、他人の体が爆弾か何かのように感じられ、さわることが命取りのように感じられていました。同じように、自分もまた他者を死に追いやるかもしれないという自分の加害性を強く意識し、接触を最小限にしようとしていました。

実は私たちが使っている日本語の中には、興味深いことに、「さわる」と「ふれる」という、二つの触覚に関わる動詞があります。私たちはこの二つを何となく使い分けているわけですが、①この使い分けがどのように行われているかということに、コロナ禍が引き起こした体の変化というものの答えがあるような気がしています。

たとえば、自分の傷口に「さわる」と言うと、ちょっと痛そうで、「嫌だ、さわらないで」と引っ込めたくなります。けれども「ふれる」と言われると、何か手当てをしてもらえそうな優しい感じがして、痛いかもしれないけれども我慢しようかな、という気持ちになれます。

「さわる」というのは一方的で、さわった相手がどう思うか、相手が痛いのではないかなどと考えずに、自分のしたいようにさわります。一方、「ふれる」の場合には、まさに相手とふれ合うような、ふれることによって相手はどう感じるかということを想像しながらふれる、という双方向性があります。

たとえば、昆虫に対しては「ふれる」ではなく「さわる」という言葉を使いますが、これは昆虫とは心の交流ができないからということだと思います。これが人形になると、物体であるという意味ではリアルな心の交流はできませんから「さわる」になりますが、誰かの形見であるなど、とても大事な人形の場合は「ふれる」を使うことになるでしょう。そんなふうに、とても微妙ではあるものの、実は接触面に人間関係が存在し、その人間関係を表現するために、「さわる」と「ふれる」という二つの言葉があるのだと思います。

もっとも、「さわる」がa一概に悪いというわけではなく、「さわる」が必要なときもあります。病院で医師が患者を触診するときなどは、体がどういう状態になっているのかという、ある意味、物理的なものを情報としてキャッチしようとしているわけですから、これはやはり「さわる」だと思います。つまり、医師という特殊な専門知識を持つ相手に対し、患者はとりあえず一方的に従う側ということになりますから、そこには交流という目的はありません。逆に、診察で「ふれる」という感情が入ってきたら、嫌な感じがしてしまうのではないかと思います。

体が接触する機会が非常に多いものの一つが、目が見えない人の介助です。私自身、研究を通して目が見えない人と関わる機会が増えたことで、「こんな触覚の世界があったんだ」と、自分の触覚が新たに開発されたようなところがあります。そのことを一番感じたのは、視覚障害者向けのランニングサークルに②参加させていただいたときのことでした。

通常、目が見えない人の動きを介助するときは、肩に手を乗せたり、肘を持ったりするのですが、ランニングでは見える人が伴走者としてペアになり、輪になったロープの両端を互いに持ち、二人の手を*シンクロさせながら走るのが基本です。私の場合、見えない方の伴走者として走ることもとても楽しかったのですが、驚いたのは、自分が*アイマスクをつけて見える人に伴走してもらう経験でした。

アイマスクをつけたとき、最初は見えないということが怖くて足がすくみ、実際にはない段差や障害物の幻覚が見えたりするほどでした。けれども、「視覚障害者の方はこの方法で長い距離を走っているのだから、自分も伴走者を信頼してやってみよう」と、自分の中の恐怖を吹っ切ったところ、経験したことのない快感を味わいました。それは、一言で言えば、人を信頼することから生まれた快感なのだと思います。私は、今まで家族や同僚を信頼していたつもりでしたが、実は、③信頼にはもっとすごい深みがあったのです。そこに行くことができたという感覚は本当に新鮮で、素晴らしいものでした。

目が見える私は、普通の生活の中ではそれこそ人と距離を取り、自分で自分のことをやるのがいいことだ、と思って生きてきました。自力でできることをやるのはよいことかもしれませんが、それは裏を返せば人を信じていないということを意味します。アイマスクをして伴走者と走るという経験をしたことで、一〇〇パーセント自分の身を人に預けるということをいかに自分がやっていなかったかということに気づかされました。

相手を信じて自分を解放すると、接触面を通して、相手の感情や意思がちゃんと伝わってくるという点も、「ふれる」ことのおもしろさであり、価値なのだと感じます。視覚障害者と伴走者のランニングでは、ロープを通じて相手の振動や感情といったものがかなり伝わってきます。ロープを介してだと間接的な接触なのですが、だからこそbあそびが生まれて、情報をキャッチしやすいようです。たとえば、目の前に急な坂があるというとき、目が見える伴走者が「ちょっと嫌だな」とためらう気持ちが目が見えないランナーに伝わって、「坂ですよ」と伴走者が伝える前からそのことがもう分かっていたりするのです。慣れた方は、「いいランのときは、お互い共鳴するような感じがある」と言います。

自分をガードしているうちは、緊張して相手とのあいだに壁をつくろうとしているわけですから、自分のことも伝わらないし相手のことも分からない。けれども、相手を信頼して解放した瞬間に、驚くほどたくさんの情報が相手から入ってきます。自分を相手に預けてこそ相手のことが分かる、というのが触覚的な人間関係のおもしろさです。相手を信頼し、自分を預ければ預けるほど、相手の情報が入ってくるのです。

「信頼」と似ていると思われている言葉に「安心」があります。けれども、実は「信頼」と「安心」の意味するところは逆だと言われています。「安心」が、相手がどういう行動を取るか分からないので、その不確定要素を限りなく減らしていくものだとすると、相手がどういう行動を取るか分からないけれど大丈夫だろうというほうに賭けるのが「信頼」です。

私がアイマスクをつけて走ったときの経験に喩えると、そのとき伴走してくれた方は初対面でしたから、どういう人なのかよく分からないまま、一緒に走ることになりました。ある意味、□状況であったとも言えますが、私は「伴走のことをよく知っている方なのだから大丈夫だろう」と信じるほうに賭けたわけです。それが人に身を預けるということだと思いますし、「信頼」にあって「安心」にないのは、まさにこの*「身を預ける感」だと思います。

「安心」については、以前、教えている学生と何かの*打ち上げで一緒になったときのエピソードをご紹介したいと思います。夜九時過ぎ、c宴もたけなわで皆でわいわいやっていたとき、その子が急にそわそわし始めました。「どうしたの？」と尋ねたところ、

「親から『門限が一〇時なのに、この時間にまだ大学の近所にいるなんてどうしたの？』と電話がかかってきた」と言うのです。その学生のスマートフォンには、今いる場所を親が把握できるようなＧＰＳ機能が付けられていました。もちろん、それはその家庭の中での親子関係でお互いに納得してやっていることだと思うのですが、親からすれば、ＧＰＳで自分の子どもがどこにいるか分かるというのは「安心」です。けれども、このケースで学生の親が得ようとしている「安心」は、自分の心配事をなくす、つまり相手をコントロールするということです。「安心」を求めれば求めるほど相手をコントロールすることになり、その結果、「信頼」は失われていきます。

＊ＧＰＳもそうですが、テクノロジーは「安心」を求める方向に向かいがちです。もちろん「安心」も大事で、特にこのパンデミックという状況の中では「安心」に傾いていくことは仕方ない面もあります。しかし、まさに新型コロナウイルスがそうであるように、必ず想定外のことは起きるわけです。一〇〇パーセントの「安心」がない中で「安心」を求めて心配すればするほど、際限がなくなってしまうということになるでしょう。コロナ収束後もこのまま「安心」をベースとする社会に向かっていくのだとしたら、「信頼」は失われる一方です。④信頼のない社会は、相互に監視し合う社会です。そのことを、私たちは考えなければいけないと思います。

（伊藤亜紗「思い通りにいかないことに耳を澄ます」による）

〔注〕＊身体観――身体についてのものの見方。
＊シンクロ――シンクロナイズの略。タイミングを合わせて、動作などを同時におこなうこと。
＊アイマスク――目をおおうマスク。
＊打ち上げ――仕事やイベントが終わった後におこなわれる宴会。
＊ＧＰＳ――現在位置を、人工衛星から送られてくる電波によって測り知る装置。
＊テクノロジー――科学技術。
＊パンデミック――広い範囲におよぶ感染症の大流行。

㈠ ═══部ａ「一概に」・ｂ「あそび」・ｃ「宴もたけなわで」の本文中での意味として最も適当なものを、次のア～エの中からそれぞれ一つずつ選んで、その記号を書きなさい。

ａ 一概に
ア ひっくるめて
イ 一方的に
ウ 根本的に
エ むやみやたらと

ｂ あそび
ア 楽しさ
イ 親しみ
ウ ゆとり
エ つながり

ｃ 宴もたけなわで
ア 宴会も始まったばかりで
イ 宴会もまっさかりで
ウ 宴会も一段落して
エ 宴会も終わりをむかえて

㈡ ――部①「この使い分けがどのように行われているか」とありますが、これについて本文ではどのように述べられていますか。その説明として最も適当なものを、次のア～エの中から一つ選んで、その記号を書きなさい。

ア 「さわる」は接触する相手を思い通りにあつかえると考えている場合に使われるのに対し、「ふれる」は接触する相手に優しさをもって接する場合に使われる。
イ 「さわる」は接触する相手との心の交流ができない場合に使われるのに対し、「ふれる」は接触する相手が感じていることを察している場合に使われる。
ウ 「さわる」は接触する相手を物理的なものとしてとらえる場合に使われるのに対し、「ふれる」は接触する相手を生身の人間としてとらえる場合に使われる。
エ 「さわる」は接触する相手とのやりとりを求めていない場合に使われるのに対し、「ふれる」は接触する相手の気持ちを読み取ろうとする場合に使われる。

㈢ ――部②「参加させていただいた」とありますが、次に示す文章は「…(さ)せていただく」という表現について述べたものです。

> 「…(さ)せていただく」といった敬語の形式は、基本的には、自分側が行うことを、(Ⅰ)相手側または第三者の許可を受けて行い、(Ⅱ)そのことで恩恵を受けるという事実や気持ちのある場合に使われる。したがって、(Ⅰ)、(Ⅱ)の条件をどの程度満たすかによって、「…(さ)せていただく」を用いた表現には、適切な場合と、あまり適切だとは言えない場合とがある。
>
> （文化庁「敬語の指針」による）

右の「敬語の指針」で示されている(Ⅰ)・(Ⅱ)の条件をふまえ、「…(さ)せていただく」という表現の用い方として**適切とは言えないもの**を、次のア～エの中から一つ選んで、その記号を書きなさい。

ア（生徒が担任の先生にむかって）「今日は体調がすぐれないので、帰らせていただきたいのですが。」
イ（交番を訪れた人が警察官にむかって）「駅前で財布を拾ったので、届けさせていただきました。」
ウ（新しく入った社員が上司にむかって）「明日の会議には、私も同席させていただきたく思います。」
エ（受付の事務員が来客にむかって）「人違いを防止するため、身分証明書を確認させていただきます。」

(四) ――部③「信頼にはもっとすごい深みがあった」とありますが、これはどういうことを言っているのですか。六十字以内で説明しなさい。

下書き用

(五) □に入る表現として最も適当なものを、次のア～エの中から一つ選んで、その記号を書きなさい。
ア「安心」できない　イ「安心」してもらえない　ウ「信頼」するまでもない　エ「信頼」されていない

(六) ――部④「信頼のない社会は、相互に監視し合う社会です」とありますが、このように言えるのはなぜですか。八十字以内で説明しなさい。

下書き用

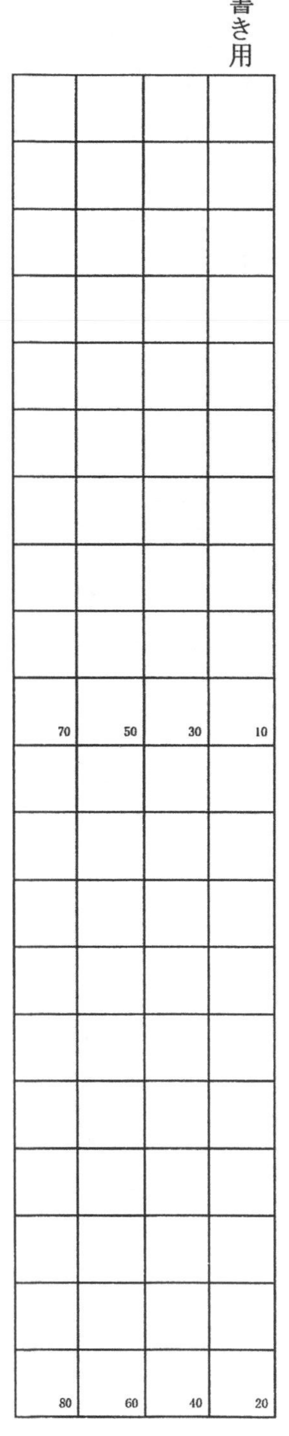

(七) 次に示すのは、この文章を読んだ子どもたちの会話です。**本文の内容に合わない発言**をしている人物を、A～Eの中から**二人**選んで、その記号を書きなさい。ただし、解答の順序は問いません。

Aさん――いつも何気なく使っている「さわる」と「ふれる」の二つの言葉にちがいがあるなんて、考えたことがなかったよ。接触する相手との人間関係をしっかりと築くためにも、この二つの言葉を意識して使い分けていくことが大切だと筆者は言っているね。

Bさん――体が接触する例として、本文では、アイマスクをつけて伴走してもらった筆者の体験談が示されていたよ。筆者は、この体験を通して新しい触覚の世界を知ったと言っているけれど、相手に「ふれる」ということは、相手を「信頼」するということと、密接に結びついた行為だったんだね。

Cさん――「信頼」と「安心」の話も興味深かったな。ぼくはよくお母さんにおつかいを頼まれるのだけれど、店から帰るとおつりとレシートを出すように言われるんだ。お母さんは、ぼくが勝手におやつを買うかもしれないと思っているみたいで、筆者の言葉を借りれば、ぼくの行動はお母さんにとっての「不確定要素」にあたると言えるね。

Dさん――もし、本文に出てきた学生みたいに、スマートフォンのGPS機能によって、親に自分の居場所が把握されていたとしたら、なんだか複雑な気分になるよ。筆者は、そうすることで親は自分の「安心」を得ることはできるけれども、親に対する子どもの「信頼」はなくなってしまうと述べているね。

Eさん――今の社会は「安心」を求めがちなんだ。新型コロナウイルスが流行し、何かをさわったり、誰かにさわられたりすることに過度な不安を感じていた人もいるかもしれない。でも、わたしたちは「安心」を優先させることで何を犠牲にしているのか、よく考えないといけないね。

三　次の文章を読んで、後の問いに答えなさい。

> 桑田葉は、父親の病気のため、小学校六年生の春から三か月間の約束で、香口島という離島に住む祖父母に預けられた。葉が島に来てすぐの寄合（集まり）で、島の男の子に携帯電話を取り上げられるいやがらせを受けたとき、居合わせた亀島の子である桐生真以が取り返してくれた。その場からはだしで外に飛び出した葉に、真以は自分がはいていた靴を片方貸してくれた。そのときに、ふたりは亀島で遊ぶ約束をしたが、葉が風邪をひいて寝込んでしまったため、約束はかなわずそのまま新学期をむかえることになった。

橋を渡る手前でこちらへ向かってくる人影が見えた。大きすぎるウィンドブレーカーに細い脚。髪はまたおろしっぱなしだった。手をふる。真以は一瞬足を止め、それから小走りでやってきた。橋の上で向かい合う。海の上のまっすぐな道には私たちの他に誰もいない。

「おはよう」と言うと、真以は目を細めてちょっとうなずいた。

「これ、靴、ありがとう。この袋もあげる」

雑誌についていた筒形の布袋を渡しても「うん」としか言わない。喜んでくれるかと思っていたので言葉につまる。

どうして会いにきてくれなかったの。

言ってもいいものか悩んで真以を見ると、眉間に小さく皺を寄せて、困ったような、なにかを我慢するような顔をしていた。そのぎこちない表情を見て気づく。

真以は私を待っていたんだ。私が亀島に「いきたい」と言ったから。

「ごめん」と声をあげる。「風邪ひいて寝込んでいて」

①「そうなんだ」と真以の顔がゆるんだ。笑いはしなかったけれど、ちゃんと表情はある。みんなの言うような子じゃない。

「一緒に学校いこう。同じクラスだよ」

「わたしたち、同じ歳なの？」と真以が私を見る。

「うん、そうみたい。ずっとそうじゃないかって思ってた」

「どうして」と不思議そうな顔をする。

「だって靴のサイズが同じだったもの」

少し間をあけて、ふ、と真以が笑った。髪が風にまかれて舞いあがる。気にする様子もなく真以は［A］片手をあげた。

「手は」

真以の黒い目が私を映していた。引き寄せられるように、［B］左手をあげる。

［C］指からてのひらがくっつく。合わせた手と手はぴったりと同じだった。なんだか不思議な感じがした。触れた部分からあたたかいものが流れ込んできて、心臓がばくばくと速くなり体に力がみなぎる。海や、空や、世界のぜんぶが、見渡せるような気がした。

「おんなじ」

笑いだしたくなるようなこそばゆさをこらえて言うと、真以もちょっと笑った。

ぼおーと大きな音が橋を揺らした。橋の下を黒っぽい大きな船が通っていくところだった。欄干にとまっていた海鳥が白い羽をばたつかせて飛びたった。

「行こう」と真以が言って、ふいに手が離れた。

冷たい風がてのひらを撫でる。②やわらかい感触が消えてしまわないように、スカートのポケットに左手を突っ込んで真以の後を追いかけた。

私の学年は十三人しか生徒がいなかった。校舎の三分の二は空き教室で、廊下はやけに長く感じられた。私のことは自己紹介をするまでもなく子供たちに知られていて、島の外からきたという若い女性の先生だけが「あら、東京からなの」と嬉しそうにしていた。

運悪く、私の携帯電話を取った男の子も同じクラスだったが、真以が怖いのか目が合うとさっとそらされた。休み時間になると、寄合のときのように男の子と女の子は二つのかたまりに分かれた。真以はそのどちらの集団にも属さず、自分の机で本を読んでいた。女の子たちが「その袋ええのう」「どこのじゃ」と話しかけても「もらった」とだけ答えて、すぐに本に戻ってしまう。

なんとなく話しかけづらく、自分の席から眺めていたら、真以はふらっと教室をでていってしまった。次の休み時間に「どこいってたの？」と聞くと、なぜそんなことを尋ねるのかわからないといった顔で「トイレ」と答えた。前の学校では仲の良い子たちと一緒にトイレに行っていたので少し驚いた。「まだ場所がよくわからないから教えて」と言うと連れていってくれたが、お昼ごはんの後、歯磨きを終えて教室に戻ると真以の姿は消えていた。

嫌われているのかと不安になった。親しくなったつもりでいたのは私だけだったのか。

することもなく自分の机にいると、ヒロミちゃんたちが私をちらちら見て笑った。だから忠告したのに、と目が言っていた。付録の袋をあげたこともなんだか恥ずかしくなった。孤立してしまうのかもしれない、と急に怖くなってくる。男の子が後ろを走っていって、体がびくっと飛びあがる。

③じっとしていられなくて上履きのまま校庭へでた。鉄棒の向こうに青緑色の海が見えた。朝より遠くがよく見えて、海の向こうに森のような島々がぽつぽつとあるのもわかった。新しい橋は昼間に見ると真っ白で、ずっとずっと先の島まで続いていた。

すっと誰かが横にきた。真以かと思ったが、母のような粉っぽい化粧品の匂いがした。

「海ってずっと見ちゃうよね」

担任の女の先生が言った。「木村先生」と覚えたばかりの名前を口にする。

「みんな生まれたときから見てるもんね。海に見とれるのはよそからきた人だけだって、後で他の先生に言われたわ」

「先生がここにきたのは二年前なんだけど、はじめましての挨拶のときに、こんな景色の良いところで嬉しいですって言ったの。そしたら、きょとんとされちゃって」

困ったように笑う横顔を見上げる。

「そうなんですか」と言いながら、高速船の甲板に立つ真以の黒い目を思いだした。一人で身じろぎもせず海を見つめていた。もしかしたら真以も私と同じように祖父の家に預けられているのかもしれないとようやく気づく。

「真以ちゃ……桐生さんはここの子じゃないんですか？」

先生は「うーん」と喉で言いながら首を傾げ、「桐生さんとお友達になったの？」と聞き返してきた。

「たぶん」

声が小さくなってしまう。木村先生の手が励ますように私の背中に触れた。

「じゃあ、自分で聞かないと。人からの話は色がついちゃうから」

「色？」

「うん」と木村先生は両手をあげて伸びをした。背が高い。

「でもね、本当に仲良くなりたかったら、聞きづらいなって思うことは、相手が話してくれるまで聞かないほうがいいと思う」

「聞いちゃだめなんですか？」

「だめかどうかはその人しかわからないけど、桑田さんだって聞かれたくないことはない？」

少し考えた。布団の中で丸まる父と面倒をみる母の姿が浮かぶ。教室からのはしゃぎ声が耳に届く。

「……あります」

「でしょう。でも、その聞かれたくないことって、たまに聞いて欲しいことになるときがあるの。そういうときに聞いてあげればいいんだと思う」

「それはいつですか？　どんなとき？」

④木村先生は「焦らない焦らない」と笑った。

「そんなのわからないよ。そのときはこないかもしれないし、こないほうがその人にとっては幸せかもしれないんだから」

そっか、と地面にしゃがんだ。校庭はあまり使われていないのか、あちこちに雑草が生えていた。蟻が足元で動いている。土だけを見ていると東京と変わらなかった。埃っぽくて、ちょっとまだ寒い。向こうの学校のクラス替えがどうなったか気になった。

二学期から行ってうまくグループに入れてもらえるだろうか、と不安になる。

「そばにいて、相手の気持ちを考えていたら見えてくるよ」

上から声が降ってきた。せんせーい、と誰かが呼んで、木村先生が「はーい」と応じる。「わからないことがあったらなんでも言ってね」と言い残して去っていく。

しばらくしてから立ちあがると、校庭の端にある小屋の陰から細い脚が突きでているのが見えた。近づいてみる。

金網に覆われた空っぽの飼育小屋があった。真以は壁にもたれながら片膝をたてて座り込んでいた。日に焼けて茶色くなったカバーのない本を読んでいる。

「真以ちゃん」と声をかけると、顔をあげた。

「なんでこんなところにいるの？」と聞きかけて、木村先生に言われたことを思いだしてやめた。代わりに「私、真以ちゃんと一緒にいたい」と希望を伝えた。

真以はかすかに首を傾げた。はじめて人間を見た野生動物みたいな顔だと思った。

ぱちんと頭の中で弾けるようにわかった。

海を見慣れるように、一人でいることにも慣れるんだ。だから、真以は自分からは人に近づいていかないし、一人でトイレに行くのも休み時間を過ごすのも、彼女にとっては当たり前のことなのだ。

ぱたんと本をとじて、真以がまっすぐ私を見た。

「わかった」

生真面目な口調にちょっと笑ってしまう。変な子だなと思う。でも、嫌いじゃない。たぶん、嫌われてもいない。

⑤「本は読んでて。ここにいていい？」

こくん、とうなずいて、また本をひらき文字に目を落とす。「本、うちにいっぱいあるんだ」と言う。今度こそ亀島に遊びにいこうと思った。

空っぽの飼育小屋の横はちょうど陽だまりができていて暖かかった。ぬるい空気がゆらゆらと揺れている。近くの茂みから猫がこちらをうかがっていた。立ちあがろうとするとさっと逃げた。

猫の日向ぼっこの場所を奪っておきながら、真以は知らん顔をして本を読み続けている。

膝を抱えて息を吐いた。いま、私の居場所はここだけだと思った。

（千早茜「ひきなみ」KADOKAWAによる）

㈠ A ～ C に当てはまる語の組み合わせとして最も適当なものを、次の**ア**～**オ**の中から一つ選んで、その記号を書きなさい。

ア A ぐっと　B ぬっと　C ねとっと
イ A おどおどと　B そっと　C きゅっと
ウ A ふわっと　B ぐっと　C ねとっと
エ A そっと　B ぬっと　C ひたっと
オ A すっと　B そっと　C ひたっと

㈡ ――部①「『そうなんだ』と真以の顔がゆるんだ」とありますが、このときの「真以」の気持ちについて説明したものとして最も適当なものを、次の**ア**～**エ**の中から一つ選んで、その記号を書きなさい。

ア 「葉」が来てくれなかった理由はただ風邪をひいていただけだということが分かって、気持ちが楽になっている。
イ 「葉」に会いにいけなかったことをずっと後ろめたく思っていたが、責められずに済んで安心している。
ウ 「葉」と会える日を楽しみにしていたところ、ようやくいっしょに登校できるようになり、うれしく思っている。
エ 「葉」と何を話せばよいか分からなかったけれど、「葉」の方から積極的に話しかけてくれてほっとしている。

㈢ ――部②「やわらかい感触が消えてしまわないように、スカートのポケットに左手を突っ込んで真以の後を追いかけた」とありますが、このときの「葉」の気持ちについて説明したものとして最も適当なものを、次の**ア**～**エ**の中から一つ選んで、その記号を書きなさい。

ア 「真以」と心を通わせることができたので、これからふたりで楽しい時間を過ごしていこうと思っている。
イ 「真以」に合わせないと嫌われてしまうと不安になって、置いていかれないようにしようと思っている。
ウ 「真以」をひとりにしたら今以上に孤立してしまうことが心配なので、そばで支えてあげたいと思っている。
エ 「真以」と手を合わせたことで仲良くなれる予感がして、ふたりの関係を大切にしたいと思っている。

㈣ ――部③「じっとしていられなくて上履きのまま校庭へでた」とありますが、「葉」がこのようにしたのはなぜですか。その説明として最も適当なものを、次の**ア**～**エ**の中から一つ選んで、その記号を書きなさい。

ア　教室から急に「真以」がいなくなってしまったので、何か思いつめていることがあるなら相談にのってあげたいと思い、急いで学校の中を探そうと思ったから。

イ　いやがらせをしてきた男の子と同じクラスになったことで不安に思い、いざという時に助けてもらえるようにすぐにでも「真以」を探そうと思ったから。

ウ　「真以」がいなくなったことで落ち着かなくなり、周りを見わたすとクラスの子からどう思われているのかも気になりだして、早く教室を離れたいと思ったから。

エ　「真以」に嫌われているかもしれないことやクラスの子たちからいやがらせを受けていることを、今すぐ「木村先生」に相談したいと思ったから。

(五)　――部④「木村先生は『焦らない焦らない』と笑った」とありますが、ここで「木村先生」が「葉」に伝えようとしているのはどういうことですか。その説明として最も適当なものを、次の**ア**～**エ**の中から一つ選んで、その記号を書きなさい。

ア　矢つぎばやに質問してくる「葉」に対して、質問ばかりしていても人は心を開いてくれないので、まず自分自身のことを話してみるようにすすめている。

イ　「真以」のことを知りたいと思っている「葉」に対して、まだふたりの関係が深まっていないのだから、じっくり関わっていくようにうながしている。

ウ　島に来たばかりなのにあれこれさぐろうとする「葉」に対して、ゆっくり島になじんでいけばいいので、まずはみんなの様子を見守るようにさとしている。

エ　「真以」の家庭の事情をさぐろうとする「葉」に対して、だれでも知られたくないことはあるのだから、ふみこんだことを聞かないようにいましめている。

(六)　――部⑤「本は読んでて。ここにいていい？」とありますが、このとき「葉」はどのような気持ちになっていますか。八十字以内で説明しなさい。

下書き用

(七)　本文の表現や内容について説明したものとして適当なものを、次の**ア**～**オ**の中から二つ選んで、その記号を書きなさい。ただし、解答の順序は問いません。

ア　2行目「橋の上で向かい合う。海の上のまっすぐな道には私たちの他に誰もいない」という部分は、「葉」と「真以」しかそこにいない事実を強調して取り上げており、ふたりがこれから特別な関係を築いていくことを予感させている。

イ　26行目「橋の下を黒っぽい大きな船が通っていくところだった。欄干にとまっていた海鳥が白い羽をはばたかせて飛びたった」という部分は、黒と白の色を対比して取り上げており、「葉」と「真以」の性格が対照的なことを示している。

ウ　32行目「私の学年は十三人しか生徒がいなかった。校舎の三分の二は空き教室で、廊下はやけに長く感じられた」という部分は、具体的な数字を用いて、「葉」が東京とはちがう島の環境（かんきょう）にとまどっていることを暗示している。

エ　67行目「教室からのはしゃぎ声が耳に届く」という部分は、「葉」と「木村先生」の会話以外の音を取り上げることで、「葉」には「木村先生」の言葉がしっかりと届いていないことを表している。

オ　86行目「はじめて人間を見た野生動物みたいな顔だ」という部分は、比喩（ひゆ）表現を用いることで、だれとも関わらずに孤立して生きてきた「真以」のさびしさを感じさせている。

令和４年度　東大寺学園中学校入学試験問題　　**算　　数**　　――６０分――　（中学算数・４枚のうち１）

※ 角すい，円すいの体積は (底面積) × (高さ) ÷ 3 で求められます．
※ 2 つの数量の差とは，等しい 2 つであれば 0，異なる 2 つであれば大きいものから小さいものを引いた数量をさすものとします．

1 次の各問いに答えなさい（解答欄(らん)には答のみ記入しなさい）.

(1) 1 から 200 までの 200 個の整数を，下のようにある規則に従って一列に並べました.

1, 51, 101, 151, 2, 52, 102, 152, 3, 53, 103, 153, ⋯⋯ , 48, 98, 148, 198, 49, 99, 149, 199, 50, 100, 150, 200

(i) 123 は左から何番目に並んでいますか.

(ii) 連続して並んでいる 4 つの整数の和を計算したら 323 でした．この 4 つの整数の中で最も左にある整数は，列全体の左から何番目に並んでいますか.

(2) 図の長方形 ABCD は紙でできていて，対角線の長さは AB の長さの 2 倍です．点 P は AD 上を A から D まで動きます．三角形 ABP を BP を折り目として折り返したとき，紙が 2 枚重なっている部分の面積を S とします.

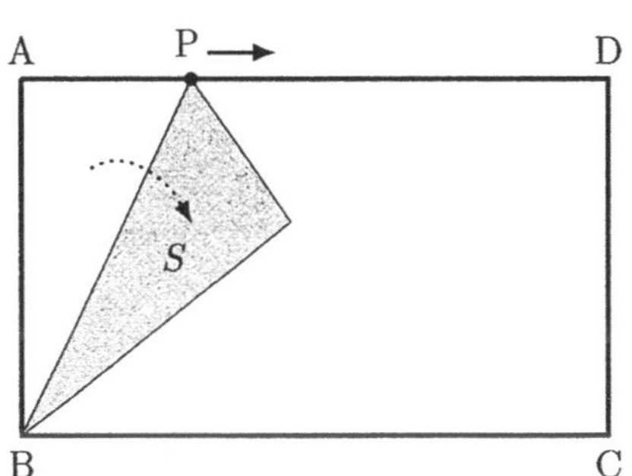

(i) P が点 E に一致するまでは，S は AP の長さに比例し，E を通り過ぎると，S は AP の長さに比例しなくなります．この E に対し，∠ABE の大きさを求めなさい．ただし，たとえば三角形 XYZ について，頂点 Y での内角を ∠XYZ または ∠ZYX と表します.

(ii) P が点 F に一致するときの S が，P が D に一致するときの S の $\frac{1}{2}$ となります．この F に対し，AF : AD を最も簡単な整数の比で答えなさい.

(3) 下のように，ある規則に従って整数が並んでいます.

31, 63, 107, 163, 231, ア, イ, ウ, 623, 751, ⋯⋯

この ア, イ, ウ を用いて，下の式が成り立っています．ただし，E には整数が入り，A, B, C, D には連続する 4 つの整数が入り，小さい順に A ＜ B ＜ C ＜ D であるとします.

$$(1042 \div 2 - \text{ア}) + (1478 \div 2 - \text{イ}) + (2022 \div 2 - \text{ウ}) = (7 \times 8 \times 9 \times 10 - \text{A} \times \text{B} \times \text{C} \times \text{D}) \div \text{E}$$

(i) ア, イ, ウ に入る整数をそれぞれ求めなさい.

(ii) A, B, C, D, E に入る整数をそれぞれ求めなさい.

2 次の各問いに答えなさい．

(1)

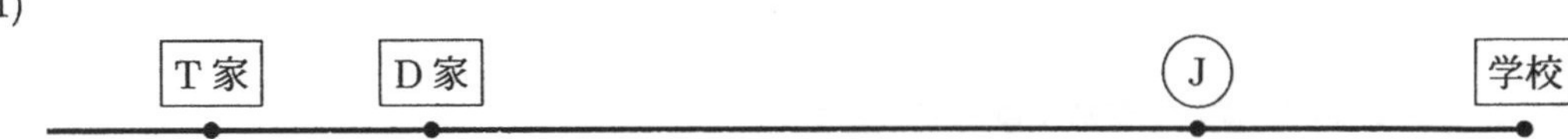

図のような通学路に，T君の家，D君の家，学校があります．T君とD君は8時にそれぞれの家を出て，それぞれ一定の速さで学校に向かいました．途中のJ地点を通過したのはT君の方が3分早く，学校への到着時刻の差は5分でした．D君の家からJ地点までの道のりと，J地点から学校までの道のりの比が7 : 3だとすると，T君がD君の家を通過したのは8時何分何秒だったでしょうか．

(2) 整数を異なる3個の整数の積として表すことを考えます．たとえば，24は，

$1 \times 2 \times 12, \quad 1 \times 3 \times 8, \quad 1 \times 4 \times 6, \quad 2 \times 3 \times 4$

と4通りの表し方があります．

(i) 90を異なる3個の整数の積として表す方法は全部で何通りありますか．ただし，積の順序だけが異なるものは，それらを全部で1通りとして数えます．

(ii) 20以上の整数 A を，異なる3個の整数の積として表すことはできず，$A+4$ も異なる3個の整数の積として表すことはできませんでした．このような20以上の整数 A として考えられるものを小さいものから順に5個答えなさい．

(3) 右の図の直方体ABCD-EFGHは，AB = AD = 2cm，AE = 4cmの直方体で，I，JはそれぞれBF，CGの真ん中の点です．このとき，四角すいA-IFGJと四角すいE-BIJCの重なっている部分の体積を求めなさい．

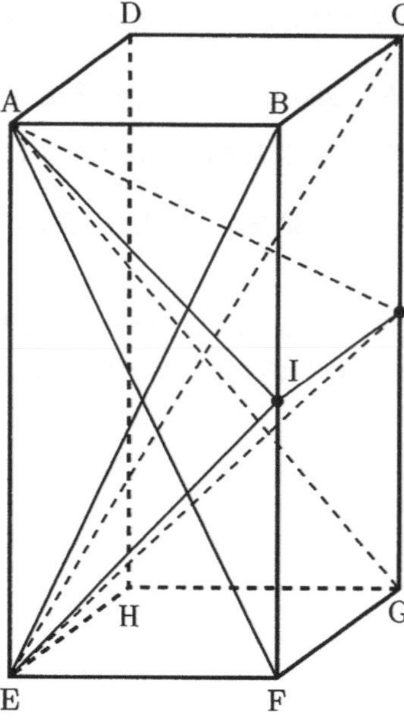

3 ある高層ビルの屋上には，図のような直径 7 m の円周の半分と，長さ 22 m の直線を組み合わせた形の展望コースがあり，C 地点は B 地点の真東の方向にあります．身長 180 cm の父と身長 120 cm の子どもがこのコース上を A 地点から C 地点まで，それぞれ一定の速さで歩きます．ただし，A 地点と B 地点を結ぶ，図の点線は半円の直径です．**円周率を $\frac{22}{7}$ として，次の問いに答えなさい．**

(1) ある日，子どもが A 地点を出発し，父がその S 秒後に A 地点を出発しました．父は B 地点で子どもを追いこし，さらにその T 秒後に C 地点に到着しました．このとき $S : T = 11 : 76$ でした．

(i) 父と子どもが歩く速さの比を，最も簡単な整数の比で答えなさい．

(ii) 父が子どもを追いこしてから 7 秒後に，太陽は真東の方角に出ており，太陽による二人の影の先端が B 地点から 3.2 m 真東の地点で重なりました．父の歩く速さは毎秒何 m ですか．

(2) 別のある日，子どもが A 地点を出発し，その後，父が A 地点を出発しました．前を行く子どもが B 地点を通過するまでに太陽による二人の影の先端が重なり，そのとき，子どもの影の長さは 7 m でした．影の先端が重なってから何秒後に父が子どもを追いこしますか．ただし，二人が歩く速さは (1)(ii) の速さと等しいものとします．

4 整数 N に対して，N の各位の数の和を $S(N)$ と表します．たとえば，

$$\begin{aligned} S(7) &= 7 \\ S(46) &= 4+6=10 \\ S(1975) &= 1+9+7+5=22 \end{aligned}$$

です．
整数 N について，次のような【特性】を考えます．

【特性】N は $S(N)$ で割り切れる．

たとえば，$S(2022)=6$ で，$2022 \div 6 = 337$ より，2022 は $S(2022)$ で割り切れます．つまり，2022 は【特性】をもちます．
このように，【特性】をもつ整数について，次の問いに答えなさい．

(1) 整数 N は【特性】をもち，1 以上 2022 以下とします．このような整数 N の中で，$S(N)=5$ となる N は全部で何個ありますか．

(2) 整数 N は【特性】をもち，1 以上 2022 以下とします．このような整数 N の中で，$S(N)=9$ となる N は全部で何個ありますか．

(3) 整数 N は【特性】をもち，1 以上 2022 以下とします．このような整数 N の中で，$S(N)=18$ となる N は全部で何個ありますか．

(4) 整数 N は【特性】をもち，1 以上 2022 以下とします．$S(N)$ の値として考えられるものの中で，大きいものから 3 番目の値を求め，そのときの N をすべて求めなさい．

問題は以上です．

令和４年度　東大寺学園中学校入学試験問題

理　　　科　――５０分――（中学理科・７枚のうち１）

１　次の文を読んで，(1)～(9)の問いに答えなさい。

ミツバチは社会性こん虫とよばれ，なかまと巣を作ったり，言語以外の方法でコミュニケーションをとったりして生活しています。例えばエサのありかをなかまに知らせたりします。では，エサのありかをどのように認識(にんしき)しているか考えてみましょう。

下の図のような白いボール紙でできた装置に透明(とうめい)なアクリル板でふたをして，一匹(いっぴき)のミツバチに対して次のような実験１，２をおこないました。実験１では，入り口から入ったミツバチが色Ａに囲まれたぬけ穴を通りぬけて部屋ｚに移動します。そのあと，色Ｂで囲まれたぬけ穴を通ると部屋ｘにたどり着き，色Ｃで囲まれたぬけ穴を通ると部屋ｙにたどり着きます。実験１では部屋ｘにはエサを置いておきます。部屋ｙに飛んで行ったミツバチは入り口にもどします。ミツバチが部屋ｘにたどり着くまでくり返します。ただし，エサにはにおいも色もついていません。

ミツバチがエサを得たら，そのミツバチを用いて続けて実験２をおこないます。実験２では入り口から入ったミツバチが模様ａに囲まれたぬけ穴を通って，部屋ｚに入ります。そのあと模様ｂで囲まれたぬけ穴を通って部屋ｘに行ったり，模様ｃで囲まれたぬけ穴を通って部屋ｙに飛んで行ったりできます。実験２ではエサは置きません。模様はすべて黒でえがかれています。

下の表は，条件Ⅰ～Ⅳのようにしてそれぞれ別のたくさんのミツバチを用いて何度も実験１，２をおこなったときの結果です。なお，ミツバチは色の認識ができることはよく知られています。

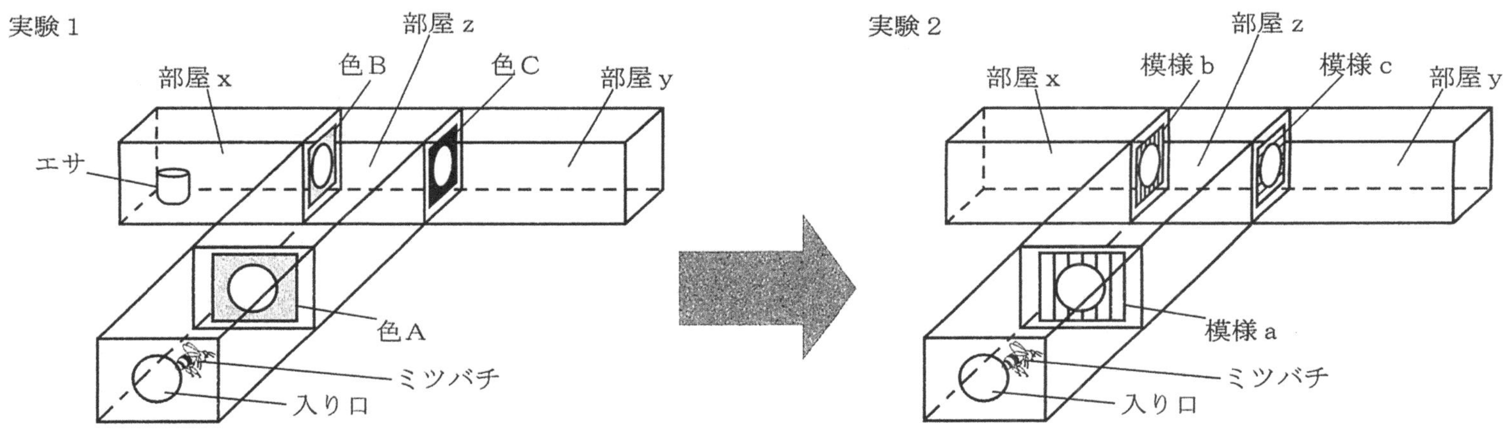

	実験１			実験２			実験２で多くのミツバチが最初にたどり着いた部屋
	Ａ	Ｂ	Ｃ	ａ	ｂ	ｃ	
条件Ⅰ	青	青	黄	縦	縦	横	ｘ
条件Ⅱ	緑	青	緑	縦	縦	横	ｙ
条件Ⅲ	黄	黄	青	縦	横	縦	あ
条件Ⅳ	い			縦	横	縦	ｘ

(1)　ミツバチのはねの数は何枚ですか。また，はねのついているからだの部分はどこですか。

(2)　こん虫でないものを，次の**ア**～**ケ**から**すべて**選んで記号で答えなさい。

ア　タガメ　　**イ**　ゲンゴロウ　　**ウ**　アメンボ　　**エ**　クモ　　**オ**　マムシ
カ　ハエ　　**キ**　カ　　**ク**　アリ　　**ケ**　ダンゴムシ

(3)　社会性こん虫を，(2)から１つ選んで記号で答えなさい。

(4) 下の図は，いろいろなこん虫の幼虫の写真です。ただし，縮尺は同じとは限りません。

① アゲハの図として適当なものを，次の**ア**～**オ**から１つ選んで記号で答えなさい。

ア

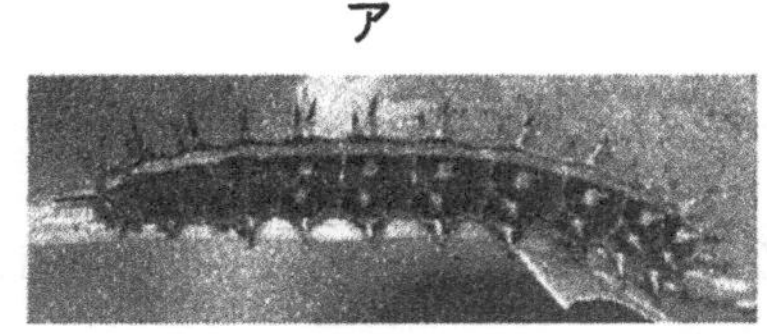

イ

ウ

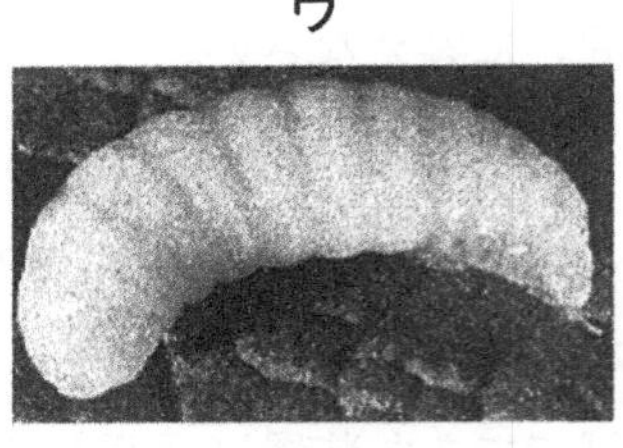

エ

オ

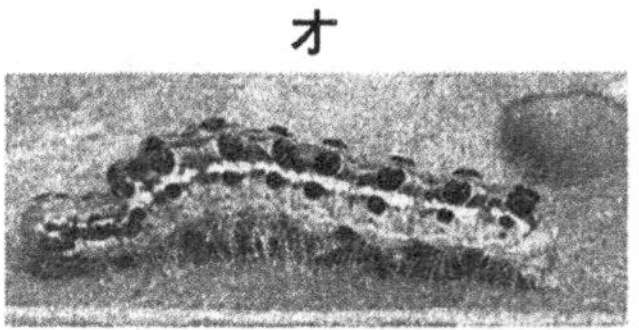

② アゲハのエサとして**適当でないもの**を，次の**ア**～**エ**から１つ選んで記号で答えなさい。

ア レモンの葉　　**イ** サンショウの葉　　**ウ** アブラナの葉　　**エ** ユズの葉

(5) ミツバチは次の**ア**～**ウ**のどれにあてはまりますか。１つ選んで記号で答えなさい。

ア 肉食動物　　**イ** 草食動物　　**ウ** 雑食動物

(6) [あ] にあてはまるものを，次の**ア**～**ウ**から１つ選んで記号で答えなさい。

ア x　　**イ** y　　**ウ** xとyが半分ずつ

(7) 条件Ⅳの結果になるような実験として [い] にあてはまるものを，次の**ア**～**エ**から**すべて**選んで記号で答えなさい。

ア 緑 緑 黄　　**イ** 緑 黄 緑　　**ウ** 黄 黄 緑　　**エ** 黄 緑 黄

(8) 実験１，２からミツバチの性質について考えられることを，次の**ア**～**キ**から１つ選んで記号で答えなさい。

ア 同じ色の方向に飛んで行く。

イ ちがう色の方向に飛んで行く。

ウ 同じ模様の方向に飛んで行く。

エ ちがう模様の方向に飛んで行く。

オ 色や模様そのものでなく，同じかちがうかを認識して飛んで行く。

カ 色や模様に関係なく，左と右を交互（こうご）に飛んで行く。

キ 初めてエサにたどり着いた方向を覚えて，その方向に飛んで行く。

(9) 実験１，２から考えられるものとしてもっとも適当なものを，次の**ア**～**オ**から１つ選んで記号で答えなさい。

ア ミツバチは経験をしなくても，エサの方向にまちがいなく飛んで行ける。

イ ミツバチは親に教えられて，エサのある場所まで飛んで行く。

ウ ミツバチはなかまの行動をみて，学習してエサの取り方を身につける。

エ ミツバチはエサにたどり着いた経路で，くり返し飛んで行ける。

オ ミツバチは経験をもとに，推測してエサを取りに行ける。

2 次の文を読んで，(1)〜(7)の問いに答えなさい。

流れる水は速さが大きいほど大きな石をうき上がらせて運ぶことができます。水といっしょに流れる大きな石は転がってくだけたり当たった石や土をけずったりするため，川底などをけずるはたらきが特に大きくなります。流れる水の速さが小さいと細かい砂やどろしか運べません。

〔m〕
400
300
標高
200
100
0
0 20 40 60 80 100 120〔km〕
長さ
ア イ ウ エ オ カ

図１

(1) 下線部のような，流れる水が地面をけずるはたらきを何といいますか，**ひらがな**で答えなさい。

(2) 図１は，ある川の河口付近から上流方向への長さを横じくに，川底の標高（海面からの高さ）を縦じくに表したグラフです。流れる水のけずるはたらきが最も強い場所を，図１の**ア〜カ**から１つ選んで記号で答えなさい。

(3) 図１の川で石が最もたまりやすい場所を，図１の**ア〜カ**から１つ選んで記号で答えなさい。

(4) 図２の**a**〜**c**は川の断面の形を表しています。図３の**ア〜キ**は川底から水面までの高さ（m，水位）を横じくに，１秒間に流れる水の量（m^3，流量）を縦じくに表したグラフで，**a**のグラフは**ア**です。**b**と**c**のグラフを**ア〜キ**からそれぞれ１つ選んで記号で答えなさい。

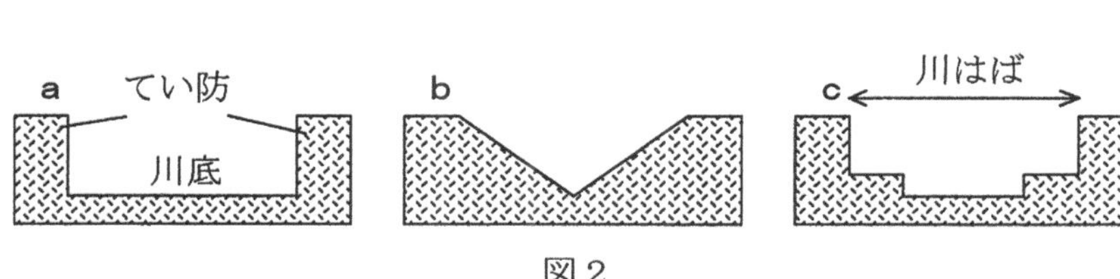

図２

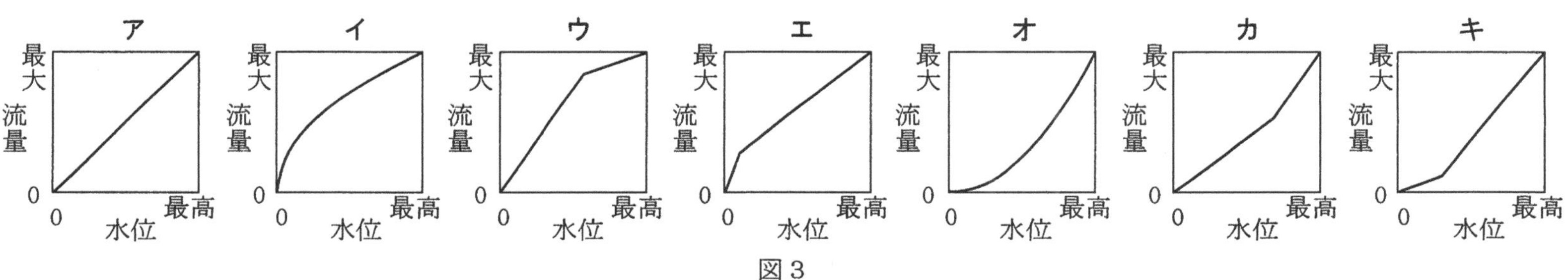

図３

表は，水がてい防をこえそうなほどの大雨が降った前後について，川の中流から下流にかけてのＡ地点・Ｂ地点・Ｃ地点での水位と流量を示しています。Ａ地点での流域面積（降った雨水がＡ地点に流れていく地域の面積，約 1000 km^2）全体に何 mm の雨が１時間降り続くと今回の最大流量の１時間分と等しくなるかを計算したところ，12 mm でした。

(5) 次の**ア〜エ**から１時間に 12 mm の雨に最も近いものを，１つ選んで記号で答えなさい。

ア かさをさす人とささない人が両方いるような，ポツポツと降る雨

イ 地面がすっかりしめるような，シトシトと降る雨

ウ 地面一面に水たまりができるような，ザーザーと降る雨

エ バケツをひっくり返したような，道路が川のようになる雨

日	時	Ａ地点		Ｂ地点		Ｃ地点	
		水位 (cm)	流量 (m^3/秒)	水位 (cm)	流量 (m^3/秒)	水位 (cm)	流量 (m^3/秒)
9月1日	12時	27	16	4	7	172	9
9月8日	12時	134	100	92	49	196	53
9月14日	12時	41	23	23	13	176	13
9月15日	12時	107	72	75	40	192	41
9月16日	0時	485	871	492	564	297	819
	6時	990	3150	1133	2906	471	2958
	7時	1006	3245	1162	3025	479	3115
	8時	1024	3352	1161	3021	483	3195
	9時	1033	3407	1137	2922	480	3135
	10時	1028	3377	1093	2745	471	2958
9月17日	12時	336	451	307	339	266	343

(6) Ａ地点・Ｂ地点・Ｃ地点はそれぞれ約５ km ずつはなれています。３つの地点を上流から順に並べたものを，次の**ア〜カ**から１つ選んで記号で答えなさい。

ア Ａ地点，Ｂ地点，Ｃ地点　　**イ** Ａ地点，Ｃ地点，Ｂ地点　　**ウ** Ｂ地点，Ａ地点，Ｃ地点

エ Ｂ地点，Ｃ地点，Ａ地点　　**オ** Ｃ地点，Ａ地点，Ｂ地点　　**カ** Ｃ地点，Ｂ地点，Ａ地点

(7) 次の①〜⑥について，表から考えて正しいものに○，誤っているものに × を答えなさい。

① １日から 14 日の間に，この川の流域で雨が降った日がある。

② Ａ地点で最も強い雨が降ったのは 16 日の９時だった。

③ 川の断面積がわかれば，川はば（てい防から対岸のてい防までのきょり）を求めることができる。

④ 川はばはＢ地点の方がＣ地点よりも小さい。

⑤ 流量は水位にほぼ比例する。

⑥ それぞれの時刻で，流量の最も多い地点と最も少ない地点の差は，両地点の間に合流する川の流量の合計に等しい。

3　次の(1)～(6)の問いに答えなさい。なお，解答は小数第1位を四捨五入して整数で答えなさい。

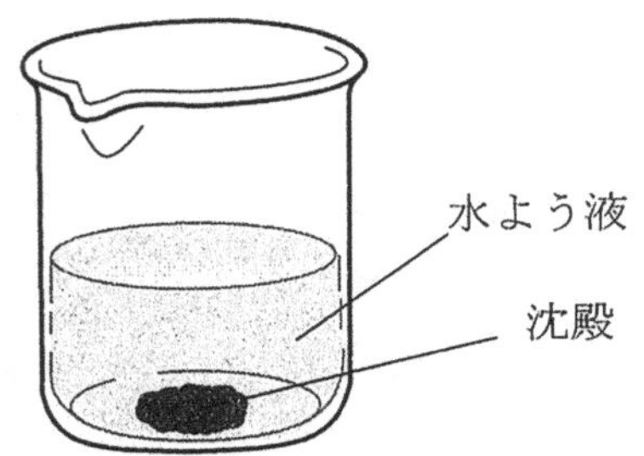

【Ⅰ】ある一定の量の水に，物質Aをとかすことを考えます。加えた物質Aの重さを変えて，できる水よう液の濃度(のうど)を調べたところ，表1のようになりました。水よう液の温度は20℃でした。なお，水よう液の濃度とは，右図のようにとけ残った場合は，沈殿(ちんでん)をのぞく部分の濃度を指します。

表1

加えた物質Aの重さ〔g〕	10	20	30	40	50	60
水よう液の濃度〔%〕	11.1	20.0	27.3	33.3	36.0	36.0

(1)　用いた水の重さは何gですか。

(2)　この温度において，100gの水に物質Aは何gとけますか。

【Ⅱ】次に，別の容器に60gの物質Aをとかした水よう液を用意しました。この水よう液を加熱して水を蒸発させたとき，蒸発した水の重さと沈殿してでてきた物質Aの重さの関係は表2のようになりました。

表2

蒸発した水の重さ〔g〕	20	40	60	80	100	120
沈殿してでてきた物質Aの重さ〔g〕	0	0	6.0	18.0	30.0	42.0

(3)　沈殿し始める温度では，100gの水に物質Aは何gとけますか。

(4)　この水よう液が飽和(ほうわ)水よう液になるのは，何gの水を蒸発させたときですか。必要ならば右のグラフ用紙を使って考えてもかまいません。

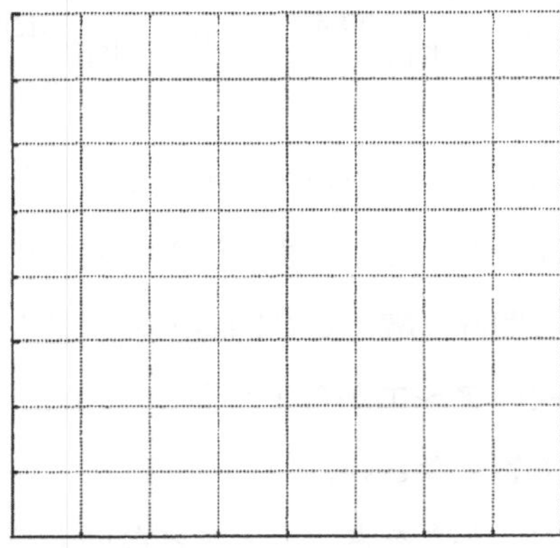

(5)　下線部の水よう液は何gありましたか。

(6)　120gの水を蒸発させたとき，水よう液の濃度は何%になりますか。

4 次の文を読んで，(1)〜(5)の問いに答えなさい。

2021年の夏，東京2020オリンピック・パラリンピック競技大会が開かれました。この東京2020大会で選手にあたえられたA金・B銀・C銅の入賞メダルは，その原材料となる金属を，使用済み携帯（けいたい）電話などの小型家電のDリサイクルによって集めて製作されたことで話題となりました。全国の個人，自治体，会社などの協力により，携帯電話をふくむ小型家電が約78985トン回収され，その中から金約32 kg，銀約3500 kg，銅約2200 kgもの金属量が確保されました。こうして金・銀・銅あわせて約5000個のメダルに必要な原材料をリサイクル金属で100％まかなったことは，大会史上初のことでした。

(1) 次の①，②のよう液にとける金属を，下の**ア**〜**オ**からそれぞれ**すべて**選んで記号で答えなさい。

① うすい塩酸

② 水酸化ナトリウム水よう液

ア マグネシウム　**イ** アルミニウム　**ウ** 銅　**エ** 銀　**オ** 鉄

(2) 下線部**A**の金について正しいものを，次の**ア**〜**オ**から２つ選んで記号で答えなさい。

ア 金属の中で，1 cm^3 あたりの重さが最も重い。

イ 金属の中で，最も熱を伝えやすい。

ウ 金属の中で，最も細長くのばすことができる。

エ 硫（りゅう）酸や硝（しょう）酸と反応しない。

オ 五円硬貨（こうか）の材料として使われている。

(3) 下線部**B**について，銀は金属の中で最も電気を流しやすいですが，携帯電話やパソコンなどの小型家電の部品の配線には金が多く用いられます。金が用いられることが多い理由を，15字以内で答えなさい。

(4) 下線部**C**について，次の問いに答えなさい。

① 銅について**誤っているもの**を，次の**ア**〜**オ**から２つ選んで記号で答えなさい。

ア 磁石につかない。

イ 地球に最も多くふくまれる金属の成分である。

ウ レアメタルの１つである。

エ しめった空気中に放置すると，青緑色のさびを生じる。

オ 家庭用電気器具の電源コードに使われている。

② 東京2020大会で選手にあたえられた銅メダルは，「丹銅（たんどう）」とよばれる銅と亜鉛（あえん）の合金で作製されました。

銅と亜鉛の合金450 gに，じゅうぶんな量の塩酸を加えて反応させたところ，8.064 Lの水素が発生しました。また，亜鉛62.5 gにじゅうぶんな量の塩酸を加えて反応させたところ，22.4 Lの水素が発生しました。この銅と亜鉛の合金にふくまれる亜鉛の重さの割合は何％ですか，整数で答えなさい。ただし，合金にふくまれる金属の塩酸との反応のしやすさは，合金にふくまれるときと単独のときで，等しいものとします。

(5) 下線部**D**について，次の問いに答えなさい。

① 携帯電話やパソコンなどの小型家電には貴金属やレアメタルがふくまれており，小型家電をリサイクルすることでこれらを効率的に回収できます。このように廃棄（はいき）物の小型家電にふくまれる有用な金属資源を鉱山に見立てて何と呼ばれますか。**漢字**で答えなさい。

② プラスチックのリサイクルについて述べた文のうち**誤っているもの**を，次の**ア**〜**オ**から**すべて**選んで記号で答えなさい。

ア プラスチック製容器に識別マークが表示されていることで，ごみの分別が容易になる。

イ プラスチックを化学反応でもとの原料である石油にリサイクルする方法が，最もよくおこなわれている。

ウ プラスチックの種類を選別するために，水へのうきしずみも利用されている。

エ リサイクルできないプラスチックを焼きゃくして発生した熱は大気中へ放出され，利用されていない。

オ ペットボトルをリサイクルした製品として，衣服がある。

5 次の(1)～(3)の問いに答えなさい。

(1) 雨上がりの後，空には虹（にじ）を見ることができます。虹についての説明で適当なものを，次の**ア～カ**から**すべて**選んで記号で答えなさい。

ア 朝には，西の空に虹を見ることができる。

イ 昼には，南の空に虹を見ることができる。

ウ 夕方には，西の空に虹を見ることができる。

エ 大気の状態や時間帯によっては，二重の虹を見ることができる。

オ オーロラは，北極や南極地方の虹と考えられている。

カ 冬は虹を見ることができない。

(2) 電池につながれたエナメル線と鉄心を利用して，電磁石を作りました。右図のように電池が２本直列につながれている状態で，エナメル線がはば 30 cm の鉄心に 600 回巻かれていて，電流は１アンペア流れました。また電池を１本にすると，電流は 0.5 アンペア流れました。

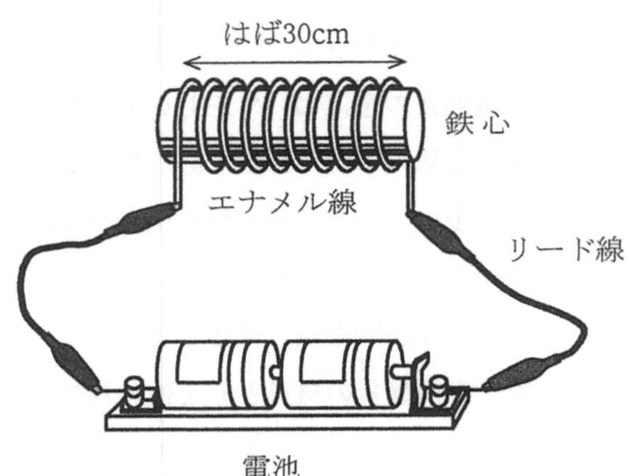

次の①～③のように変えた場合，電磁石の強さは右図の電池２本の状態に比べて何倍になりますか。整数または分数で答えなさい。なお，電磁石の強さは流れる電流の大きさに比例し，鉄心のはば１ cm 当たりの巻き数にも比例するものとし，鉄心の断面積には無関係であるとします。さらに，流れる電流の大きさはエナメル線の長さに反比例するものとします。エナメル線を鉄心に巻くときは，いちように巻きます。

① 鉄心に巻かれたエナメル線をほどいて，鉄心の一部のはば 10 cm のところに 300 回巻きました。なお，巻かれなかったエナメル線は切り取らずに，つながったままです。

② エナメル線をほどいて，はば 20 cm で半径が３分の１の鉄心に，エナメル線が余らないように鉄心全体に巻き直しました。

③ エナメル線の長さを半分に切り，初めの 30 cm の鉄心にエナメル線が余らないように 300 回巻きました。また，電池を１本にしました。

(3) 図１における豆電球の明るさを**ア**，図２における豆電球の明るさを**イ**とし，豆電球が光らない場合は**×**とします。下図の豆電球Ａ～Ｄの明るさを，**ア**，**イ**，**×**のいずれかで答えなさい。

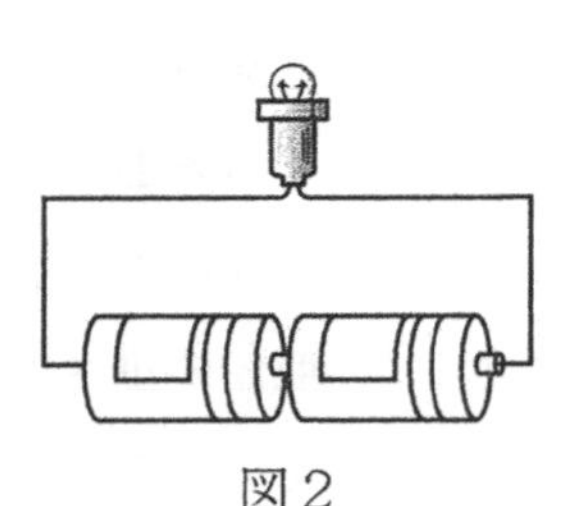

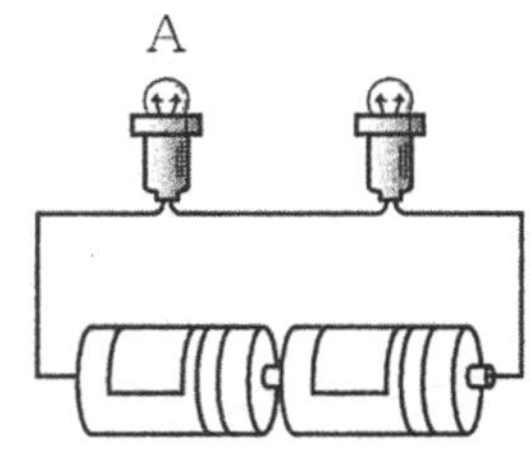

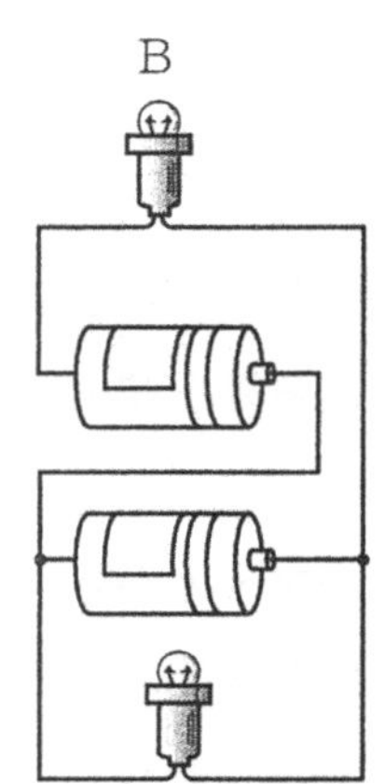

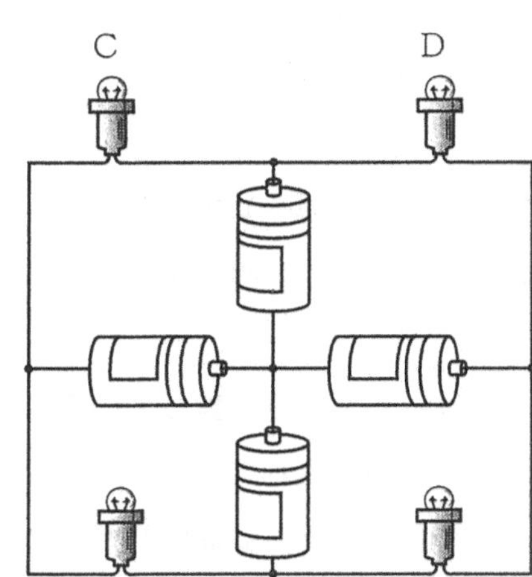

6 次の文を読んで，［　　］に適する整数または小数を答えなさい。ただし，［こ］は漢字1文字を答えなさい。なお，割り切れない場合は，小数第3位を四捨五入しなさい。

図1のような糸巻きがあります。図2のように，外側の円板の直径を外径，内側の円柱の直径を内径と呼びます。外径や内径の異なる2つの糸巻きS，Tを用意して，1本のじゅうぶん長くて細い糸で図3のようにつなぎ，水平な机に置きました。糸巻きSやTには糸がじゅうぶんに巻いてあります。また，糸の一か所に結び目を作っておきます。机と2つの糸巻きや，糸と糸巻きはすべることなく移動するものとします。以下の計算では，円周率を3.14とします。

糸巻きSの外径をA，内径をa，糸巻きTの外径をB，内径をbとします。なお，2つの糸巻きが段差にたどり着かないように，じゅうぶんにはなしておきます。

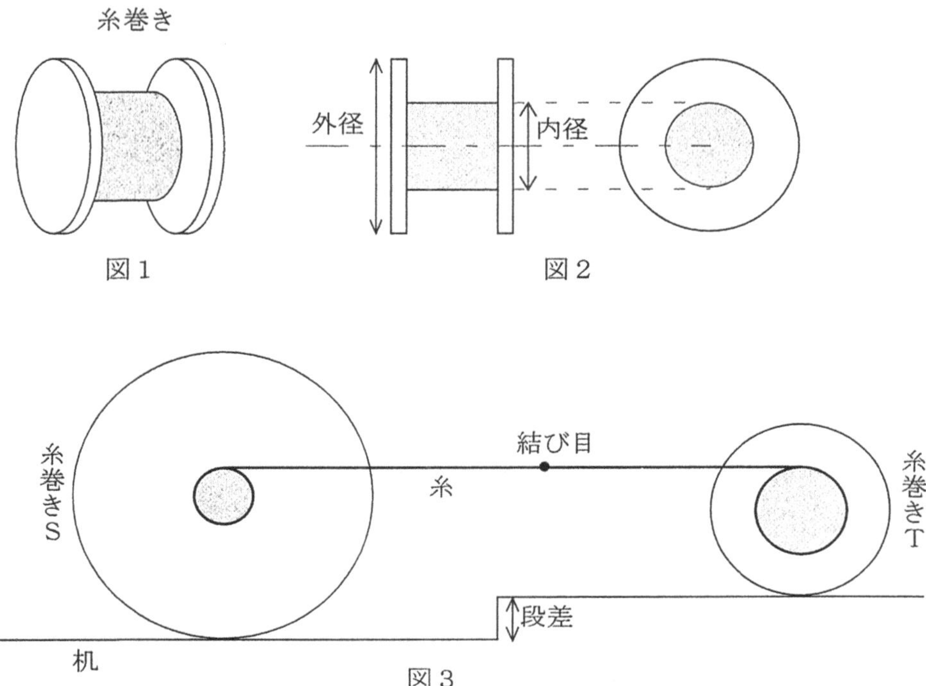

図1　図2　図3

まず，Aが100 cm，aが10 cm，Bが60 cm，bが20 cmの2つの糸巻きを，図3のように段差のある机の左右に置き，糸はたるまないように水平に保ちます。糸巻きSが反時計まわりに1回転すると，糸巻きSは左へ［あ］×3.14〔cm〕の長さだけ進みます。その1回転の間に糸巻きSの円柱は［い］×3.14〔cm〕の長さだけ糸を巻き取ります。結び目は机に対して［う］×3.14〔cm〕の長さだけ移動します。

糸に引かれて糸巻きTが1回転する間に，糸巻きTは左へ［え］×3.14〔cm〕の長さだけ進みます。そして，糸巻きTの1回転の間に糸巻きTの円柱は［お］×3.14〔cm〕の長さだけ糸を出し，結び目は机に対して［か］×3.14〔cm〕の長さだけ移動します。

以上より，糸巻きSが反時計まわりに1回転する間に，糸巻きTは反時計まわりに［き］回転します。したがって，糸巻きSが1回転する間に，糸巻きTの円柱は［く］×3.14〔cm〕の長さだけ糸を出すことになります。このとき，糸巻きSが1回転する前と後では，2つの糸巻きの間の糸の長さは［け］×3.14〔cm〕だけ［こ］くなります。

次に，外径や内径がこれまでとは異なる2つの糸巻きを用意しました。Aが20 cm，bが16 cmであったとき，糸巻きSが1回転する間に，糸巻きTも1回転したとします。そして，2つの糸巻きの間の糸の長さが変化せず，糸が水平を保つためには，aが［さ］cm，Bが［し］cm，段差が［す］cmであればよいです。

令和４年度　東大寺学園中学校入学試験問題

社　会　――５０分――（中学社会・９枚のうち１）

１　次の文を読んで、文中の(1)～(10)について、後の同番号の各問いに答えなさい。

(1)小松左京は大阪生まれのＳＦ作家です。彼の『日本沈没』は、(2)(　　　)年に刊行され、上下巻あわせて累計460万部に達する大ベストセラーとなりました。同年、映画にもなり、翌年には連続テレビドラマ化されました。そのあらすじは次のようなものです。

伊豆鳥島の東北東で、小さな島が一夜にして「消滅」した。独自にこの調査に乗り出した地球物理学者の田所博士は、地震の観測データから日本列島に異変が起こっていることを直感する。(3)小笠原群島沖に深海調査艇で潜った田所は、そこに謎の亀裂と海底乱泥流を発見するのであった。

おりしも伊豆半島付近で天城山が爆発し、それを追うように三原山と大室山が噴火を始めた。(4)内閣では専門家と閣僚の懇談会が開かれる。そこに招かれた田所は、今後もこうした被害が増えていくことを警告したが、学者仲間の失笑をかうだけであった。その後、田所を中心に極秘の調査が行われた結果、「早ければ２年以内に日本列島の大部分が海面下に沈没する」という予測が導かれた。

しかし、事態は予想をこえる速度で進行していた。関東各地の(5)火山活動が活発化するなか、(6)京都で大地震が起こるにいたり、政府は極秘プロジェクトとして日本人避難計画を発動した。ついに関東地方を巨大地震がおそい、首都圏は想像を絶する被害を受ける。そして、いよいよ(7)富士山が大噴火を起こし、日本各地で火山の噴火や地震があいついだ。地殻変動のスピードが速まり、(8)四国は割れ、大阪は完全に沈んでしまった。国連では日本救済特別委員会が設立され、世界各国からさしのべられた救助の手によって、続々と国民は沈没していく列島を離れていった。

小松は、自伝のなかで、『日本沈没』を書きはじめた動機について、まず「戦争だった」と振り返っています。

「本土決戦、一億玉砕で日本は滅亡するはずが終戦で救われた。それからわずか20年で復興を成し遂げ、……日本は先進国になった。私もその渦中を駆け抜けたのだが、豊かさを享受しながら、危うさや不安がいつも脳裏にあった。日本人は(9)高度経済成長に酔い、浮かれていると思った。(10)あの戦争で国土を失い、みんな死ぬ覚悟をしたはずなのに、その悲壮な気持ちを忘れて、何が世界に肩を並べる日本か、という気持ちが私の中に渦巻いていた。のんきに浮かれる日本人を、虚構の中とはいえ国を失う危機に直面させてみようと思って書きはじめたのだった。」

大きな災害や事件が起こると小松作品が話題になります。その予言的なＳＦの設定に目をうばわれてしまいがちですが、「日本人」、ひいては「人間」とは、「運命」とは何か、と問いかけてくる力が、作品の根底にあるのではないでしょうか。

(1)　彼と親交の深かった人物に落語家の３代目桂米朝がいます。米朝が高座にかけたことのある演目について述べた文として下線部が正しいものを次の**ア**～**エ**から選んで、その記号を書きなさい。

ア　「こぶ弁慶」には源義経に仕えた武蔵坊弁慶が登場する。源義経が活躍した壇ノ浦の合戦のようすは、『源氏物語』などの文学作品からうかがい知ることができる。

イ　「本能寺」には織田信長と明智光秀の関係が描かれている。織田信長は、室町幕府の後ろだてとなっていた武田氏を長篠の戦いで破ると、足利家の将軍を京都から追放した。

ウ　「百年目」は、大阪船場の商家を舞台にした落語である。江戸時代に西まわり航路が整備されると、諸藩の年貢米や特産品が大阪へ大量に運ばれ、商人によって売り買いされた。

エ　「胴乱の幸助」は、明治10年代を舞台にした落語である。このころには横浜や神戸の郊外にれんがづくりの団地が整備され、鉄道で都市部に通勤する労働者が増加した。

(2)　(　　　)には、第１次石油危機が起こった年があてはまります。第１次石油危機前後の日本外交に関するできごとの組み合わせとして正しいものを次の**ア**～**エ**から選んで、その記号を書きなさい。

ア　前－韓国と国交が開かれた。　　後－日中平和友好条約が結ばれた。

イ　前－韓国と国交が開かれた。　　後－ソ連との国交が回復した。

ウ　前－日朝首脳会談が行われた。　後－日中平和友好条約が結ばれた。

エ　前－日朝首脳会談が行われた。　後－ソ連との国交が回復した。

⑶　これは世界自然遺産に登録されています。次の写真と図は、日本の世界自然遺産にふくまれる西表島と白神山地について、その植生と、そこで観測される月別降水量をあらわしたものです。白神山地の植生にあてはまる写真を**ア・イ**から、白神山地の月別降水量にあてはまる図を**ウ・エ**からそれぞれ選んで、**植生→降水量の順**にその記号を書きなさい。

ア

イ

ウ

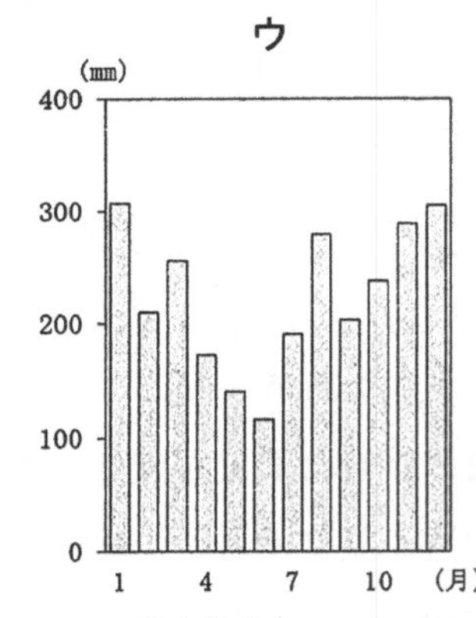

エ

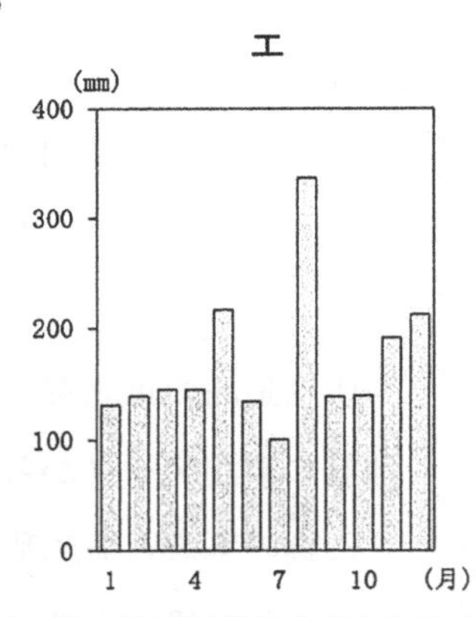

（講談社　『日本の天然記念物』より引用）　降水量は2011～2016年の平均値。（気象庁資料などより作成）

⑷　これについて述べた次の文中の（　　　）にあてはまる言葉を**６字**で書きなさい。

内閣の権限として、法律の執行、予算の作成、外交関係の処理などをあげることができるが、そのほかにも、天皇の国事行為には内閣の助言と承認が必要であるとされている。また、議院内閣制がとられているため、衆議院において内閣不信任案が可決された場合、内閣は、総辞職するか（　　　）するかのいずれかを選択しなければならない。

⑸　これについて、東京の南約1000kmの太平洋上にある西之島では、近年、活発な火山活動がみられます。この島は、二つのプレートの境界付近に位置しており、そのうちの一つは太平洋プレートです。もう一つのプレートととしてあてはまるものを次の**ア～エ**から選んで、その記号を書きなさい。

ア　インド=オーストラリアプレート　　**イ**　北アメリカプレート
ウ　フィリピン海プレート　　**エ**　ユーラシアプレート

⑹　ここには多くの外国人が訪れます。右の表は、2005年と2019年におけるアメリカ・韓国・タイ・ドイツから日本を訪れた観光客と商用客の人数をあらわしたものです。ドイツにあてはまるものを表中の**ア～ウ**から、観光客にあてはまるものを表中の**カ・キ**からそれぞれ選んで、**ドイツ→観光客の順**にその記号を書きなさい。

	カ		キ	
	2005年	2019年	2005年	2019年
韓国	387, 280	312, 599	1, 215, 766	5, 036, 943
ア	259, 571	216, 392	487, 887	1, 429, 036
イ	59, 458	53, 946	48, 541	168, 214
ウ	29, 633	38, 179	75, 333	1, 246, 144

単位は人。（日本政府観光局資料より作成）

⑺　これは1707年に大きな噴火を起こしました。このころの日本のようすについて述べた文としてあてはまるものを次の**ア～エ**から選んで、その記号を書きなさい。

ア　近松門左衛門が人形浄瑠璃の脚本を書いた。　　**イ**　大阪で大塩平八郎とその門人らが挙兵した。
ウ　本居宣長が『古事記伝』をあらわした。　　**エ**　シャクシャインを中心にアイヌの人びとが蜂起した。

⑻　ここにふくまれる４県について、右の表は、地形別面積と耕地面積をあらわしたものです。高知県と徳島県にあてはまるものを表中の**ア～エ**からそれぞれ選んで、**高知県→徳島県の順**にその記号を書きなさい。

	地形別面積（㎢）			耕地面積（ha）	
	山地	台地	低地	田	畑
ア	6, 076	180	327	20, 400	6, 620
イ	4, 692	67	557	22, 300	25, 700
ウ	3, 308	72	551	19, 500	9, 260
エ	922	316	474	24, 900	5, 040

畑は普通畑・樹園地・牧草地の合計。（データでみる県勢2021年版より作成）

⑼　この時期を通じて、さまざまな耐久消費財が普及していきました。右の図は、1960年から1980年における、電化製品の普及率をあらわしたものです。Ａ～Ｃにあてはまるものを次の**ア～オ**からそれぞれ選んで、**Ａ→Ｂ→Ｃの順**にその記号を書きなさい。

ア　エアコン　　**イ**　白黒テレビ　　**ウ**　洗濯機
エ　パソコン　　**オ**　ラジオ

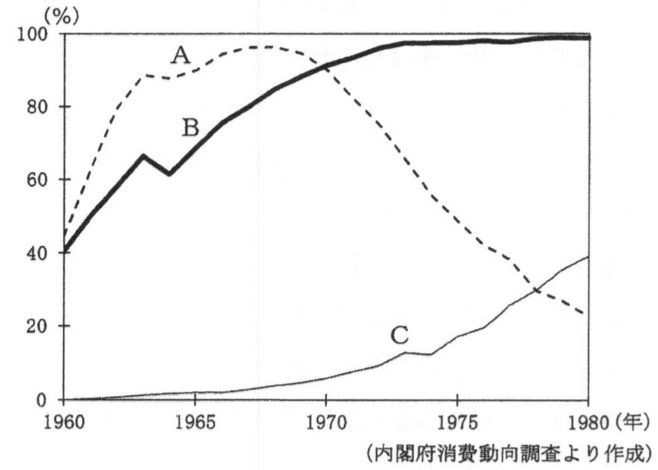

（内閣府消費動向調査より作成）

⑽　この間に起こった次のａ～ｃのできごとを年代順に正しくならべたものを下の**ア～カ**から選んで、その記号を書きなさい。

ａ　米軍が沖縄本島に上陸を開始し、激しい地上戦が展開された。
ｂ　ソ連が日本に宣戦し、満州や千島列島などに侵攻した。
ｃ　広島に原爆が投下されて市街地が壊滅した。

ア　ａ→ｂ→ｃ　　**イ**　ａ→ｃ→ｂ　　**ウ**　ｂ→ａ→ｃ
エ　ｂ→ｃ→ａ　　**オ**　ｃ→ａ→ｂ　　**カ**　ｃ→ｂ→ａ

2　次の文を読んで、文中の＿(1)＿～＿(13)＿について、後の同番号の各問いに答えなさい。

日本は、(1)周囲を海に囲まれた島国です。そのため、船でさまざまな貨物を運ぶ海運が発達し、船をつくる(2)造船もさかんに行われ、船を停泊させて貨物を積みおろしする(3)港湾も国内にたくさん設置されています。海運については、日本国内の港どうしを結んで行われる内航海運と、日本の港と外国の港を結んで行われる外航海運に分けられます。(4)衣料品などをふくむ工業製品、農作物、さらに家屋の建築などに用いられる(5)木材を輸入にたよっている日本にとっては、外航海運が衣食住に欠かせないものになっています。造船については、運ぶ貨物にあわせてさまざまな種類の船が製造されています。たとえば、完成した(6)乗用車を数千台も積むことができる(7)自動車専用船、各種鉱産資源を運ぶ専用船、(8)（　　　　）船などがつくられています。港湾については、日本全国に1000ほどあり、「港湾法」によって、その規模や重要度から国際戦略港湾・(9)国際拠点港湾・(10)重要港湾・地方港湾に分類されています。また、漁船が利用して、水産物が水あげされる(11)漁港は、「漁港漁場整備法」にもとづいて指定され、日本全国に2800ほどあります。

港湾は私たちの生活ともかかわりがあり、近年、港湾に面した地域に大規模な商業施設やオフィス、高層住宅を建設したり、(12)スポーツ施設やレクリエーション施設を整備したりするウォーターフロント開発が行われています。また、陸上にごみ処分場をつくることが難しくなると、東京港の夢の島のように港湾内にごみ処分場がつくられ、(13)日々出されるごみが運ばれて処理されているところもあります。

(1)　これについて、次の各問いに答えなさい。

①　日本周辺の海域について述べた文として正しいものを次の**ア**～**エ**から選んで、その記号を書きなさい。

ア　南から流れてきた日本海流と北から流れてきた千島海流が、紀伊半島の沖合いでぶつかって潮目を形成している。

イ　海水が凍ってできた流氷が、冬季にオホーツク海上を南下してきて、北海道の北東部の海岸線に流れ着く。

ウ　日本の排他的経済水域の面積は、日本の国土面積とほぼ同じ広さで、アメリカ、ロシア、中国に次ぐ世界第４位である。

エ　日本列島南方の与那国島から南鳥島にいたる東西の海域には、水深200m程度の比較的浅い大陸だなが続いている。

②　日本のほかにも、世界にはたくさんの島国があります。次の文で述べられている島国にあてはまるものを下の**ア**～**エ**から選んで、その記号を書きなさい。

> この国の首都では、７月の平均気温が8.8℃となり、７月１日に日本が午前８時のときは、同日午前11時となります。この国では、地震の規模を示すマグニチュードが6.3の地震が2011年２月に発生し、185人が犠牲になりました。犠牲者のなかには、倒壊した建物内にいた日本人28人がふくまれています。

ア　インド半島の南東沖に位置するスリランカ　　**イ**　北アメリカ大陸と南アメリカ大陸の間に位置するハイチ

ウ　アフリカ大陸の東沖に位置するマダガスカル　　**エ**　オーストラリア大陸の南東沖に位置するニュージーランド

(2)　これについて、右の図は、島しょ部を除く九州地方におけるおもな造船所、自動車工場（二輪車をふくむ）、製鉄所の分布をあらわしたものです。●・▲・■にあてはまる工場の組み合わせとして正しいものを図の右の**ア**～**カ**から選んで、その記号を書きなさい。

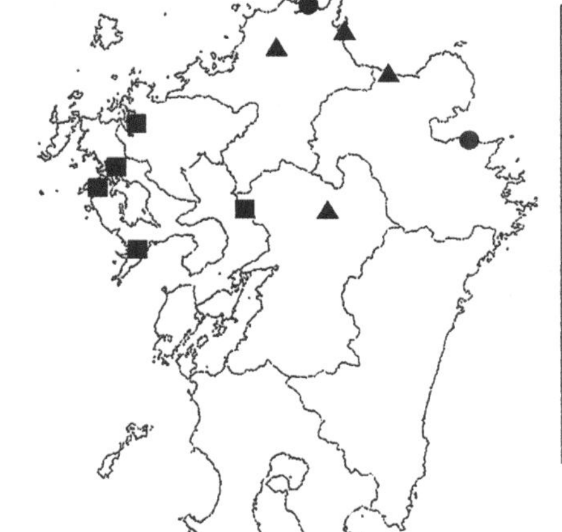

	●	▲	■
ア	造船所	自動車工場	製鉄所
イ	造船所	製鉄所	自動車工場
ウ	自動車工場	造船所	製鉄所
エ	自動車工場	製鉄所	造船所
オ	製鉄所	造船所	自動車工場
カ	製鉄所	自動車工場	造船所

(3)　ここや岬の先端などに設けられた灯台は、船の航行目標となります。灯台をあらわす地図記号を次の**ア**～**エ**から選んで、その記号を書きなさい。

ア　　イ　　ウ　　エ

(4)　これに関して、右の図は、米の産出額、果実の産出額、せんい工業の製造品出荷額、化学工業の製造品出荷額について、本州に位置し、日本海に面する12府県の合計を100としたときの各府県の割合をあらわしたものです。そして右の図では、各府県を海岸線にそって北から南、または南から北の順にA～Lまでならべており、A・Lには、青森県・山口県のいずれかがあてはまります。果実の産出額とせんい工業の製造品出荷額にあてはまるものを図中の**ア**～**エ**からそれぞれ選んで、**果実→せんい工業の順**にその記号を書きなさい。

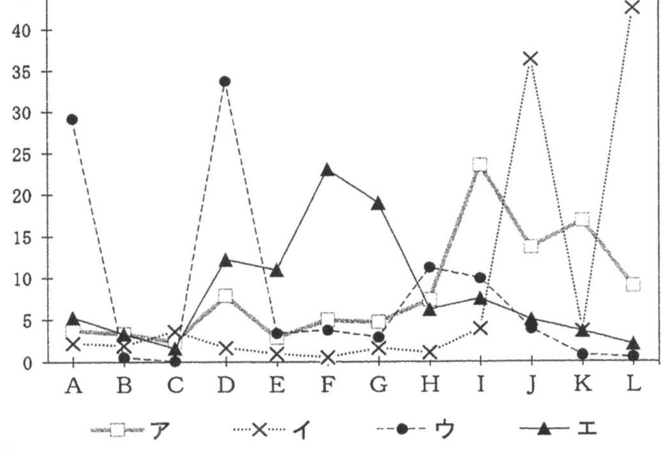

統計年次は2018年。（データでみる県勢2021年版より作成）

(5)　これについて、右の図は、日本における木材供給量の移りかわりをあらわしたもので、Ｘ・Ｙには、国内産・外国産のいずれかがあてはまります。この図について述べた文として正しいものを次の**ア～エ**から選んで、その記号を書きなさい。なお、木材供給量とは製材工場やパルプ工場などの入荷量を丸太の体積に換算したものです。

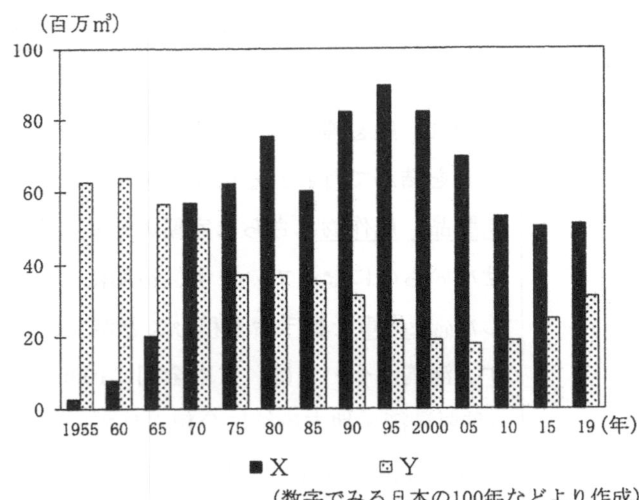

（数字でみる日本の100年などより作成）

ア　Ｘは国内産の木材で、1975年の日本の木材自給率は約60%であった。

イ　Ｘは外国産の木材で、木材の輸入自由化が進められたため、1995年の外国産の木材供給量は、1965年のその量の５倍以上となった。

ウ　Ｙは国内産の木材で、2000年以降、日本の木材自給率は上昇する傾向がみられる。

エ　Ｙは外国産の木材で、海外の木材価格の上昇が続いたため、1975年から2000年にかけて外国産の木材供給量は減少し続けた。

(6)　これについて、右の図は、日本における乗用車・紙・レトルト食品の生産量の移りかわりをあらわしたものです。乗用車とレトルト食品にあてはまるものを右の**ア～ウ**からそれぞれ選んで、**乗用車→レトルト食品の順**にその記号を書きなさい。

ア

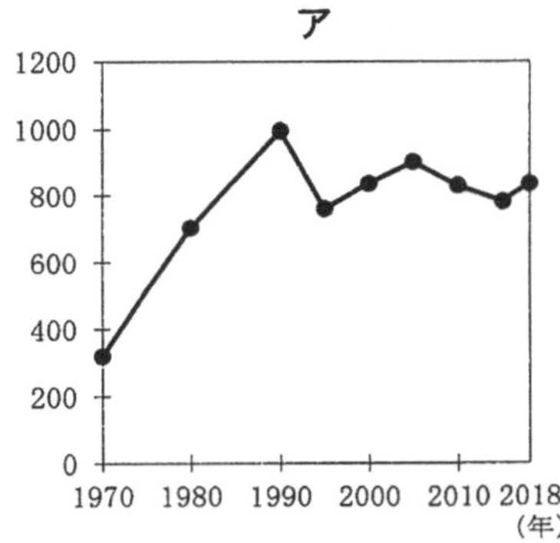

イ

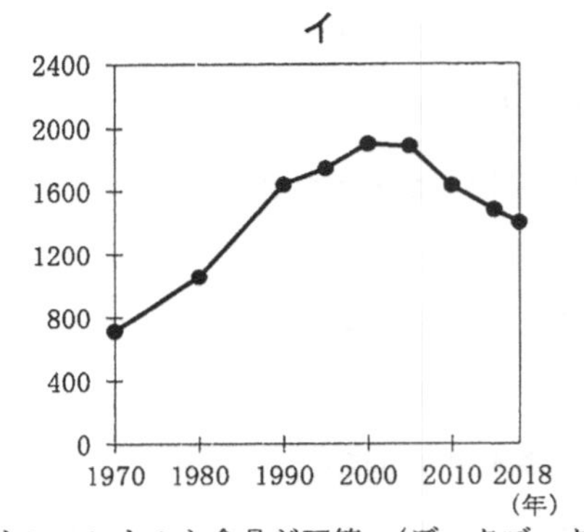

ウ

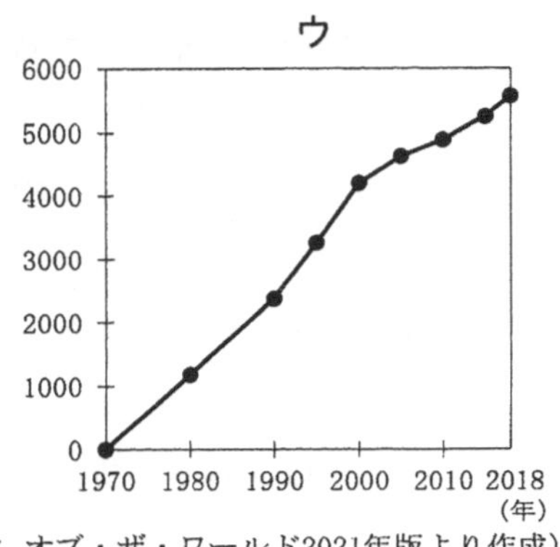

単位は乗用車が万台、紙が万トン、レトルト食品が万箱。（データブック オブ・ザ・ワールド2021年版より作成）

(7)　これらによって、日本に自動車や鉱産資源が輸入されています。右の表は、自動車および２つの鉱産資源について、日本の輸入額上位国をあらわしたものです。そして、次の写真は、表中のＡ～Ｃを運ぶときに用いる専用船を示したものです。表中のＢとＣを運ぶときに用いる船を次の**ア～ウ**からそれぞれ選んで、**Ｂ→Ｃの**順にその記号を書きなさい。

	A	B	C
１位	サウジアラビア	ドイツ	オーストラリア
２位	アラブ首長国連邦	アメリカ	マレーシア
３位	クウェート	タイ	カタール
４位	カタール	イギリス	ロシア
５位	ロシア	イタリア	アメリカ

統計年次は2020年。（日本国勢図会2020/21年版より作成）

ア

イ

ウ

（日本郵船webサイトより引用）

(8)　（　　　）にあてはまる語を次の文を参考にして書きなさい。

> 2020年の後半、アメリカの港湾では、新型コロナウイルス感染症の流行にともなう外出自粛の影響によって、港湾労働者やトラック運転手が足りず、多くの（　　　）船が荷物をおろしてもらうために待機する状況が発生しました。（　　　）は世界各地の港で使い回すしくみなので、アメリカで大量の（　　　）が留まった結果、（　　　）が不足して海上輸送に遅れが生じました。

(9)　これにふくまれる千葉県の千葉港、静岡県の清水港、愛知県の名古屋港、福岡県の博多港について、次の各問いに答えなさい。

①　４つの港について述べた文として正しいものを次の**ア～エ**から選んで、その記号を書きなさい。

ア　千葉港が面する東京湾は、太平洋へとつながり、その湾内には利根川の河口がある。

イ　清水港が面する駿河湾は、太平洋へとつながり、その湾内には天竜川の河口がある。

ウ　名古屋港が面する伊勢湾は、太平洋へとつながり、その湾内には木曽川の河口がある。

エ　博多港が面する博多湾は、日本海へとつながり、その湾内には筑後川の河口がある。

② 次の表は、４つの港が位置する千葉県・静岡県・愛知県・福岡県における人口上位２都市について、男女別に昼間・夜間人口をあらわしたものです。静岡県と福岡県にあてはまるものを表中のア～エからそれぞれ選んで、**静岡県→福岡県の順**にその記号を書きなさい。

		ア		イ		ウ		エ	
		1位の都市	2位の都市	1位の都市	2位の都市	1位の都市	2位の都市	1位の都市	2位の都市
男性	昼間	1,301,565	265,174	826,213	465,631	460,767	242,747	386,462	353,486
	夜間	1,133,640	222,169	726,666	452,682	482,840	311,358	395,509	343,338
女性	昼間	1,288,234	201,662	878,005	517,886	490,761	281,724	406,177	372,650
	夜間	1,161,998	200,373	812,015	508,604	489,042	311,532	402,471	361,651

単位は人。統計年次は2015年。（国勢調査報告より作成）

(10) これには北海道の十勝港や茨城県の鹿島港がふくまれます。次の表は、これらの港における輸入量・移入量上位品目（重量による）を、総輸入量・総移入量にしめる割合とともにあらわしたものです。そして、【 Ｘ 】・【 Ｙ 】には、十勝・鹿島のいずれかがあてはまり、〔 ａ 〕・〔 ｂ 〕には、輸入量・移入量のいずれかがあてはまります。表中の（ Ａ ）～（ Ｃ ）にあてはまるものを下のア～カからそれぞれ選んで、**Ａ→Ｂ→Ｃの順**にその記号を書きなさい。なお、移入とは日本国内のほかの港から貨物を運び入れることです。

【 Ｘ 】港			
〔 ａ 〕上位品目		〔 ｂ 〕上位品目	
鉄鉱石	31.8%	（ Ｂ ）	31.5%
原油	21.2	化学薬品	14.5
（ Ａ ）	18.9	重油	9.5

【 Ｙ 】港			
〔 ａ 〕上位品目		〔 ｂ 〕上位品目	
（ Ｃ ）	33.8%	ふすま※・大豆かす	27.0%
（ Ａ ）	21.5	砂利・砂	22.7
化学肥料	21.0	セメント	19.6

※小麦から小麦粉を製造したときにでる外皮などの副産物で、おもに家畜の飼料として用いられる。
統計年次は2018年。（北海道広尾町および鹿島港湾・空港整備事務所資料より作成）

ア とうもろこし　**イ** 肉類　**ウ** 羊毛　**エ** 衣類　**オ** 石炭　**カ** 石灰石

(11) これについて、次の表は、北海道の根室港・宮城県の石巻港・千葉県の銚子港・静岡県の焼津港における2010年と2019年の魚種別水あげ量をあらわしたものです。なお、**カ**・**キ**には、さんま・まぐろ類のいずれかがあてはまります。石巻港にあてはまるものを表中のア～エから、さんまにあてはまるものを表中の**カ**・**キ**からそれぞれ選んで、**石巻港→さんまの順**にその記号を書きなさい。

	かつお		さけ類		さば類		まいわし		カ		キ	
	2010年	2019年	2010年	2019年	2010年	2019年	2010年	2019年	2010年	2019年	2010年	2019年
ア	137,197	111,080	0	0	14,567	7,831	1,180	1,472	61,483	49,905	0	0
イ	23,302	2,813	5,036	5,053	34,793	46,088	3,381	28,229	827	683	414	1
ウ	834	969	0	0	93,794	92,213	35,574	170,106	6,627	4,043	13,841	620
エ	0	0	7,701	216	4	30	0	10,231	0	0	47,537	15,741

単位はトン。かつお・さけ類・まぐろ類は冷凍品をふくむ。（農林水産省資料より作成）

(12) これについて、右の表は、千葉県・長野県・滋賀県・大阪府におけるスキー場・海水浴場・ゴルフ場の数をあらわしたものです。千葉県と滋賀県にあてはまるものを表中のア～エからそれぞれ選んで、**千葉県→滋賀県の順**にその記号を書きなさい。なお、海水浴場には湖岸の水泳場もふくまれます。

	スキー場	海水浴場	ゴルフ場
ア	0	4	38
イ	0	60	161
ウ	73	0	70
エ	6	12	42

統計年次は2019年4月末時点。
（データでみる県勢2021年版より作成）

(13) これについて、右の表は、三重県伊賀市のある地域における昨年11月のごみや資源の収集日をまとめたカレンダーです。そして、表中の●・▲・■は、次のいずれかのごみや資源が収集される日をあらわしています。●と▲の日に収集されるごみや資源にあてはまるものを次のア～ウからそれぞれ選んで、**●→▲の順**にその記号を書きなさい。

2021年11月						
日曜日	月曜日	火曜日	水曜日	木曜日	金曜日	土曜日
	1日 ●	2日	3日	4日 ●	5日 ▲	6日
7日	8日 ●	9日	10日	11日 ●	12日 ▲	13日
14日	15日 ●	16日	17日	18日 ●	19日 ▲	20日
21日	22日 ●	23日	24日 ■	25日 ●	26日 ▲	27日
28日	29日 ●	30日				

ア 紙くず、台所からでる生ごみ、布切れなど
イ ガラス製品、スプレー缶、陶器類など
ウ ポリ袋、カップ・トレイ・パック類など

3　次の文を読んで、文中の　(1)　～　(13)　について、後の同番号の各問いに答えなさい。

　奈良県の面積は全国の都道府県のなかで８番目にせまく、(1)海に面していない８県のうちではもっともせまい面積となっています。奈良県は、山間部が多いこともあって、北西の盆地部に人口が集中しています。県内には(2)東大寺や法隆寺をはじめとする全国的にも有名な寺院が数多く存在し、観光地として県外から多くの人が訪れています。

　古代、奈良県の北西部は日本の政治の中心地でした。桜井市の纒向遺跡は(3)弥生時代末期から古墳時代前期にかけて形成された大規模な集落遺跡で、大型の初期古墳が複数みられることから、大和政権の発祥地である可能性も指摘されています。５世紀末から７世紀末の期間には、飛鳥とその周辺部に大和政権の首長の住まいが数多く造営され、また、７世紀末から８世紀にかけては、(4)藤原京や平城京が都とされました。

　大きな転機は、桓武天皇が都を京都に遷したことでした。以降の奈良は南都とよばれ、京都への移転を許されなかった寺社が力を伸ばしていきます。なかでも(5)興福寺は大きな勢力をもち、室町時代には寺院でありながら大和国の(6)守護に任命され、奈良の武士を支配下に置くようになりました。(7)鎌倉時代から室町時代にかけて、こうした寺社の周辺地域に庶民によって町が形成され、寺社支配のもと商工業都市として発展しました。しかし、戦国時代には松永久秀の支配するところとなり、続く織田信長や(8)豊臣秀吉による検地によって、寺社勢力は大きく衰退することになります。江戸時代には、大和郡山藩をはじめとするいくつかの(9)藩が設置され、寺社参詣を中心とする観光地としての性格が強まっていきました。

　明治維新を迎え、新政府は(10)十津川郷を除く大和国の幕府領、旗本領、寺社領を管轄するために奈良県を設置しますが、この段階では地方制度が確立していないこともあって、その名称や管轄地域は短期間のうちにめまぐるしく変化します。1871年には(11)廃藩置県が行われて各藩がそれぞれ県となりましたが、すぐに統合され、旧大和国の領域はすべて奈良県になりました。しかし、1876年には堺県に編入され、奈良県はいったん消滅します。約10年後、(12)奈良県は再設置されますが、当時の人口は50万人程度で、この後、大正から(13)昭和の戦前期にかけて緩やかに人口が増加していきます。

　現在、奈良県の人口は徐々に減少しており、また、平成27年の国勢調査によれば、県民の県外就業率は全国２位となっています。少子化が進むなか、観光以外でも魅力のある県でいられるような政策が必要とされているのでしょう。

(1)　ここに位置した都市について述べた文として**あてはまらないもの**を次の**ア**～**エ**から選んで、その記号を書きなさい。

ア　水運などの交通の利便性に着目した織田信長によって城が造営され、城下町には楽市・楽座令が出された。

イ　徳川家康をまつる神社が造営され、江戸の日本橋とを結ぶ道路が、五街道の一つとして整備された。

ウ　フランス人技術者を招いて、蒸気機関を用いる機械を導入した官営の製糸場が建設された。

エ　日清両国の代表が集まり、領土の割譲や賠償金の支払いなどを取り決めた条約が締結された。

(2)　この寺院にある大仏殿はこれまでに何度か修理が行われていますが、その大きさから本格的な修理には長い年月を要しました。近代最初の大修理は1906年に開始され、修理が完成して大仏殿落慶供養が営まれたのは1915年になってからでした。この大修理の期間に起きたできごととしてあてはまるものを次の**ア**～**エ**から選んで、その記号を書きなさい。

ア　米価の高騰に抗議する民衆運動が全国に広まり、内閣の交代へとつながった。

イ　日本とアメリカとの間で条約が結ばれ、日本の関税自主権が完全に回復された。

ウ　ソウルで独立万歳をさけぶ民衆運動が起こり、朝鮮各地へと広がった。

エ　部落差別の撤廃を求める人びとによって、全国水平社の創立大会が開かれた。

(3)　この時代の遺跡について述べた次の文ａ・ｂの正誤の組み合わせとして正しいものを下の**ア**～**エ**から選んで、その記号を書きなさい。

ａ　吉野ヶ里遺跡は環濠をもつ集落の跡が残る遺跡で、文字が刻まれた鉄剣や矢じりがささった人骨が出土している。

ｂ　登呂遺跡は用水路やあぜ道をもつ水田の跡が残る遺跡で、石包丁や田下駄などの農具のほか、高床倉庫跡も発見されている。

ア　ａ－正　ｂ－正　　**イ**　ａ－正　ｂ－誤　　**ウ**　ａ－誤　ｂ－正　　**エ**　ａ－誤　ｂ－誤

(4)　ここに都が置かれていた期間に起きたできごととしてあてはまるものを次の**ア**～**エ**から選んで、その記号を書きなさい。

ア　天皇中心の政治を実現するため、中大兄皇子と中臣鎌足らが協力して蘇我氏を打倒した。

イ　国を治めるための律令が制定され、これにもとづいて税の徴収や兵士の徴発が行われた。

ウ　中国の進んだ政治制度や文化を取り入れるため、遣唐使が初めて派遣された。

エ　疫病の流行、自然災害などをしずめる目的で、国分寺建立の詔が発せられた。

(5)　この寺院は室町時代初期に芸能集団を支配し、法会や祭礼などの際に公演させました。この芸能について述べた次の文中の（　ａ　）・（　ｂ　）にあてはまる語をそれぞれ**漢字**で書きなさい。

　奈良時代から平安時代にかけて、曲芸や滑稽なしぐさ芸、物まね芸などは（　ａ　）とよばれていたが、鎌倉時代以降に歌舞的な要素が取り入れられ、農耕芸である田楽と結びついて演じられるようになった。足利義満に保護された（　ｂ　）とその子は、（　ａ　）を芸術性の高い能として完成させた。

(6) これは源頼朝が朝廷から設置を認められ、鎌倉時代には幕府に仕える御家人が任命されました。鎌倉時代の御家人について述べた文として正しいものを次の**ア～エ**から選んで、その記号を書きなさい。

ア 平時における都や鎌倉の警備は、将軍に対する御家人の奉公の一つであった。

イ 御家人の妻子は、幕府の人質として鎌倉への居住を義務づけられていた。

ウ 承久の乱が起こった際、源氏の将軍は「源頼朝以来の御恩」を説いて御家人の動揺(どうよう)をしずめた。

エ 元軍との戦いで活躍した御家人はその功績(こうせき)を認められて、各地の守護に任命された。

(7) このころの農村のようすについて述べた次の文ａ・ｂの正誤の組み合わせとして正しいものを下の**ア～エ**から選んで、その記号を書きなさい。

ａ 牛や馬を利用して田を耕作したり、草木の灰や糞尿(ふんにょう)を肥料として用いたりするなど、収穫(しゅうかく)増に努めたほか、稲と麦の二毛作を行う地域がみられるようになった。

ｂ 共同で用水路を整えたり山林を管理したりするなど、村内の団結が重視されるようになり、守護の支配に抵抗(ていこう)する村も現れた。

ア ａ－正 ｂ－正　**イ** ａ－正 ｂ－誤　**ウ** ａ－誤 ｂ－正　**エ** ａ－誤 ｂ－誤

(8) この人物が発した命令の内容として、次の文ａ～ｄのうちあてはまるものの組み合わせとして正しいものを下の**ア～エ**から選んで、その記号を書きなさい。

ａ 朝は早く起きて草刈(か)りをし、昼間は田畑の耕作にかかり、夜には縄(なわ)を編んで俵をつくり、何でもそれぞれの仕事を懸命(けんめい)にすること。

ｂ 武家に仕えている者で、昨年七月の奥州出兵ののちに新たに町人・百姓になった者がいれば、その町・村の責任で調査し、一切住まわせてはならない。

ｃ 仏教の教えを破壊するのはけしからんことであり、宣教師たちを日本に置くことはできないので、今日から二十日以内に準備をして、帰国するようにしなさい。

ｄ ポルトガル船が日本に渡(わた)ってくることを禁止します。今後、ポルトガル船が日本に渡ってきたときはその船を壊(こわ)し、乗員は即座(そくざ)に死罪にしなさい。

ア ａ・ｃ　**イ** ａ・ｄ　**ウ** ｂ・ｃ　**エ** ｂ・ｄ

(9) このうち、ある藩の藩主は朝鮮国王から官職を与(あた)えられ、江戸幕府の使者としての特別な立場を認められていました。この藩の名称を**漢字**で書きなさい。

(10) ここに居住した人びとについて述べた次の文中の<u>**ア**</u>～<u>**エ**</u>から**誤っているもの**を選んで、その記号を書きなさい。

> 奈良時代に成立した歴史書である<u>ア『古事記』や『日本書紀』</u>には、後の初代天皇を導くために現れた「ヤタガラス」の話が記述されている。説話によれば、十津川の人びとは、この「ヤタガラス」を祖にもつという。平安時代末期の<u>イ源義朝と平清盛が争った保元の乱</u>など、古代から中世を通じて数々の戦役に兵として参戦し、その功績で十津川は税を免除(めんじょ)される特権を得てきた。また、<u>ウ室町幕府を開いた足利尊氏</u>が後醍醐天皇と対立した際には天皇方に味方するなど、代々、天皇家への忠誠があつく、江戸時代末期には<u>エ明治維新を主導する薩摩藩や長州藩</u>、土佐藩の兵とともに御所(ごしょ)の警護の役もつとめている。

(11) これが実施されるまで、もとの大名が政府の役人に任命され、藩を統治していました。この統治の形態は、大名がそれまで治めていた領地と領民を天皇に返したことをきっかけに成立したものです。大名が領地と領民を天皇に返したことを何といいますか。**漢字**で書きなさい。

(12) これを認めたのは、当時、内閣総理大臣であった伊藤博文です。伊藤博文について述べた文として正しいものを次の**ア～エ**から選んで、その記号を書きなさい。

ア 江戸時代末期、坂本龍馬や板垣退助と協力して、将軍であった徳川慶喜に対し、政権を天皇に返上するように進言した。

イ 岩倉具視や大隈重信らとともに欧米(おうべい)へ派遣される使節団の一員となり、帰国後はアメリカを参考にして学校制度を創設した。

ウ 憲法調査のためにヨーロッパに渡り、帰国後ドイツの憲法などを参考にして、天皇の強い権限を規定した憲法案を作成した。

エ 帝国議会開設後には、政党として結成された立憲政友会の党首となり、衆議院と貴族院で内閣総理大臣に指名された。

(13) この時期に起きたできごとを年代順にならべた次の図中の（ ａ ）・（ ｂ ）にあてはまるものを下の**ア～エ**からそれぞれ選んで、**ａ→ｂの順**にその記号を書きなさい。

> 日本軍が満州全土を占領(せんりょう) →（ ａ ）→ 日本軍が南京を占領 →（ ｂ ）→ 日本軍がジャワ島を占領

ア 治安維持(いじ)法の成立　**イ** 日独伊三国同盟(どうめい)の締結　**ウ** 学徒出陣(しゅつじん)の開始　**エ** 軍人が首相を暗殺

4　次の文を読んで、文中の＿(1)＿～＿(10)＿について、後の同番号の各問いに答えなさい。

民法が改正され今年の４月から、成年年齢が20歳から18歳に引き下げられます。また、それと同時に結婚できる年齢は、男女とも18歳以上となります。これまでは、男性が18歳以上、女性が16歳以上という決まりでした。このように、男女間で差を設ける規定は、徐々に減っていく傾向にあります。

(1)日本国憲法の制定前後には、選挙権・(2)被選挙権をはじめとして、(3)男女の平等を実現するために数々の措置がとられました。この時期以降でみると、(4)国際連合総会で採択された(5)女子差別撤廃条約を締結するにあたり、1980年代には国籍法が改正されたり、男女雇用機会均等法が施行されたりしました。さらにその後、(6)時間外労働等における男女差の撤廃（1999年）、女性の再婚禁止期間の短縮（2016年）といった大きな変更を重ねて、現在にいたっています。

女性が不利益を被っている実情があるとして、近年話題になっているのが、夫婦の姓（名字）の問題です。(7)夫と妻の姓が異なっていても、法律上の婚姻を認めるのかどうかということです。昨年６月、(8)最高裁判所は、同姓での婚姻届の提出を義務づけている法律の規定は憲法に違反していないと判断しましたが、同時に、夫婦の姓に関する制度のあり方は(9)国会で議論され、判断されるべきとも述べました。この判決を受けて(10)法務大臣は、「今後の国会の議論が充実したものとなるよう、引き続き協力をして参ります。」とコメントしています。国民的な合意形成のための取り組みが必要な問題といえるでしょう。

(1)　これによって、天皇にかかわる規定は、大日本帝国憲法のときとは大きく異なるものになりました。天皇にかかわる憲法上の規定の変更について述べた文として正しいものを次の**ア～エ**から**２つ**選んで、その記号を書きなさい。

ア　天皇の地位について、国の元首としていたが、国および国民のまとまりの象徴とした。

イ　天皇の地位の継承について、性別に関する定めはなかったが、男性に限定するとした。

ウ　天皇の権限について、統治権を握るとしていたが、政治に関する権限をもたないとした。

エ　天皇の権限について、軍隊を率いるとしていたが、形式的に自衛隊を率いるとした。

(2)　これについて、国会議員および地方自治体の長の選挙に立候補できる年齢とその任期について述べた次の文ａ・ｂの正誤の組み合わせとして正しいものを下の**ア～エ**から選んで、その記号を書きなさい。

ａ　衆議院議員と参議院議員を比べると、立候補が可能となる年齢は衆議院議員の方が低く、任期は参議院議員の方が長い。

ｂ　都道府県知事と市町村長を比べると、立候補が可能となる年齢は都道府県知事の方が低く、任期は市町村長の方が長い。

ア　ａ－正　ｂ－正　　**イ**　ａ－正　ｂ－誤　　**ウ**　ａ－誤　ｂ－正　　**エ**　ａ－誤　ｂ－誤

(3)　これについて、次の各問いに答えなさい。

①　右の表は、教育・経済・政治の各分野におけるアフガニスタン・中国・日本のジェンダーギャップ指数（2021年）をあらわしたものです。この指数は、男女平等の度合いを示しており、１に近づくほど平等、０に近づくほど不平等を意味します。なお、教育においては識字率の男女差・高等教育就学率の男女差など、経済においては所得の男女差・管理職の男女比など、政治においては国会議員の男女比・国家代表の在任年数の男女比などをもとにして、指数が決められています。日本にあてはまるものを表中の**ア・イ**、教育にあてはまるものを表中の**カ・キ**からそれぞれ選んで、**日本→教育の順**にその記号を書きなさい。

	カ	キ	経済
ア	0.132	0.514	0.180
イ	0.061	0.983	0.604
中国	0.118	0.973	0.701

（世界経済フォーラム資料より作成）

②　男女の平等についての規定は、日本国憲法の第14条や第24条などにみられます。日本国憲法の条文で明確に規定されていることとして**あてはまらないもの**を次の**ア～エ**から選んで、その記号を書きなさい。

ア　学問の自由　　**イ**　職業選択の自由　　**ウ**　知る権利　　**エ**　働く権利

(4)　これにはたくさんの機関が置かれています。次の文は、ある国連機関の憲章から抜粋したものです。この機関にあてはまるものを下の**ア～ウ**から、文中の（　　）にあてはまるものを下の**カ～ク**からそれぞれ選んで、その記号を書きなさい。

戦争は人の心の中で生れるものであるから、人の心の中に平和のとりでを築かなければならない。……この機関の目的は、……正義、法の支配、人権及び基本的自由に対する普遍的な尊重を助長するために教育、科学及び（　　）を通じて諸国民の間の協力を促進することによって、平和及び安全に貢献することである。

ア　安全保障理事会　　**イ**　ユニセフ　　**ウ**　ユネスコ

カ　援助　　**キ**　文化　　**ク**　紛争解決

(5)　この条約について述べた文として正しいものを次のア～エから選んで、その記号を書きなさい。

ア　この条約は、子どもの権利条約の採択から30年という節目の年に国連総会で採択された。

イ　この条約は、衆議院、参議院の順に審議され、いずれにおいても、その締結が承認された。

ウ　この条約は、公布に先立って、最高裁判所の小法廷において最終的な審査が行われた。

エ　この条約は、締結手続きの完了が閣議で確認された後、内閣総理大臣によって公布された。

(6)　これは労働基準法の改正によるものです。この法律は、労働条件の最低基準を定めていますが、賃金については最低賃金法というものがあって、これにもとづき毎年最低賃金が定められます。最低賃金について述べた次の文中の（　a　）・（　b　）にあてはまる都県名・数字の組み合わせとして正しいものを下のア～エから選んで、その記号を書きなさい。

最低賃金とは、使用者が労働者に支払わなければならない最低限の賃金のことであり、地域別最低賃金と産業別最低賃金の二種類あります。そのうち地域別最低賃金は、労働者の生活費などを考慮して定められ、雇用の形態に関係なく、各都道府県内の事業場で働くすべての労働者とその使用者に適用されます。その金額は都道府県ごとに異なり、たとえば沖縄県と東京都の今年度の金額を比べると、（　a　）の方が１時間あたり221円高くなっています。ちなみに今年度の地域別最低賃金の47都道府県の平均額は、１時間あたり（　b　）円でした。

	ア	イ	ウ	エ
a	沖縄県	沖縄県	東京都	東京都
b	530	930	530	930

(7)　これについて、次の図は、15～84歳の各年齢における夫または妻のいる人の割合をあらわしたものです。ただし、X・Yには、男性・女性のいずれかがあてはまり、a・bには、1980年・2015年のいずれかがあてはまります。Xとaにあてはまるものの組み合わせとして正しいものを右下のア～エから選んで、その記号を書きなさい。

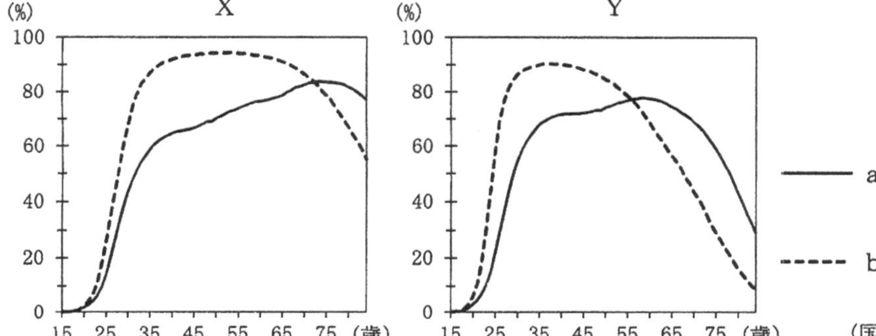

	ア	イ	ウ	エ
X	男性	男性	女性	女性
a	1980年	2015年	1980年	2015年

（国勢調査報告より作成）

(8)　これについて述べた文として正しいものを次のア～エから選んで、その記号を書きなさい。

ア　最高裁判所以外の裁判所として、高等裁判所・地方裁判所・家庭裁判所・少年裁判所・簡易裁判所がある。

イ　最高裁判所の裁判官のうち、長官以外の裁判官は、国会の指名にもとづき天皇によって任命される。

ウ　最高裁判所の裁判官は、衆議院議員選挙または参議院議員選挙の投票日に行われる国民審査の対象となる。

エ　最高裁判所における犯罪に関する裁判では、国民のなかから選ばれた裁判員がその審理に加わることはない。

(9)　ここでの審議を経て、国の予算が決まります。国の予算および国会での審議について述べた文として**誤っているもの**を次のア～エから選んで、その記号を書きなさい。

ア　国の収入をみたとき、所得税・消費税・法人税による収入の合計金額は、税金による収入全体の半分以上をしめている。

イ　国の支出のなかには、地方自治体へ配分されるものがあるが、それは都道府県だけでなく市町村に対しても支出される。

ウ　予算案は、公聴会における利害関係者や学識経験者、官僚からの意見聴取を経て内閣が作成し、国会に提出される。

エ　予算案は、先に衆議院で審議されることになっており、そこで可決された後、参議院での審議が始まる。

(10)　これは、法務省の長を務める国務大臣です。同様に財務省の長を務める国務大臣を財務大臣といいます。このように、国の行政機関のなかには、国務大臣が長を務めるものがたくさんあります。国の行政機関および国務大臣について述べた文として正しいものを次のア～エから選んで、その記号を書きなさい。

ア　国の行政機関は2001年に大きく再編されたが、このとき内閣府・経済産業省・国土交通省・復興庁などが設けられた。

イ　外務省・環境省・国家公安委員会・総務省・防衛省のいずれにおいても、その長は国務大臣が務めることになっている。

ウ　財務大臣は、国家予算のほか、銀行や証券会社などの監督、ふるさと納税の推進といった仕事を担うことになっている。

エ　法務大臣は、出入国管理などの仕事を担うほか、弾劾裁判が行われるときには、裁判官として参加することになっている。

令和四年度　東大寺学園中学校入学試験問題

国語解答用紙

受験番号

※には何も記入しないこと。

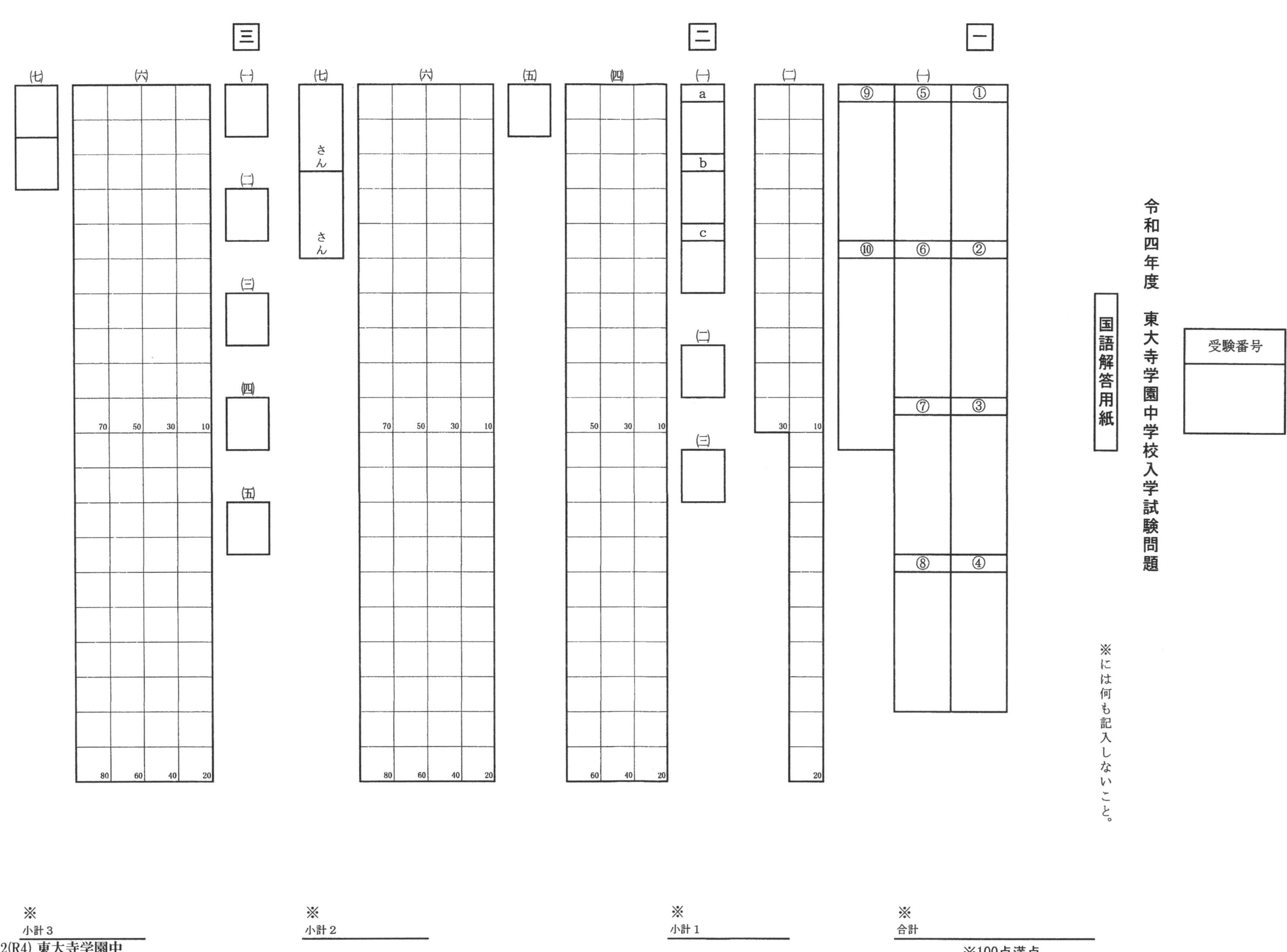

※合計

※小計1

※小計2

※小計3

※100点満点
（配点非公表）

受験番号

算数解答用紙（表）

1

(1)(i) 番目	(ii) 番目	(2)(i) 度	(ii) ：
(3)(i) ア　イ　ウ		(ii) A　B　C　D　E	

2

(1)（考え方・式）

(1) 8時　分　秒

(2)(i)（考え方・式）

(2)(i) 通り

2

(ii)（考え方・式）

(ii) ，　，　，　，

(3)（考え方・式）

(3) cm^3

※ 右の欄には何も記入しないこと．

(1)(i)	(ii)	(2)(i)	(ii)	(3)(i)	(ii)	1

※ 右の欄には何も記入しないこと．

(1)	(2)(i)	(ii)	(3)	2	総計

※100点満点
（配点非公表）

算数解答用紙（裏）

3

(1) (考え方・式)

(i) :

(ii) 毎秒 m

(2) (考え方・式)

(2) 秒後

4

(1) (考え方・式)

(1) 個

※ 右の欄には何も記入しないこと．

(1)(i)	(ii)	(2)	3

4

(2) (考え方・式)

(2) 個

(3) (考え方・式)

(3) 個

(4) (考え方・式)

(4)

$S(N) =$ 　　　　$N =$

※ 右の欄には何も記入しないこと．

(1)	(2)	(3)	(4)	4

受験番号	

※100点満点
（配点非公表）

令和４年度　東大寺学園中学校入学試験問題

理科解答用紙

＊＿＿＿には，何も記入しないこと

＊

1 (1) 枚　(2)　(3)　(4) ①　②

(5)　(6)　(7)　(8)　(9)

＊1

2 (1)　(2)　(3)　(4) b　c

(5)　(6)　(7) ①　②　③　④　⑤　⑥

＊2

3 (1) g　(2) g

(3) g　(4) g　(5) g　(6) %

＊3

4 (1) ①　②　(2)

(3)

(4) ①　② %　(5) ① 鉱山　②

＊4

5 (1)　(2) ① 倍　② 倍　③ 倍

(3) A　B　C　D

＊5

6 あ　い　う　え　お

か　き　く　け　こ

さ　し　す

＊6

受験番号	

令和４年度　東大寺学園中学校入学試験問題

社会解答用紙

＊右側の下線部には何も記入しないこと

1　(1)　(2)　(3) →

(4)　(5)　(6) →

(7)　(8) →　(9) → →　(10)　＊

2　(1)①　②　(2)　(3)　(4) →

(5)　(6) →　(7) →　(8)

(9)①　②　→　(10) → →

(11) →　(12) →　(13) →

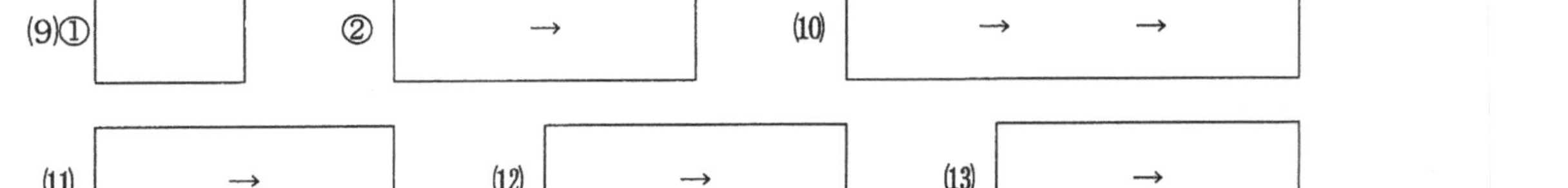

＊

3　(1)　(2)　(3)　(4)

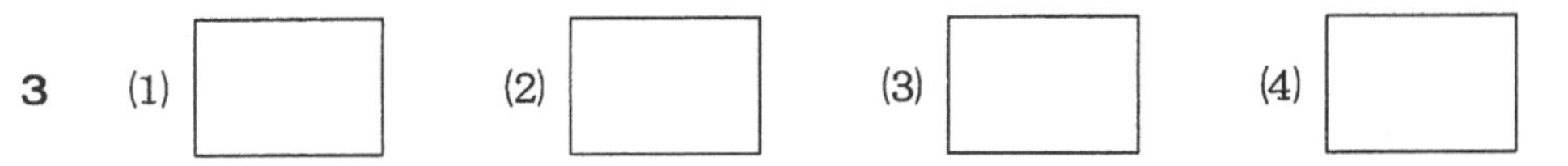

(5) a　b　(6)　(7)

(8)　(9)　藩　(10)

(11)　(12)　(13) →

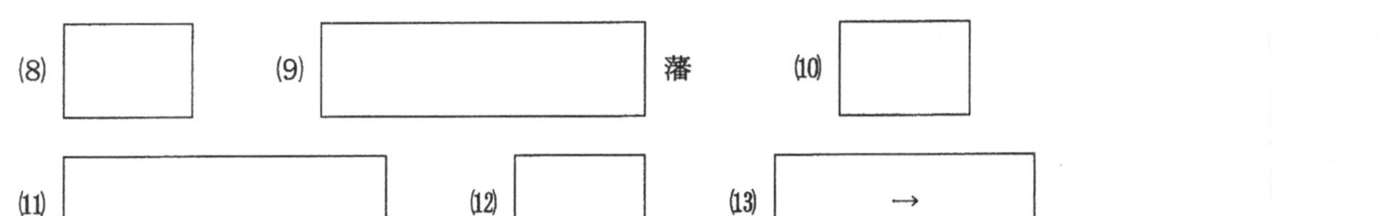

＊

4　(1)　(2)　(3)①　→　②

(4)　(5)　(6)　(7)

(8)　(9)　(10)　＊

＊＊

※100点満点
（配点非公表）

令和三年度　東大寺学園中学校入学試験問題

国語

――五〇分――

注意　字数制限のある問題については、句読点や符号も一字に数えます。

一

㈠　次の①～⑩のカタカナ部分を漢字に書き改めなさい。

① 落葉と冷たい雨にバンシュウのふんいきを感じる。
② 店のソウギョウ以来、この味を守り続けてきた。
③ 厳しい戦いの末、相手にグンバイが上がった。
④ 感染症対策としてユウキョウ施設の利用を制限する。
⑤ 正倉院展の宝物を見て、ガンプクを得た。
⑥ あの選手は引退までにすばらしいジッセキを残した。
⑦ あれこれと考えてサンダンをつける。
⑧ 日本でハクラン会を開くことが決定した。
⑨ 冬休みの宿題に出された作文をよくネって書き上げる。
⑩ 権力を利用して私腹をコやす。

㈡　次のA～Cの言葉を最も適切に用いた例文を、ア～エの中からそれぞれ一つずつ選んで、その記号を書きなさい。

A「生返事」

ア　友だちに旅行にさそわれたので、わくわくして生返事で準備を始めた。
イ　今、君の目の前ではっきり生返事をしたのだから、この約束は必ず守りますよ。
ウ　大切なお客様から電話を受けたら、生返事ですぐに対応しなければならない。
エ　宿題をやるように言われたのに、生返事をするだけでいつまでたっても取りかからない。

B「絵空事」

ア　先生が問題をくばりながら、今からテストを行うと絵空事を言い始めた。
イ　あいつは絵空事をならべるばかりで努力しないから、まったく信用できないよ。
ウ　今まで苦しんできたおかげで、解決に向けてようやく絵空事が見えてきた。
エ　雪の積もった若草山を見て、まるで絵空事のようだと感動した。

C「役不足」

ア　私のような役不足な者に、この重大な仕事は荷が重い。
イ　多くの人の協力があって、役不足なくそろえることができた。
ウ　あれほど有能な人に、こんな簡単な仕事では役不足だ。
エ　いつまでたっても新入社員が集まらず、役不足が解消しない。

二

次の【文章１】と【文章２】を読んで、後の問いに答えなさい。

【文章１】

トークイベントでご一緒したときに、作家の江國香織さんが、本を読むことのよさとは何かと質問され、「自分が見ている現実以外に、いくつもの現実が確実に存在していると知ることができる」ことだと言っていて、なるほどたしかにそうだなあ、と思ったことがある。私が見ている今、ここ、がすべてではない。世界はもっと幾重にも存在していて、私たちは本を読むことで、そのどこへでもいくことができる。

子どものころから本を読んでいると、言葉として実感しなくても、その「今ここ」以外に自在にいきできることを、感覚として学ぶ。だから、今暮らしているここで、何か意にａ染まないことがあっても、つらいことがあっても、今もここもここにいる人たちも好きではなくても、ふんばることができる。逃げ場所がいくつもあることを、知っているから。そして逃げながら、ひとつずつ年齢を重ね、私たちは子どものころよりずっと自分向きの「今ここ」にたどり着くことができる。それまでたくさんの逃げ場所があり、そこに好きなだけ逃げて過ごしてきたからこそ、たどり着ける「今ここ」だ。

旅というのは、まさにそれを物理的に行うことだと思う。本ならば、パスポートも持たず乗りものにも乗らず異世界にいくことができるけれど、旅では、この体を動かして、この体に必要なものを自分で持って、自分の足で進まなければならない。でも効用は本を読むこととよく似ている。

私の知っている「今」以外に今があり、「ここ」以外にここがあり、私のいる世界以外に世界があり、さらに、私のよく知っている以外の「私」がいる、と身をもって知ることができる。

ひとつの現実、ひとつの世界しか知らないと、それがすべてになる。そこで生きている私がすべてになる。たとえば、お金を持っているほうが、持っていないことよりずっといい、という世界で生きていると、そのルールに則って生きなければならない。そこでもし、私がお金を持っていないとすると、生きていくのはとてもつらい。なんとかしてお金を得ようとする。そしてお金をたくさん持ったとする。そのとき、なぜお金をたくさん持ったほうがいいのだったか、わからなくなっている。

けれども、お金がさほど意味をなさない世界もあるし、お金ではないほかのものがもっと価値を持つ世界もある。お金はあったほうがいいが、それがなぜなのか、はっきりとわかる世界もある。旅をすると、そういうことをすべて、体感できる。お金がなくてつらい、と信じているときに、お金なんて意味がない世界にいくと、まずはびっくりして、それから、①体も心も解放される。お金はひとつのたとえでしかない。旅は、そんなことの連続だ。自分の持っている*既成概念がことごとく崩されていく。既成概念が崩されたあとで、私たちはひとつひとつ自分のあたまで考えて自分の言葉を使って、既成ではない自分だけの概念を作ることを余儀なくされる。

そして同時に、旅は、私がいる「今ここ」の現実、「今ここ」の日常をも、よりはっきり見せてくれる。b照射するように。

たとえば私はひとり旅をするようになって、自分が女性であり、女性という存在が世界において、ひいては日本において、どのようなものであるのか、知った。もちろん旅する前だって、私は自分の性別はきちんと知っていた。でも、女性という性別であることはどういうことなのか、考えたことがなかった。女性が弱者になり得ると思ったことはなかった。日本で女性がどういう位置にあるか、それはなぜなのか、考えたことがなかった。

差別ということも、旅してはじめて知った。もちろん、あたまではわかっていた。けれども差別される側になってはじめて、差別ということが何であるのか、体感した。国により文化により、さまざまな差別がある。それを知ることは、［　　］と知ることでもあった。旅をすることによって私ははじめてそれらについて知り、考え、自分の暮らす国でのそれらについてあらためて知り、考えた。

知り、考えることによって、私たちは想像力をゆたかにすることができる。自分とは異なる正義、異なる倫理、異なる価値観で行動する他者について、思いを馳せることができる。そして「今ここ」にも、「今ここ以外」の現実にも世界にも、存在するのはつねにひとりの私と、数え切れない私以外の他者だ。

*女性性と差別という*ネガティブな面を挙げたけれど、それはどちらかというと旅の*些末な点だ。女性を弱者と思わない文化と人々、差別感情を持たない文化と人々のほうが、圧倒的に多い。あるいは、女性だからと親切にされることもあるし、日本人だからと親切にされる場合もある。そうではなくて、ただたんに親切で面倒見がいい人もいるし、困っている人を放っておけない人もいる。「どうしてそこまでしてくれるのだろう」と思う人に出会うこともまた、私たちの想像力をきたえてくれる。

ひとり旅でなくても、家族や友人との旅でも、まったくかまわない。でも、何人で旅しても、つねに自分の目で見て、自分のあたまで考えて、自分の言葉で感想を持つことがだいじだと思う。そうすることで、自分にとって何がうつくしくて何がみにくいか、何が大きくて何がちいさいか、何がおもしろくて何が退屈か、何を信じられて何は信じられないか、ひとつひとつ、きちんと知ることができる。②いや、知る、というより、ただしく組み立てていく、というほうが近い。「今ここ」以外の、いくつもの現実を生きることで、私たちはあらたな私たち自身を手に入れていくのだと思う。

「今ここ」、この限定した場から逃げられる場所は、たくさんあればたくさんあるほど、③今ここを生きているのは楽ちんになる。私はそう思っている。

（角田光代「いくつもの世界がある」による）

【文章２】

そして旅の*効用は、もうひとつある。

それは、本に親しむようになること。もちろん旅に出る直前や旅の最中には、本を読んで想像をふくらませる。でもいちばんの効用は、旅が終わったり旅に出られないときに、無性に本が読みたくなること。旅先では知らなかったことにたくさん出会うので、旅を終えると、本を読みたい衝動に駆られる。旅に出られないときは、次の行き先を考えたり、空想の旅を楽しむために、あれこれと本を読む。実際に旅するだけでなく、家に引きこもることも、本を読めば旅になる。

たとえば、世界遺産に登録された東京都の小笠原諸島。東京の竹芝桟橋からフェリーで丸1日、24時間もかかって、ようやく小笠原村の父島に到着する。出航時に見た海の暗い色が、鮮やかなブルーに変化していることに驚かされる。強い陽射しや樹々の緑もまぶしい。さらに父島から船で2時間揺られれば、南の母島に到着する。「ついに最果てまできた」と、感慨がわいてくる。母島の南には、ただただ青い海が広がっている。

でも、どうだろう。母島より南へ行く航路がないだけであって、実際には母島のはるか南に北硫黄島、硫黄島、南硫黄島がある。もっと遠くには沖ノ鳥島（日本最南端）、南鳥島（日本最東端）がある。それらは日本にありながら交通手段が一切ないために、一般的には行けない島々だ。母島から先へ向かう航路はないのに、まだまだ遠くに日本の島々が存在している。そんな不思議な思いに駆られると、旅を終えてから無性に本が読みたくなる。行けない島々は、いったいどんなところなのか、と。

たとえば本を読んでみると、戦時中までは北硫黄島や硫黄島には人が暮らしていたことがわかる。人が暮らしていた時代には、硫黄諸島へ航路も通じていたのだ。太平洋戦争の激戦地となった硫黄島の歴史も、本を通じて詳しく知ることになる。そう、④物理的に行けないから、行けないのではない。本を読めば、遠くのことが近くに見えてくる。

旅に出ると、ちっぽけな自分、何も知らない自分に出会う。だから、もっと広い世界を知りたくなる。本を読んで想像をふくらませたくなる。結局、歳を重ねて「行動半径」が広がるから大人になるのではなく、「想像半径」が広がるからこそ、人は大人になるのではないか。裏を返すと、想像力がしぼんでしまったら、どんなに歳を重ねても大人ではなくなってしまうのかもしれない。

（清水浩史「旅に出る二つの効用」による）

［注］＊既成概念――すでにできあがっている考え方。　＊女性性――女性であること。
＊ネガティブな――消極的な。否定的な。　＊些末な――取るに足りない。重要でない。
＊旅の効用は、もうひとつある――【文章２】の筆者は、問題文より前の部分で、「自分のいる場所が当たり前の環境ではないと、身をもって知ること」を「旅の効用」のひとつ目として挙げている。

㈠ ――部ａ「意に染まない」・ｂ「照射する」の本文中での意味として最も適当なものを、次のア～エの中からそれぞれ一つずつ選んで、その記号を書きなさい。

ａ 意に染まない
ア 心から離れない
イ 意味がわからない
ウ 納得できない
エ 安心できない

ｂ 照射する
ア 知らず知らずのうちに指し示す
イ 気づいていなかった部分を明らかにする
ウ 目の前にある真実を追い求める
エ 実際には同じものであると証明する

㈡ ――部①「体も心も解放される」とありますが、これはどういうことですか。その説明として最も適当なものを、次のア～エの中から一つ選んで、その記号を書きなさい。

ア 旅に出て見知らぬ場所に自分の身を置き、想像もしなかった新たな物の見方にふれることで、自分がそれまでとらわれていた考えから自由になることができるということ。
イ 「私」のいる世界以外の世界を旅してさまざまな文化を自分自身で体感することで、この世界で価値を持つのはお金だけだという思いこみにしばられなくなるということ。
ウ 本を読んできた経験と、実際に体を動かして出会った旅先での経験とを照らし合わせることで、より自分向きの「今ここ」という逃げ場所にたどり着けるということ。
エ 世界中を旅してお金を持っていないつらさやお金を得ようとする苦労を身をもって経験することで、お金に対する自分の価値観が根本的に変化するということ。

㈢ □ に入る表現として最も適当なものを、次のア～エの中から一つ選んで、その記号を書きなさい。

ア 弱者になり得る人が差別を受けるとは限らない
イ 私の差別意識は決してなくならないものである
ウ 女性に対する差別を決して許してはならない
エ 私が日常を生きている場でも当然差別がある

㈣ ――部②「いや、知る、というより、ただしく組み立てていく、というほうが近い」とありますが、【文章１】の筆者がこのように述べるのはなぜですか。その説明として最も適当なものを、次のア～エの中から一つ選んで、その記号を書きなさい。

ア 自分とは異なる正義・倫理・価値観で行動する他者について思いを馳せるきっかけとなる旅の経験は、自分の物事のとらえ方をこえた次元で、国や文化にとらわれることなく広くあてはまる考え方を自分自身に新しく組み入れていくから。

イ　ひとりの「私」と数え切れない「私」以外の他者についての想像力をかき立てる旅は、国や文化による物事の見方・考え方のちがいだけでなく、自分と他者とがどう折り合いをつけていくべきかという、今後の自分自身の指針となるから。

ウ　つねに自分の目やあたまを使って想像することが求められる旅の経験は、同行する家族や友人といった他者のとらえ方と照らし合わせることによって、自己に固有の物事のとらえ方がどのようなものかという新たな気づきをもたらすから。

エ　他者の異なる価値観について想像力を豊かにして考える経験をもたらす旅は、単にこれまで知らなかった知識を身につける機会というよりも、自分自身の物事のとらえ方や考え方自体を新たに作り直す営みであるととらえられるから。

(五)　――部③「今ここを生きているのは楽ちんになる」とありますが、これはどういうことですか。【文章1】の筆者の考えがよくわかるように一〇〇字以内で説明しなさい。

下書き用

(六)　――部④「物理的に行けないから、行けないのではない」とありますが、【文章2】の筆者がこのように述べるのはなぜですか。その説明として最も適当なものを、次のア～エの中から一つ選んで、その記号を書きなさい。

ア　読書経験の豊かさに関心を寄せることで、人は「想像半径」を無限に延ばすことができるから。

イ　本を読む経験が「想像半径」を延ばすことにつながり、人は自分の世界を広げることができるから。

ウ　事前に本を読んでおけば、人は「想像半径」を延ばして目的をより早く達成することができるから。

エ　読書によって「想像半径」の延ばし方を知れば、人はどこへでもたどり着くことができるから。

(七)　次に示すのは、【文章1】と【文章2】を読んだ子どもたちの会話です。**文章の内容に合わない意見**を述べている人物を、A～Eの中から**二人**選んで、その記号を書きなさい。ただし、解答の順序は問いません。

Aさん――【文章1】の筆者は、本を読むのと同じように、旅に出ることで自分の見ている現実以外にも現実があることがわかると書いているよ。一方で【文章2】の筆者は、旅が本を読みたい気持ちを起こさせると述べているね。

Bさん――本を読むことと旅に出ることの関係について述べながら、本を読むことが人の想像力をかき立てて、旅をよりいっそう意義深いものにするということが、【文章1】【文章2】のどちらでも書かれていたね。

Cさん――【文章1】でも【文章2】でも読書と旅の両方が話題になってるけれど、【文章1】では、本を読むことの意味合いについての話が、旅の効用を語るための前置きとして、最初に書かれているよ。

Dさん――わたしは、【文章2】の「想像力がしぼんでしまったら、どんなに歳を重ねても大人ではなくなってしまう」という部分が印象的だったな。これって、想像をふくらませることがどんなに大切かを、教えてくれるよね。

Eさん――「大人」という点に関して言えば、【文章1】の筆者が、いくつもあった心の「逃げ場所」を一つずつ減らしていくことで、人は大人になっていくんだといった意味のことを述べていたのに、ぼくは心を引かれたな。

三　次の文章を読んで、後の問いに答えなさい。

越後（現在の新潟県）の小千谷集落に住む十四歳の「なつ」は母親を早くに亡くし、父と祖母と暮らしている。一家は、絹織物の「つむぎ」の一種である小千谷ちぢみを売って生計を立てている。今年も、完成した織物を西脇屋に納めに行く時期が来た。なお、当時の小千谷や魚沼の集落は、越後地域ではあるが、明治政府を樹立した新政府軍（官軍）と対立していた会津藩（現在の福島県会津若松を中心とする地域を治めていた藩）の管理下にあった。

「今年のつむぎはどんな按配だね」

目利きのご主人、惣べえさんは、*反物を手にとりながら、ちらちらとなつに目をやって

「ちっと見ねえ間にべっぴんさんになったのう」

なつは赤くなってうつむいた。

「*絣の模様も粋だし織りあがりも上々だ。そっちのいい値で買わせてもらおうかいね」

ぱんと手を打つと、茶とまんじゅうを盆にのせて、惣べえさんの妻がやってきた。

「なつ。おっとつぁんにちっと話がある。そのまんじゅうを食べながら外で待っててくろ」

惣べえさんに言われ、なつは素直にまんじゅうに手をのばした。すると、

(Ⅰ)「それ、あたいんだから」

小さな女の子が、惣べえさんの妻のうしろからとびだしてきた。娘のふきだ。

「こらこら。お客さんの前で行儀が悪いよ」

遅く生まれた子はとくべつにかわいいという。惣べえさんはもう初老と呼んでいい年だったが、[①]、ふたりの手前、形ばかり叱ってみせた。

「まんじゅうはまだたんとある。かかさまといっしょに向こうでおあがり」

ふきが母親に手をひかれ、奥の部屋に消えると、(Ⅱ)なつは、ふたつあるまんじゅうのうち、ひとつだけ手にとって外に出た。ひんやりとした空気に、ぬいだ綿入れ*半纏をまた着こむ。

きれいに手入れされた庭の一角に大きな灯籠があった。そのそばに細い南天の木があって、たわわな赤い実が、白い雪の上にてんてんとこぼれ落ちていた。

何をするでもないなつが、その実をひとつひとつ拾っていると、だれかが近づいてきた。惣べえさんの息子の丈太郎だった。年は十七だったか八だったか。

なつはいそいで灯籠のうしろに身をかくす。丈太郎のいいうわさは聞かない。西脇屋の厄介なお荷物と悪しざまにいう人さえもいる。

そのまま行き過ぎるかと思われた丈太郎が、南天の木の前でとつぜん仰向けに転んだ。ぬかるんだ雪に足をとられたのだろうか。ぴくりとも動かない。

おそるおそる近づいて、もしと声をかけてみるが、やはり身動きひとつしないのである。

なつは、丈太郎の顔を真上からのぞきこんだ。伏せたまつげが黒々と長い。間近で見ると、高い*鼻梁の端整な顔立ちは、若々しくても粗野ではなかった。

「あ、あの、もし」

肩に手をおいて軽くゆすると、閉じていた目がぱちっとあいた。その目がいたずらな子どものように笑っている。あわててうしろにからだを引こうとしたが動けない。なつの手首は、丈太郎にしっかりとにぎられていた。

その手をふりほどこうと身をよじる。それが反動となったのか、さらに丈太郎に近づいてしまった。

なつは、まばたきすらできなくなっていた。束の間、時が止まったのかとすら思う。高鳴る胸の音が、丈太郎に聞こえやしないかとハラハラした。

なつの手にしたまんじゅうに、丈太郎がぱくりと食らいついたのはそのときだった。

自分がまんじゅうを手にしていることすら忘れていたから、なつは仰天して我にかえった。

「ごっつぉさん、うまかったべ」

口の端についたアンコをぺろりと舌の先でなめとった丈太郎は、無邪気としかいいようのない顔で笑った。

②へえ、丈太郎さんってこんな顔して笑うんだ。

なつは、急に気持ちがほどけたようになって、

「丈太郎さんのおっかさんって、鶴の化身みてえにきれいな人だったんだべな」

何の気なしのことばだった。

丈太郎は、ぷっと吹き出した。

「おれのおっかさんは鶴じゃねえ、カッコウだべ」

意味がわからずにぽかんとなったなつの額に、赤い南天の実がこつんとあたる。丈太郎が指ではじいたのだ。

托卵――自分の卵をほかの鳥の巣に産みつけて子育てをさせる鳥がいることを、なつが知ったのはずっとあとのことだった。

丈太郎は、惣べえさんの実の子ではなかった。美人と評判だった妹の子である。父親は江戸のつむぎ商人らしいとうわさされたが、本当のことはだれも知らない。

惣べえさんには子がなかった。それで妹の忘れ形見となったその子を引き取って西脇屋のあとをつがせることにした。それが丈太郎だ。

だが皮肉なもので、数年後にあきらめていた子ができた。さっきのふきという娘である。

惣べえさんは、丈太郎を遠縁の子だと言い通してきた。それが何かのことで暴かれてしまった。丈太郎の素行が荒れだしたのはその頃からだったらしい。

それでも惣べえさんは、丈太郎の立場を変えるようなことはしなかった。それが面白くない妻のぐちも聞かないふりを通した。③惣べえさんはそういうお人だった。

丈太郎のかじったまんじゅうが、半分だけなつの手のひらに残された。白い皮のところにうっすらと歯型がついている。灯籠の陰に身をひそめ、なつは半分になったまんじゅうをそっと口にほおばる。やわらかくて甘いまんじゅうだった。だれにもいえない秘密を抱えたような気がして胸がどきどきした。

ちぢみをいい値で買い上げてもらったというのに、④帰り道のおっとつぁんはずっと無言だった。夕飯をすませると、渋茶をひと口飲んで、やおら話を切り出した。

「西脇屋のだんさんが、なつを丈太郎さんの嫁にどうかといいなすった」

なつはのけぞるようにおどろいた。南天の実にはじかれた額に思わず手がいく。

「西脇屋さんは格式ある家だ。うちとはつりあわん」

おばあが［A］口をはさんだ。

「惣べえさんの*お内儀は気の強いお人だっていうし、婿さんになる人にもいいうわさがねえ。そんなところに嫁にいってもなつは苦労するばっかりだ」

「惣べえさんの心積もりってだけで正式の話じゃねえんだ。丈太郎さんにもまだ話してねえらしいし、なにしろこのご時世だ。騒ぎがおさまらねば何もできねえ」

おっとつぁんもおばあも、なつの気持ちは聞かなかったし、聞かれても答えようがなかっただろう。話はそれきり立ち消えとなった。

月があらたまって早々、魚沼周辺の村々に、妙なお触れが出回った。

「わが会津藩に兵として志願せし者は、出自を問わず武士として取りたてる旨、この*証文をもって約定とする」

おおかたの者は、まさかと首を傾げたが、武士の二文字に心を踊らせて志願する若い者も何人かいた。

丈太郎もそのひとりだと聞いて、なつは、にわかには信じられなかった。どこか［B］していた丈太郎が、功名心にはやる人には思えなかったのである。

急くような気持ちで西脇屋さんに向かった。何か言おう、何かしようと思ったのではない。ただ無性にじっとしていられなかったのだ。西脇屋さんに人の気配はなく、あきらめて帰ろうとしたときだった。

「なんか用かい」

その声にびくっとふり向くと、丈太郎その人が立っていた。涼しげな格子柄のちぢみが、上背のあるからだによく映えている。落ち着きはらった顔は、前よりずっとおとなびて見えた。

「あ、あのう…」

言い淀みながら、なつが口にしたのは、自分の記憶の一番はじめにある*雪さらしとおっかさんの話だった。まったく唐突としかいいようのない話だったが、丈太郎はすこしまぶしい目をしてじっと聞いていた。

「いい話だべ。おれにはおっかさんの記憶がない。おめえがうらやましいよ」

こんなふうに言ってくれる人ははじめてだった。なつの気持ちは一気に丈太郎に傾いた。

「おれもこれからおっかさんの墓参りだ。しばらく塩沢にはもどれんから」

⑤ああ、やっぱりこの人は兵士になって戦場に行くんだ。

なつは胸がつぶれるような気持ちになったが、だからといって、行かないでくれとか、死なないでくれとか、*許嫁でもない分際で口にできることではなかった。

「なつはいい織姫になると西脇のおっとつぁんもよく言うてなした。いつかおれも、おめえの織ったちぢみを着させてもらうな」

なつは、目を赤くしてこくこくと首をたてにした。

意気揚々と志願した者の多くは、命からがら里にもどってきた。見つかれば切り捨てごめんも覚悟の逃亡だったが、証文の約定に信用が抱けなくなったというのである。それらの若者の中に丈太郎の姿はなかった。

西脇屋さんに丈太郎をたずねた帰り道、夕闇に染まる空を見ながら、なつはひとつの想いを胸に固く秘めたのだった。丈太郎さんはきっと無事にもどってくる。そしたらおっとつぁんに頼んでおらをお嫁にしてもらおう。

だが丈太郎の消息は、いまだに何も伝わってこなかった。

官軍がものすごい勢いで街道をせめのぼってくるという噂に、小千谷の人たちはふるえあがった。

なつとおばあは、遠縁の家に疎開することになった。

「おれはこの家を離れん。機を守らにゃならん」

おばあは頑固に言い張ったが、おっとつぁんは承知しなかった。なつが小千谷にもどってきたのは、それからひと月ほどもあとのことだった。

会津のお城は落城寸前で降伏した。敗走する会津兵の放った火で、一村丸ごと焼け出されたところもあったが、小千谷の集落には、これといって大きな被害はなかった。

おばあの機は、置かれた場所にちゃんとあった。織りかけの布もそのままになっていた。

丈太郎はとうとう小千谷にもどってくることはなかった。激戦の地を逃れ、無事に生きのびたらしいと切れ切れに伝えるうわさもあったが、それも単なるうわさに過ぎず、たしかなことは今もってわからなかった。

「これで西脇屋のだんさんも、娘のふきに婿をとってあとをつがせる決心がつきなすっただろう」

だれ言うともないそのことばに、なつは胸を塞がれたが、「それこそが丈太郎さんの望んだことだったんでねえかな」とおっとつぁんはつぶやくように言った。

「惣べえさんの前から姿を消すことが、あんひとにできるたったひとつの恩返しだったんだべな」

⑥そんなのさみしすぎる。なつはけんめいに＊嗚咽をこらえた。だが丈太郎のうわさは日ごとに遠くなっていった。

（佐野久子「機織る音が聞こえる」による）

〔注〕＊反物――大人の着物一着分の長さに仕上げてある布地。
＊綿入れ半纏――防寒用の上着。
＊お内儀――妻。
＊雪さらし――織りあがった布を雪原の上に広げて太陽にさらす作業工程。
＊許嫁――結婚の約束をした相手。
＊絣――かすれたような模様を規則的に配した織物。
＊鼻梁――眉間から鼻の頭までの部分。
＊証文――約束事を証明する文書。
＊嗚咽――声をつまらせて泣くこと。

㈠ [①] に入る語句として最も適当なものを、次のア～エの中から一つ選んで、その記号を書きなさい。

ア 目を丸くして　イ 目くじらを立てながら　ウ 目じりを下げながら　エ 血まなこになって

㈡ 〰〰部(Ⅰ)「それ、あたいんだから」・(Ⅱ)「なつは、ふたつあるまんじゅうのうち、ひとつだけ手にとって外に出た」とありますが、ここから読み取れる「ふき」と「なつ」についての説明として最も適当なものを、次のア～エの中から一つ選んで、その記号を書きなさい。

ア (Ⅰ)では、母親の後ろから飛び出してくる「ふき」の姿から、客の目を気にせず自分の考えだけで動いてしまう「ふき」の幼さが読み取れる。(Ⅱ)では、まんじゅうを一つ残しておく「なつ」の姿から、やさしい性格である「なつ」を惣べえさんが気に入っていることが読み取れる。

イ (Ⅰ)では、「ふき」が気ままにふるまっている姿から、「ふき」が惣べえさんの愛情を一身に浴びてわがままに育っていることが読み取れる。(Ⅱ)では、惣べえさんの求めていることをくみ取って行動する「なつ」の姿から、「なつ」がひかえめで冷静に判断して行動する人であることが読み取れる。

ウ (Ⅰ)では、まんじゅうを「ふき」が必死に守ろうとする姿から、「ふき」が自分の意見を言えるような自立した子供に成長していることが読み取れる。(Ⅱ)では、惣べえさんの指示に従って行動する「なつ」の姿から、「なつ」が言われたとおりに行動する従順な性格であることが読み取れる。

エ (Ⅰ)では、「ふき」が急に現れて「なつ」にまんじゅうをわたさないと宣言する姿から、「なつ」を敵視していることが読み取れる。(Ⅱ)では、「ふき」の発言に従ってまんじゅうを残しておく「なつ」の姿から、「なつ」が他者の発言を受け止めて行動する素直な人がらであることが読み取れる。

(三) ――部②「へえ、丈太郎さんってこんな顔して笑うんだ」とありますが、このときの「なつ」の気持ちを六十字以内で説明しなさい。

下書き用

(四) ――部③「惣べえさんはそういうお人だった」とありますが、「惣べえさん」はどういう人だというのですか。その説明として最も適当なものを、次の**ア**〜**エ**の中から一つ選んで、その記号を書きなさい。

ア 家族それぞれの考えを理解しながらも、自分の体面を何よりも重視してしまう人。

イ 店の主人としての使命感にしばられて、一度決めたことを変えることができない人。

ウ 自分がどれだけ悪く言われようとも、店のことを最優先に考えて決断ができる人。

エ 自分に関わる人たちのことを考えて、最後まで信念を曲げずにつらぬき通す人。

(五) ――部④「帰り道のおっとつぁんはずっと無言だった」とありますが、このときの「おっとつぁん」についての説明として最も適当なものを、次の**ア**〜**エ**の中から一つ選んで、その記号を書きなさい。

ア 立派な家である西脇屋への嫁入りは非常にいい話だと乗り気ではあるが、「おばあ」と「なつ」にどうやって話を切り出せばいいかわからず思案を重ねている。

イ 「なつ」を嫁にもらいたいという西脇屋の主人からの申し入れはとつぜんのものであり、その話を受け入れることがよいのかどうか、自分では判断をしかねている。

ウ これまでも織物を納めてきた西脇屋の主人は信用できる人であるが、世の中が不安定であるのに「なつ」の嫁入り話を持ち出したことに不信感をいだいている。

エ 西脇屋の主人は世間の目を気にするので、「なつ」の結婚話をこちらから断ることによって、現在の良好な関係に変化が起こらないか不安になっている。

(六) [A]・[B]に入る言葉の組み合わせとして最も適当なものを、次の**ア**〜**エ**の中から一つ選んで、その記号を書きなさい。

ア A うんざりして　B たんたんと
イ A 意気ごんで　B あくせくと
ウ A うろたえて　B しっかりと
エ A 気色ばんで　B ひょうひょうと

(七) ――部⑤「ああ、やっぱりこの人は兵士になって戦場に行くんだ」とありますが、ここから読み取れる「なつ」の気持ちの説明として最も適当なものを、次の**ア**〜**エ**の中から一つ選んで、その記号を書きなさい。

ア 丈太郎が戦場に行くことを聞いた「なつ」は丈太郎に会いに行き、会話をしたことで丈太郎の人がらにこれまで以上にひかれたが、兵士になって命を落とす可能性が頭をよぎり、心を痛めている。

イ 丈太郎が自ら望んで戦場に行くことを信じることができずにいたが、丈太郎本人の口から直接聞いたことによって、自分のことよりも功を立てることを選んだことがわかり、むなしさを感じている。

ウ 丈太郎に戦場に行ってほしくないと「なつ」は思うものの、特別な存在ではない自分には止める手立てがないため、結婚に反対した「おばあ」に感情をぶつけたいが、それもできず心を乱している。

エ 丈太郎は覚悟を持って戦場に行こうとしている中でも、「なつ」の母親の思い出話に共感を示してくれたが、丈太郎に母のことを思い出させ、決心をぐらつかせたのではないかと不安を感じている。

(八) ――部⑥「そんなのさみしすぎる」とありますが、「なつ」がこのように感じているのはなぜですか。八十字以内で説明しなさい。

下書き用

令和３年度　東大寺学園中学校入学試験問題

算　　　数

――６０分――　（中学算数・３枚のうち１）

※ 円周率が必要なときは，円周率は3.14として計算しなさい．

※ 角すい，円すいの体積は (底面積) × (高さ) ÷ 3 で求められます．

※ 2つの数量の差とは，等しい2つであれば0，異なる2つであれば大きいものから小さいものを引いた数量をさすものとします．

1　次の各問いに答えなさい．((1) は解答欄(らん)に答のみ記入しなさい)．

(1) 次の□にあてはまる数を答えなさい．

$$(21\times21-19\times19)\div\left(1+\frac{4}{43\times47}\right)-20\div\left(1+\frac{\square}{41\times49}\right)=21\times21-\frac{20\times20\times20+1}{21}$$

(2) 液体Aをある容器に54g入れるといっぱいになりました．同じ容器に液体Bを30g入れるといっぱいになりました．この容器に液体Aと液体Bを入れていっぱいにしたところ，容器に入っている液体Aと液体Bの重さの比は6 : 5になりました．
このとき，容器に入っている液体Aと液体Bはそれぞれ何gですか．ただし，液体Aと液体Bは混ざり合わないものとします．

(3) 同じ大きさの小さい立方体の積み木125個を積んで図のように大きい立方体をつくりました．図において，PはAB，QはBC，RはCDのそれぞれ真ん中の点です．P，Q，Rを通る平面で大きい立方体を切断しました．このとき，次の問いに答えなさい．必要ならば解答欄の図を用いなさい．

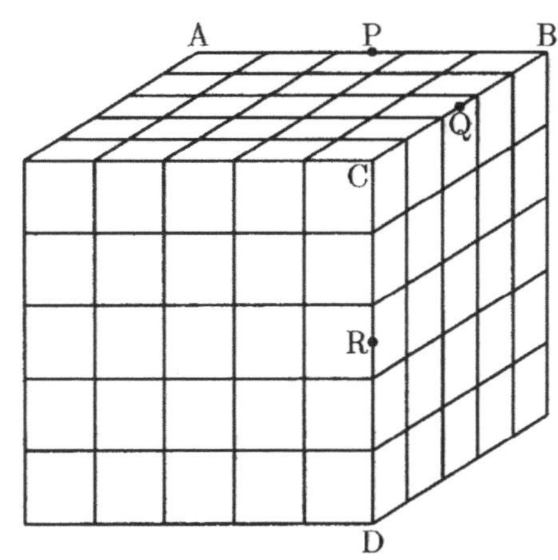

(i) 切られなかった小さい立方体の積み木は全部で何個ありますか．

(ii) 切り口の形が正六角形となっている小さい立方体の積み木は全部で何個ありますか．

2 次の各問いに答えなさい．

(1) 中学生の男女と小学生の男女がいます．中学生の人数は全体の人数の $\frac{1}{5}$ で，男子の人数は全体の人数の $\frac{1}{3}$ です．また，小学生の女子の人数は25人です．このとき，中学生の男子の人数は何人ですか．

(2) 箱の中に3と書かれたカードと5と書かれたカードがたくさん入っています．この箱の中から1枚ずつ順にカードを取り出していき，書かれた数をすべてかけ合わせていきます．7枚のカードを順に取り出してすべてかけ合わせた整数の十の位の数が偶数であるようなカードの取り出し方は全部で何通りありますか．ただし，かけ合わせてできた整数が等しくてもカードを取り出した順序が異なれば，異なる場合として数えるものとします．

3

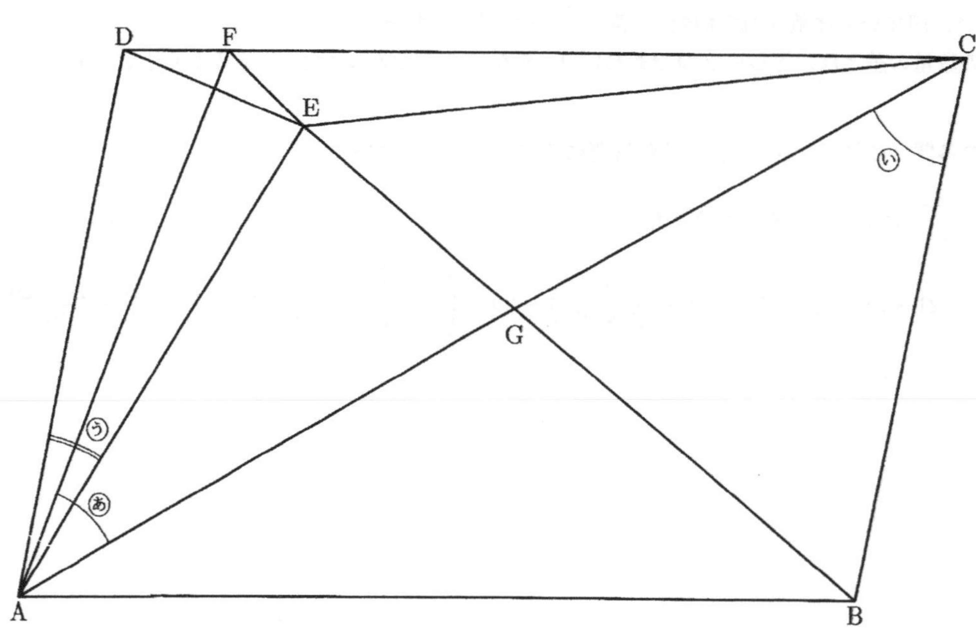

上図の四角形ABCDは，BC = 5cmの平行四辺形です．CD上に点Fをとり，AFを折り目として三角形AFDを折り返すと三角形AFEとなりました．ACとBEの交わる点をGとします．このとき，角FAG（図のあ）の大きさが45°，角ACB（図のい）の大きさが60°となりました．

(1) 角DAE（図のう）の大きさを求めなさい．

(2) 三角形AEDの面積を求めなさい．

(3) 三角形GCEの面積と三角形GABの面積の比が6 : 11であるとき，この2つの三角形の面積の和を求めなさい．

4 一定の割合で伸び縮みをくりかえす棒PQがあります．最短の長さは10cmで，そこから1秒間に2cmの割合で最長の長さ14cmまで長くなり，そこから同じく1秒間に2cmの割合で最短の長さ10cmまで短くなり，これをずっとくりかえします．下の【図1】は時間と棒PQの長さとの関係を表したものです．

【図1】

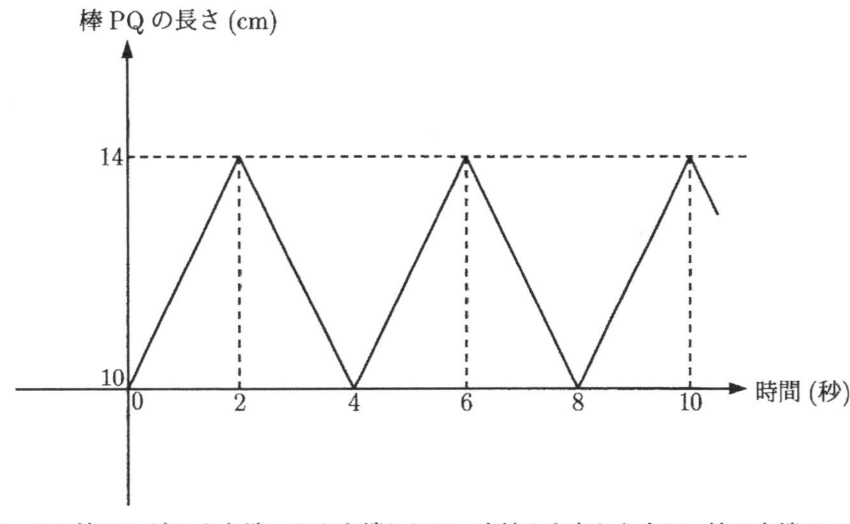

さて，この棒PQがPを左端，Qを右端として，直線上を左から右に，棒の右端Qの速さが一定であるように動いているものとします（【図2】）．棒の左端Pが直線上の点Oと重なったとき棒PQの長さは10cmとなっており，この瞬（しゅん）間にストップウォッチを押して経過時間を計測しました（【図3】）．たとえば経過時間が30秒の瞬（しゅん）間を単に「時刻30秒」ということにします．また，図の点Aは点Oから右に45cm離れた点とします．

【図2】

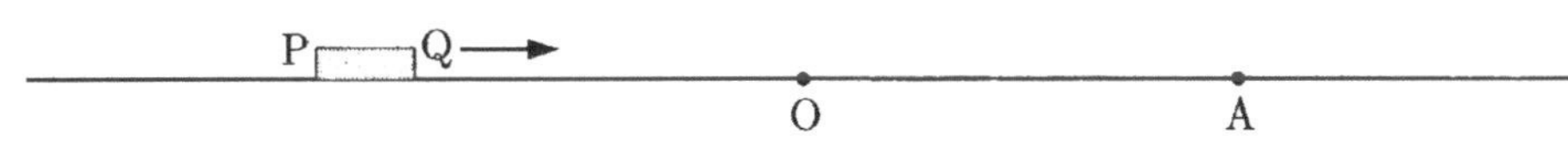

【図3】

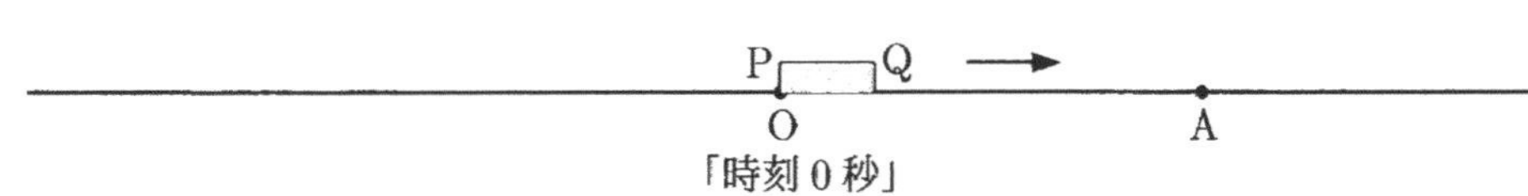

(1) 棒の左端Pが停止する時間帯があるとき，棒の右端Qの速さは毎秒何cmですか．

(2) 棒の右端Qが毎秒5cmで動くとき，棒の左端Pが点Aに重なる時刻を答えなさい．

(3) 棒の左端Pが点Oに「時刻0秒」以外にちょうど2回重なるとき，棒の右端Qの速さは毎秒何cmですか．また，棒の左端Pは点Aと何回重なりますか．

(4) 「時刻0秒」に点Oを出発し右に一定の速さで動く点Rが，棒の左端Pと「時刻0秒」以外にちょうど6回重なりました．その6回の中で，棒の左端Pと点Rが3回目に重なった時刻での棒PQの長さと，4回目に重なった時刻での棒PQの長さをそれぞれ答えなさい．

問題は以上です．

令和３年度　東大寺学園中学校入学試験問題

理　科　――５０分――（中学理科・６枚のうち１）

1　右図は，ヒトのからだにおける血液の流れを表したものです。図の中の(A)～(J)は血管を，矢印は血液の流れの向きを示しています。この図について，(1)～(9)の問いに答えなさい。ただし，心臓から血管(D)を経由して，からだの各部分に流れる血液の量は，血管(F)に５%，血管(H)に20%，血管(J)に25%，残りがその他の部分に流れているものとします。

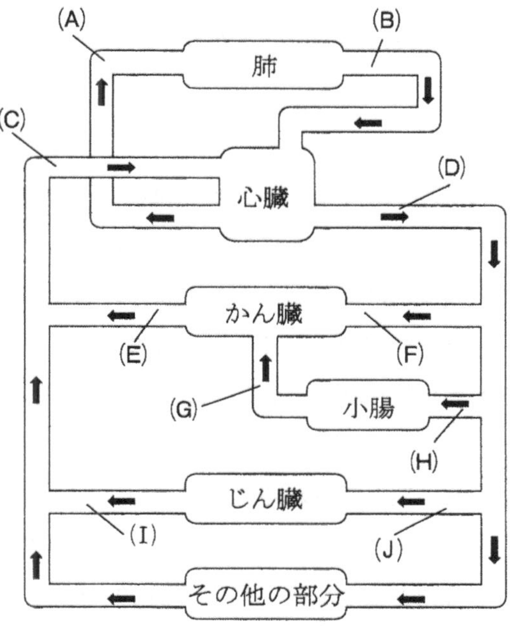

(A) (B) 肺 (C) (D) 心臓 かん臓 (E) (F) (G) 小腸 (H) じん臓 (I) (J) その他の部分

(1)　血液の成分について述べた文として**適当でないもの**を，次の**ア**～**エ**から１つ選んで，記号で答えなさい。

ア　血液の液体成分を血しょうといい，塩分も少しふくまれている。

イ　赤血球は中央がくぼんだ円ばんの形をしていて，酸素を運ぶはたらきがある。

ウ　白血球は赤血球に比べて大きく，二酸化炭素を運ぶはたらきがある。

エ　血小板は赤血球に比べて小さく，血を固めて出血を止めるはたらきがある。

(2)　図の中の血管について述べた文として適当なものを，次の**ア**～**オ**から１つ選んで，記号で答えなさい。

ア　酸素濃度(のうど)が最も高い血液が流れるのは血管(A)である。

イ　血管(B)は，動脈である。

ウ　血管(D)は，かべが厚く，弁がみられる。

エ　食後，最も養分が多くふくまれる血液が流れるのは血管(E)である。

オ　１分間に流れる血液の量は血管(I)より血管(J)のほうが多い。

(3)　肺ほうで，酸素と二酸化炭素の交かんをおこなう細い血管を何といいますか。漢字で答えなさい。

(4)　一生のうち，どの時期にも肺が見られない動物を，次の**ア**～**カ**から**すべて**選んで，記号で答えなさい。

ア　イセエビ　　**イ**　オオサンショウウオ　　**ウ**　カンガルー

エ　シマヘビ　　**オ**　スルメイカ　　**カ**　ニワトリ

(5)　心臓のはく動の数を１分間に50回として，１回のはく動で100 mLの血液が心臓から血管(D)へ送り出されるとすると，１時間で何Ｌの血液が，かん臓に流れこむことになりますか。

(6)　健康なヒトでは体温が一定であるように，ヒトにはからだの内部の状態を一定に保とうとする仕組みが備わっています。血液中の酸素が減ったときに，心臓に起こる変化を10字以内で答えなさい。

(7)　ヒト（体長1.7 m），オオカミ（体長1.6 m），ヒツジ（体長1.3 m）の小腸の長さを比べたときに，小腸の短い動物から順に正しく並べたもを，次の**ア**～**カ**から１つ選んで，記号で答えなさい。ただし，体長とは動物のからだの尾(お)をふくまない長さを指します。

ア　ヒツジ・オオカミ・ヒト　　**イ**　ヒツジ・ヒト・オオカミ　　**ウ**　ヒト・オオカミ・ヒツジ

エ　ヒト・ヒツジ・オオカミ　　**オ**　オオカミ・ヒツジ・ヒト　　**カ**　オオカミ・ヒト・ヒツジ

(8)　次の文は，それぞれヒトの臓器に関する文です。かん臓とじん臓にあてはまる文を，それぞれ**ア**～**キ**から**すべて**選んで，記号で答えなさい。同じ記号をくり返し選んでもかまいません。

ア　アルコールを害のないものに変えるはたらきがある。　**イ**　口から取りこんだ食べ物が通る消化管の一部である。

ウ　タンパク質を分解する消化液をつくる。　**エ**　からだの左右に１つずつある。

オ　ブタやウシにも，同じはたらきをする臓器がある。　**カ**　じゅう毛という小さな出っ張りから養分や水分を吸収する。

キ　からだの中の不要な物質をこしだして，尿(にょう)をつくる。

(9) 図の「その他の部分」には全身の筋肉や骨もふくまれます。筋肉や骨について述べた文として**適当でないもの**を，次の**ア**～**オ**から1つ選んで，記号で答えなさい。

ア 表情が変わるときは顔の筋肉がはたらく。　**イ** 重いものを持つと，筋肉は固くなる。

ウ 筋肉と骨をつなぐ部分を関節という。　**エ** 骨の数や形は生き物によって異なる。

オ 骨には臓器を守ったり，からだを支えたりする役割がある。

2 次の文を読んで，(1)～(8)の問いに答えなさい。

東大寺学園の近くには，東大寺はもちろん，薬師寺・平城宮跡（へいじょうきゅうせき）などの歴史的文化財がたくさんあります。また，研究機関なども多くある関西文化学術研究都市のいくつかの地域もふくまれています。図1はその中にある大きな日時計で，とくに文字ばんの大きさは世界一と認められています。

図1

(1) 水平型と呼ばれる日時計では，図1のように，ななめにのびた長い棒のかげが，水平に置かれた図2のような文字ばんのどの線をさし示すかで時刻を表します。「12」は正午を表していますが他の数字は消してあります。水平型の日時計は，季節が変化しても，文字ばんにできる棒のかげがあまり短くならないのが特ちょうです。ななめの棒がのびている方角と地面からの角度（高度）を，次の**ア**～**エ**から1つ選んで，記号で答えなさい。

ア 北向きで高度35度　**イ** 北向きで高度55度

ウ 南向きで高度35度　**エ** 南向きで高度55度

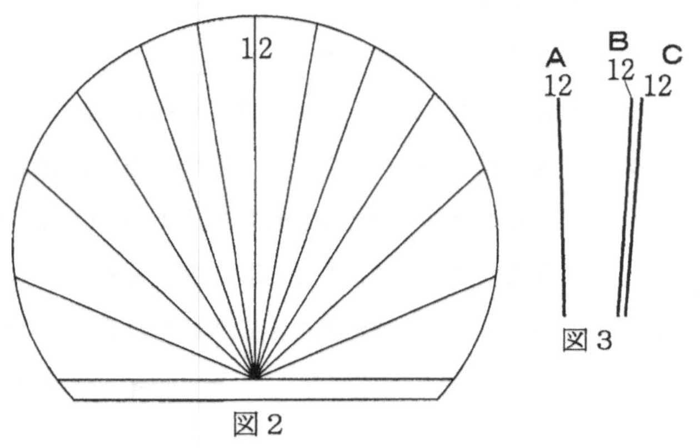

図2

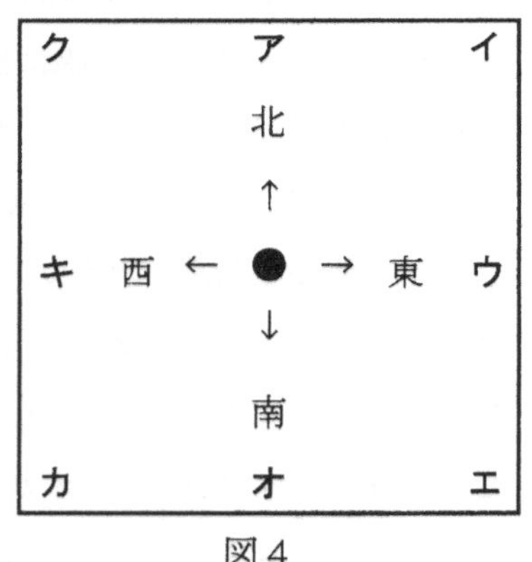

図3

(2) 太陽の南中時刻は，同じ日であっても地域によって異なります。図1の日時計の文字ばんには，日時計の地域（京都府相楽郡精華町（そうらくぐんせいかちょう））と岩手県宮古市・兵庫県明石市・長崎県佐世保市の南中時刻が「12」として刻みこまれています。図3はそのうちの3つをスケッチしたものです。**A**・**B**・**C**はどの地域の太陽の南中時刻を表していますか，次の**ア**～**エ**から1つ選んで，記号で答えなさい。

ア **A**－佐世保市　**B**－明石市　**C**－精華町

イ **A**－佐世保市　**B**－精華町　**C**－明石市

ウ **A**－宮古市　**B**－明石市　**C**－精華町

エ **A**－宮古市　**B**－精華町　**C**－明石市

ク	**ア**	**イ**
	北 ↑	
キ　西 ←	●	→ 東　**ウ**
	↓ 南	
カ	**オ**	**エ**

図4

(3) 図4において，●は日本国内のある場所を表します。また，**ア**～**ク**は●からあまり遠くなく，しかも日の出や南中時刻のちがいがわかるぐらいに，はなれた場所だとします。夏至（げし）に●より早い時刻に太陽が南中する場所を，**ア**～**ク**から**すべて**選んで，記号で答えなさい。

(4) 図4の**ア**～**ク**の場所のうち，冬至の，日の出の時刻が，●より早い時刻になる場所を，**すべて**選んで，記号で答えなさい。ただし，●と同じ時刻やおそい時刻になる可能性のある場所は除きます。

(5) 東大寺学園の校庭で，長さ1mの棒を地面に垂直に立てて，棒がつくるかげの先の位置を調べました。かげの先が棒より南側に来るときを，次の**ア**～**カ**から1つ選んで，記号で答えなさい。

ア 春分の日・秋分の日の，日の出直後と日の入り直前　**イ** 春分の日・秋分の日の南中時

ウ 夏至の，日の出直後と日の入り直前　**エ** 夏至の南中時

オ 冬至の，日の出直後と日の入り直前　**カ** 冬至の南中時

(6) 東大寺学園の校庭で，長さ１ｍの棒を地面に垂直に立てて，棒がつくるかげの長さを調べました。かげの長さが１ｍより短くなるときを，次の**ア～カ**から**すべて**選んで，記号で答えなさい。

ア 春分の日・秋分の日の，日の出直後と日の入り直前　　**イ** 春分の日・秋分の日の南中時

ウ 夏至の，日の出直後と日の入り直前　　**エ** 夏至の南中時

オ 冬至の，日の出直後と日の入り直前　　**カ** 冬至の南中時

(7) 太陽の高度が高くなる昼ごろには，気温が高くなります。その理由として正しい文を，次の**ア～オ**から１つ選んで，記号で答えなさい。

ア 空気に吸収される太陽光が増加するため。　　**イ** 太陽から出る光が強くなるため。

ウ 空気から出ていく熱が少なくなるため。　　**エ** 太陽との距離(きょり)が小さくなるため。

オ 地面から空気に移る熱が多くなるため。

(8) 一日のうちで最も気温が高くなる時刻は，太陽の南中時刻よりも２時間程度おそい午後２時ごろです。その理由として正しい文を，次の**ア～オ**から１つ選んで，記号で答えなさい。

ア 空気は地面よりもあたたまりにくいため。　　**イ** 空気は地面によってあたためられるため。

ウ 空気から出ていく熱が少ないのが午後２時ごろのため。　　**エ** 太陽から届く光が最も強いのが午後２時ごろのため。

オ 空気が吸収する太陽光が最も多くなるのが午後２時ごろのため。

3 次の文を読んで，(1)～(6)の問いに答えなさい。

焼きのりやせんべいを買うと，「生石灰(せいせっかい)」と書かれた小さなふくろが入っていることがあります。同じはたらきをするものとして「シリカゲル」が入っていることもあります。これらは［　　　］として，よく使われています。

この生石灰は，酸化カルシウムという物質です。この物質は，水を加えると<u>A発熱して温度が上がる</u>という性質があります。このことを利用して，食品を温めるのに利用されています。そこで，生石灰を用いて，水を温める実験をしました。

熱を外へにがさない発ぽうポリスチレンのカップに，20 ℃ の水を入れて，水の量と生石灰の量を変えながら，水の温度が何 ℃ になるかを測定しました。

生石灰の量〔ｇ〕	2	4	6	8	10	15	20	10	10	10	10
水の量　　〔ｇ〕	100	100	100	100	100	100	100	50	200	300	400
水の温度〔℃〕	25.2	30.4	35.6	40.8	46.0	a	72.0	72.0	b	28.7	26.5

生石灰に水を加えたあとは，白い固体と上ずみ液が生じていました。この白い固体を取り出して，かわかしたあとで水を加えても，発熱はありませんでした。また，上ずみ液を取って調べると，強いアルカリ性であることがわかりました。また，この上ずみ液に気体Ｘを通したところ白くにごりました。

生石灰だけでは，発熱量が少ないことから，生石灰に金属Ｙの粉末を加えた発熱剤(はつねつざい)が開発されました。この発熱剤では，生石灰に水を加えて生じた物質と金属Ｙとが反応することで，さらに発熱します。この発熱剤 10ｇを 20℃ の水 50ｇに入れたところ，水の温度が 50 ℃ になるくらいから多くの<u>Bあわ</u>が発生しはじめ，90 ℃ まで温度が上がっていきました。

(1) 空らん［　　　］にあてはまる語句を答えなさい。

(2) 下線部Ａについて，次の変化のうち，熱を出して温度が上がるものを，**ア～オ**から**すべて**選んで，記号で答えなさい。

ア 鉄にうすい塩酸を加える。

イ うすい水酸化ナトリウム水よう液にうすい塩酸を加える。

ウ コップに入れた氷がとける。

エ 食塩を水にとかす。

オ 使い捨てかいろに入っている鉄が空気にふれる。

(3) 表の a と b にあてはまる値を小数第1位まで答えなさい。小数第1位が0になる場合も，表にならって記入しなさい。

(4) 気体Xとして考えられるのは，次のどれですか。最も適当なものを次の**ア**～**オ**から1つ選んで，記号で答えなさい。

ア 水素　**イ** ちっ素　**ウ** 酸素　**エ** 二酸化炭素　**オ** 塩素

(5) 金属Yとして考えられるのは，次のどれですか。最も適当なものを次の**ア**～**オ**から1つ選んで，記号で答えなさい。

ア マグネシウム　**イ** アルミニウム　**ウ** 鉄　**エ** 銅　**オ** 銀

(6) 下線部Bのあわには，おもに何がふくまれていますか。最も適当なものを次の**ア**～**オ**から1つ選んで，記号で答えなさい。

ア 水素　**イ** 水蒸気　**ウ** 空気　**エ** 二酸化炭素　**オ** 塩素

4 T君は卵白（らんぱく）にちっ素という成分がふくまれていることを知りました。そこで，ふくまれているちっ素成分の重さの割合を調べるための実験をおこないました。これについて，(1)～(7)の問いに答えなさい。計算問題で割り切れない場合は，小数第3位を四捨五入して小数第2位まで答えなさい。

【実験の前に調べたこと】

水は酸素と水素という成分からできています。例えば，18 g の水は 16 g の酸素成分と 2 g の水素成分からできています。また，アンモニアはちっ素と水素という成分からできています。例えば，17 g のアンモニアは 14 g のちっ素成分と 3 g の水素成分からできています。

【準備実験】

4 % の水酸化ナトリウム水よう液 10 g に，ある濃度（のうど）の塩酸Aを加えていくと，10 g 加えたところで，ちょうど反応しました。

4 % のアンモニア水 10 g に，同じ濃度の塩酸Aを加えていくと，24 g 加えたところで，ちょうど反応しました。

【実験】

卵白を 10 g とり，固体の水酸化ナトリウムを加えて加熱しました。卵白にふくまれていたちっ素成分は，すべてアンモニアに変化して，気体として発生しました。発生したアンモニアを，密閉したフラスコの中で，準備実験と同じ濃度の塩酸A 50 g にすべて反応させました。

次に，アンモニアを反応させたあとに残った塩酸Aに，4 % の水酸化ナトリウム水溶液を加えていくと，38 g を加えたところで，残った塩酸Aがちょうど反応しました。

(1) アンモニアについて述べた次の**ア**～**エ**の文のうち，正しいものを**すべて**選んで，記号で答えなさい。正しいものがない場合には「なし」と答えなさい。

ア 青色リトマス紙の色を赤色に変える。

イ 無色で，さすようなにおいの気体であり，プールの消毒に用いられる。

ウ 水にとけやすく，空気より重い。

エ こい塩酸に近づけると，塩化ナトリウムの白いけむりを生じる。

(2) 水 90 g と，アンモニア 90 g には，それぞれ水素成分は何 g ふくまれていますか。

(3) 4 % の水酸化ナトリウム水よう液 38 g には，水酸化ナトリウムの固体は何 g とけていますか。

(4) 50 g の塩酸Aに対して，ちょうど反応する水酸化ナトリウムの固体は何 g ですか。

(5) 同じ量の塩酸Aに対して，ちょうど反応する気体のアンモニアと固体の水酸化ナトリウムとの重さの比はいくらですか。ただし，「アンモニア：水酸化ナトリウム」の形で答えなさい。

(6) 実験で発生した気体のアンモニアは何 g ですか。

(7) 卵白の中にふくまれるちっ素成分の重さの割合は何 % ですか。

5　図1のように暗い部屋の中で，じゅうぶんに大きなスクリーンを置き，その前に円形の鏡を置きました。鏡の中心からスクリーンに垂直にのばした直線がスクリーンと交わる点をOとし，スクリーン上には図2のように，点Oを中心として，十字の形に線を引き，目印をつけておきます。点Oに点光源を置き，点光源から四方八方に光を出すと，鏡に当たって反射した光がスクリーン上に当たり，円形の明るい部分ができました。この実験について，(1)〜(6)の問いに答えなさい。なお，スクリーンに当たる光は，鏡に当たって反射する光のみを考えるものとします。また，点光源の大きさは考えなくてよいものとします。数値は，整数，または，分数の形で答えなさい。

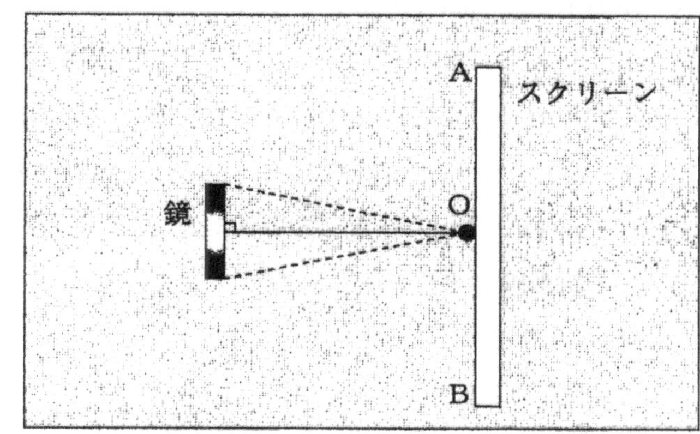

図1（上から見た図）

(1)　図2の明るい部分の面積は，鏡の面積の何倍になりますか。

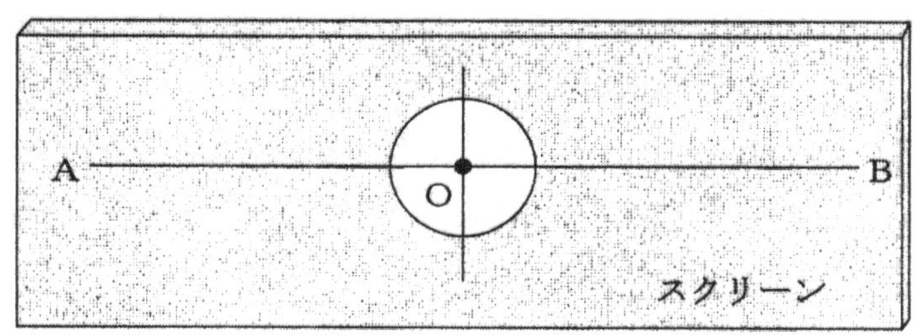

図2

(2)　図1の状態から，鏡をかたむけたりせずにスクリーンの方へとまっすぐに近づけて，スクリーンとの距離（きょり）を半分にすると，スクリーンに当たる明るい部分の面積は，図2の明るい部分の面積の何倍になりますか。

(3)　図1の状態から，今度は点Oにある点光源を，スクリーンに対して垂直に，鏡のほうへ近づけていきました。鏡との距離を半分にすると，鏡に反射してスクリーンに当たる明るい部分の面積は，図2の明るい部分の面積の何倍になりますか。

(4)　図1の状態から，点光源の位置をスクリーン上で図2の点OからAの向きに少しずらしたとき，スクリーンに当たる明るい部分はどのような形になりますか。下の**ア**〜**ク**から最も適当なものを1つ選んで，記号で答えなさい。ただし，**イ**〜**ク**の点線は，図2の明るい部分の円周をなぞったものです。

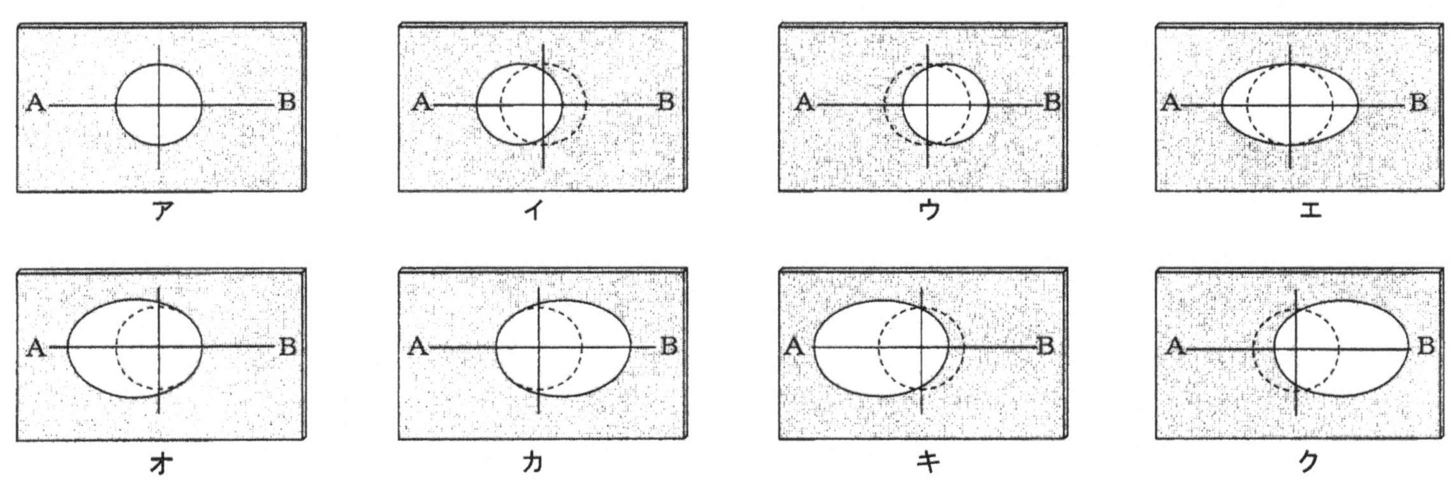

(5)　図1の状態から，図3のように鏡のD側を固定して，C側をスクリーンから遠ざかる向きに少しかたむけました。スクリーンに当たる明るい部分はどのような形になりますか。(4)の**ア**〜**ク**から最も適当なものを1つ選んで，記号で答えなさい。

(6)　図1の状態から，点光源を点OからAの向きに，鏡の半径の3倍の距離のところに移動しました。そこから，点Oを中心とする円をえがくようにスクリーン上で点光源を動かして一周させると，スクリーンに当たる明るい部分が動きます。一周させるあいだに光が当たった部分の面積は，図2の明るい部分の面積の何倍になりますか。

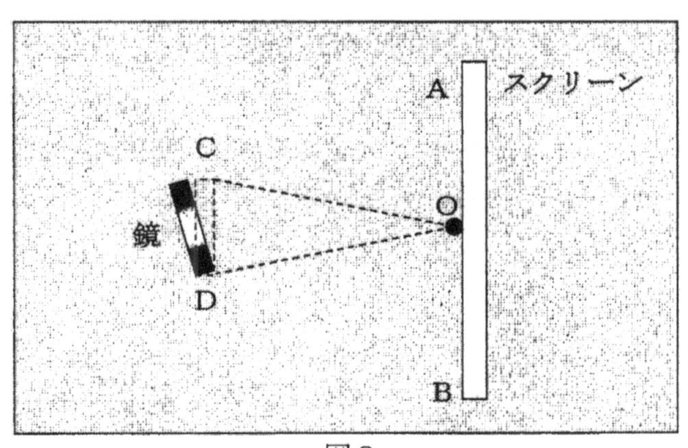

図3

6 次の(1)〜(5)の問いに答えなさい。

(1) 図１で，点Ａに流れる電流は0.1アンペアでした。点Ｂ，点Ｃ，点Ｄに流れる電流の値を，次の**ア〜カ**からそれぞれ１つずつ選んで，記号で答えなさい。ただし，図中の電熱線はどれも同じものです。

ア 0.025アンペア　　**イ** 0.05アンペア
ウ 0.1アンペア　　**エ** 0.15アンペア
オ 0.2アンペア　　**カ** 0.4アンペア

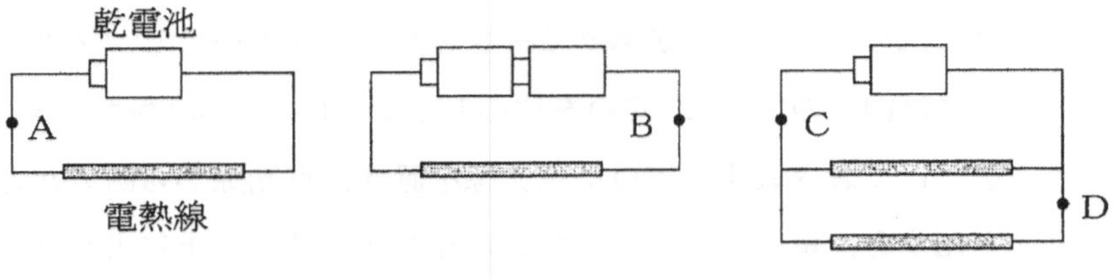

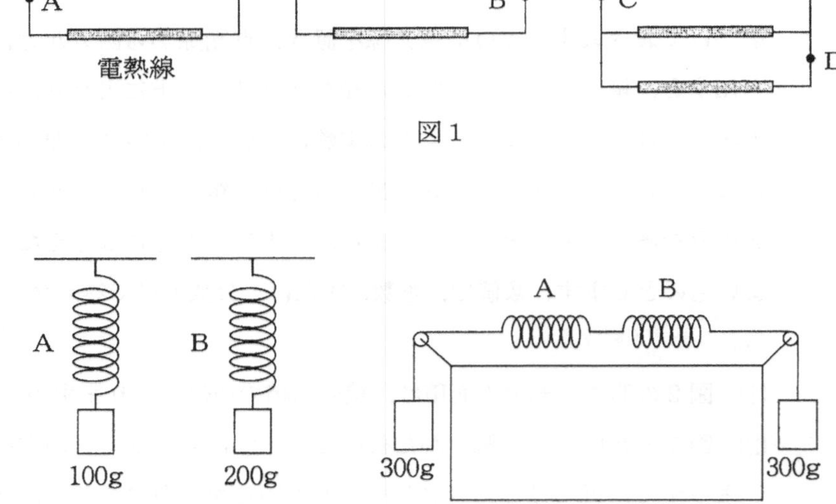

図１

図２

図３

(2) 図２のように，ばねＡに100ｇのおもりをつるすと１cmのびました。また，ばねＢには200ｇのおもりをつるすと１cmのびました。次に，図３のように，ばねＡとばねＢを直列につなぎ，左右に300ｇのおもりをつるしました。このとき，ばねＡとばねＢは，合わせて何cmのびますか。

(3) 空気中で，半円型のガラス板を置いて，図４のように細い光線Ｘ，Ｙを当てました。それぞれの光線は，どのように進みますか。正しいものを，次の**ア〜オ**から１つ選んで，記号で答えなさい。

ア 光線Ｘは**a**のように進み，光線Ｙは**e**のように進む。
イ 光線Ｘは**a**のように進み，光線Ｙは**f**のように進む。
ウ 光線Ｘは**b**のように進み，光線Ｙは**e**のように進む。
エ 光線Ｘは**c**のように進み，光線Ｙは**d**のように進む。
オ 光線Ｘは**c**のように進み，光線Ｙは**e**のように進む。

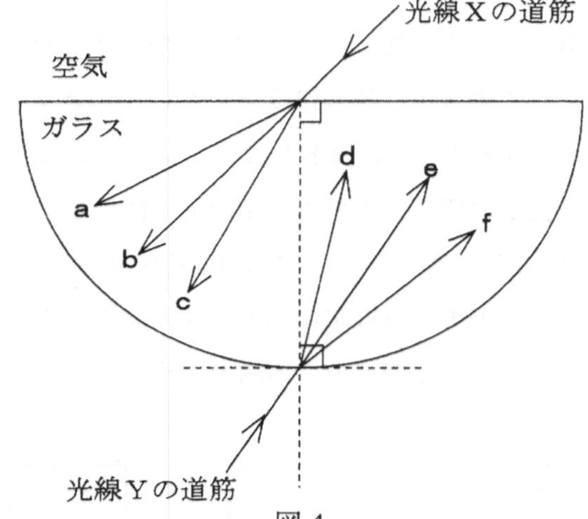

図４

(4) 暗い部屋で，棒をゆかに立てて，ななめ上から赤色，青色，緑色の３色の光を同時にあてました。このとき，図５のように，棒のかげが３本できました。かげＡはどのような色ですか。次の**ア〜オ**から１つ選んで，記号で答えなさい。

ア 白色　**イ** 黄色　**ウ** 青色　**エ** むらさき色　**オ** 黒色

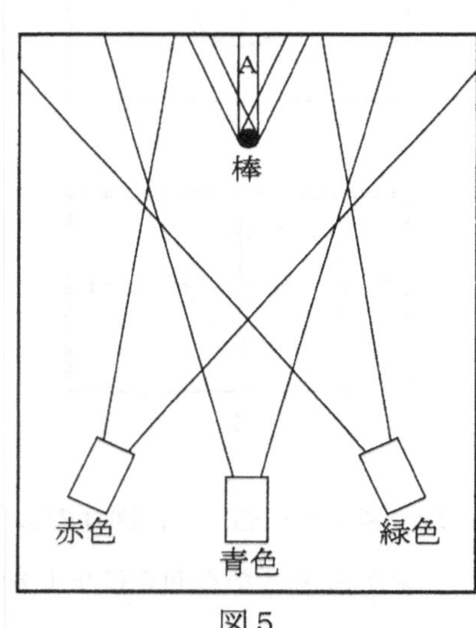

図５

(5) 図６のように，１階と２階のどちらのスイッチを切りかえても，電灯をつけたり消したりできるしくみの回路について考えます。この回路では，スイッチ部分は図７のような三路スイッチという構造になっており，スイッチを切りかえるたびに接続する端子（たんし）（図の○部分）が切りかわるようになっています。このスイッチ２個を用いて，目的の回路をつくるには，どのように４本の導線を接続すればよいですか。解答らんの図において，端子のあいだを直線で結び，回路図を完成させなさい。ただし，線どうしが交わらないように作図しなさい。

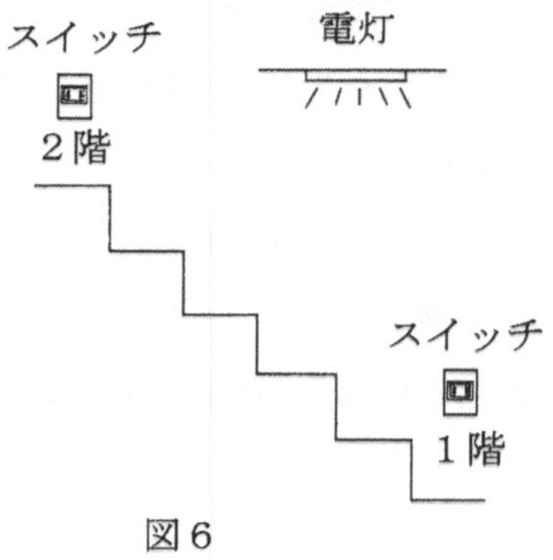

スイッチ
電灯
２階
スイッチ
１階
図６

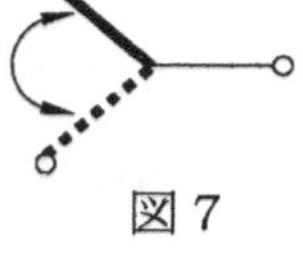

図７

令和３年度　東大寺学園中学校入学試験問題

社　　会　　――５０分――（中学社会・９枚のうち１）

１　次の文を読んで、文中の　(1)　～　(14)　について、後の同番号の各問いに答えなさい。

鉄道の営業キロは、(1)アメリカやロシアなど国土面積の広い国において長い。日本は面積が広いとはいえないものの、営業キロは約2.7万kmと世界９位であり、西ヨーロッパの国で日本より長いのは、ドイツだけである。

さらに、日本の鉄道の旅客輸送量は、インドと(2)中国についで世界３位である。日本は、国土の約３分の２が(3)森林におおわれ、せまい(4)平野に(5)人口が集中している。過密化した(6)都市では、通勤のために鉄道を利用することから、旅客輸送量が多くなっているのである。また世界にさきがけて高速鉄道網が整備され、(7)新幹線の利用者が多いことも理由のひとつとしてあげられる。新幹線は(8)北海道の北斗市から九州の(9)鹿児島市までを結んでおり、総延長は約3,000kmもある。

一方で、日本の鉄道の貨物輸送量は、もともと他の交通機関より多かったが、1950年代後半には船舶に、(10)1960年代後半には自動車に抜かれ、現在、その割合は約５％に過ぎない。鉄道はコンテナや(11)石油を運ぶ専用車両を導入するなど輸送方法を工夫してきたが、自動車もトラックの大型化や(12)冷蔵・冷凍車の利用、高速道路網の整備などにより、輸送量は増加してきた。近年、鉄道は(13)二酸化炭素排出量が少なく地球温暖化の防止につながること、長距離トラックの運転手が不足していることなどから、輸送手段を自動車から鉄道へシフトさせようとする動きがある。しかし、鉄道は定められたダイヤ通りにしか運行できないことや、(14)自然災害の影響で長期間不通になったりしたことから、輸送手段のシフトが進んでいるとはいえない。

(1)　この国について述べた文として正しいものを次の**ア～エ**から選んで、その記号を書きなさい。

ア　日本とほぼ同じ緯度に国土が広がり、その面積は日本の約10倍である。

イ　東京－ロサンゼルス間の距離の方が、東京－ニューヨーク間よりも長い。

ウ　国土の南西部には、スペイン語を話すメキシコからの移民が多数居住している。

エ　アメリカの大企業は、西アジアのイスラム圏をのぞき世界中に進出している。

(2)　この国について述べた文として**誤っているもの**を次の**ア～エ**から選んで、その記号を書きなさい。

ア　漢民族が国民の約９割をしめるが、ウイグル族やチベット族など50以上の民族がいる。

イ　世界一の人口を有するようになってから、一人っ子政策を実施し続けている。

ウ　税制上の優遇措置が認められている経済特区のひとつに、シェンチェン（深圳）がある。

エ　仕事や留学のために日本で生活する外国人のうち、中国籍の人がもっとも多い。

(3)　これについて、次の各問いに答えなさい。

①　樹木の生育には、適度な降水量が必要です。右の図は、秋田県・和歌山県・宮崎県における県庁所在都市の３か月ごとの降水量を示したものです。秋田県と和歌山県にあてはまるものを図中の**ア～ウ**からそれぞれ選んで、**秋田県→和歌山県の順**にその記号を書きなさい。

(mm)
3000
2500
2000
1500
1000
500
0
ア　イ　ウ
9～11月
6～8月
3～5月
12～2月

（気象庁資料より作成）

②　次の図は、日本における森林面積・木材輸入量・林業就業者数の変化を10年おきに示したものです。この図では、1960年から2010年のうち、値が一番大きい年を100としています。これらの指標と図中のａ～ｃとの組み合わせとして正しいものを右下の**ア～カ**から選んで、その記号を書きなさい。

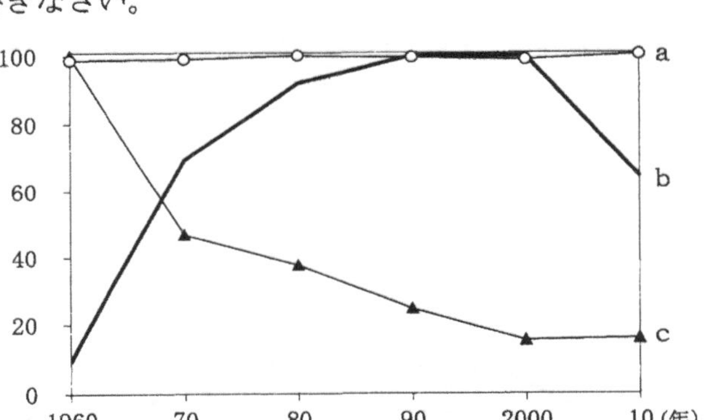

（数字でみる日本の100年より作成）

	ア	イ	ウ	エ	オ	カ
森林面積	a	a	b	b	c	c
木材輸入量	b	c	a	c	a	b
林業就業者数	c	b	c	a	b	a

⑷　この形成には、河川が大きくかかわっています。平野とそこを流れる河川との組み合わせとして正しいものを次の**ア～エ**から選んで、その記号を書きなさい。

ア　庄内平野－最上川　　**イ**　富山平野－信濃川　　**ウ**　高知平野－四万十川　　**エ**　大分平野－筑後川

⑸　これについて、次の表は、青森県鰺ヶ沢町・岡山県倉敷市・沖縄県那覇市における年齢別人口構成と産業別人口構成を示したものです。岡山県倉敷市にあてはまるものを表中の**ア・イ**、**カ・キ**からそれぞれ選んで、その記号を書きなさい。

年齢別人口構成（％）

	沖縄県那覇市	ア	イ
0～14歳	15.2	13.9	7.5
15～64歳	62.3	59.0	51.0
65歳以上	22.5	27.0	41.5

産業別人口構成（％）

	青森県鰺ヶ沢町	カ	キ
第１次産業	22.4	2.0	0.7
第２次産業	18.0	31.1	10.9
第３次産業	59.4	66.9	88.4

端数処理の関係で、合計が100.0とならないことがあります。統計年次は、年齢別人口構成が2019年、産業別人口構成が2015年。
（データでみる県勢2020年版などより作成）

⑹　これについて、日本において人口の多い８都市のようすを調べてみました。次の表は、札幌市・東京23区・川崎市・横浜市・名古屋市・大阪市・神戸市・福岡市における人口、夜の人口を100としたときの昼の人口、製造品出荷額、商品販売額を示しています。名古屋市にあてはまるものを表中の**ア・イ**、川崎市にあてはまるものを**ウ・エ**からそれぞれ選んで、**名古屋市→川崎市の順**にその記号を書きなさい。

	東京23区	横浜市	ア	イ	札幌市	ウ	神戸市	エ
人口（万人）	948.7	374.6	271.4	229.4	195.5	154.1	153.8	150.0
夜の人口を100としたときの昼の人口	129.8	91.7	131.7	112.8	100.4	110.8	102.2	88.3
製造品出荷額（億円）	29,130	39,975	36,816	34,904	5,604	5,720	32,556	40,929
商品販売額（億円）	1,782,162	106,996	415,637	273,595	99,560	137,433	56,483	30,232

統計年次は、人口が2019年、製造品出荷額が2017年、その他が2015年。（データでみる県勢2020年版などより作成）

⑺　この停車駅が県庁所在都市に**存在しない県**を次の**ア～エ**から選んで、その記号を書きなさい。

ア　岩手県　　**イ**　栃木県　　**ウ**　石川県　　**エ**　佐賀県

⑻　これが生産の上位となっている工業製品があります。次の図は、石油製品・石炭製品、食料品、パルプ・紙・紙加工品の出荷額上位７都道府県を示したものです。石油製品・石炭製品と食料品にあてはまるものを**ア～ウ**からそれぞれ選んで、**石油製品・石炭製品→食料品の順**にその記号を書きなさい。

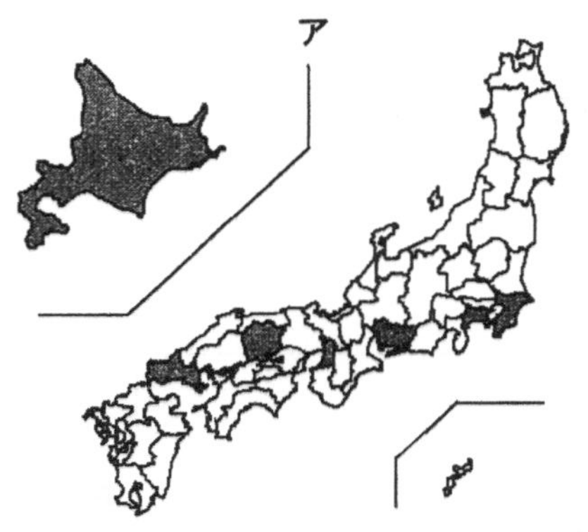

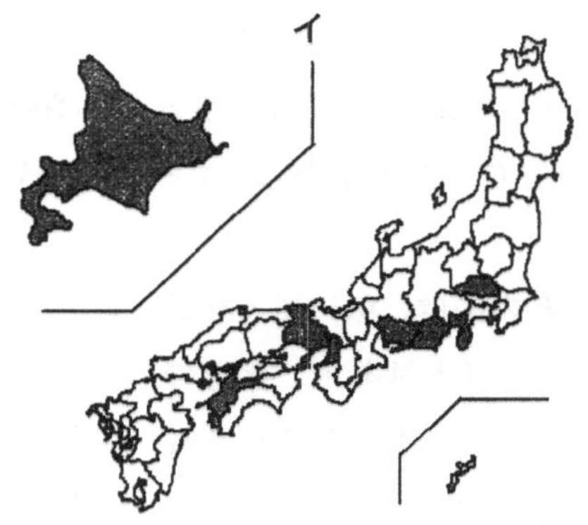

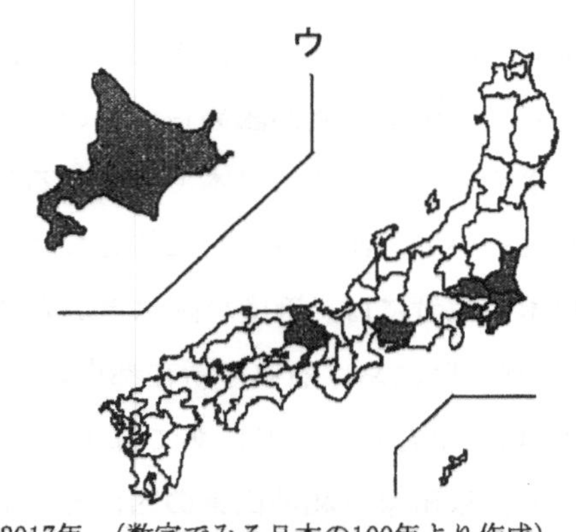

統計年次は2017年。（数字でみる日本の100年より作成）

⑼　この市がある鹿児島県は農業が盛んで、農業産出額が日本有数となっています。右の表は、鹿児島県で生産が盛んな大根（収穫量）・きく（本数）・肉用牛（飼養頭数）・豚（飼養頭数）の上位の道県を示したものです。大根にあてはまるものを表中の**ア～エ**から選んで、その記号を書きなさい。

	ア	イ	ウ	エ
1位	鹿児島県	北海道	愛知県	北海道
2位	宮崎県	鹿児島県	沖縄県	千葉県
3位	北海道	宮崎県	福岡県	青森県
4位	群馬県	熊本県	鹿児島県	鹿児島県
5位	千葉県	岩手県	長崎県	神奈川県

統計年次は2018年。（データでみる県勢2020年版より作成）

⑽　このころとくらべると、食生活は大きく変化しました。右の図は、日本における牛乳・乳製品、魚介類、穀類、肉類の１人１日あたり食料供給量の変化を示したものです。牛乳・乳製品にあてはまるものを図中の**ア～エ**から選んで、その記号を書きなさい。

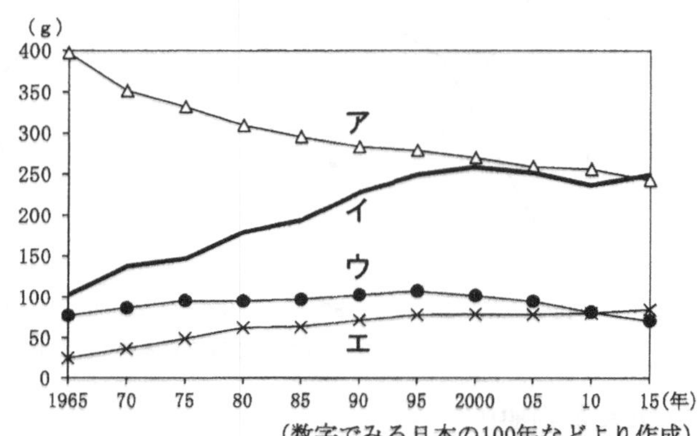

（数字でみる日本の100年などより作成）

⑾　これをはじめとする資源のほとんどを日本は輸入にたよっています。次の図は、液化天然ガス・原油・石炭・鉄鉱石について、おもな輸入先を表したもので、もっとも輸入額の多い国をＸ・Ｙで示しています。液化天然ガスにあてはまるものを**ア～エ**から選んで、その記号を書きなさい。また、Ｘにあてはまる国名を書きなさい。

ア
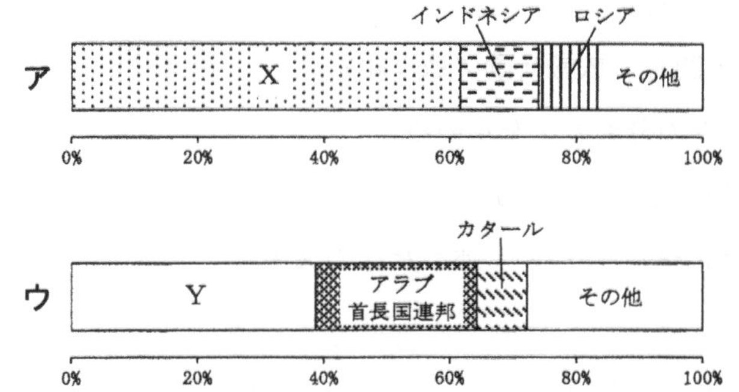

イ
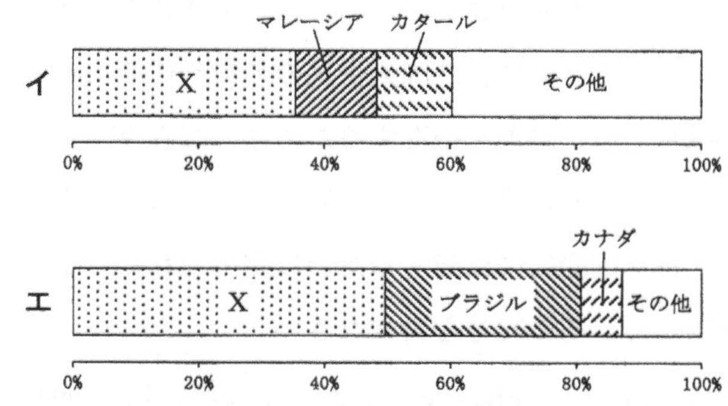

ウ　Y／アラブ首長国連邦／カタール／その他（0%～100%）

エ　X／ブラジル／カナダ／その他（0%～100%）

統計年次は2018年。（日本国勢図会2019/20年版より作成）

⑿　これは、魚介類などを運ぶときに用います。右の表は、うなぎ・かき類・くろまぐろ・ます類の養殖による収獲量の多い県を全国にしめる割合（%）とともに示したものです。くろまぐろにあてはまるものを表中の**ア～エ**から選んで、その記号を書きなさい。

ア		イ		ウ		エ	
長野県	19.6	鹿児島県	41.5	広島県	60.8	長崎県	36.7
静岡県	15.7	愛知県	25.6	宮城県	13.0	鹿児島県	17.4
山梨県	11.4	宮崎県	18.0	岡山県	7.5	高知県	10.2
群馬県	6.1	静岡県	9.0	兵庫県	5.4	三重県	7.1

統計年次は2019年。（農林水産省資料より作成）

⒀　これについて、右の表は、1990年と2016年におけるアメリカ・インド・中国・日本の二酸化炭素排出量を示したものです。日本にあてはまるものを表中の**ア～エ**から選んで、その記号を書きなさい。

	総排出量（百万トン）		１人あたり排出量（トン）	
	1990年	2016年	1990年	2016年
ア	2,122	9,102	1.86	6.57
イ	4,803	4,833	19.20	14.95
ウ	529	2,077	0.61	1.57
エ	1,037	1,147	8.39	9.04

（日本国勢図会2019/20年版より作成）

⒁　これによる被害を小さくするために行われていることについて述べた文として**誤っているもの**を次の**ア～エ**から選んで、その記号を書きなさい。

ア　大雨による土石流の危険がある河川や谷には、砂防ダムが建設されている。

イ　地震による津波に備えて、津波ひなんタワーが沿岸部に建設されている。

ウ　台風の進路とその被害を予測するハザードマップが、各自治体でつくられている。

エ　観測中の火山において噴火の前ぶれがあると、気象庁から警報が発令される。

2　次の文を読んで、文中の（1）～（8）について、後の同番号の各問いに答えなさい。

> 2019年５月、世界保健機関（ＷＨＯ）において、国際的な疾病の診断分類に、パソコンやスマートフォンなどのゲームをやめることができず、生活や仕事に支障を生じさせる疾病を加えることが決まりました。
>
> そして、2020年３月18日に香川県議会で「香川県ネット・ゲーム依存症対策条例」が可決・成立し、同年(1)4月1日より施行されました。この(2)条例には、県や市町といった自治体、学校、保護者、インターネットで情報を提供したりゲームの開発・製造にかかわったりする事業者が協力して、(3)子どもたちのインターネットやゲームへの依存を防ぐための(4)責務や役割が示されています。また、罰則はありませんが、これらの利用にあたって、家庭でルールづくりを行い、18歳未満の子どもは平日のゲーム利用は１日60分、休日は90分を上限とすること、スマートフォンの使用は中学生以下が午後９時、それ以外は午後10時までにやめさせることを目安とする点も、あわせて示されています。
>
> これに対して(5)2020年９月、高松市に住む高校生とその保護者は、この条例の内容が、(6)基本的人権を必要以上に制限しており、(7)日本国憲法に違反しているなどとして、(8)裁判所に訴えを起こしました。

⑴　これについて、毎月１日には、天皇が宮中で礼拝し、旬祭とよばれる宮中祭祀のひとつが行われています。天皇はこのような宮中祭祀のほかに、憲法で規定された国事行為を行います。天皇の国事行為について述べた次の文ａ・ｂの正誤の組み合わせとして正しいものを下の**ア～エ**から選んで、その記号を書きなさい。

ａ　条約は、法律と同様、天皇が国事行為として公布する。

ｂ　国会で議決された予算を、天皇が国事行為として承認する。

ア　ａ－正　ｂ－正　　**イ**　ａ－正　ｂ－誤　　**ウ**　ａ－誤　ｂ－正　　**エ**　ａ－誤　ｂ－誤

(2)　これにもとづいて地方自治体が行っている政策について述べた文として正しいものを次の**ア～エ**から選んで、その記号を書きなさい。

ア　住民生活の利便性を向上させるために、鉄道運賃や郵便料金の上限を設定する。

イ　国際交流をはかるために、外国人住民の名前や住所などの情報を公開して広報活動に取り組む。

ウ　廃棄物の減量、適正処理を推進するために、ごみ袋の有料化やごみの分別方法を定める。

エ　政治参加をうながすために、都道府県・市町村議会の議員に立候補できる年齢を引き下げる。

(3)　この基本的人権を国際的に保障するために定められた「子どもの権利条約」について述べた次の文中の＿**ア**＿～＿**エ**＿から**誤っているもの**を選んで、その記号を書きなさい。

この条約は、1989年にア国連総会において採択され、1994年に発効した。条約は、子どもをイ初めて権利の主体としてとらえた画期的なもので、15歳未満の子どもが武力紛争にかかわらないようにすることや、ウ子どもがあらゆる情報や考えを知り、伝える権利を有していることなどを定めている。多くの国ぐにが参加するなか、エ日本ではいまだに国会の承認を得られていない。

(4)　これについて、日本国憲法には日本国民がはたすべき責務や役割として、いわゆる「三大義務」が定められています。国民の義務に対する国の政策について述べた次の文ａ・ｂの正誤の組み合わせとして正しいものを下の**ア～エ**から選んで、その記号を書きなさい。

ａ　義務教育が定められており、その精神にもとづいて、小・中学校の全児童・生徒に対して教科書が無償で配布されている。

ｂ　勤労の義務が定められており、それを保障するために、デイサービスを通じて仕事の紹介や職業訓練が行われている。

ア　ａ－正　ｂ－正　　**イ**　ａ－正　ｂ－誤　　**ウ**　ａ－誤　ｂ－正　　**エ**　ａ－誤　ｂ－誤

(5)　この月、日本の与党第一党の総裁が新たに選ばれました。現在の与党を構成している政党の名称を**すべて**書きなさい。政党名は略称でもかまいません。

(6)　これに関して、裁判で争われた次の事例Ｘ・Ｙについて、その際に主な争点となった基本的人権としてあてはまるものを下の**ア～エ**からそれぞれ選んで、**Ｘ→Ｙの順**にその記号を書きなさい。

Ｘ　国が定める生活保護の給付内容は不十分で、健康かつ文化的な生活を維持できる水準を満たしていない。

Ｙ　日本人の父と外国人の母から生まれた子どもが、父母が婚姻をしていないことを理由に、日本国籍を取得できない。

ア　憲法14条で定められている「法の下の平等」　　**イ**　憲法19条で定められている「思想・良心の自由」

ウ　憲法22条で定められている「職業選択の自由」　　**エ**　憲法25条で定められている「生存権」

(7)　これにうたわれている平和主義について述べた次の文中の（　ａ　）・（　ｂ　）にあてはまる語句の組み合わせとして正しいものを下の**ア～エ**から選んで、その記号を書きなさい。

日本国憲法は、その前文で、「（　ａ　）によって再び戦争の惨禍が起きることがないように決意」し、「全世界の国民が、ひとしく恐怖と欠乏から免かれ、平和のうちに生存する権利を有することを確認」している。これを受けて、第９条では、（　ｂ　）が定められ、国際的な対立を解決するために武力を行使すること、または武力により威嚇することを禁じている。

ア　ａ－諸国民の公正と信義　　ｂ－核兵器の保有、製造、持ちこみの禁止

イ　ａ－諸国民の公正と信義　　ｂ－戦争の永久放棄や戦力の不保持

ウ　ａ－政府の行為　　ｂ－核兵器の保有、製造、持ちこみの禁止

エ　ａ－政府の行為　　ｂ－戦争の永久放棄や戦力の不保持

(8)　これについて述べた次の文ａ・ｂの正誤の組み合わせとして正しいものを下の**ア～エ**から選んで、その記号を書きなさい。

ａ　日本国憲法では、裁判所の独立を守るために、内閣が裁判官の任命にかかわらないことが定められている。

ｂ　国民審査は、最高裁判所の裁判官に対してのみ行われ、高等裁判所や地方裁判所の裁判官に対しては行われない。

ア　ａ－正　ｂ－正　　**イ**　ａ－正　ｂ－誤　　**ウ**　ａ－誤　ｂ－正　　**エ**　ａ－誤　ｂ－誤

３　次の文を読んで、文中の＿(1)＿～＿(16)＿について、後の同番号の各問いに答えなさい。

昨年、雑誌『週刊少年ジャンプ』に連載されていた(1)「鬼滅の刃」が最終回をむかえて話題となりました。すっかり日本の文化のひとつとして定着した感のあるマンガですが、その歴史を少したどってみましょう。

人間や動物などのすがたを自由に、ユーモラスにえがいたマンガ的な表現は、人類が絵をえがきはじめたころから存在したといえます。たとえば、(2)「ドラえもん」の作者で有名な藤子・Ｆ・不二雄は、旧石器時代の洞くつ壁画に関して、「ことにストーリーまんがの絵の表現とよく似ていることはいうまでもありません」としてとりあげ、また、弥生時代の銅鐸についても、「(3)表面にえがかれている線刻は単純な絵柄ですが、実物、実景をよく観察しているのがわかります」と述べています。

日本のマンガ史において、絵画作品として残されたものとなると、(4)『鳥獣戯画』が最古の例として挙げられることがあります。また、これと成立が近い(5)『信貴山縁起絵巻』には、一枚絵での場面転換がみられるなど、現代のマンガに似た要素を見出す論者もいます。起源をどこに求めるかはおくとしても、いずれにせよ古代から(6)中世を通じて、表現としての「マンガ的なるもの」は、日本文化に流れ続けてきたといえるでしょう。やがて、こうしたマンガ的な表現は、出版文化の発達した江戸時代に、(7)民衆のあいだに本格的に広まったと考えられます。(8)享保年間には「鳥羽絵」とよばれる戯画が本の形で出版されて人気を博しました。(9)（　　　　）で一般庶民が「読み・書き」を学ぶようになり、社会全体の識字率が向上したことも、(10)江戸時代の多種多様な戯画本の刊行を支えました。

明治時代、マンガも欧米の影響を強く受けることで、さらなる発展をとげていきます。1862年には日本初のマンガ雑誌『ジャパン・パンチ』が、イギリス人によって居留外国人向けに発行されました。その影響を受け、新聞や雑誌の多くが、わかりやすい(11)風刺的な絵を売り物にするようになり、ジャーナリズムがマンガ界の中心的存在となります。こうした一枚絵の風刺画から、いわゆる４コママンガが生まれ、新聞連載などを通じて幅広い庶民の娯楽へと転じていきました。北澤楽天や(12)岡本一平ら多くのマンガ家が誕生し、のちのストーリーマンガの原型がつくりあげられ、さらに、「コマ」や「吹き出し」などの表現方法が定着していきます。1930年代には、『少年倶楽部』などの子ども雑誌で連載された(13)「のらくろ」が単行本化され、大ベストセラーとなりました。

(14)第二次世界大戦が近づくと、出版統制や物資そのものの不足で、マンガは戦意高揚や生活指南などに利用されながらも不遇のときを過ごします。しかし、終戦とともに、マンガ文化は一気に復興していきました。「マンガの神様」として知られる(15)手塚治虫は、空襲下でもマンガをかき続け、終戦時には「これでマンガがかけるぞ」と喜んだそうです。手塚は、アメリカの映画やアニメの要素をとりいれながら、現代マンガの基礎をつくり、本格的な海外進出をはたすなど、マンガ界に革命を起こしました。

1960年前後から『週刊少年マガジン』や冒頭の『週刊少年ジャンプ』といったマンガ誌の週刊化が活発になり、さらに、少年・少女向けのマンガだけでなく、読者の成長にともなって、年齢層や性別にあわせて内容やジャンルの細分化が進みました。(16)平成以降、海外での定着も進み、多くのヒット作品が生まれる一方、週刊誌の販売部数は90年代半ばから低下していきます。しかし2000年代に入り、インターネットやスマートフォンの普及とともに電子書籍やマンガアプリが登場し、新たなマンガの形、作品が今なお生まれ続け、楽しみ方も広がっています。

(1)　この舞台となっている大正時代の女性のようすについて述べた文として正しいものを次の**ア**～**エ**から選んで、その記号を書きなさい。

ア　第一次世界大戦が起こるとヨーロッパへの輸出が激減し、紡績工場の多くが閉鎖に追いこまれたため、女工の失業が増加した。

イ　関東大震災によって全国的な物資不足が発生すると、富山の女性が引きおこした米騒動をきっかけに、各地に暴動が広がった。

ウ　東京・大阪の都市部では、バスの車掌や当時開業があいついだデパートの店員など、多様な職業につく女性があらわれた。

エ　身分や性別による差別の解消を目指して全国水平社が組織され、創立大会では男女平等をもりこんだ人権宣言が発表された。

(2)　この映画作品には玄奘（三蔵法師）とハールーン=アッラシードという実在の人物が登場します。玄奘は、唐の長安からインドに仏教を学びにいった高僧で、ハールーン=アッラシードは、バグダッドを都とするイスラム教の帝国の君主です。彼らが活躍した時代、長安とバグダッドはシルク=ロードとよばれる交易路で結ばれていました。長安とバグダッドの位置を、右の図中の**ア**～**エ**からそれぞれ選んで、**長安→バグダッドの順**にその記号を書きなさい。

⑶　この例である右下の図Ａ～Ｄについて述べた次の文中の＿ア＿～＿エ＿から正しいものを選んで、その記号を書きなさい。

Ａは矢を射る人物で、弥生時代には、ア<u>マンモスやシカなどを捕獲するのに適した弓矢</u>が使用されるようになった。Ｂはイ<u>農具を用いて田植えを行う人たちの姿</u>と考えられ、収穫された米はＣのような高床倉庫にたくわえられた。こうしてウ<u>食料の備蓄がすすむと木の実や野草の採集はほとんど行われなくなった</u>。Ｄは武器をもって争っている人びとの姿である。この時代には、稲作が普及したことで水の確保や食料をめぐって集落どうしの戦いがおこり、遺跡からエ<u>鉄製と推定される武器で傷つけられた人骨も発見されている</u>。

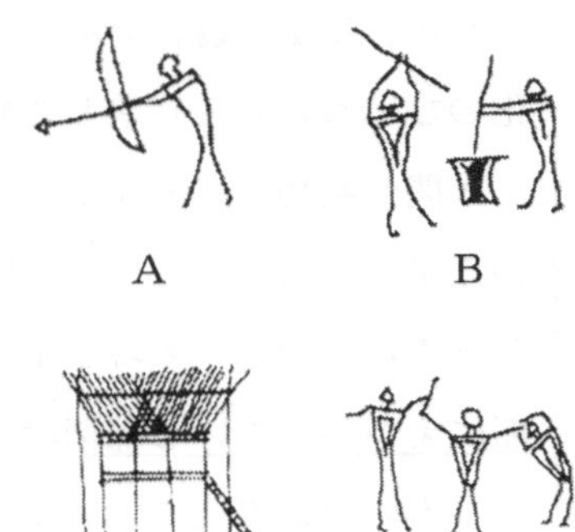

⑷　これが成立したとされる平安時代末期から鎌倉時代初期のできごとについて述べた文として正しいものを次の**ア**～**エ**から選んで、その記号を書きなさい。

ア　平安時代末期には、農民を九州の防衛にあてる制度が始められたが、反発した地方農民を中心に武士団が形成されていった。

イ　平安時代末期には、藤原氏だけでなく天皇家でも後継者をめぐる対立が起こり、親子や兄弟のあいだでの武力衝突に発展した。

ウ　源頼朝は、山の一部を切り開いて切通とよばれる道路を引かせ、四方を山で囲まれ敵の侵入を防ぎやすい鎌倉に幕府を開いた。

エ　源頼朝は、鎌倉の非常事態において軍役をはたした御家人に対し、米の支給を中心とする御恩をほどこして主従関係を結んだ。

⑸　これに関連して、信貴山は聖徳太子が戦勝祈願に訪れたことで知られています。聖徳太子が行ったとされる政策について述べた次の文ａ・ｂの正誤の組み合わせとして正しいものを下の**ア**～**エ**から選んで、その記号を書きなさい。

ａ　冠位十二階の制度によって、蘇我氏や物部氏などの有力な豪族集団ごとに位階を定め、天皇を頂点とする国づくりを進めた。

ｂ　仏教のおしえにしたがい政治を安定させようと考え、法隆寺や四天王寺を建立して、阿弥陀仏に対する信仰を広めようとした。

ア　ａ－正　ｂ－正　　**イ**　ａ－正　ｂ－誤　　**ウ**　ａ－誤　ｂ－正　　**エ**　ａ－誤　ｂ－誤

⑹　これについて、室町時代には現在にまで受け継がれているさまざまな文化が生まれました。次の図ａ～ｄは現在の日本で演じられている古典芸能を示したものです。室町時代に発達した芸能の組み合わせとして正しいものを下の**ア**～**エ**から選んで、その記号を書きなさい。

a

b
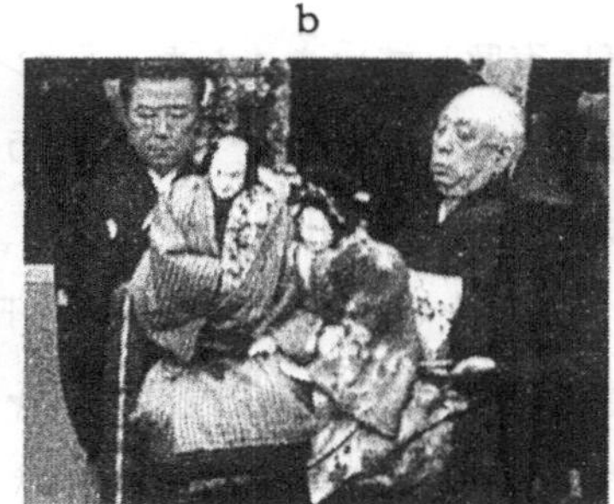

c

d

（日本芸術文化振興会「文化デジタルライブラリー」ウェブサイトより作成）

ア　ａ・ｃ　　**イ**　ａ・ｄ　　**ウ**　ｂ・ｃ　　**エ**　ｂ・ｄ

⑺　これについて、右の図は、ある都市の民衆のすがたや景観をえがいた屏風絵の一部です。ここに描写されている行事は、15世紀に30数年間にわたり中断されましたが、この都市の民衆が再興へと導きました。15世紀、一時中断に追いこまれた理由を、この都市の名を明らかにしながら**20字以内**で書きなさい。

⑻　この時代に将軍となった徳川吉宗の出身である紀伊徳川家は御三家のひとつで、幕藩体制のなかで特別な地位を与えられていました。御三家のうち紀伊以外の残り**２つ**を**漢字**で書きなさい。

⑼　（　　　）にあてはまる語を**漢字**で書きなさい。

⑽　このうち『北斎漫画』は海外に持ち出され、ヨーロッパの絵画にも影響を与えています。江戸時代の日本と海外とのかかわりについて述べた次の文ａ・ｂの正誤の組み合わせとして正しいものを下の**ア**～**エ**から選んで、その記号を書きなさい。

ａ　徳川家康は、キリスト教を広めないことを約束した西欧の外国船に朱印状を発行し、その船にだけ日本との貿易を認めた。

ｂ　将軍の代がわりのときなどに朝鮮通信使が日本を訪れ、江戸にむかう道中では通信使一行と民衆とが交流する場面もみられた。

ア　ａ－正　ｂ－正　　**イ**　ａ－正　ｂ－誤　　**ウ**　ａ－誤　ｂ－正　　**エ**　ａ－誤　ｂ－誤

⑾　このひとつである右の図中のＸは内閣総理大臣の伊藤博文で、周囲の人物は伊藤内閣の閣僚とみられています。これについて述べた次の文中の（　ａ　）・（　ｂ　）にあてはまる語句の組み合わせとして正しいものを下のア～エから選んで、その記号を書きなさい。

この図は（　ａ　）の前年にえがかれたもので、伊藤とその閣僚が、（　ｂ　）を気にかけているようすを表現している。

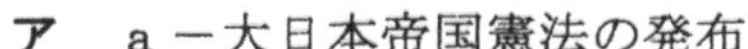

ア　ａ－大日本帝国憲法の発布　　ｂ－西南戦争の激化
イ　ａ－大日本帝国憲法の発布　　ｂ－自由民権運動の盛り上がり
ウ　ａ－自由党の結党　　ｂ－西南戦争の激化
エ　ａ－自由党の結党　　ｂ－自由民権運動の盛り上がり

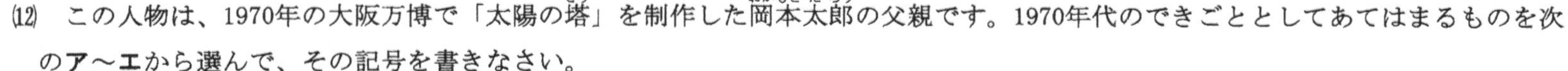

⑿　この人物は、1970年の大阪万博で「太陽の塔」を制作した岡本太郎の父親です。1970年代のできごととしてあてはまるものを次の**ア～エ**から選んで、その記号を書きなさい。

ア　瀬戸大橋や青函トンネルが完成し、本州と四国・北海道が鉄道で結ばれた。
イ　朝鮮戦争が激化し、沖縄の基地がアメリカ軍の重要な出撃拠点となった。
ウ　石油危機（オイル=ショック）が起こり、高度経済成長が終わった。
エ　テレビ放送が始まり、野球やプロレスなどの中継番組が人気を集めた。

⒀　この作者の田河水泡は、６歳のときに日露戦争が終結し、戦地から帰還した町内の兵士をむかえる鼓笛隊に参加したそうです。右の図中のａ～ｄのうち、日露戦争後の国境線の組み合わせとして正しいものを次の**ア～エ**から選んで、その記号を書きなさい。

a　b　c　d

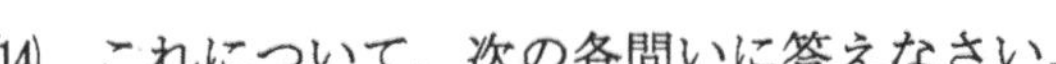

ア　ａ・ｃ　　**イ**　ａ・ｄ　　**ウ**　ｂ・ｃ　　**エ**　ｂ・ｄ

⒁　これについて、次の各問いに答えなさい。

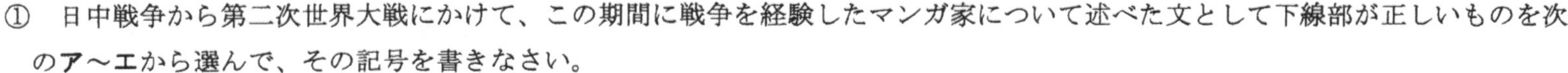

①　日中戦争から第二次世界大戦にかけて、この期間に戦争を経験したマンガ家について述べた文として下線部が正しいものを次の**ア～エ**から選んで、その記号を書きなさい。

ア　「アンパンマン」の作者のやなせたかしは、中国戦線に出征している。日中戦争のきっかけとなった盧溝橋事件が多くの国ぐにから非難を浴びると、日本は国際連盟を脱退した。

イ　「ゲゲゲの鬼太郎」の作者の水木しげるは、南太平洋のニューギニアに派遣されている。真珠湾攻撃の後、東南アジアから太平洋方面に軍を進めた日本は、一時オーストラリア全域を占領した。

ウ　「銀河鉄道９９９」の作者の松本零士は、疎開先の愛媛県で終戦をむかえている。原爆投下を受けて始まった学童疎開によって、都市部の子どもたちは農村部に避難させられていた。

エ　「あしたのジョー」の作画を担当したちばてつやは、命からがら満州から帰国している。満州からの引き揚げの際には、敗戦の混乱のなかで大陸に取り残されて残留孤児となる人もいた。

②　第二次世界大戦中のできごとについて述べた次の文中の（　　　）にあてはまる語を書きなさい。ただし、２つの（　　　）には同じ語があてはまります。

リトアニアに外交官として赴任していた杉原千畝は、ヒトラー率いるナチス=ドイツによって迫害された（　　　）人に対して日本通過のビザを発給し続け、ヨーロッパ脱出の機会を与えて約6000人の（　　　）人の命を救ったといわれる。

⒂　この人物は大阪府に生まれ、５歳のときに兵庫県に移り住みました。兵庫県について述べた文として下線部が正しいものを次の**ア～エ**から選んで、その記号を書きなさい。

ア　神戸市垂水区にある五色塚古墳は代表的な前方後円墳で、このような形の古墳は、近畿地方だけでなく関東地方にも分布している。

イ　平清盛は神戸の港を整備して宋との貿易を拡大し、その港の沖合に厳島神社の社殿を築造して、航海の安全と一門の繁栄を願った。

ウ　明治時代、神戸にはアメリカ領事館がおかれ、アメリカ人に対して罪を犯した日本人の裁判は、アメリカ領事によってとり行われた。

エ　阪神・淡路大震災の際に神戸の復旧にあたった自衛隊は、戦闘地域以外での活動が違憲と判断されて以降、災害派遣をとりやめている。

⒃　この期間のできごととして**あてはまらないもの**を次の**ア～エ**から選んで、その記号を書きなさい。

ア　日本でサミットが開催された。　　**イ**　日本でサッカーのワールドカップが開催された。
ウ　日本人が初めて宇宙飛行に成功した。　　**エ**　日本人が初めてノーベル平和賞を受賞した。

4　次の文を読んで、文中の (1) ～ (8) について、後の同番号の各問いに答えなさい。

日本では(1)稲作が広まるとともに、ため池がつくられるようになりました。たとえば、香川県には１万５千ものため池があり、その数は(2)広島県・兵庫県についで全国３位です。香川県のため池の多くは(3)江戸時代につくられたものですが、日本最大級の満濃（まんのう）池は、８世紀初頭につくられたため池の堤防がくずれたものを(4)空海（くうかい）が唐で学んだ土木技術で修復したものといわれています。

さて、満濃池は、「ダム」によってできた湖でもあります。おそらく、みなさんが思いうかべるダムは、(5)農業用水の確保にとどまらず、水力発電を行ったり、下流で洪水（こうずい）が起こらないように川の水の量を調節したりする(6)大規模なコンクリートでできたダムではないでしょうか。しかし「ダム」は、河川の水をためたり、取水したりするために、(7)国土交通大臣や(8)都道府県知事の許可を受けて設置される構造物のうち、地面（基礎地盤（じばん））から堤（つつみ）の頂上までの高さが15m以上のものであると、法律や政令によって定められています。満濃池のそれは32mあることから、「ダム」といえるのです。

(1)　これにより多くの品種の米が生産されています。右の表は、令和元年産の米の作づけ面積上位品種を示したものです。これを見て、次の各問いに答えなさい。

①　表中の（　Ｘ　）にあてはまる品種の名前を書きなさい。

②　次の文は、おもに四国地方で栽培（さいばい）される米について説明したもので、文中の（　ａ　）～（　ｃ　）には、下の**ア～ウ**のいずれかの銘柄（めいがら）の米があてはまります。（　ａ　）と（　ｂ　）にあてはまるものをそれぞれ選んで、**ａ→ｂの順**にその記号を書きなさい。

品種	作づけ面積の割合(%)	おもな産地
（　Ｘ　）	33.9	新潟・茨城・福島
ひとめぼれ	9.4	宮城・岩手・福島
ヒノヒカリ	8.4	熊本・大分・鹿児島
あきたこまち	6.7	秋田・茨城・岩手
ななつぼし	3.4	北海道
はえぬき	2.8	山形・香川
まっしぐら	2.2	青森

（米穀安定供給確保支援機構資料より作成）

四国地方の各県は、表中の（　Ｘ　）やヒノヒカリが、作づけ面積にしめる割合が高くなっている。作づけ面積は少ないながら、香川県では（　ａ　）、高知県では（　ｂ　）、徳島県では（　ｃ　）といった各県が産地品種銘柄に指定している米がつくられており、各県の登録検査機関では、これらの銘柄の米について品質などの検査が行われている。

ア　あわみのり　　　**イ**　さぬきよいまい　　　**ウ**　土佐錦（とさにしき）

(2)　この県と香川県について、次の表は、両県の工業において従業者数が多い上位５業種をその事業所数とともに示したもので、表中の（　Ａ　）～（　Ｃ　）には、下の**ア～ウ**のいずれかの業種があてはまります。（　Ａ　）と（　Ｂ　）にあてはまるものをそれぞれ選んで、**Ａ→Ｂの順**にその記号を書きなさい。

	広島県			香川県		
	業種	従業者数	事業所数	業種	従業者数	事業所数
1位	（　Ａ　）	28,638	187	冷凍調理食品製造業	3,429	52
2位	（　Ｂ　）	11,693	5	配電盤・電力制御（せいぎょ）装置製造業	2,732	31
3位	（　Ｃ　）	6,787	105	（　Ｃ　）	2,660	26
4位	輸送機械器具用プラスチック製品製造業	5,776	68	すし・弁当・調理パン製造業	2,169	16
5位	高炉（こうろ）による製鉄業	5,509	2	オフセット印刷業（紙に対するもの）	2,040	75

統計年次は2018年。従業者４人以上の事業所が調査対象である。（工業統計表より作成）

ア　自動車製造業　　　**イ**　自動車部分品・附属（ふぞく）品製造業　　　**ウ**　船舶製造・修理業

(3)　この時代には、武士のほかに、百姓や町人などさまざまな身分の人びとがいました。これについて述べた次の文ａ・ｂの正誤の組み合わせとして正しいものを下の**ア～エ**から選んで、その記号を書きなさい。

ａ　百姓とよばれる人びとのなかには、農業に従事する農民のほかに、林業や漁業に従事する者もいた。

ｂ　町人とよばれる人びとのなかには、新田開発に出資したり、大名に金を貸したりする大商人もいた。

ア　ａ－正　ｂ－正　　　**イ**　ａ－正　ｂ－誤　　　**ウ**　ａ－誤　ｂ－正　　　**エ**　ａ－誤　ｂ－誤

(4)　この人物は遣唐使とともに中国にわたった留学僧のひとりで、彼らは唐で学んだ技術や制度などを日本に伝えました。唐からもたらされた技術や制度について述べた文として正しいものを次の**ア～エ**から選んで、その記号を書きなさい。

ア　遣唐使によって牛や馬の飼育技術が初めて日本に伝えられ、平安時代の農民は牛や馬にすきを引かせて田畑を耕作した。

イ　遣唐使によって機（はた）織りの技術が初めて日本に伝えられ、平安時代に絹織物が普及したので貴族は束帯や十二単で正装した。

ウ　唐の制度にならって７世紀なかごろに初めて摂政という役職がおかれ、藤原鎌足が天智天皇の摂政についた。

エ　唐の制度にならって７世紀後半に初めて戸籍がつくられ、国が戸籍にもとづいて人びとに土地を分けあたえた。

⑸　これについて、右の図は、四国・東海・北陸・南関東の各地域における農業用水・工業用水・生活用水の水使用量の割合（2015年の推計値）を示したものです。四国にあてはまる図を**ア**～**エ**から、農業用水にあてはまるものを**X**・**Y**からそれぞれ選んで、**四国→農業用水の順**にその記号を書きなさい。なお、各地域にふくまれる都県は次のとおりです。

四国……徳島・香川・愛媛・高知

東海……岐阜・静岡・愛知・三重

北陸……新潟・富山・石川・福井

南関東…埼玉・千葉・東京・神奈川

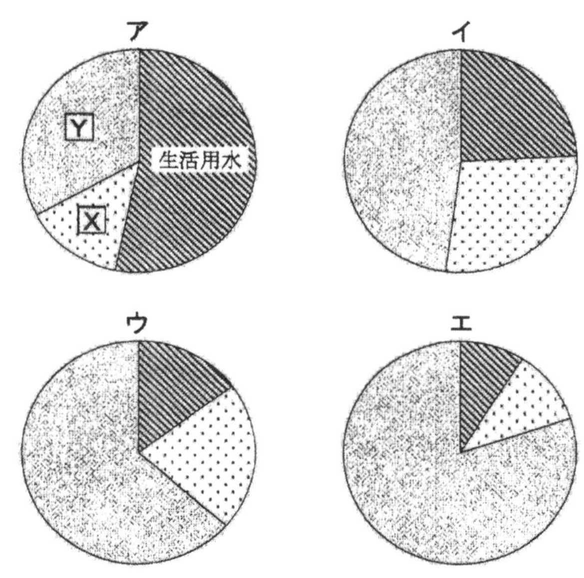

（国土交通省　令和元年版　日本の水資源の現況より作成）

⑹　これについて、次の各問いに答えなさい。

①　コンクリート製のダムについて述べた次の文中の（　　　）にあてはまる語を**漢字**で書きなさい。また、文中の＿ア＿～＿エ＿から正しいものを選んで、その記号を書きなさい。

天ケ瀬ダムは、高さ73mのアーチ式コンクリートのダムで、このダムから流出する淀川は、京都府内において一般には、（　　　）川とよばれている。（　　　）川の流域には、10円硬貨にえがかれている建物があり、これはア藤原道長ゆかりの宝物が収蔵されている校倉造の様式で建てられた建築物である。また、（　　　）は、平安時代にイ紫式部が漢字と平仮名を使って書いた『源氏物語』の舞台のひとつにもなっている。

草木ダムは、ウ利根川の支流である阿賀野川の上流に位置する高さ140mの重力式コンクリートダムである。この河川の流域では、足尾銅山から流れ出た有害な廃水によって、田畑が汚染された。農民の生活に深刻な影響がおよんだので、当時のエ貴族院議員であった田中正造は、鉱山の操業停止を政府に訴えた。

②　大規模なダムは、その多くが公共事業として国の予算を使って建設されます。令和２年度の国の当初予算（一般会計）において、公共事業にあてられた金額について述べた文として正しいものを次の**ア**～**エ**から選んで、その記号を書きなさい。

ア　社会保障にあてられた金額のおよそ２倍で、約72兆円である。

イ　社会保障にあてられた金額とほぼ同等の約36兆円である。

ウ　防衛関係にあてられた金額より多く、約７兆円である。

エ　防衛関係にあてられた金額より少なく、約２兆円である。

⑺　この大臣の管轄のもとで、新型コロナウイルス感染症の拡大によって経済的影響を受けている人びとに対して行われた支援策にあてはまるものを次の**ア**～**エ**から選んで、その記号を書きなさい。

ア　Go to Eat事業 … 感染予防対策に取り組みながら営業している飲食店や、食材を供給する農林漁業者を支援する。

イ　Go to トラベル事業 … 旅行の需要を回復させたり、旅行先の地域での消費を増やしたりして観光関連産業を支援する。

ウ　持続化給付金 … 休業により事業継続が困難になった個人事業主や中小企業などを支援する。

エ　ひとり親世帯臨時特別給付金 … 収入の減少などで困窮している低所得のひとり親世帯を支援する。

⑻　これに関して、北海道と静岡県の２人の知事について述べた次の各文中の（　a　）・（　b　）にあてはまる語句の組み合わせとして正しいものを下の**ア**～**エ**から選んで、その記号を書きなさい。

昨年10月、北海道の鈴木直道知事は、北海道寿都町と神恵内村が（　a　）の最終処分場の選定にむけた第１段階の調査に応募したことを受け、調査が次の第２段階に進んだ際には反対の意見を述べると語りました。

昨年６月、静岡県の川勝平太知事は、（　b　）の建設をめぐり、現在の計画のまま工事が進められると、赤石山脈の地下水を源泉とする大井川の水量が減少するとして、この建設準備工事の着工を認めない姿勢を示しました。

ア　a－地震や水害時に発生した災害廃棄物　　b－カジノをふくむ統合型リゾート施設

イ　a－地震や水害時に発生した災害廃棄物　　b－超伝導リニアが走行する中央新幹線

ウ　a－原子力発電所の使用済み核燃料　　b－カジノをふくむ統合型リゾート施設

エ　a－原子力発電所の使用済み核燃料　　b－超伝導リニアが走行する中央新幹線

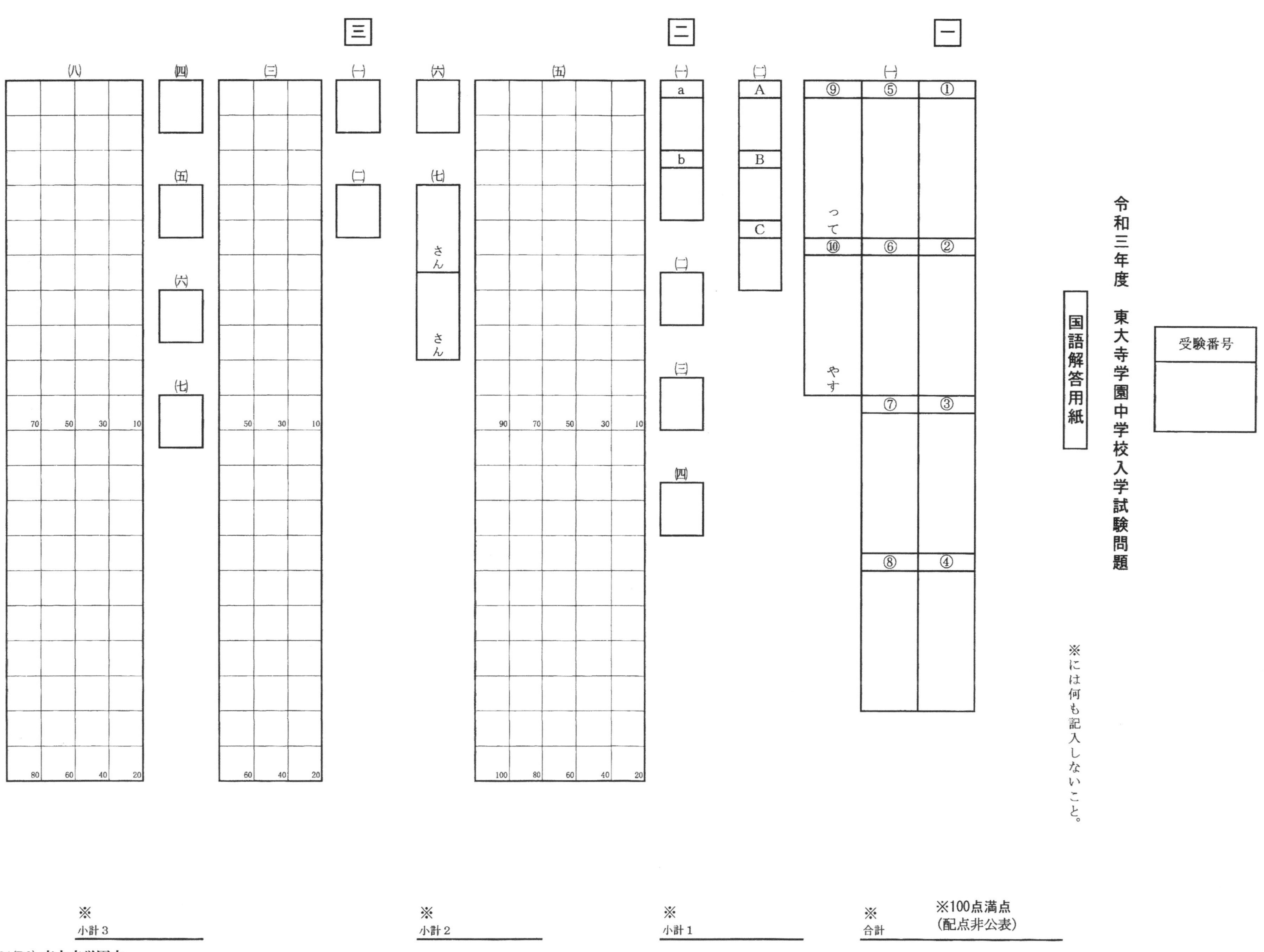

令和三年度　東大寺学園中学校入学試験問題

国語解答用紙

受験番号

※には何も記入しないこと。

一

(一) ① ② ③ ④ ⑤ ⑥ ⑦ ⑧ ⑨ って ⑩ やす

(二) A B C

二

(一) a b

(二)

(三)

(四)

(五) 10 20 30 40 50 60 70 80 90 100

(六)

(七) さん さん

三

(一)

(二)

(三) 10 20 30 40 50 60

(四)

(五)

(六)

(七)

(八) 10 20 30 40 50 60 70 80

※100点満点
(配点非公表)

※ 合計

※ 小計１

※ 小計２

※ 小計３

令和３年度　東大寺学園中学校入学試験問題

受験番号

算数解答用紙（表）

1

(1)

(2) (考え方・式)

A　g

B　g

(3) (考え方・式)

(i)　個

(ii)　個

※ 右の欄には何も記入しないこと.

(1) (2)A (2)B (3)(i) (ii) 1

2

(1) (考え方・式)

(1)　人

(2) (考え方・式)

(2)　通り

※ 右の欄には何も記入しないこと.

(1) (2) 2 総計

※100点満点
(配点非公表)

算数解答用紙（裏）

3

(考え方・式)

(1) 度	(2) cm^2	(3) cm^2

4

(1)(2) (考え方・式)

(1) 毎秒 cm	(2) 時刻 秒

4

(3)(4) (考え方・式)

(3)Q の速さ 毎秒 cm	(3) 重なる回数 回	(4) 3 回目 PQ= cm	(4) 4 回目 PQ= cm

※ 右の欄には何も記入しないこと．

(1)	(2)	(3)	3

※ 右の欄には何も記入しないこと．

(1)	(2)	(3)(i)	(ii)	(4)(i)	(ii)	4

受験番号	

令和３年度　東大寺学園中学校入学試験問題

理科解答用紙

＊＿＿には，何も記入しないこと

※100点満点
（配点非公表）

＊

1 (1) (2) (3) (4)

(5) L　(6)

(7)　(8) かん臓　じん臓　(9)

＊1

2 (1) (2) (3) (4)

(5) (6) (7) (8)

＊2

3 (1) (2)

(3) *a* ℃ *b* ℃　(4) (5) (6)

＊3

4 (1)　(2) 水 g アンモニア g　(3) g

(4) g　(5) :　(6) g　(7) %

＊4

5 (1) 倍　(2) 倍　(3) 倍　(4) (5) (6) 倍

＊5

6 (1) 点B　点C　点D

(2) cm　(3) (4)

(5)

電灯
電源
2階
スイッチ
1階
スイッチ

＊6

受験番号

令和３年度　東大寺学園中学校入学試験問題

社会解答用紙

＊右側の下線部には何も記入しないこと

1 (1) (2) (3)① → ② (4)
(5) (6) → (7) (8) →
(9) (10) (11) X
(12) (13) (14)
＊

2 (1) (2) (3) (4)
(5) (6) →
(7) (8)
＊

3 (1) (2) → (3) (4) (5) (6)
(7)
(8) (9) (10)
(11) (12) (13) (14)① ②
(15) (16)
＊

4 (1)① ② → (2) → (3)
(4) (5) → (6)①語 記号
(6)② (7) (8)
＊

※100点満点
(配点非公表)
＊＊

令和二年度　東大寺学園中学校入学試験問題

国語

―五〇分―

注意　字数制限のある問題については、句読点や符号も一字に数えます。

一

(一) 次の①～⑧のカタカナの語を漢字に書き改め、⑨～⑫の漢字はその読みをひらがなで書きなさい。

① 大人になったら立身出世して、育ててくれた両親のオンギに報いたい。

② 今日、一月二十日は大寒で、二十四セッキの中で寒さが最も厳しい時分だ。

③ 幼いころからの鉄道好きがコウじて、鉄道会社に就職することになった。

④ 自然災害をこうむった地域を思い、ハンキをかかげて悲しみを表現する。

⑤ ぜいたくな生活をしておきながら、年老いた母親にお金をムシンする。

⑥ パソコンは現代文明がもたらしたリキであり、今や多くの人が使っている。

⑦ いつまでたっても、引っこみジアンな性格はなかなか直りそうにない。

⑧ 県知事選挙の期間中は、いろいろな候補者のセイケン放送がテレビで流される。

⑨ いいかげんな態度で生活していると、このさき後悔する羽目におちいるよ。

⑩ すこしでも身重の妻をいたわりたいと考え、家の階段に手すりをつけた。

⑪ 将棋の名人戦で、長年タイトルを保持してきた名人が角番に追いこまれた。

⑫ 最近になって先生のおっしゃっていた言葉が金言であることがわかった。

(二) 「油を売る」や「口が軽い」など、二つ以上の語が結び付いて用いられ、全体で、ある特定の意味を表すようになった表現を慣用句と言います。「とほう（途方）」という語を用いた慣用句を正しく使って、二十字以上、三十字以内の短文を作りなさい。（「とほう」とひらがなで書いても、「途方」と漢字で書いても、どちらでもかまいません。）

下書き用

10

20

30

2020(R2) 東大寺学園中
教英出版

二　次の文章を読んで、後の問いに答えなさい。（本文の上にある1～12は段落番号です。）

1 「どうして石なんかが好きになったのか?」とか「石なんか調べて何がおもしろいのか?」という質問をよくされることがある。それもたいていの場合、不思議そうな顔をして。石に興味を持つ私は変人に見えるらしい。

2 でも考えてみてほしい。美しい宝石に始まり、庭石、ビルの石材、道端のお地蔵さん、河原の石、金魚鉢の中の石、漬け物石など、私たちは身の周りのいろいろな場面で石に親しんでいる。また私たちの生活に欠かせない金属の原料も石である。そして、何よりも私たちの足元を支える大地、つまり地球をつくっているのが石なのである。私から見ると、こんなに身近にあって私たちの生活に関わっているものに興味が湧かないことのほうが不思議に思えるのだが、おかしいだろうか。

3 さて、私たちはなにげなく「石」という言葉を使うが、それは鉱物のことであったり、岩石のことであったりする。①「鉱物と岩石はどう違うのか?」これもまた理解しにくいようで、よく質問されることである。簡潔にいえば、地球をつくっている基本単位が鉱物であり、その鉱物が集まって岩石となる。

4 たとえば花崗岩という岩石がある。これは石英や長石などといった複数の鉱物でつくられている。この花崗岩をハンマーで細かく割っていくと、石英や長石のかけらに分かれる。一方、鉱物は特定の元素からなり、たとえば石英は珪素原子と酸素原子でつくられている。そこで石英をハンマーで割ったらどうなるか。いくら割っても、珪素原子と酸素原子に分かれるなんていうことはなく、細かい石英になるだけである。言い換えると、「地球をつくる物質のうち、機械的に分解できる最小の単位」が鉱物なのである。

5 鉱物は一般に結晶として産し、その美しいものは宝石となる。博物館でもきれいな鉱物を展示することがある。そんなときの来館者の第一声は「わあ、きれい」であり、そのあとに続く言葉で多いのが「いくらだろう」である。とくにそれが宝石だったりするとなおのことである。確かに宝石は富と権力の象徴でもあり、高価でなければ価値がない。美しく妖しい光を放つ宝石は魔力を持つと信じられ、古くから魔よけや御守りとして使用されてきた。また紫水晶(アメシスト)が二日酔いに効くとか、エメラルドが目をよくするといったように、薬としての効用も本気で信じられていた時期もある。最近はパワーストーンなどといって、若い女性に人気がある鉱物もある。しかし鉱物に興味を持つ人が増えるのはいいが、あまり②このような迷信がかった話ばかりが先行するのはどうかと思う。妙な効能や、財産としてではなく、もっと宝石の持つ美しさを素直に楽しめばいいのにと思う。宝石の持つ神秘的な光は、なんともいえぬ安らぎや豊かさを与えてくれるし、宝石に限らずどんな鉱物や岩石でもそれぞれの美しさがある。それを素直に感じ取ることが、石への興味の第一歩なのではないだろうか。

6 さて、石の魅力は、その美しさだけではない。その魅力とは、石が伝えてくれるさまざまなメッセージにある。石は「地下からの手紙」といってもいいだろう。地球上には約三〇〇〇種の鉱物があり、それぞれの名前はその化学成分と結晶構造、つまり、どういう元素がどのように配列しているかで決まる。そして③岩石中にどんな鉱物ができるかは、その岩石がさらされた温度や圧力などの物理的要因と岩石の成分といった化学的要因とで決まる。

7 たとえばダイヤモンドと石墨という二つの鉱物がある。ダイヤモンドは地球上で最も硬く、またその美しさは宝石のなかでも群を抜いている。一方、石墨は黒色でひじょうに脆い鉱物で、鉛筆の芯に使われたりする。このまったく異なる二つの鉱物、じつはどちらも化学成分は同じで、炭素だけからなる。それなのに違いが生じるのは、両者のつくられた環境が違うからである。実験室で石墨に高い圧力と温度を加えてやるとダイヤモンドに変化する。高い圧力では炭素原子がぎっしりと結合してひじょうに硬いダイヤモンドになるのである。逆に圧力が下がるとダイヤモンドは石墨になる。このことから少なくとも地下一五〇キロメートル程度より深くにしか、ダイヤモンドは存在し得ないとされる。ダイヤモンドはキンバーライトという一種の火山岩中に産する。地上には存在し得ないダイヤモンドを私たちが目にすることができるのは、キンバーライトのマグマが上昇するとき、地下深くにあったダイヤモンドを地表まで運んできたからである。そのときマグマがゆっくり上昇していたら、ダイヤモンドは途中で石墨に変わってしまう。このことから、その上昇する速度は石墨に変化する暇がないくらいの猛スピードで、少なくとも時速一〇〇キロメートル以上と見積もられている。まさにキンバーライトは、④ダイヤモンドという「手紙」を、地下から運んできた特急列車なのである。

8 では、ダイヤモンドという「手紙」には何が書かれているのだろうか。近年、ダイヤモンドのつくられた年代が測定され、多くの興味深い事実が明らかになってきた。地球最古の岩石は約三九億年前とされているが、ある種のダイヤモンドが四五億年前というとんでもなく古い年代を示すのである。地球の年代は約四六億年であるから、このことは地球誕生の当初から地下に炭素が存在していて、それがダイヤモンドになったことを示している。

9 地球は太陽系の他の惑星(わくせい)とともに、微惑星(びわくせい)が集合してつくられた。地上に降り注ぐ隕石(いんせき)はその微惑星のなれの果てであり、なかでも炭素質コンドライトと呼ばれる種類の隕石は、太陽系のもととなった物質に最も近いと考えられている。ある種のダイヤモンドをつくった炭素は、そのような隕石からもたらされたのである。このように、ダイヤモンドという一つの鉱物のなかには、じつにたくさんの情報が含(ふく)まれている。あなたの持っているダイヤモンドは、ひょっとしたら太陽系をつくった物質のかけらなのかもしれないのである。

10 そんなことを思って鉱物を見たら、多少は見る目が変わるのではないだろうか。ダイヤモンドに限らず、どんな鉱物もそのつくられてきた歴史を背負っている。そんな一つ一つの鉱物が持つ履歴(りれき)を積み重ねていくと、その鉱物を含んだ岩石の歩んだ歴史が浮(う)かび上(あ)がってくるのである。それを伝えてくれる岩石や鉱物は「□からの手紙」である。

11 岩石のなかで、鉱物は自らが持つ本来の色と形をもってして、私たちに多くのことを語りかけてくれる。そんな「□からの手紙」に書かれた文章を読み解くのが、鉱物や岩石に接する最大の魅力であろう。そしてそれを伝えてくれるところに、鉱物のほんとうの美しさがあるのではないだろうか。

12 美しい鉱物は手紙のなかでも、「絵葉書(えはがき)」に相当するのかもしれない。絵葉書の絵は美しいが、差し出した人の言葉が添(そ)えられていなければつまらない。⑤ショーウィンドウの中の宝石は、メッセージの書かれていない絵葉書のような気がして、あまり好きになれない。それより、いろいろなことを雄弁(ゆうべん)に語ってくれる、自然のままの鉱物や岩石のほうが好きである。しかし、そんなことを思う私は、やはり変人なのだろうか。あるとき「鉱物は一つ一つを取り出してカットするより、岩石のなかに自然のまま存在するほうが美しい」と宝石店の前で妻に言ったら、一笑(いっしょう)に付されてしまった。

（先山徹(さきやまとおる)「石が語る地球の歴史」による）

(一) ——線部①「鉱物と岩石はどう違うのか？」とありますが、「鉱物」・「岩石」・「石」の関係について正しく述べたものを、次の**ア**～**エ**の中から一つ選んで、その記号を書きなさい。

ア 複数の鉱物が集まってできているものが岩石であり、日常で石と呼んでいるものは岩石のことである。
イ 地球をつくっているのが石であり、そのうち岩石を割って特定の元素にまで細かくしたものが鉱物である。
ウ 岩石をこれ以上くだけないくらい小さくしたものが鉱物であり、岩石と鉱物を総じて石と呼んでいる。
エ 岩石と鉱物をまとめて石と呼んでいるが、岩石のうち美しい結晶として産するものが鉱物である。

(二) ——線部②「このような迷信がかった話」とありますが、この「迷信がかった話」に**ふくまれない**ものを、次の**ア**～**オ**の中から**すべて**選んで、その記号を書きなさい。（解答の順序は問いません。）

ア 博物館に展示されている石の美しさにおどろくこと。
イ 石の魔力を信じ魔よけや御守りとして使うこと。
ウ 身体の調子を整える薬としての効用を石に認めること。
エ 若い女性などが石に不思議な力を感じること。
オ 石の持つ神秘的な光に安らぎや豊かさを感じること。

(三) ——線部③「岩石中にどんな鉱物ができるかは、その岩石がさらされた温度や圧力などの物理的要因と岩石の成分といった化学的要因とで決まる」とありますが、筆者はそのことについて、「ダイヤモンド」と「石墨」を例にあげてどのように述べていますか。七十字以内で説明しなさい。

下書き用

(四) ——線部④「ダイヤモンドという『手紙』」とありますが、どういうことですか。その説明として最も適当なものを、次のア〜エの中から一つ選んで、その記号を書きなさい。

ア　ダイヤモンドは、光りかがやく宝石としての美しさを、私たちの生活に送り届けてくれるということ。
イ　ダイヤモンドは、私たちが今まで知らなかった地球に関する情報を、いろいろと教えてくれるということ。
ウ　ダイヤモンドは、私たちが貴重なものと認める高価な財産を、地下深くから運んでくれるということ。
エ　ダイヤモンドは、鉱物や岩石に関する基本的な分類方法を、私たちにはっきりと示してくれるということ。

(五) 文中の□にあてはまる最も適当な言葉を、次のア〜エの中から一つ選んで、その記号を書きなさい。

ア　隕石　　イ　未来　　ウ　宇宙　　エ　過去

(六) ——線部⑤「ショーウィンドウの中の宝石は、メッセージの書かれていない絵葉書のような気がして、あまり好きになれない」とありますが、どういうことですか。筆者の考えがよくわかるように九十字以内で説明しなさい。

下書き用

(七) 本文を内容の面から五つのまとまりに分けるとすると、どのように分けられますか。次のア〜エの中から、最も適当なものを一つ選んで、その記号を書きなさい。

ア　1 2・3 4 5 6・7・8 9・10 11 12
イ　1 2・3 4 5・6 7・8 9 10 11・12
ウ　1 2 3 4・5 6・7・8 9 10 11・12
エ　1 2 3 4・5・6 7・8 9・10 11 12

三

次の文章を読んで、後の問いに答えなさい。(本文の上にある数字は行番号です。)

「わたし(鈴)」は中学一年生。両親が離婚し、母が弟の「圭」をつれて家を出ていったので、父と二人で暮らしている。だが、離婚から四年後、母が急に亡くなってしまったため、父が弟を引きとることになった。母の葬儀から二か月、父と「わたし」が暮らすマンションに、弟の「圭」がやってくる日が来た。

わたしは、さも「なんでもないよ」という顔をしていようと思った。けれども、「さもなんでもない」ふりが、いったいどうしていることなのか、そうしていようと思えば思うほど(A)、しだいにわからなくなった。

わたしはテーブルに残った湯飲みの跡を台ふきでふいた。窓にかかっている葉っぱ模様のレースのカーテンのかたよりを直した。5ドア冷蔵庫の中にコーラと、飲むヨーグルトと、ミルクティーがちゃんと入っているかどうかを確かめた。それから洗面所の鏡の前に立って、短く切りすぎた前髪を直した。そのあいだに何度もリビングの壁にかかっている時計を見た。

それから、なんでもないふりなんて自分にはまるでできていないことに気づき、そうだ、ただだらっとしていればいいんだ、と低反発クッションを枕にして、ソファに寝そべった。

つけっぱなしのテレビではゴルフ中継をやっていた。画面の中の芝生が、画面の中だからというだけじゃなく、とても遠く感じられた。わたしはゴルフのルールも知らないし、どんな選手が活躍しているのかも知らない。青い空の下に大きく広がっている、きれいに手入れされた芝生がこの国のどこかにほんとうにあるような気がしなかった。そこは、きっと死ぬまで行くことのないほど遠いどこかのような気がする。

お父さんは、遅くとも三時ごろまでには帰るよ、と出かけるときに言っていた。もしも荷物が先に届いたら、四畳半にぜんぶ運びこんでもらってて。お父さんはそう言うと、このごろかぶるようになったグレーのハンチングをかぶり、会社に行くときのショルダーバッグを肩からさげて出かけていった。

とっくに三時は過ぎていて、あと十三分で四時になる。

まさか見えたりはしないだろうけど、と思いながら、でもそう思いたったらそうしないではいられなくて、わたしはベランダに出て、下の道路を見た。するとうそみたいに、ちょうどお父さんの車がマンションの駐車場に入ってこようとしていた。

わたしは部屋にもどるとキッチンに行き、キャビネットから細いラインが描かれたグラスを三個出した。①それからまた三個のグラスをキャビネットにしまった。

わたしはわたしの頭の形にへこんでいるクッションのところにもどって、へこんだ形にあわせて頭をのせ、寝そべった。

玄関のチャイムが鳴った。そしてすぐに鍵穴に鍵をつっこむ音がきこえた。わたしは遠い芝生を見ていた。

「帰ったぞ」

お父さんの声がきこえた。つづけて、「さあ、入って入って」とうながす声もして、玄関にもう一人が入ってくる足音がきこえた。

わたしはがまんできずに起きあがった。そして玄関にむかった。

お父さんの横に、弟の圭が立っていた。ニューヨークヤンキースの帽子をかぶっている。帽子の下にとがった感じの耳が見えている。緊張した顔をしている。

「荷物はまだ来てないよ」とわたしは言った。

「あがって」とお父さんに言われて、圭はスニーカーをぬいだ。それからすぐにしゃがんで、ぬいだ白いスニーカーの向きを変えてそろえた。

「こっちだよ。おいでよ」

わたしは待ってなんかいなかったような感じで言った。手まねきすると、圭はすなおについてきた。

「せまいよ、うち。こっちがわたしの部屋で、こっちがお父さんの寝る部屋で」

言いながら廊下を歩いてリビングに圭をつれて入ると、「あとは、この部屋だけだから」と、リビングと間つづきの小さい畳の間をしめした。

②うん、と圭はうなずいた。

あ、こんな言い方じゃ、かえって圭が遠慮してしまうかも、と気づいて、「だけど、三人だったらこれくらいでじゅうぶんかもね。家賃は五万五千円だから安いの。新しく見えるけど古いからね。まえは五万円だったけど、四月にあがったばっかり」と、補足にもならないようなことを言ってしまっていた。

③うん、と圭はうなずいて、ぎこちなく笑った。

「あ、そうだ。飲みもの、何がいい？　コーラと、飲むヨーグルトと、ミルクティーがあるんだけど」

④「えーと、麦茶ありますか？」

「あー、それはない」とわたしは言った。「買ってこようか？　下の自販機にあるよ」

「わざわざ買いに行かなくていいよ」と、旅行鞄を玄関から畳の間に運びこんでいたお父さんが言った。

「そのリュックもこっちの部屋に」とお父さんにうながされ、圭は背中から青いナイロン地のリュックをおろし、敷居の上に置いた。

わたしは冷蔵庫からコーラと、飲むヨーグルトと、ミルクティーを出して、食事をするテーブルにならべた。細いラインが描かれているグラスも出した。

「どれでもいいよ」

「遠慮なんかしちゃだめだ。遠慮してると、鈴になんでも食われちゃうから」とお父さんが言った。

圭はテーブルに近づくと、少し迷ってからミルクティーに手をのばした。

圭に四年ぶりに会ったのは、二か月まえのお母さんのお葬式だった。圭は小さいときにはぷっくりしていたのに、ひょろっとやせて背がのびていた。首が長いところとまつ毛が長いところは変わっていなかった。

お母さんは仕事中に倒れたのだ。救急車で病院に運ばれ、すぐ手術を受けたけれど、つぎの日の朝には亡くなってしまった。

お母さんが手術を受けているという連絡は、徳島のおじさんからお父さんに入った。それは夜の十二時過ぎだったらしい。危ないらしい、とおじさんはお父さんに言ったそうだ。

お父さんはビールを飲んだあとだったので、ただちに自分で車を運転して福山にむかうことはできなかった。その時間には新幹線もふつうの電車も動いていなかった。タクシーで、とまではお父さんは考えなかったらしい。お父さんは夜どおし起きていて、五時まえになるとわたしを起こした。お母さんが倒れた、病院で手術を受けている、とだけ、お父さんはわたしに言った。

わたしたちは朝一番の新幹線で福山にむかった。福山に着いて、駅からタクシーで病院にむかうあいだ、お父さんはじっと窓の外を見ていた。病院に着くと、お母さんはすでに亡くなってしまっていた。途中、新幹線の中で、お父さんのスマホにおじさんから、亡くなったという知らせが入ったそうだ。でも、デッキでその知らせをきいたお父さんは、そのことをわたしには話さなかった。おじさんも徳島から電車で岡山にむかっている途中に、お母さんにつきそっていたおばあちゃんから知らせを受けたのだ。

霊安室で、横たわるお母さんに会った。四年ぶりだった。包帯で頭を巻かれたお母さんは疲れたような顔で目を閉じていた。

お母さん、こんにちは、と心の中で言った。胸の中が何かでふさがれて息ができない感じがしたけれど、涙は出なかった。

四年まえに、お母さんは圭をつれて、わたしたちの家を出ていった。そのあと、いつのころからか、わたしは、お母さんはわたしの前からいなくなっただけじゃなくて、死んでしまうんじゃないか、と考えるようになっていた。お母さんが死んだという知らせを受け取る予感でいっぱいになったことが何度もあった。そんなとき、白い毛布の下で目を閉じているお母さんを想像して、わたしは泣いた。お母さんは死ぬまえにわたしに一目会いたかったはずで、会えなかったことを悔やみながら死んだにちがいない、と考えたりもした。

何度も頭に描いたそのことがほんとうに起きてしまったのだった。ほんとうに死んでしまったお母さんを目の前にすると、逆に、これはほんとうのことじゃない、という気がした。うそだよねえ、と思った。勝手に考えたことが実際に起きるなんて、そんなことってあるの?と思った。ほんとのほんとに死んじゃうなんて。それは、そんなことを想像したわたしのせい?と思った。まさかね、まさか。わたしは閉じたままのお母さんのまぶたを見つめた。

お父さんは涙を流していた。

おばあちゃんも泣きながら、お父さんに背中を丸めておじぎをしていた。おばあちゃんに会うのは五年ぶりか、それ以上かもしれなかった。少しして、おじさんとおばさんと、いとこの翔太くんと妹の美空ちゃんが到着した。四人に会うのもすごくひさしぶりだった。おじさんもおばさんもわたしに何か言おうとして、でも何も言うことができなくて、おばさんは赤い目をして何度もうなずいていた。

おじさんはまえに会ったときと感じが変わっていた。まえより太っていたし、黒縁の眼鏡をかけていた。翔太くんは体が倍ぐらいになっていた。ずっとまえにいっしょに遊んだことなど忘れたような顔をしていた。妹の美空ちゃんも初めて会う人を見るような目でわたしを見た。二人はわたしにときどき視線をむけたけれど、近づいてはこなかった。

おばさんがわたしのそばに来て、背中をなでてくれながら「一目だけでも会えればよかったのにね」と涙声で言った。

わたしはどう返事すればいいかわからなくて、だまっていた。

お姉ちゃんが来てくれたよ、とおばあちゃんがそっと圭の肩を押してわたしの前に立たせた。

圭は目を上に下に動かし、ちらちらとわたしを見た。

お父さんに肩をたたかれても、おばさんに涙声で話しかけられても、圭は目をきょときょとと動かしているだけだった。

お父さんはおばあちゃんに何度もお礼を言い、何度もあやまっていた。

「ひさしぶり」

わたしは圭に一歩近づいて、言った。

それが病院に着いて、わたしが初めて言った言葉だった。

圭ははっとわたしの顔を見て、「ひさしぶり」と言った。

「小二?」

うん、とうなずいて、「こんど小三」と圭は答えた。

わたしが小三だったとき、お母さんは家を出ていったのだ。

わたしはベッドのお母さんをふり返った。お母さんとはきのうの晩もいっしょだったような気がした。お風呂にいっしょに入ったあと、圭と三人でふとんに寝て、まんなかのお母さんが絵本の『三びきのやぎのがらがらどん』を読んでくれたんじゃなかったか。そのままお母さんだけまだ起きてこないで寝ている。そんな感じだった。

わたしは圭を見て、それから目を細くして、また白いカバーのかかったふとんの下のお母さんを見た。

お母さん、と心の中で呼びかけてみた。いま、だんだん死んでいってるの？　半分くらいはまだこっちに残っているけれど、だんだんとあっちの世界に移っていってるの？

「お母さんはもう目をさまさないんだよ」とわたしは圭に言った。

「知ってる」

圭もベッドのお母さんを見ていた。⑥圭も泣いてはいなかった。

（岩瀬成子『地図を広げて』による）

(一) 〰〰線部Ａ「ほど」と意味・用法が同じ「ほど」をふくむ文を、次のア～オの中から一つ選んで、その記号を書きなさい。

ア　店内は耳をふさぎたくなるほどさわがしかった。

イ　のどから手が出るほどほしい。

ウ　あの人の話はうんざりするほど長い。

エ　目にもとまらぬほどの速さだった。

オ　旅行に行くとき荷物は軽いほどよい。

(二) ――線部①「それからまた三個のグラスをキャビネットにしまった」とありますが、この行動には、「わたし」のどのような気持ちが表れていますか。六十字以内で説明しなさい。

下書き用

(三) ――線部②「うん、と圭はうなずいた」と、――線部③「うん、と圭はうなずいて」との説明として最も適当なものを、次のア～エの中から一つ選んで、その記号を書きなさい。

ア　圭は、②のときは、他人行儀な態度で姉に接していたが、弟に親しみを示そうとする姉の努力が空回りしてしまったことに気づいたので、③では、そんな姉に同情して、姉に親しみを示して場の空気をなごませようとしている。

イ　圭の気持ちは、②のときも③のときもこわばったままなのであるが、②の圭が、姉への遠慮からすなおにうなずいただけであったのに対して、③の圭は、姉がわざわざ補足をしてくれたことに気づいて、姉への警戒心が少しうすらいでいる。

ウ　②での圭は、自分のために親切に説明してくれる姉に感謝してすなおにうなずくだけだったが、③での圭は、圭が来たせいでせまい家がさらにせまくなるという姉の不満を敏感に感じとって、ひそかに気持ちをこわばらせている。

エ　②にも③にも、圭のとまどいや不安が見られるが、②では、姉の言うことをただ受け入れるだけだったのに対して、③では、姉も自分と同じようにとまどいや不安をいだいているのだと感じて、圭の気持ちが少しほぐれている。

(四) ――線部④「えーと、麦茶ありますか？」とありますが、この「圭」の言葉についての説明として最も適当なものを、次のア～オの中から一つ選んで、その記号を書きなさい。

ア　「えーと、麦茶ありますか？」という圭の言葉は、本文29行目の「ぬいだ白いスニーカーの向きを変えてそろえた」という圭の動作とともに、四年ぶりにいっしょに暮らす父や姉に対してつい気がねしてしまう、今の圭の心理状態を表している。

イ　「えーと、麦茶ありますか？」という圭の言葉は、本文43行目の「買ってこようか？　下の自販機にあるよ」という姉の言葉と対応していて、父はともかく弟と姉は、四年ぶりに会ってもすぐさまうちとけはじめていることを表している。

ウ　「えーと、麦茶ありますか？」という圭の言葉は、本文44行目の「わざわざ買いに行かなくていいよ」という父の言葉と対応していて、多少の不満はあっても今はがまんせざるをえない、圭の置かれた立場を表している。

エ　「えーと、麦茶ありますか？」という圭の言葉は、本文50行目の「遠慮してると、鈴になんでも食われちゃうから」という父の言葉と対応していて、ユーモラスな会話によって親子三人の気持ちがほぐれていくさまを表している。

オ　「えーと、麦茶ありますか？」という圭の言葉は、本文51行目の「少し迷ってからミルクティーに手をのばした」という圭の動作とともに、父におおらかに育てられた姉とはちがい、母に厳しくしつけられた圭の育ちの良さを表している。

(五) 〰〰〰線部B「そうだ」と意味・用法が**異なる**「そうだ（そうに・そうな）」をふくむ文を、次のア～カの中から**すべて**選んで、その記号を書きなさい。（解答の順序は問いません。）

ア　その後、おじいさんとおばあさんはしあわせに暮らしたそうな。

イ　あわや転びそうになった。

ウ　北海道ではすでに雪が降っているそうだ。

エ　あんな男でも子どもが生まれるとなるとうれしいそうだ。

オ　あすは雨になるそうだから、雨具を忘れずに。

カ　早く帰ったほうがよさそうだ。

(六) ━━線部⑤「涙は出なかった」とありますが、このときの「わたし」について説明したものとして最も適当なものを、次のア～エの中から一つ選んで、その記号を書きなさい。

ア　この四年間、「わたし」は母に会いたいとは思わなかった。母が亡くなった今も「わたし」は、「わたし」を捨て、圭をつれて家を出ていった母へのわだかまりをぬぐいきれず、すなおに涙を流せないでいる。

イ　「わたし」は結局、母の死に目に会えなかった。「わたし」は、父がその気になってさえいれば、昨夜のうちに母のもとにかけつけることもできたはずだと思い、父への不信感からすなおに涙を流せないでいる。

ウ　四年前に「わたし」を置いて家を出ていったきり、一度も会うことなく母が亡くなった。「わたし」は、その突然すぎる死を事実として受けとめきれず、母の死を悲しみながらも泣くことができないでいる。

エ　「わたし」が想像していたとおり、母は「わたし」に会えぬまま亡くなった。「わたし」は、ひそかに母の死を想像していたことにうしろめたさをおぼえ、もうしわけない気持ちがつのって泣くこともできないでいる。

(七) ━━線部⑥「圭も泣いてはいなかった」という一文は、本文53行目以下の後半部分において、どのような表現上の効果をあげていますか。その説明として最も適当なものを、次のア～エの中から一つ選んで、その記号を書きなさい。

ア　姉の「わたし」と同様に、母親のなきがらを見ても涙を流さずにいる圭の姿を描いているが、母の臨終に間に合わなかった「わたし」とは対照的に、母の最期を間近で見守った圭が、姉以上に大きなショックを受けたことを感じさせる。

イ　姉の「わたし」と同様に、母親のなきがらを前にしても泣くことのない圭の姿を描いていて、周囲の大人たちがしきりに涙を流しているのと対照的な姉弟二人の様子は、かえって姉弟二人の悲しみの深さを感じさせる。

ウ　姉の「わたし」と同様に、母親のなきがらを前にした親戚たちのふるまいや発言に反感をおぼえ、すなおに涙を流せないでいる圭の姿を描いていて、実の姉弟にしかわかりえない心のつながりというものがあることを感じさせる。

エ　姉の「わたし」と同様に、母親のなきがらに対面してもすなおに涙を流そうとしない圭の姿を描いているが、母が亡くなるまで会いに来なかった父や姉に対して不信感をいだく圭が、かたくなに心を閉ざしていることを感じさせる。

(八) 本文51行目までの前半部分において、「わたし」と「圭」とはどのように描かれていますか。その説明として最も適当なものを、次のア～エの中から一つ選んで、その記号を書きなさい。

ア　「わたし」も圭も、ようやく母の死を受け入れて、お互いを思いながら手さぐりで新しい生活を始めようとしている。

イ　二人ともまだ母を失った悲しみから立ち直れずにいるので、ともに暮らすことになってもぎこちない関係のままである。

ウ　「わたし」は圭と突然いっしょに暮らすことになってとまどっているが、圭は新しい環境に懸命に適応しようとしている。

エ　圭はまだ母への思いを断ち切れずにかたくなな心でいるが、「わたし」は姉らしい親しみをもって圭に接している。

令和２年度　東大寺学園中学校入学試験問題

算　　　数　　――６０分――　（中学算数・３枚のうち１）

※ 円周率が必要なときは，円周率は3.14として計算しなさい．

※ 角すい，円すいの体積は(底面積)×(高さ)÷3で求められます．

※ 2つの数量の差とは，等しい2つであれば0，異なる2つであれば大きいものから小さいものを引いた数量をさすものとします．

1 次の各問いに答えなさい（解答欄には答のみ記入しなさい）．

(1) 次の式の□にあてはまる数を求めなさい．

$$\left(\frac{1}{1717}+\frac{1}{1919}-\frac{1}{909}\right)\times 51=\left(\frac{1}{\square}+\frac{1}{2121}-\frac{1}{1010}\right)\times 70$$

(2) 3つの整数800，1376，2144があります．これらの整数をそれぞれ整数Nで割ったあまりはすべて等しくなり，また3つの整数800，1376，2144の和はNで割り切れます．このような整数Nのうち最も大きいものを求めなさい．

(3) 図のように，1辺の長さが2cmの立方体ABCD-EFGHがあり，EFの真ん中の点をM，EHの真ん中の点をNとします．また，AB上を秒速2cmで動く点Pと，AD上を秒速1cmで動く点Qがあり，どちらも頂点Aを同時に出発し，点PはAとBの間を，点QはAとDの間をそれぞれくり返し往復するものとします．P，QがAを出発してから2.5秒後の，四角形APME，四角形AQNE，三角形APQ，三角形EMN，三角形PMN，三角形PQNの6つの面で囲まれた立体の体積を求めなさい．

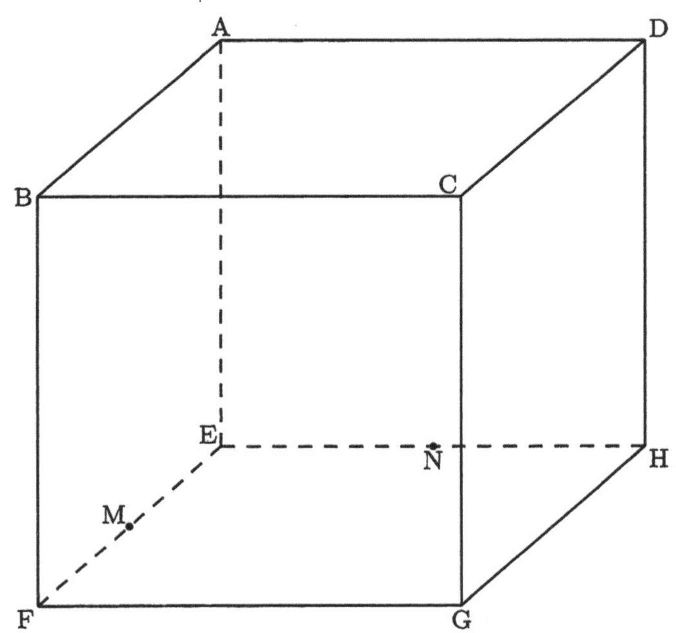

2 それぞれ100gの食塩水が入っている３つの容器Ａ，Ｂ，Ｃに対して，次の作業を行います．

作業｛
まず，Ａの食塩水25gをＢに移し，よくかき混ぜる．
次に，Ｂの食塩水25gをＣに移し，よくかき混ぜる．
最後に，Ｃの食塩水25gをＡに移し，よくかき混ぜる．｝

次の問いに答えなさい．

(1) 作業前のＡ，Ｂ，Ｃの食塩水の濃度がそれぞれ16％，11％，9.5％でした．このとき，作業後のＡ，Ｂ，Ｃの食塩水の濃度をそれぞれ求めなさい．

(2) 作業後のＡ，Ｂ，Ｃの食塩水の濃度がそれぞれ11％，10％，8％となりました．このとき，作業前のＡ，Ｂ，Ｃの食塩水の濃度をそれぞれ求めなさい．

(3) 作業前のＡ，Ｂの食塩水の濃度がそれぞれ14％，11.5％で，作業後のＡとＢの食塩水の濃度が等しくなりました．このとき，作業前のＣの食塩水の濃度を求めなさい．

3 次の各問いに答えなさい．

(1) 図のように，BC＝20cmの三角形ABCと半径1cmの円Ｐがあります．円Ｐを三角形ABCの辺にそって離れることなく三角形ABCの内側を一周させると，三角形ABCの内側で円Ｐが通らなかった部分は，頂点Ａ，Ｂ，Ｃの近くと中央の三角形DEFの，合わせて4つあり，その面積は全部で16.86cm^{2}でした．EF＝8cmのとき，次の問いに答えなさい．ただし，BCとEFは平行であるとします．

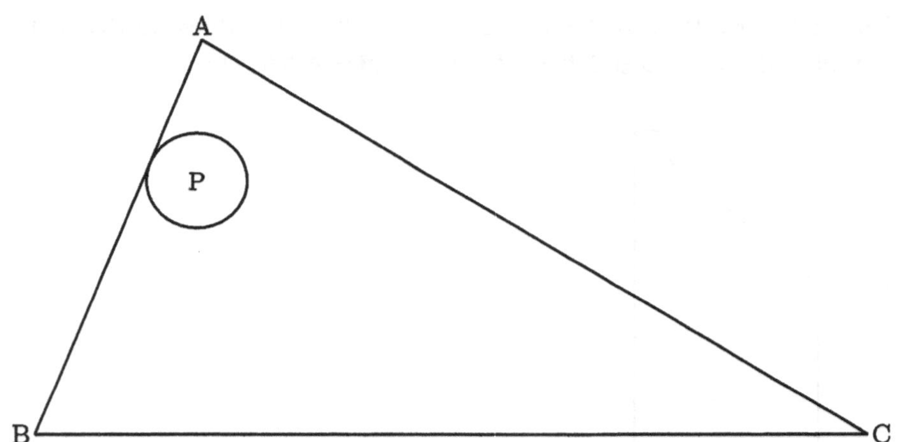

① 円Ｐを三角形ABCの辺にそって離れることなく三角形ABCの内側を一周させたとき，円Ｐの中心が動いてできる線の中で，BCと平行な部分の長さを求めなさい．

② 三角形ABCの面積を求めなさい．

(2) 図のように，AD と BC が平行な台形 ABCD があり，BC 上に BE : EC = 7 : 3 となるように点 E をとります．DE と AC の交わる点を Q とし，Q を通り BC に平行な直線が，AB，DC と交わる点をそれぞれ P，R とします．AD = 8 cm，PQ = 10 cm のとき，QR，BC の長さをそれぞれ求めなさい．

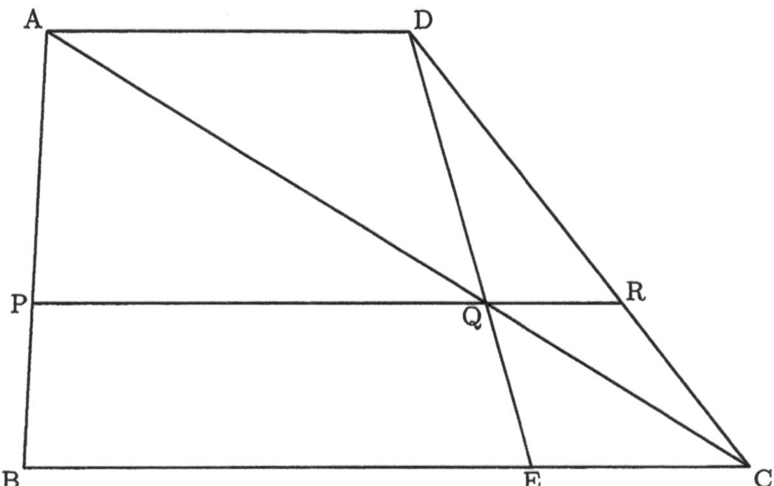

4 太郎君と花子さんが 1，2，3，4，5，6 の 6 種類の数字だけを並べて整数を作ります．ただし，同じ数字を何回用いてもよいとします．たとえば 3 けたの整数を作るときは 222 や 353 などの整数も作ることができます．太郎君の作る整数を A，花子さんの作る整数を B とするとき，次の問いに答えなさい．

(1) ① 2 人とも 2 けたの整数を作るとき，$B = 2 \times A$ となるような A，B の組は何組あるか答えなさい．

② 2 人とも 2 けたの整数を作るとき，$B = 2 \times A + 1$ となるような A，B の組は何組あるか答えなさい．

(2) 2 人とも 3 けたの整数を作るとき，$B = 2 \times A$ となるような A，B の組は何組あるか答えなさい．

(3) 2 人とも 5 けたの整数を作るとき，$B = 2 \times A$ となるような A，B の組は何組あるか答えなさい．

問題は以上です．

令和２年度　東大寺学園中学校入学試験問題

理　　科　　――50分――（中学理科・６枚のうち１）

1　次の文を読んで，下の問いに答えなさい。

食紅で色をつけた水に根のついた植物をつけておき，数時間後に茎(くき)などを切って断面を観察すると，次のア～エのように色のついた部分を見ることができます。

ア

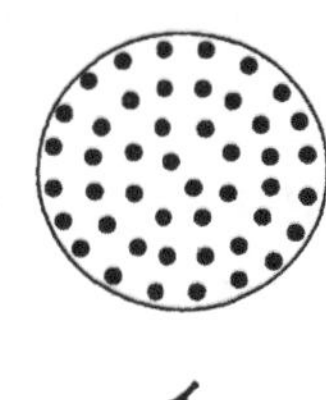
イ

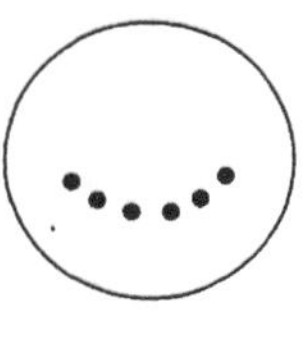
ウ

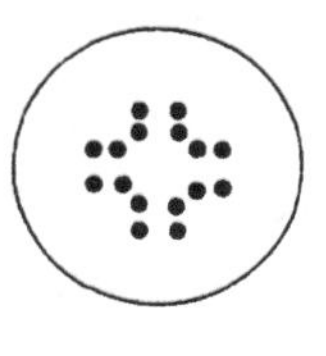
エ

(1)　次の①～③の断面で見られるようすは上のア～エのどれに最も近いですか。それぞれ１つ選んで記号で答えなさい。同じ記号を何回選んでもかまいません。

①ホウセンカの茎　②ジャガイモのいも　③ジャガイモの葉のつけね(葉柄(ようへい))

(2)　図１はスーパーマーケットで買ったセロリの写真で，点線の部分で切った断面の写真が図２です。ただし，色水にはつけていません。図２はセロリのどの部分ですか。次のア～ウから１つ選んで記号で答えなさい。

ア　根　イ　茎　ウ　葉のつけね(葉柄)

図１

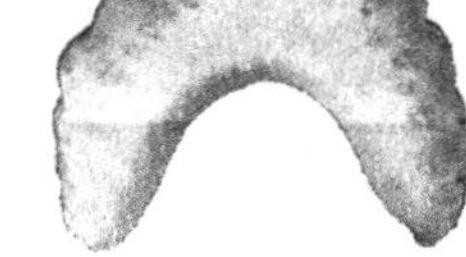
図２

(3)　下の空らん［あ］・［い］にあてはまる語を書きなさい。

根から茎を通って葉まで届いた水は，気こうが開いているとき，［あ］となって出ていきます。このことを［い］といいます。

2　次の文を読んで，下の問いに答えなさい。

動物Ａは水のきれいな谷川の水底で生活する小さな生物で，光の強さを感じることのできる目が２つあります。動物Ｂは森林の地面付近で生活する小さな生物で，目のようなものは見当たりませんが，光の強さは感じることができるようです。ＡとＢはどちらも光をきらうので，暗い場所でよく見つかります。この性質は鳥や魚などの外敵に見つかりにくくなるため，生き延びるのに好都合です。

(1)　Ａはどんな場所を探すと見つけやすいですか。次のア～オから最も適当なものを１つ選んで記号で答えなさい。

ア　浅い川底のどろから生える草の根もと
イ　流れのゆるやかな川底のどろの中
ウ　流れの速い川底の石の裏側
エ　木かげにある砂や小石の表側
オ　ザリガニが掘(ほ)った水中の穴の中

(2)　Ｂは，暗くしめった場所にいることで乾燥(かんそう)や外敵から身を守ることができます。どんな場所を探すと見つけやすいですか。次のア～エから最も適当なものを１つ選んで記号で答えなさい。

ア　木の根もとにあいた大きさ30 cmぐらいの穴の中
イ　すき間なく生えた草の根もと
ウ　岩にびっしりと生えたコケの上
エ　積み重なった落ち葉の下

(3)　目が２つある生物では，２つある目のうち，より強い光を感じた方がより明るい方向だとわかります。目や光の強さを感じる部分が１つしかない生物では，どのようにしてより明るい方向がわかるのでしょうか，30字以内で答えなさい。

3 沖縄は，日本列島の南西に位置するたくさんの島々からなる県で，気候や生態系，岩石の成り立ちなど本州とは異なる特ちょうを持っています。次の文は，T君が二泊三日で沖縄旅行に行ったときのようすについて書かれたものです。この文の下線部に関して，下の問いに答えなさい。ただし，問題番号は下線部の番号に対応しています。

一日目は，石垣島の海へ行きました。海岸は白く，海はとても青くきれいでした。沖縄の海にはサンゴ礁があり，それがくだけて白い砂浜になったと考えられます。沖縄では，このサンゴ礁や貝殻が(1)長い年月を経て固まった岩石をたくさん見ることができます。これらの岩石は古くから城や家の石垣に使われています。そのあと，T君は水中観光船に乗ってサンゴ礁を見ました。色とりどりのサンゴを期待していましたが，ほとんどが白くなったサンゴでした。このような現象は(2)サンゴの白化現象と呼ばれています。

二日目は，イリオモテヤマネコが生息する西表島へ行きました。西表島では亜熱帯植物が見られます。T君は，(3)マングローブを見るために河口付近に行ってみました。しかし，残念ながら(4)潮が満ちていて，タコの足のような根は見ることができませんでした。その日の夜，T君は星空観察をしました。(5)梅雨が明けた沖縄の夜空はとてもきれいで，夜おそくには天の川が見えました。(6)南の空の天の川付近には明るい赤い星が１つ，(7)東の空には天の川をはさんで明るい星が２つ見えました。よく見ると，この２つの星の明るさは，同じではありませんでした。

三日目の朝，沖縄の南方に台風が発生しました。今後，この台風が沖縄にやってくると飛行機が欠航する可能性が考えられるので注意しなくてはなりません。そこで，T君は(8)インターネットでこの台風の予想進路を調べることにしました。調べた結果，関西には予定通りに帰れそうでした。しかし，数日後には，関西に接近するおそれがあるのでT君は少しの不安を胸に沖縄を出発しました。

(1) この岩石には小さなたくさんの穴が空いていました。宮古島の河川は，この岩石からできていて水を浄化するので，宮古島の海は特にきれいだといわれています。この岩石の名前を**漢字**で答えなさい。

(2) 白化現象はサンゴの死を意味しています。サンゴ礁をつくるサンゴは，光が十分に届く浅くてきれいな海でしか生息できません。沖縄のサンゴ礁で白化現象が起こる原因として最も適当なものを，次の**ア**～**オ**から２つ選んで記号で答えなさい。

ア 海水温の低下　**イ** 海水温の上昇　**ウ** 海水の汚染　**エ** 海流の変化　**オ** 海水面の低下

(3) マングローブを形成する木でないものを，次の**ア**～**オ**から２つ選んで記号で答えなさい。

ア オヒルギ　**イ** メヒルギ　**ウ** ヒルギダマシ　**エ** ガジュマル　**オ** ヘゴ

(4) 潮が満ちたり引いたりする現象は，おもに月が海水を引っぱるためにおこります。したがって，月に面した海は潮が満ちた状態になります。二日目にマングローブを見に行ったときは，その日の正午（12時）ごろが最も潮の満ちた状態でした。次の日に最も潮の満ちた状態になるのは何時ごろですか。最も近いものを次の**ア**～**オ**から１つ選んで記号で答えなさい。

ア 午前10時ごろ　**イ** 午前11時ごろ　**ウ** 正午ごろ　**エ** 午後１時ごろ　**オ** 午後２時ごろ

(5) T君が沖縄旅行に行ったのは沖縄の梅雨が明けた直後でした。次の文は，梅雨について述べたものです。文中の①・②の{　　}内に入る最も適当な語句を選んで記号で答えなさい。

「６月ごろに，日本の南の太平洋上の暖かい空気のかたまりと北の①{ **ア** オホーツク海　**イ** シベリア大陸 }上の冷たい空気のかたまりとの境界ができます。この境界のことを梅雨前線といい，これが②{ **ウ** 東西　**エ** 南北 }に長くのびた状態で日本付近でしばらくとどまるために梅雨はおこります。これらの空気のかたまりは，もともとたくさんの水蒸気をふくんでおり雨を降らす原因となるので，雨の日が多くなります。」

(6) 南の空の明るい赤い星についてその**カタカナ**の名前を書き，その星がある星座の名前も答えなさい。

(7) これら２つの星のうち，明るい方は天の川の北側(北極星側)にありました。この星の**カタカナ**の名前を書き，その星がある星座の名前も答えなさい。

(8) 右図は，そのときの予想進路図の一部を表しています。次の①・②の問いに答えなさい。

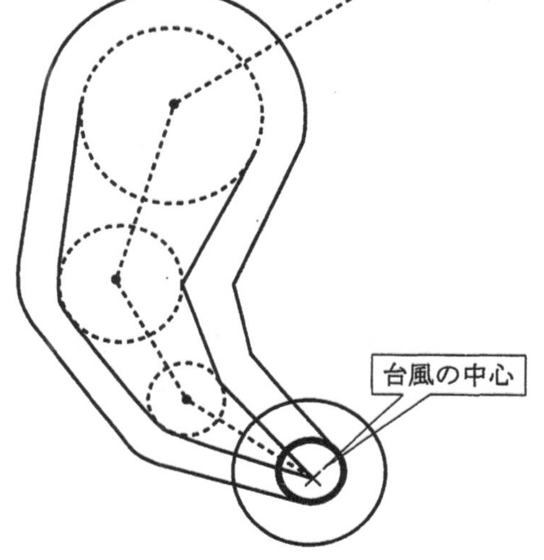

① 太い実線 ━━ の円は何を表していますか。次の**ア**～**オ**から最も適当なものを２つ選んで記号で答えなさい。

ア 風速 25 m以上のはん囲　**イ** 風速 15 m以上のはん囲

ウ 強風域　**エ** 暴風域　**オ** 台風の大きさ

② 破線 ┈┈ の円を予報円といいます。何を表していますか。次の**ア**～**オ**から最も適当なものを１つ選んで記号で答えなさい。

ア 成長すると考えられる台風の大きさ

イ 風速 25 m以上になると考えられるはん囲

ウ 風速 15 m以上になると考えられるはん囲

エ 暴風域になると考えられるはん囲

オ 台風の中心が到達すると考えられるはん囲

4 次の文を読んで，下の問いに答えなさい。

メタンは［あ］ガスのおもな成分で，都市ガスの９割以上で使われているだけではなく，火力発電の燃料としても使われるようになってきました。メタンを燃やしても有害な「いおう酸化物」や「ちっ素酸化物」は生じにくく，さらには温室効果ガスとして知られる［い］を生じる割合が石油や石炭よりも少ないことから「クリーンな燃料」といわれています。火力発電以外にも，メタンから水素ガスを取り出して，その水素ガスで電気を起こす［う］電池も実用化されています。

メタンは，最近では生ゴミや食品廃棄（はいき）物からも作られています。このようなものを［え］ガスと呼んでいます。これだけではまだ生産量が少ないため，日本では，メタンの多くは液体にして輸入されています。メタンの気体は 1 Lあたり 0.71 gですが，液体にすると 1 Lあたり 420 gになります。すなわち，液体にすると体積が［お］分の１になるため，タンカーなどで運びやすくなります。しかし，液体にするにはマイナス 162℃の低温にしなければなりません。

このように日本ではメタンの多くを輸入にたよってきましたが，近年，メタンハイドレートと呼ばれるものが日本近海の海底でも発見されるようになり，ここから採取できるメタンが注目されています。メタンハイドレートは，水のつぶからできたかごの中にメタンを閉じこめた構造になっており，氷のような固体になっています。 1 m^3のメタンハイドレートからは 164 m^3の気体のメタンが取り出せます。また，メタンハイドレートの 1 cm^3 の重さは 0.91 gであることが知られています。

(1) 空らん［あ］～［う］にあてはまる語を書きなさい。

(2) 空らん［え］には，生物に由来することを示す語が入ります。あてはまる語を**カタカナ**３文字で書きなさい。

(3) 空らん［お］に入る数値を答えなさい。解答は小数第１位を四捨五入して整数で答えなさい。

(4) メタンを完全に燃やしたときに，空らん［い］以外に何が生じますか。その名前を答えなさい。

(5) メタンハイドレートについて，次のそれぞれの問いに答えなさい。

① メタンハイドレート 100 cm^3の重さは何 gですか。整数で答えなさい。

② メタンハイドレート 100 cm^3から取り出せるメタンは何 gですか。小数第２位を四捨五入して小数第１位まで答えなさい。

③ メタンハイドレートの重さに対して，ふくまれていたメタンの重さの割合は何％ですか。小数第１位を四捨五入して整数で答えなさい。

④ 同じだけのメタンを得るには，メタンを液体にした場合に比べて，体積にして何倍のメタンハイドレートが必要ですか。小数第２位を四捨五入して小数第１位まで答えなさい。

(6) メタンハイドレートの利用については，海底からメタンを取り出す費用の問題に加えて，生じたメタンが大気中へにげ出したときにおこる問題もあります。その問題を表す言葉を，上の文中から選んで書きなさい。

5 次の文を読んで，下の問いに答えなさい。

ある色のついた粉末があります。これを図１のように水にとかすと，色のついた水よう液ができます。とかす粉末の量を多くすると，色の濃い水よう液になります。この色のついた水よう液に光をあてることを考えてみます。図２のように色のついた水よう液に光をあてると，出てくる光の強さは弱くなります。図３の３つの容器Ａ，Ｂ，Ｃに色のついた水よう液を満たして，図４のように厚みの方向に平行に光をあてて出てくる光の強さをはかったところ，表１のような結果になりました。なお，入れる光(入射光といいます)の強さはいつも同じであるとし，容器には水よう液をいっぱいまで満たすものとします。また，これらの容器は光の強さを弱めないものとします。解答は分数のままでかまいません。

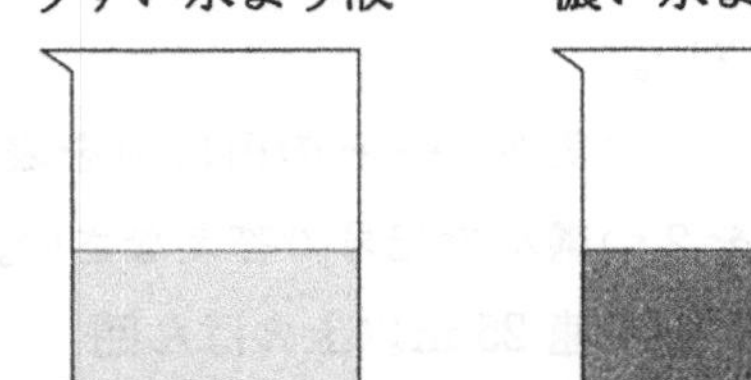

図１

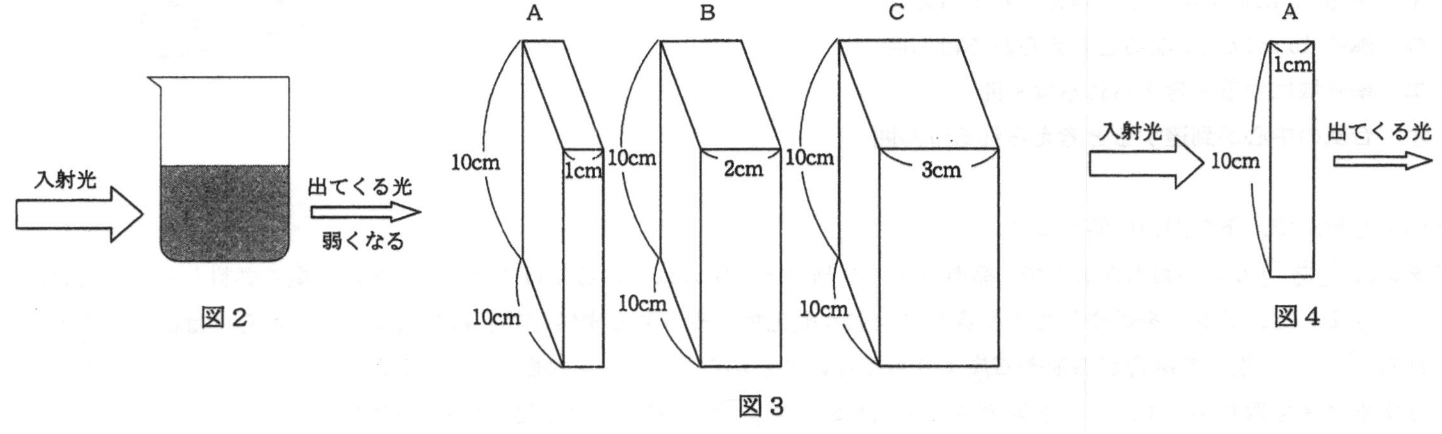

図２　図３　図４

表１

容器の種類	A	A	A	B	B	B	C	C
容器の厚さ〔cm〕	1	1	1	2	2	2	3	3
水よう液の濃さ〔%〕	1	2	3	1	2	3	1	2
入射光に対する出てくる光の強さの比	$\frac{1}{2}$	$\frac{1}{4}$	$\frac{1}{8}$	$\frac{1}{4}$	$\frac{1}{16}$	$\frac{1}{64}$	$\frac{1}{8}$	$\frac{1}{64}$

(1)　５％の濃さの水よう液を容器Ａに満たして光をあてると，入射光に対する出てくる光の強さの比はいくらになると考えられますか。

(2)　ある濃さの水よう液を容器Ｂに満たして光をあてると，出てくる光の強さは入射光の $\frac{1}{256}$ になりました。水よう液の濃さは何％ですか。

(3)　容器Ａに入っている１％の濃さの水よう液を容器Ｂにうつして，さらに容器いっぱいまで水を加えてよく混ぜました。この容器Ｂに光をあてたとき，入射光に対する出てくる光の強さの比はいくらになると考えられますか。

(4)　容器Ａに３％の濃さの水よう液を，容器Ｃに１％の濃さの水よう液を満たしました。図５のようにこの２つの容器をつなげたものに光をあてました。入射光に対する出てくる光の強さの比はいくらになると考えられますか。

(5)　(4)の２種類の水よう液を混ぜて，ふたたび図５のＡとＣの両方の容器に満たして光をあてました。入射光に対する出てくる光の強さの比はいくらになると考えられますか。

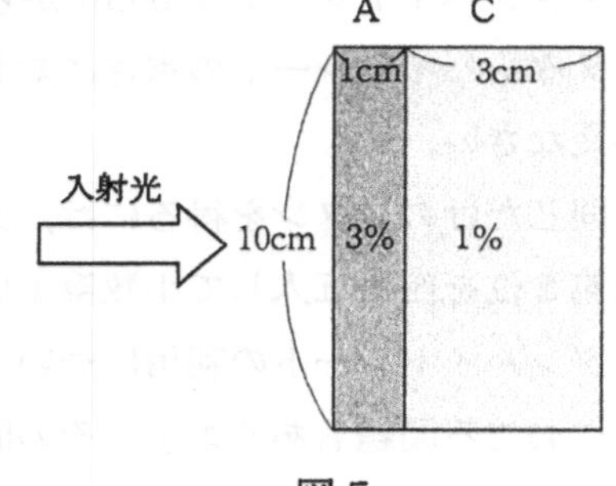

図５

6 次の問いに答えなさい。

(1) 長さ 100 cm の板があります。図1のように中央で三角柱がこの板を水平に支えています。また，図2のようにこの板の上には3つのコースがあります。コース1の左はしに 200 g の小球A，コース2の右はしに 250 g の小球B，コース3の左はしに小球Cを置いたところ，板は水平のままでした。今，小球Aを右向きに毎秒 10 cm で，小球Cを右向きに毎秒 5 cm で動かし，さらに小球Bを左向きに動かしたところ，板は水平のままでした。ただし，3つの球は同時に動かし始めるものとします。

① 小球Cは何 g ですか。

② 小球Bを左向きに毎秒何 cm で動かせばよいですか。

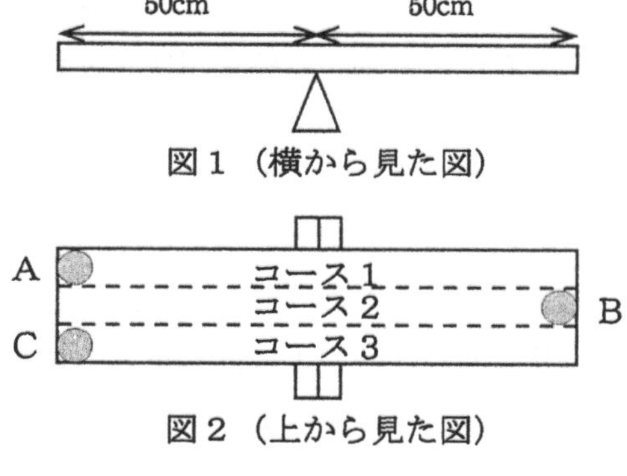

図1（横から見た図）

図2（上から見た図）

(2) 半径 72 cm の円板Aの周囲を，半径 10 cm の円板Bがすべることなく回転します。円板Bには矢印が書いてあり，スタート地点で矢印は北を向いていました(図3)。円板Bが円板Aを1周して，再びスタート地点にもどってきたとき，矢印は何回北を向いたでしょうか。ただしスタート地点の状態は数えません。また，もどってきたとき北を向いていた場合は数えます。

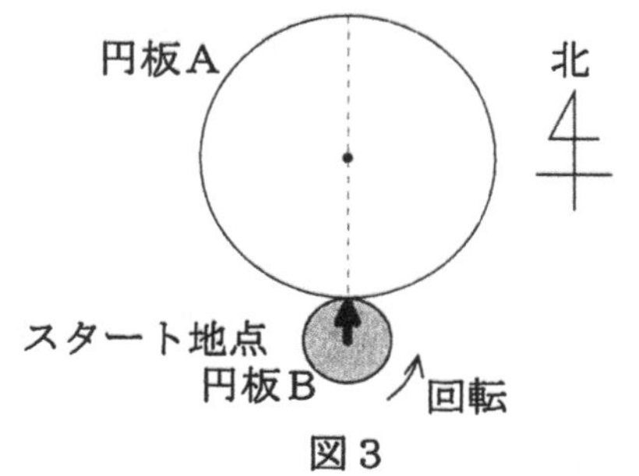

図3

(3) 光の速さは空気中を通るとき毎秒 30 万 km ですが，他のものの中を通るときは異なる速さとなります。

① 光が空気中を 9000 km 進むのに何秒かかりますか。

② インターネット用の光ファイバーケーブル中を 9000 km 進むのに 0.045 秒かかりました。このとき光ファイバーケーブルを通る光の速さは毎秒何万 km ですか。

(4) 太陽電池と太陽電池用モーターを図4のように接続しました。この回路について説明した次の**ア**～**カ**の文のうち，適当なものをすべて選んで記号で答えなさい。

ア どんなに弱くても太陽光をあてれば，電流は流れる。

イ どんなに弱くても太陽光をあてれば，モーターは回る。

ウ 太陽電池に発光ダイオードの光をじゅうぶんにあてても，電流は流れない。

エ ある明るさ以上の太陽光をあてると，1秒あたりのモーターの回転数は一定となってそれ以上増えることはない。

オ 太陽電池に電気をたくわえておくことはできない。

カ 太陽電池に光をあてると，モーターは光を風に変える。

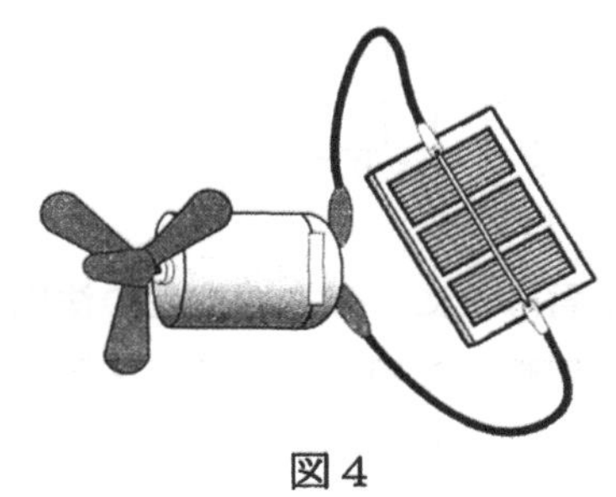

図4

(5) 3種類の電熱線A，B，Cを電池に図5のように接続したところ，電熱線に流れる電流は多い順にA，B，Cでした。

① このとき発熱量の多い順にA，B，Cを並べなさい。すべて等しい場合は「等しい」と答えなさい。

② 次に図6のように接続したとき，発熱量の多い順にA，B，Cを並べなさい。すべて等しい場合は「等しい」と答えなさい。

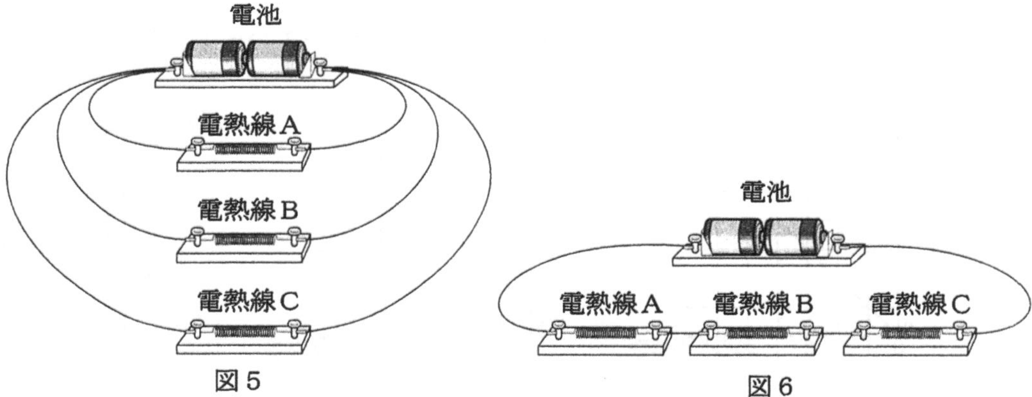

図5

図6

7 次の文を読んで，下の問いに答えなさい。ただし，答えが割り切れないときは，小数第３位を四捨五入して第２位まで答えなさい。

Ｔ君は，手動の自転車用空気入れポンプを使って自転車のタイヤに空気を入れているとき，ポンプのハンドルをおすとポンプ内の空気が圧縮され，おした分だけ反発する力が強まるのを感じました。これは，ばねをおし縮めたときと同じような現象だと思い，そのちがいについて調べてみました。

まず，図１のようにもとの長さが 24 cm の軽いばねを床（ゆか）に取り付け，軽くてうすい板をのせました。その上に同じ重さのおもりを１個ずつ増やしながらのせていき，のせたおもりの個数と床から板までの高さの関係を調べたところ，結果は表１のようになりました。

次に図２のような容器に，軽くてうすい板を容器との間にすきまができないようにのせると，床から板までの高さが 24 cm のところで板が静止しました。その板の上におもりをのせていき，表１と同様の実験を行ったところ，表２のようになりました。Ｔ君はこの２つの結果から，表１と表２のそれぞれについて，横じくにおもりの個数，縦じくに床から板までの高さをとってグラフをかきました。

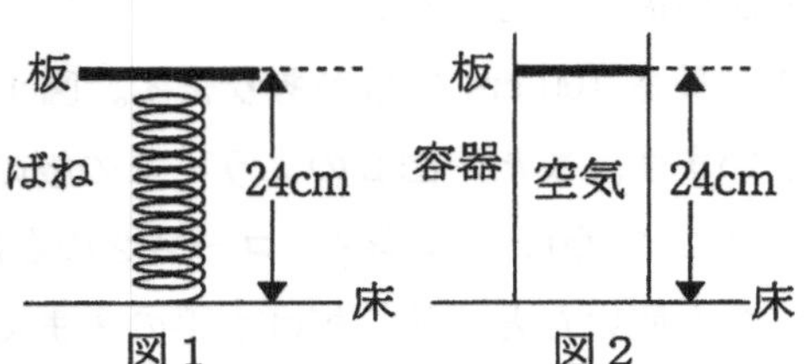

図１　　図２

表１：ばねのとき

個数〔個〕	0	1	2	3	4
高さ〔cm〕	24	20	16	12	8

表２：空気のとき

個数〔個〕	0	1	2	3	4
高さ〔cm〕	24	16	12	9.6	8

(1) 表１，表２のグラフの形として最も適当なものを，次の**ア**～**オ**からそれぞれ１つずつ選んで記号で答えなさい。

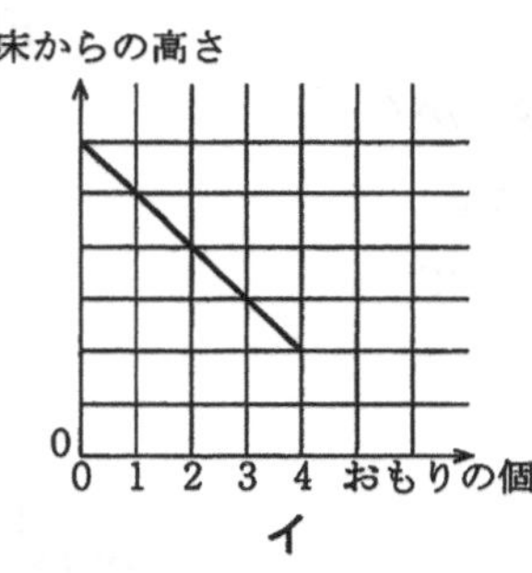

ア

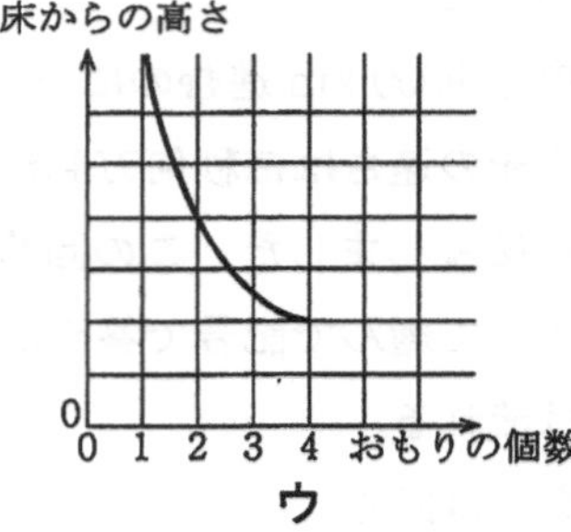

イ

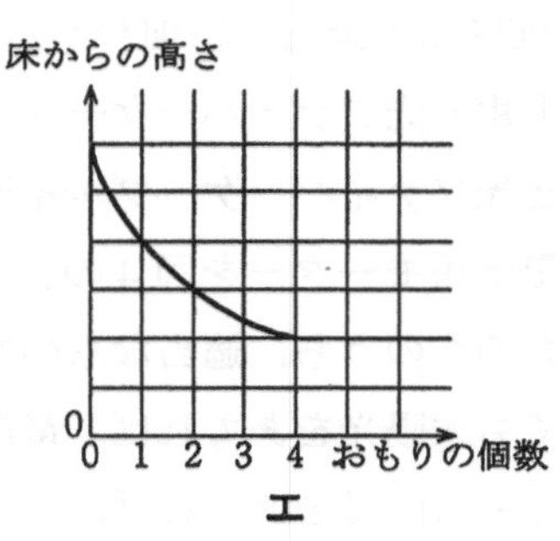

ウ

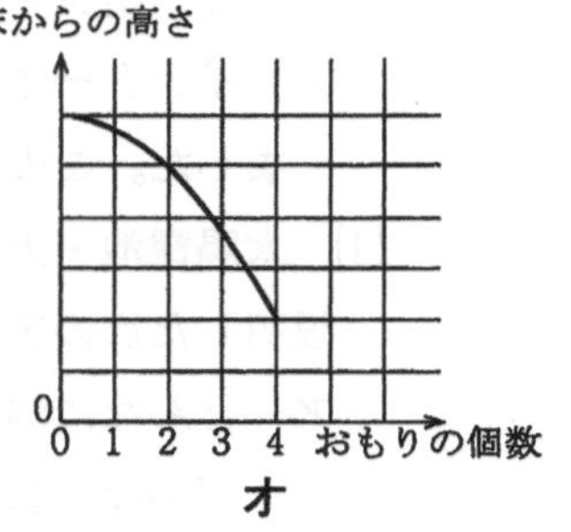

エ

床からの高さ

0 1 2 3 4 おもりの個数

オ

(2) Ｔ君は次に，高さの変化の法則性から，おもりの数を５個に増やしたときの結果について推測しました。表１について，おもりの個数が５個の場合は，床から板までの高さは何 cm になると考えられますか。

(3) Ｔ君は表２について，おもりの数を５個に増やした場合の結果をどのように推測したらよいか分かりませんでした。そこで，お兄さんにきくと，おもりの個数を横じくにとるのはそのままで，縦じくに$\frac{1}{床から板までの高さ}$の値をとって新たにグラフをかいてみることをすすめられました。そこで表２について，この新たなグラフをかいてみたところ，それぞれの点を結んだ線が直線になりました。

① このグラフの形として最も適当なものを，次の**ア**～**エ**から１つ選んで記号で答えなさい。

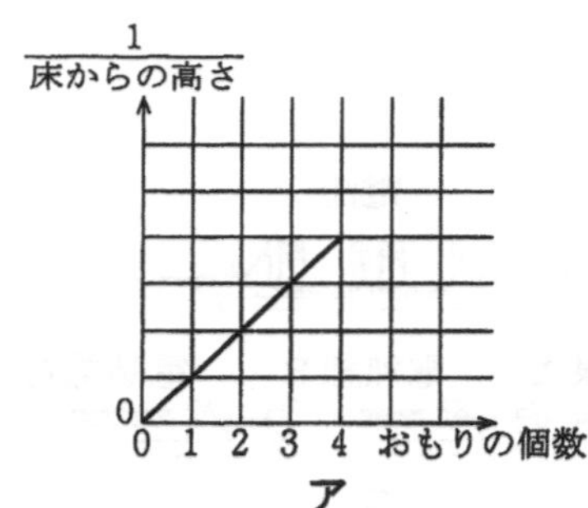

ア

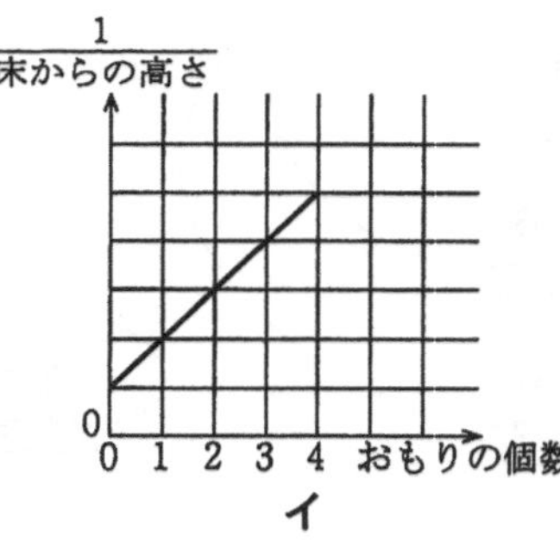

イ

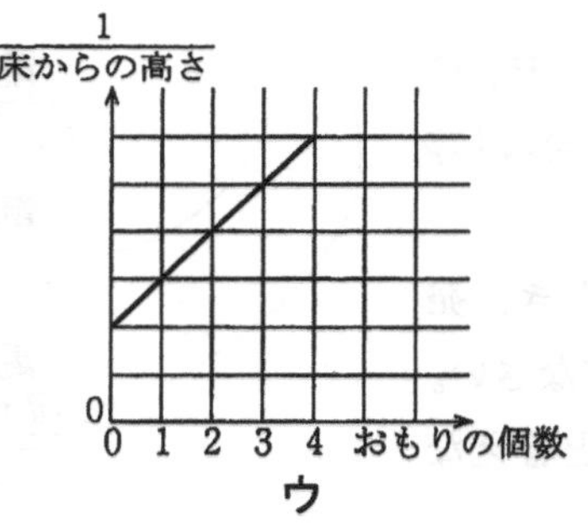

ウ

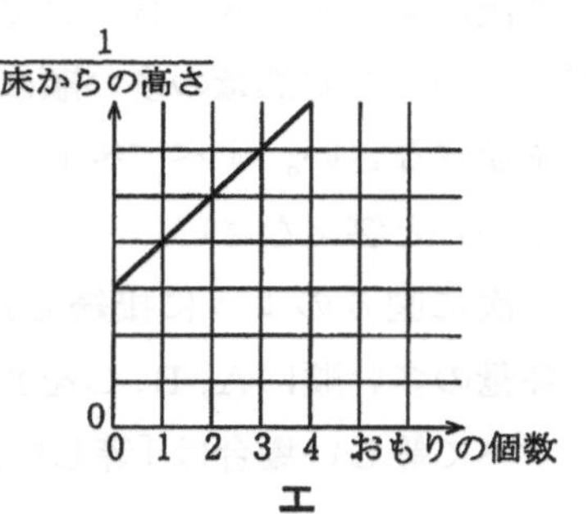

エ

② 表２でおもりの個数が５個のとき，床から板までの高さは何 cm になると考えられますか。

(4) Ｔ君は，図１や図２の装置を組み合わせて図３，図４の装置をつくり，その性質を考えました。図３は，図２の装置の上に図１のばねをのせた装置，図４は，図２の装置の中に図１のばねを取りつけた装置です。なお，図４の装置では，ばねの反発力と空気を圧縮したことによる反発力がおもりを同時に支えます。

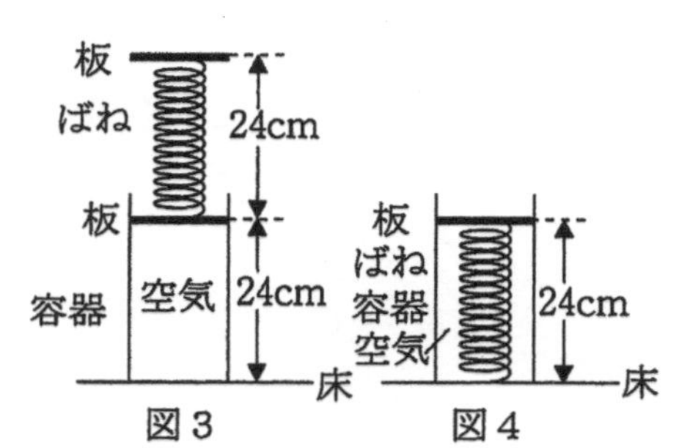

図３　　図４

① 図３の装置の板の上におもりを１個のせたとき，床からばねの上の板までの高さは何 cm になりますか。

② 図４の装置の板の上に重さの分からない物体を１個のせたとき，床から板までの高さは 15 cm になりました。この物体の重さは，おもり何個分の重さですか。答えは整数とは限りません。

令和２年度　東大寺学園中学校入学試験問題

社　会　――５０分――（中学社会・９枚のうち１）

1　次の文を読んで、文中の＿(1)＿～＿(9)＿について、後の同番号の各問いに答えなさい。

(1)昨年、新しい天皇が即位した。天皇の存命中に皇位を後継者にゆずることを(2)譲位というが、(3)明治時代に制定された皇室典範によると、皇位継承は「天皇崩スルトキ」に限られており、また、天皇が「久キニ亘ルノ故障ニ由リ大政ヲ親ラスルコト能ハサルトキ」は「(4)摂政」をおくとされた。こうした規定は、(5)太平洋戦争後に改正された現行の皇室典範においても、「天皇が崩じたとき」、あるいは「精神若しくは身体の重患又は重大な事故により、国事に関する行為をみずからすることができないとき」という文言となって引き継がれている。つまり、皇室典範はその成立当初から現在にいたるまで、生前に天皇が退位することを想定しておらず、譲位に法的な根拠が存在しない状態が続いてきた。そのため、今回の代替わりには皇室典範とは別に特例法が制定された。

しかし、歴史をさかのぼれば譲位は決してめずらしいものではない。645年に行われた(6)皇極天皇から孝徳天皇への譲位が最初とされる。譲位の多くは政治的な事情が背景にあった。たとえば、(7)平安時代には藤原氏の陰謀によって譲位に追いこまれた天皇がおり、また、院政を行うためにすすんで皇位をゆずる天皇もあらわれた。その後、(8)武士が力をもつ時代になると、(9)将軍の仲介によって譲位を行う天皇や、幕府の政策に反発して譲位する天皇もいた。

(1)　これについて、次の各問いに答えなさい。

①　昨年７月、大仙古墳（仁徳天皇陵）をふくむ百舌鳥・古市古墳群が世界遺産に登録されました。古墳が多くつくられた時代に力をもった大和朝廷について述べた次の文ａ～ｄについて、正しいものの組み合わせを下の**ア～エ**から選んで、その記号を書きなさい。

ａ　埼玉県や熊本県で発見された鉄剣や鉄刀から、大和朝廷が５世紀には九州から関東までの豪族を従えていたことが分かる。

ｂ　奈良県や岡山県で発見された銅鏡や銅鐸から、大和朝廷が５世紀には西アジアやヨーロッパと交流していたことが分かる。

ｃ　大和朝廷は渡来人がもたらした儒教や仏教などの新しい思想を５世紀から６世紀にかけて積極的に取り入れていった。

ｄ　大和朝廷は全国を支配するようになると、『古事記』や『日本書紀』などの歴史書を５世紀から６世紀にかけて完成させた。

ア　ａ・ｃ　　**イ**　ａ・ｄ　　**ウ**　ｂ・ｃ　　**エ**　ｂ・ｄ

②　昨年11月、新たに即位した天皇は、古い時代から続く大嘗祭と呼ばれる儀式をとり行いました。今回の儀式では、国内の特別に選定された水田において収穫された米が供えられたように、この儀式と日本の米作りには関係性があります。日本で米作りが本格化した弥生時代の稲作について述べた文として正しいものを次の**ア～エ**から選んで、その記号を書きなさい。

ア　東北地方に伝わった稲作は、東日本から西日本へとしだいに普及していった。

イ　農作業では男女の分業が成立しており、田植えや脱穀は女性の仕事であった。

ウ　耕作には木製農具が用いられたほか、牛や馬を用いて田を耕すこともあった。

エ　収穫には石器が用いられていたが、しだいに鉄器も使用されるようになっていった。

(2)　これを行った天皇の一人である後陽成天皇は、在位中に豊臣秀吉が京都に建てた邸宅を訪れています。豊臣秀吉について述べた次の文ａ・ｂの正誤の組み合わせとして正しいものを下の**ア～エ**から選んで、その記号を書きなさい。

ａ　明智光秀を滅ぼした後、天下統一を果たすと、大名の反乱を防ぐために一国一城令を発した。

ｂ　天下統一後、全国に役人を派遣して検地を実施し、耕作者に対して年貢納入を義務づけた。

ア　ａ－正　ｂ－正　　**イ**　ａ－正　ｂ－誤　　**ウ**　ａ－誤　ｂ－正　　**エ**　ａ－誤　ｂ－誤

(3)　これについて、次の各問いに答えなさい。

①　明治時代に制定された皇室典範には、はじめ譲位に関する規定がもりこまれていましたが、伊藤博文の強い反対によって削除されたといわれています。伊藤博文について述べた文としてあてはまるものを次の**ア～エ**から**２つ**選んで、**年代順**にその記号を書きなさい。

ア　大日本帝国憲法の発布に際して、立憲政治の重要性を主張する演説を行った。

イ　外務大臣としてイギリスと交渉を行い、不平等条約の改正に成功した。

ウ　内閣制度の創設にともない、初代の内閣総理大臣に就任した。

エ　立憲改進党の党首となり、日本最初の政党内閣を組織した。

② 明治時代初期には、西洋の進んだ制度や技術、新しい考え方が積極的に取り入れられていきました。これについて述べた文として正しいものを次の**ア**～**エ**から選んで、その記号を書きなさい。

ア 政府は近代的な軍隊をつくるため、20歳以上の士族の男子が軍隊に入ることを義務づける徴兵令を出した。

イ 政府が主導して新橋と横浜の間に鉄道が建設され、また郵便や電信が始められるなど交通・通信手段が整えられた。

ウ イギリスの教育制度にならって、小学校および中学校あわせて９年間が義務教育期間として定められた。

エ 民間の出資金によってつくられた富岡製糸場では、フランス人技師の指導のもと女工が生糸を生産した。

③ 右の図は、あるフランス人が明治時代中ごろの４か国の関係をえがいた風刺画です。図中の左で釣り糸を垂れている人物は日本、Ａ～Ｃは日本の周辺の国ぐにを表しています。この図が示す国際関係にもとづいて引き起こされた戦争について述べた文として正しいものを次の**ア**～**エ**から選んで、その記号を書きなさい。

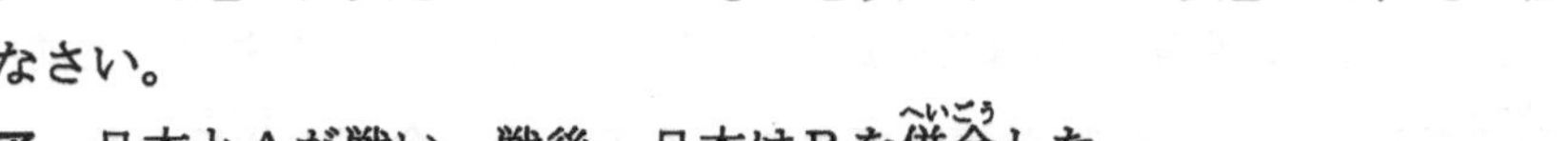

ア 日本とＡが戦い、戦後、日本はＢを併合した。

イ 日本とＡが戦い、戦後、Ｃから遼東半島を獲得した。

ウ 日本とＢが戦い、おもな戦場となったのはＣであった。

エ 日本とＢが戦い、Ａの仲介によって講和条約が結ばれた。

(4) これが最後におかれたのは大正天皇のときです。大正時代には、女性の地位向上や政治的権利の獲得をめざす運動が活発になり、新婦人協会が結成されました。新婦人協会の結成を主導した女性運動家の組み合わせとして正しいものを次の**ア**～**エ**から選んで、その記号を書きなさい。

ア 市川房枝・平塚らいてう　　**イ** 市川房枝・与謝野晶子

ウ 津田梅子・平塚らいてう　　**エ** 津田梅子・与謝野晶子

(5) これについて、次の各問いに答えなさい。

① 太平洋戦争が始まる前年、総動員体制の一環として制度化され、物資の配給や防空活動などを行った組織の名称を**漢字２字**で書きなさい。

② 太平洋戦争にいたるまでに起こったできごとについて述べた次の文ａ～ｃを年代順に正しくならべたものを下の**ア**～**カ**から選んで、その記号を書きなさい。

ａ 日本が国際連盟から脱退した。　　ｂ 日独伊三国同盟が結ばれた。

ｃ アメリカが日本に対する石油の輸出を禁止した。

ア ａ→ｂ→ｃ　　**イ** ａ→ｃ→ｂ　　**ウ** ｂ→ａ→ｃ

エ ｂ→ｃ→ａ　　**オ** ｃ→ａ→ｂ　　**カ** ｃ→ｂ→ａ

(6) これについて、次の史料は、即位した孝徳天皇が新たな国づくりの基本方針を打ち出した場面をあつかったものです（一部を分かりやすく書きあらためました）。文中の「二年」とは、このときの元号での表記です。この元号を**漢字**で書きなさい。

> 二年の春正月に、正月の拝賀の儀式が終わってから、孝徳天皇は詔を発し、次のようにおっしゃった。「第一に、これまで……、豪族や村の首長らがもっていた私有民や私有地を廃止しなさい。……第四に、旧来の税や力役の制度をやめて、田に課する税を徴収しなさい。」

(7) この時代の貴族の生活について述べた次の文中の（　ａ　）・（　ｂ　）にあてはまる語の組み合わせとして正しいものを下の**ア**～**エ**から選んで、その記号を書きなさい。

> 平安時代の貴族が住んでいた寝殿造の邸宅は、その屋内に間仕切りが少なく、（　ａ　）がえがかれた屏風や障子などで空間が仕切られた。寝殿や対（対屋）、渡殿などの開放的な建物は庭を囲うかたちで配置され、庭には樹木や花、池や水を引き入れる水路がみられた。貴族はこうした邸宅や庭で管弦や和歌などに興じ、また、（　ｂ　）を行っていた。

ア ａ－貴族の暮らしなどを題材にした大和絵　　ｂ－七夕やお月見などの年中行事

イ ａ－貴族の暮らしなどを題材にした大和絵　　ｂ－能や狂言などの伝統芸能

ウ ａ－日本の風景などを題材にした水墨画　　ｂ－七夕やお月見などの年中行事

エ ａ－日本の風景などを題材にした水墨画　　ｂ－能や狂言などの伝統芸能

(8) これについて、次の各問いに答えなさい。

① 武士として初めて幕府を開いた源頼朝、および頼朝に関係する人物について述べた文として**誤っているもの**を次の**ア**～**エ**から選んで、その記号を書きなさい。

ア 平治の乱で源氏を破った平清盛は、朝廷内における権力を強め、武士として初めて太政大臣となった。

イ 伊豆に流されていた源頼朝は、関東の有力な武士たちを味方につけて、平氏をたおすために兵をあげた。

ウ 源頼朝の命令を受けて京都にのぼった源義経は、平氏を西国に追いつめて壇ノ浦の戦いで滅ぼした。

エ 木曽で兵をあげた源義仲は北陸地方に進出し、平清盛が率いる平氏軍と倶利伽羅峠で戦い勝利した。

K 教英出版

② 武士が力をもった時代には、多くの合戦が行われました。次の図Ａ・Ｂは、徳川家康が参戦した２つの合戦のようすをえがいたものです。Ａの合戦が行われた場所を右の図中の**ア・イ**から、Ｂの合戦が行われた場所を**ウ・エ**からそれぞれ選んで、**Ａ→Ｂの順**にその記号を書きなさい。

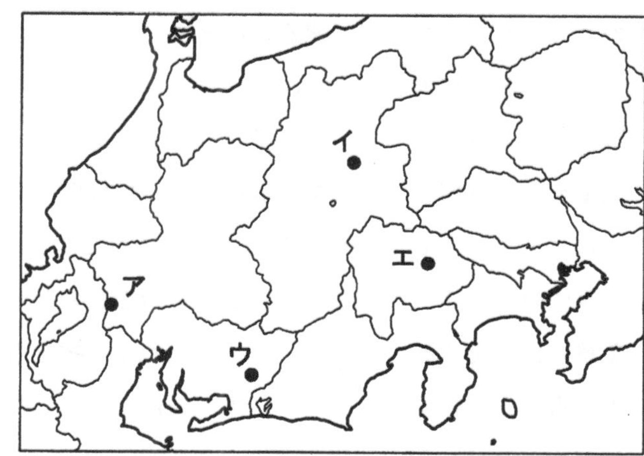

Ａ

Ｂ

(9) このような例に、後亀山（ごかめやま）天皇の譲位があげられます。これは、室町幕府の将軍足利義満の提案によって行われたとされています。足利義満が将軍であったころの社会のようすについて述べた文として正しいものを次の**ア～エ**から選んで、その記号を書きなさい。

ア 念仏を唱えれば阿弥陀仏に救われるという教えが地方にもひろまり、中尊寺金色堂が建てられた。

イ 中国（明）との勘合貿易が始まり、日本の商人は有田焼などの陶器（とうき）を輸出して大きな利益を得た。

ウ 商業の発達にともない、日本でも初めて銅銭が発行され、港や市での税の支払いに用いられるようになった。

エ 農村では、村民が自立的に村のきまりをつくるなどして団結を強め、領主に抵抗（ていこう）する動きもみられた。

2 次の文を読んで、文中の＿(1)＿～＿(10)＿について、後の同番号の各問いに答えなさい。

15～64歳の人口のことを生産年齢（ねんれい）人口といいます。日本において、この人口は(1)1995年の8,700万人をピークに減少しており、2060年には4,400万人に半減すると予測されています。(2)働く世代の人口が減少すると、国全体としての生産力の低下につながることから、現在働いていない人にも働いてもらったり、(3)出生率を上げて将来の働き手を増やしたりすることが求められています。また、(4)労働生産性を向上させて労働力不足を補う必要があることから、(5)内閣府や厚生労働省が中心となって、(6)（　　　　）改革に取り組んでいます。

この改革の内容としては、たとえば、平日の昼間に会社で働くというこれまでのありようを見直して在宅で勤務する制度を拡充（かくじゅう）すること、正規労働者と非正規労働者との待遇（たいぐう）の差を改善すること、(7)時間外労働の上限を定めて労働時間を短縮することなどがあります。

上記のようなことを定めた(6)（　　　　）改革に関連する(8)法律が(9)2018年に成立、翌年に施行されました。そして、(10)政府が取り組んでいる課題のひとつである「同一労働・同一賃金」についても今年４月以降の導入が義務づけられており、こうしたことが実施されるなかで、労働環境の改善が期待されています。

(1) この年は太平洋戦争の終結から50年目にあたり、平和に関する式典や行事が行われました。平和への取り組みについて述べた文として**誤っているもの**を次の**ア～エ**から選んで、その記号を書きなさい。

ア 憲法第９条には、陸海空軍その他の戦力をもたないことや、交戦権を有しないことが記されている。

イ 核兵器をもたず、つくらず、もちこませずという非核三原則が、政府の方針として設けられている。

ウ 必要以上の装備をもつことがないように、防衛費の予算額には法律による上限が定められている。

エ 国連の平和維持（いじ）活動の一環として、東ティモールや南スーダンに自衛隊のＰＫＯ部隊が派遣された。

⑵　このことは憲法において、義務のひとつとされています。憲法に記されている国民の義務として正しいものを次のア～エから選んで、その記号を書きなさい。

ア　法律を守る義務　　　イ　子どもに教育を受けさせる義務

ウ　人権を守る義務　　　エ　選挙において投票する義務

⑶　これについて、子どもが生まれると市役所などに出生届を出します。市役所は、市の行政全般(ぜんぱん)をになっています。市役所のはたらきについて述べた文として正しいものを次のア～エから選んで、その記号を書きなさい。

ア　警察の仕事をする。　　　イ　土地や建物をもつ人から税金を集める。

ウ　水や電気を供給する。　　エ　条例を制定したり予算を決めたりする。

⑷　これが上がれば、税収が増えることが期待されます。2018年の国の税収は、1990年とほぼ同額の約60兆円でした。税金や公債(こうさい)などをもとにして使われるお金のことを歳出といいます。右の図は、1990年と2018年の歳出の内わけを示したものです。図中のＡ～Ｃにあてはまる歳出の内わけの組み合わせとして正しいものを次のア～カから選んで、その記号を書きなさい。

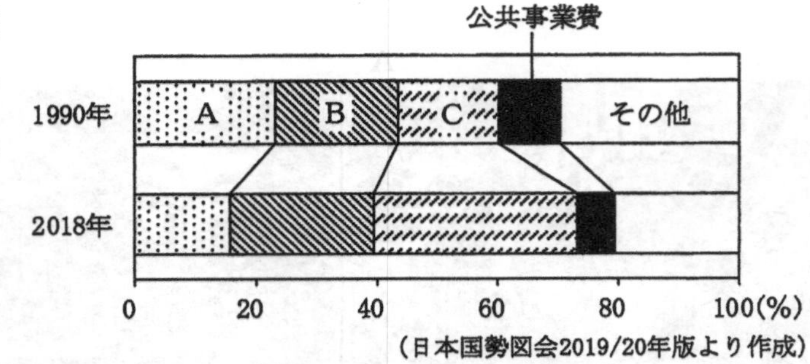

（日本国勢図会2019/20年版より作成）

	ア	イ	ウ	エ	オ	カ
A	国債費	国債費	社会保障費	社会保障費	地方財政費	地方財政費
B	社会保障費	地方財政費	国債費	地方財政費	国債費	社会保障費
C	地方財政費	社会保障費	地方財政費	国債費	社会保障費	国債費

⑸　これに属する機関として**あてはまらないもの**を次のア～エから選んで、その記号を書きなさい。

ア　公正取引委員会　　イ　国家公安委員会　　ウ　消費者庁　　エ　人事院

⑹　（　　　）にあてはまる語を**３字**で書きなさい。

⑺　これがきわめて多い状況(じょうきょう)で労働者が死亡する過労死が1980年代から問題となっており、なかには裁判になる事例もあります。裁判や裁判所について述べた文として正しいものを次のア～エから選んで、その記号を書きなさい。

ア　誤った判決を下さないように、裁判は必ず３回行うことになっている。

イ　殺人など刑罰(けいばつ)が重い犯罪の場合を除いて、裁判員が裁判に参加する。

ウ　裁判所は、法律が憲法に違反(いはん)していないかどうかを判断することがある。

エ　地方裁判所は、札幌や福岡など各地方の中心都市８か所におかれている。

⑻　これをつくるのは、国会の仕事です。国会や国会議員について述べた文として正しいものを次のア～エから選んで、その記号を書きなさい。

ア　国会で内閣総理大臣を指名するときや外国と結んだ条約を承認するときは、衆参両議院において多数決で決める。

イ　国会は、法律を公布したり最高裁判所の長官を任命したりする天皇の国事行為に対して、助言を行う。

ウ　参議院議員は衆議院議員よりも人数が多く、衆議院よりも低い年齢で議員に立候補することができる。

エ　衆議院議員の選挙は４年に１度、参議院議員の選挙は６年に１度実施されることになっている。

⑼　これについて、2018年または2019年に起こったできごととして**あてはまらないもの**を次のア～エから選んで、その記号を書きなさい。

ア　イギリスではＥＵからの離脱(りだつ)をめぐって国民投票が行われた。

イ　日本とアメリカの間で貿易協定に署名がなされた。

ウ　東京では豊洲(とよす)市場の開場にともない築地(つきじ)市場が閉場した。

エ　沖縄県辺野古(へのこ)の基地建設で土砂の搬入(はんにゅう)工事が始まった。

⑽　このひとつに国際協力があります。国際協力の一環として、日本は政府開発援助(えんじょ)（ＯＤＡ）を実施してきました。右の図は、2016年における政府開発援助の相手国とその総額にしめる割合を示したものです。図中のＸにあてはまる国を次のア～エから選んで、その記号を書きなさい。

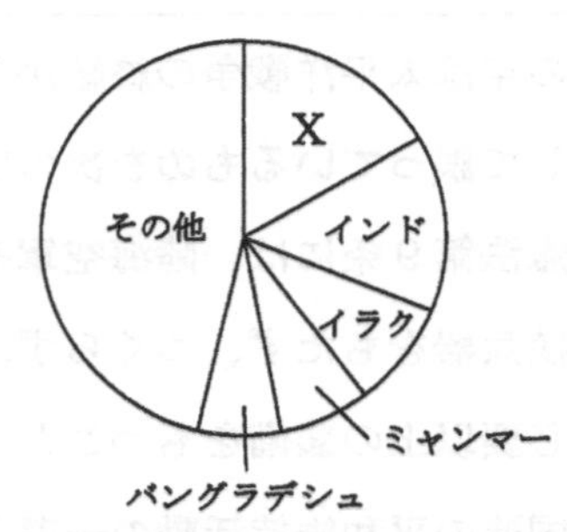

（日本国勢図会2018/19年版より作成）

ア　エジプト　　イ　パキスタン　　ウ　ブラジル　　エ　ベトナム

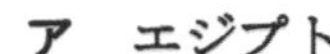

3　次の文を読んで、文中の＿(1)＿〜＿(9)＿について、後の同番号の各問いに答えなさい。

生徒：(1)日本の海岸線の長さが世界第６位ということにおどろきました。世界地図では小さい国にみえるのに……。

先生：それは日本が複雑な海岸線をもっていて、(2)東西・南北それぞれ約（　　　）キロメートルの海域に点在する島じまから構成されている島国だからだよ。そもそも島というのは、国連海洋法条約で「自然に形成された陸地であって、水に囲まれ高潮時においても水面上にあるもの」と決められているんだ。この定義をみたす周囲が100メートル以上の島は、日本におよそ6800あるといわれているよ。

生徒：でも、そうすると(3)北海道も島になりますよね。

先生：そうだね。島というのは大陸との関係からも考えられるからね。つまり、日本国内では、北海道・本州・四国・九州・沖縄島を「本土」として、それ以外を島と呼ぶことが多いけれど、世界的には(4)オーストラリア大陸より小さな陸地を島と呼ぶのが一般的なんだ。その意味においては、北海道、本州、九州、四国も大きな島であり、(5)日本の国土はすべて島ということになるんだよ。

生徒：まさに島国ですね。

先生：では、日本の都道府県別にみて島の数がもっとも多いのはどこだろう。

生徒：それは聞いたことがあります。(6)長崎県です。

先生：よく知っているね。ついで鹿児島県、北海道、島根県の順だ。逆に、(7)まったく島をもたない府県は９つあるよ。たくさんある日本の島のうち、人が住んでいるのはどれくらいだと思う？

生徒：うーん、半分くらいかな……。

先生：とんでもない。(8)有人島はごくわずかで、９割以上は無人島といわれている。人が住んでいても少子高齢化などの影響(えいきょう)で離島の人口は減少傾向(けいこう)にあるんだ。2017年４月に施行された有人国境離島法を知っているかな。この法律にもとづいて、29地域（148島）の有人国境離島地域が定められ、そのなかでも人口減少の激しい(9)15地域（71島）が特定有人国境離島地域に指定された。政府も「日本の国境に行こう!!」を合言葉に、本土ではみられない風景や食文化が残されている離島への観光を推進しているよ。

生徒：なるほど……。今度の休みにどこかの島に行ってみようと思います。

(1)　これを歩いて測量し、日本地図を作成した人物に伊能忠敬がいます。次の文ａ〜ｄについて、伊能忠敬が生きていた時代（1745〜1818年）のできごととしてあてはまるものの組み合わせを下のア〜エから選んで、その記号を書きなさい。

ａ　本居宣長が『古事記』に関する書籍(しょせき)をあらわした。
ｂ　近松門左衛門が歌舞伎や人形浄瑠璃の脚本(きゃくほん)を書いた。
ｃ　会津藩が藩校である日新館を設けた。
ｄ　薩摩藩が琉球王国を武力で服属させた。

ア　ａ・ｃ　　イ　ａ・ｄ　　ウ　ｂ・ｃ　　エ　ｂ・ｄ

(2)　これについて、次の各問いに答えなさい。

①　日本の東西南北の端(はし)に位置している島について述べた文として正しいものを次のア〜エから選んで、その記号を書きなさい。

ア　東端(たん)の島は、静岡県に属している。
イ　西端の島には、自衛隊が配備されている。
ウ　南端の島は、他の島と排他(はいた)的経済水域がつながっていない。
エ　北端の島では、流氷をみることができない。

②　（　　　）にあてはまる数字を次のア〜エから選んで、その記号を書きなさい。

ア　1000　　イ　3000　　ウ　5000　　エ　7000

(3)　ここには、アイヌ語に由来した地名が多くみられます。次の図は、そのような地名のうち、幌加内(ほろかない)・札幌・浦幌(うらほろ)の月別平均気温と月別降水量を示したものであり、右下の図はそれぞれの場所を示しています。幌加内と札幌にあてはまるものを次のア〜ウからそれぞれ選んで、**幌加内→札幌の順**にその記号を書きなさい。

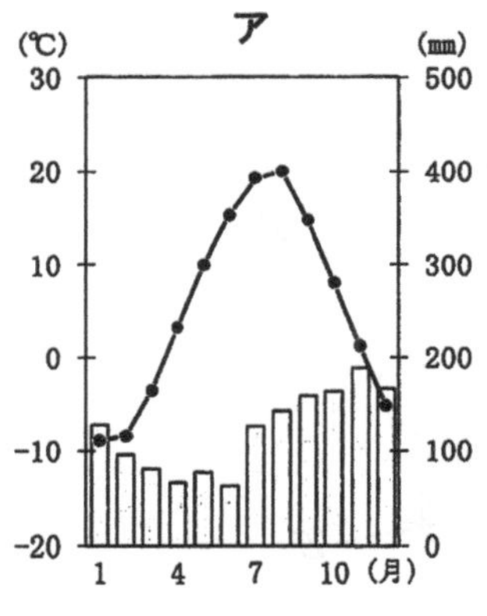

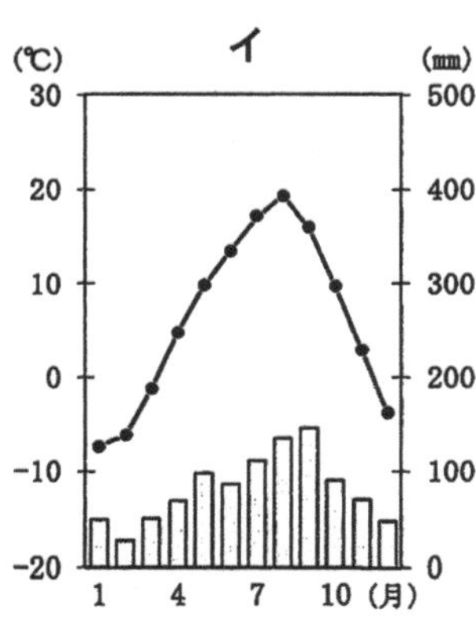

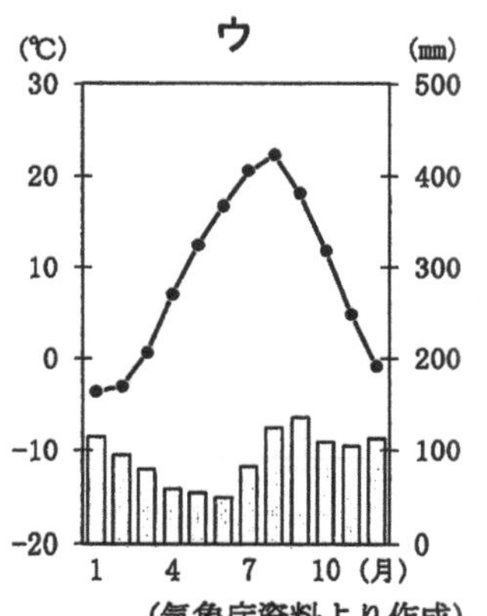

（気象庁資料より作成）

(4)　この国や日本など11か国で結ばれた環太平洋パートナーシップ（ＴＰＰ）協定について述べた次の文中の（　　　）にあてはまる語を**漢字**で書きなさい。

> 太平洋を取り囲む国ぐにによる自由貿易や投資など幅広い分野での経済連携協定のことで、たとえば、加盟国の間では、工業製品や農産物にかかる（　　　）が廃止、あるいは低く設定される。そのため、日本は自動車や電気製品を輸出しやすくなる一方で、外国から安い農産物の輸入が増加し、国内農家への影響が心配されている。

(5)　これについて述べた文として正しいものを次の**ア**～**エ**から選んで、その記号を書きなさい。

ア　サンフランシスコ平和条約によって、日本は台湾を正式に放棄した。

イ　日米安全保障条約によって、小笠原諸島がアメリカから日本に返還された。

ウ　日韓基本条約が結ばれた後、韓国の守備隊が竹島に上陸して占拠した。

エ　日中平和友好条約が結ばれた後、中国は尖閣諸島の領有を宣言した。

(6)　これについて、江戸時代、長崎には出島と呼ばれる人工の島がつくられ、オランダとの貿易が行われました。出島やオランダ商館について述べた次の文ａ・ｂの正誤の組み合わせとして正しいものを下の**ア**～**エ**から選んで、その記号を書きなさい。

ａ　江戸時代、出島には商館だけでなく、オランダ商人のためにキリスト教の教会が設けられたが、宣教師の活動は長崎に限られ幕府に厳しく監視された。

ｂ　明治時代になると、出島以外でのオランダとの貿易がようやく認められるようになり、商館は閉鎖されて出島はその役割を終えることとなった。

ア　ａ－正　ｂ－正　　**イ**　ａ－正　ｂ－誤　　**ウ**　ａ－誤　ｂ－正　　**エ**　ａ－誤　ｂ－誤

(7)　このうち、滋賀県の琵琶湖には、国連海洋法条約における島の定義にはあてはまらないが、日本で唯一の淡水湖にうかぶ有人島とされる沖島などが存在しています。琵琶湖やその周辺地域について述べた次の文ａ～ｄについて、正しいものの組み合わせを下の**ア**～**エ**から選んで、その記号を書きなさい。

ａ　琵琶湖のプラスチックごみを削減するため、ペットボトルやレジ袋に対する課税が条例で定められている。

ｂ　琵琶湖の水質を保全するため、リンをふくむ家庭用の合成洗剤の使用禁止をもりこんだ条例が定められている。

ｃ　1543年に伝来した鉄砲は、まもなく国内で生産されるようになり、国友はその産地のひとつとして栄えた。

ｄ　江戸時代には五街道が整備され、琵琶湖の東岸を通る東海道にそって、彦根など多くの宿場町が栄えた。

ア　ａ・ｃ　　**イ**　ａ・ｄ　　**ウ**　ｂ・ｃ　　**エ**　ｂ・ｄ

(8)　このうち、人口上位４島は淡路島（兵庫県）、天草下島（熊本県）、佐渡島（新潟県）、奄美大島（鹿児島県）となっています。これらについて述べた文として**下線部が誤っているもの**を次の**ア**～**エ**から選んで、その記号を書きなさい。

ア　淡路島では、平野部を中心に、<u>たまねぎやレタスなどの野菜を生産する農業がさかんに行われている。</u>

イ　天草下島の東にひろがる八代海の周辺では、<u>高度経済成長期に工場排水を原因とする公害病が広まった。</u>

ウ　佐渡島は、銘柄米を生産する農業のほか、<u>鉱山跡の遺跡などを活用した観光業がおもな産業となっている。</u>

エ　奄美大島にあるマングローブ林は、<u>絶滅危惧種の国際的取り引きを禁じたラムサール条約に登録されている。</u>

(9)　このうち、右の図中のＸ～Ｚで示された島と、その歴史について述べた次の文ａ～ｃの組み合わせとして正しいものを下の**ア**～**カ**から選んで、その記号を書きなさい。

ａ　遣唐使船の寄港地となった。

ｂ　モンゴル軍に攻めこまれた。

ｃ　北前船の寄港地となった。

	ア	イ	ウ	エ	オ	カ
X	a	a	b	b	c	c
Y	b	c	a	c	a	b
Z	c	b	c	a	b	a

4　次の各文を読んで、文中の<u>(1)</u>～<u>(9)</u>について、後の同番号の各問いに答えなさい。

> 天気予報は、19世紀前半のヨーロッパで始まったとされる。広い範囲の気象観測ができるようになり、(1)<u>情報通信手段</u>が整備されることによって、天気の予想と発表ができるようになったのである。日本では、1875年に気象庁の前身である東京気象台が現在の(2)<u>東京都港区</u>で気象観測を開始し、その９年後、「全国では、風の向きが定まらず、天気は変わりやすく、ただし雨天がち」という日本全体をひとまとめにした、初めての天気予報を発表した。

(1)　これについて述べた文として正しいものを次の**ア**～**エ**から選んで、その記号を書きなさい。

ア　家庭に毎日配達される新聞は、軽減税率制度の対象となったので、消費税率は８％のまま据えおかれている。

イ　手紙などの郵便物の数は減少しており、それにともない郵便局の数も、2010年から現在にかけて約５割減少した。

ウ　ＮＨＫ（日本放送協会）は、運営費用の約３割を国の補助金でまかなっており、放送内容について国の指導を受けている。

エ　パソコンによるインターネット利用者数は、近年増加しており、携帯電話による利用者数の２倍以上に達している。

(2)　ここには現在、外国大使館がたくさんあります。港区に大使館をおく国のなかから、アメリカ・イタリア・韓国・サウジアラビア・中国をとりあげ、これら５か国について調べてみました。次の各問いに答えなさい。

①　右の表は、５か国における一人一日あたり食料供給量（2013年）を表したものです。アメリカにあてはまるものを表中の**ア**～**エ**から選んで、その記号を書きなさい。

	米	小麦	牛肉	豚肉	ビール	ワイン	茶	コーヒー
韓国	233.4	139.3	39.8	89.8	114.1	1.8	0.2	3.1
ア	212.2	172.9	14.3	105.8	99.4	4.1	3.1	0.2
イ	98.7	245.1	17.7	0.0	0.0	0.0	3.2	7.6
ウ	18.9	220.4	99.3	75.7	216.2	23.2	1.4	11.7
エ	15.7	401.0	51.0	110.4	76.3	83.7	0.4	15.3

単位はグラム。（ＦＡＯ資料より作成）

②　次の図は、５か国と日本との間の貿易額の推移を表したものです。サウジアラビアと中国にあてはまるものを**ア**～**エ**からそれぞれ選んで、**サウジアラビア→中国の**順にその記号を書きなさい。

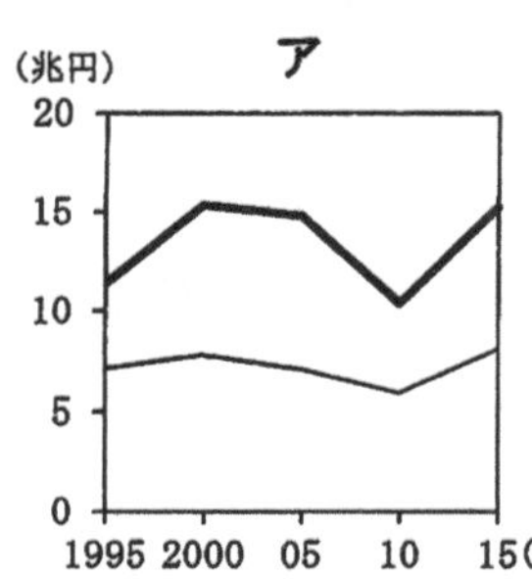

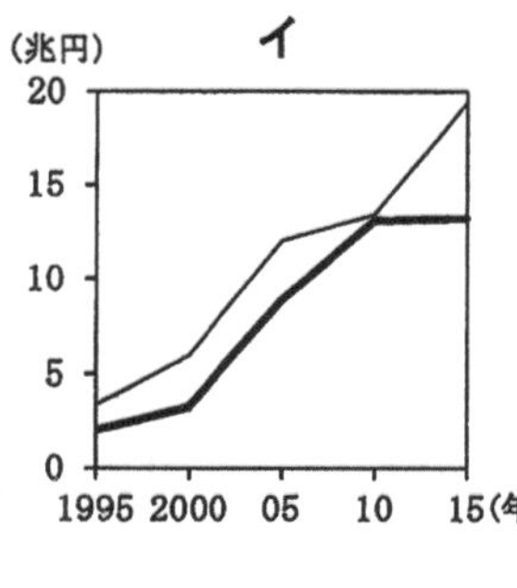

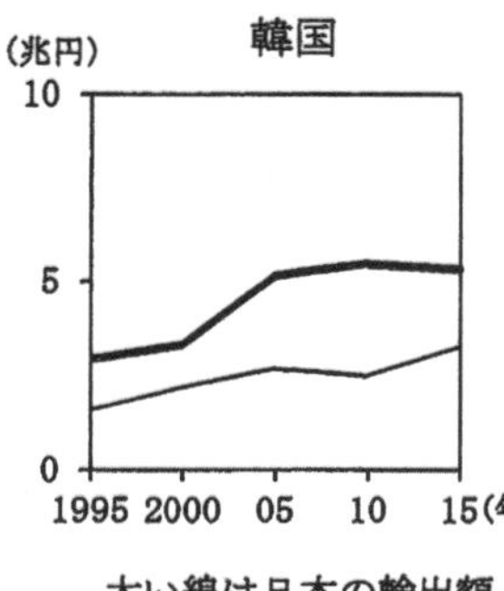

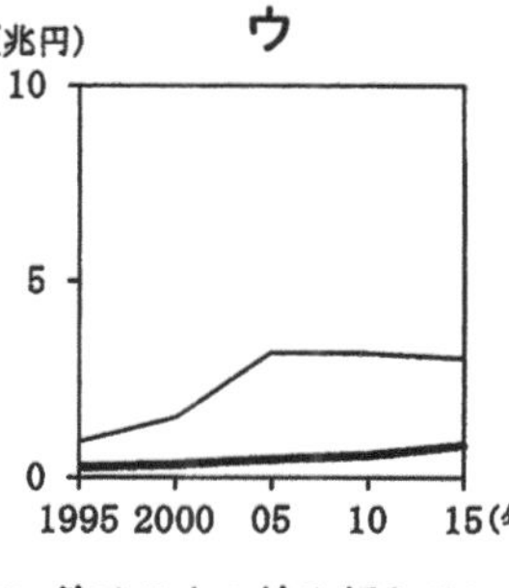

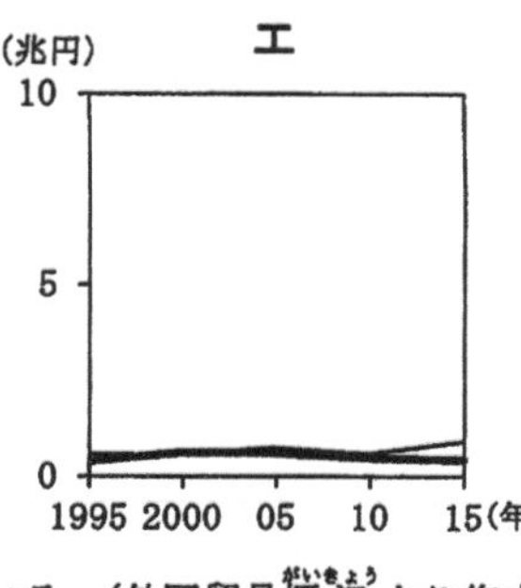

太い線は日本の輸出額、細い線は日本の輸入額を示している。（外国貿易概況より作成）

③　次の表は、５か国と日本との間の貿易における日本のおもな輸入品（2018年）を表したものです。韓国にあてはまるものを**ア**～**エ**から選んで、その記号を書きなさい。

ア

機械類	28.1
航空機類	5.3
医薬品	5.1
科学光学機器	5.1

イ

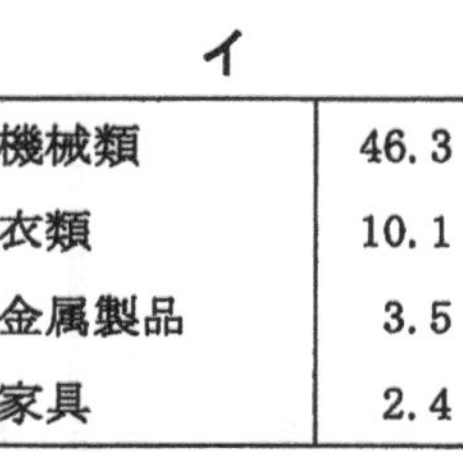

機械類	46.3
衣類	10.1
金属製品	3.5
家具	2.4

ウ

原油	92.4
石油製品	2.5
有機化合物	1.6
液化石油ガス	1.5

エ

機械類	27.4
石油製品	15.3
鉄鋼	9.5
有機化合物	5.0

イタリア

たばこ	16.6
機械類	15.6
バッグ類	9.8
医薬品	8.8

数値は輸入総額に対する割合（％）。（日本国勢図会2019/20年版より作成）

> 今日にいたるまでに天気予報はめざましい進歩をとげた。せまい範囲の予報が可能になるとともに、その精度も上がっている。たとえばテレビの天気予報コーナーでは、奈良県北部・南部というように、(3)<u>都道府県をいくつかに分けた範囲</u>がとりあげられ、新聞の天気予報欄には(4)<u>全国の主要都市</u>の予報が掲載される。また(5)<u>台風</u>の場合は、数日先までの進路予想が発表される。こうしたことが可能になった背景には、観測技術の発達と設備の拡充があり、(6)<u>（　　　　）</u>や「ひまわり」はその好例である。前者は全国約1300か所の(7)<u>気温・降水量</u>・風・日照時間などを自動で観測する仕組みであり、後者は宇宙空間から雲や水蒸気などを観測する静止気象衛星である。

(3) これについて、次の各問いに答えなさい。

① 右の表は、東北地方の6県における天気予報の発表区域を表したものです。表中のX～Zにあてはまる区域名の組み合わせとして正しいものを次のア～カから選んで、その記号を書きなさい。

	ア	イ	ウ	エ	オ	カ
X	会津	会津	津軽	津軽	最上	最上
Y	津軽	最上	会津	最上	会津	津軽
Z	最上	津軽	最上	会津	津軽	会津

県	天気予報の発表区域			
□□県	庄内	X	村山	置賜（おきたま）
○○県	Y	下北	三八上北（さんぱちかみきた）	
△△県	Z	中通り	浜通り	
岩手県	内陸	沿岸北部	沿岸南部	
秋田県	沿岸	内陸		
宮城県	西部	東部		

② 右の図は、岩手県と秋田県における天気予報の発表区域を表したものであり、図中の●は、各区域においてもっとも人口の多い都市の位置を示しています。A～Eの区域およびa～eの都市について述べた文として正しいものを次のア～オから選んで、その記号を書きなさい。

ア　Aは5つの区域のなかでもっとも冬の降水量が多く、aの1月の降水量は7月の降水量の10倍以上もある。

イ　Bは5つの区域のなかでもっとも畜産（ちくさん）の産出額が多く、bの周辺では養鶏（ようけい）や酪農（らくのう）がさかんである。

ウ　Cは5つの区域のなかでもっとも人口が多く、東北新幹線の駅があるcには、県庁がおかれている。

エ　Dは5つの区域のなかでもっとも漁業がさかんであり、dの水あげ量は、東北地方の漁港のなかでもっとも多い。

オ　Eは5つの区域のなかでもっとも米の産出額が多く、eの周辺の平野が米の栽培（さいばい）の中心となっている。

(4) これについて、47都道府県庁所在都市を緯度の高い順にならべ、1～47の番号をつけます。そして都市の番号を□で囲って、その都市が位置する都道府県を表すことにします。たとえば[1]は北海道、[17]は東京都、[30]は大阪府、[47]は沖縄県です。このことをふまえて、次の各問いに答えなさい。

① 次の図は、[1]～[47]について、食料品製造業・鉄鋼業・輸送用機械器具製造業の出荷額および人口（2017年）の全国にしめる割合を表したものです。食料品製造業と鉄鋼業にあてはまるものをア～エからそれぞれ選んで、**食料品製造業→鉄鋼業の順**にその記号を書きなさい。

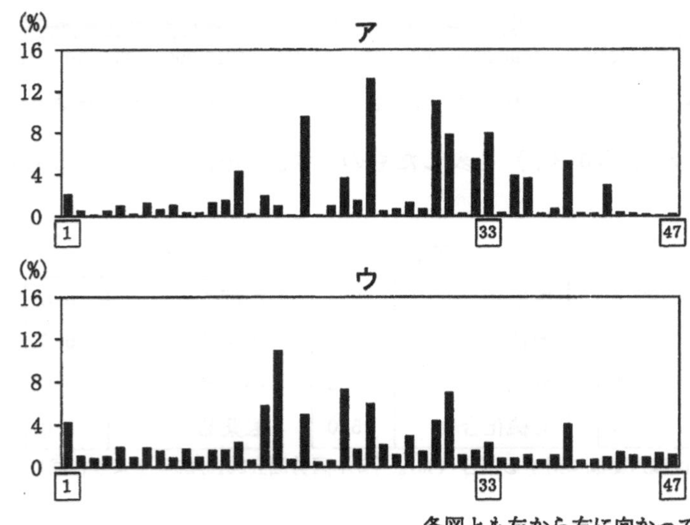

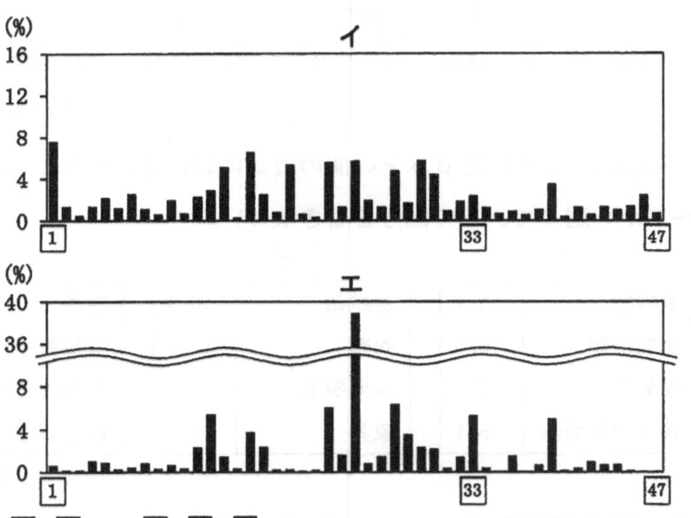

各図とも左から右に向かって[1]・[2]・[3]……[45]・[46]・[47]の順にならんでいる。（工業統計表などより作成）

② 上の図を参考にしながら、[33]にあてはまるものを次のア～エから選んで、その記号を書きなさい。

ア　香川県　　**イ**　広島県　　**ウ**　福岡県　　**エ**　和歌山県

③ [18]・[23]・[26]は、いずれも海に面していない県です。右の表は、これら3県の農業産出額（2016年）と県庁所在都市の人口（2018年）を表したものです。表中のcにあてはまる県の名前を書きなさい。

	農業産出額（億円）					県庁所在都市の人口（万人）
	米	野菜	果実	畜産	その他	
a	348	122	8	115	43	34
b	216	361	56	440	91	41
c	56	141	541	84	77	19

（データでみる県勢2019年版より作成）

⑸　これについて、昨年の台風15号と19号は東日本地域に大きな被害をもたらしました。このことについて述べた文として下線部が正しいものを次のア～エから選んで、その記号を書きなさい。

ア　台風15号の接近にあたり、気象庁は、多くの市町村の住民に対し、避難勧告や避難指示をだした。

イ　台風15号のときには、大規模な停電が起こり、太平洋に面する千葉県東部の臨海工業地域の製鉄所が操業を停止した。

ウ　台風19号は、本州への上陸後、東北地方南部から関東地方、中部地方の順に東日本地域を通過した。

エ　台風19号のときには、大雨により河川が増水し、福島県や宮城県の阿武隈川流域では住宅の浸水被害が生じた。

⑹　（　　　）にあてはまる語を**カタカナ４字**で書きなさい。

⑺　これについて、大阪市（大阪府）と那覇市（沖縄県）の月別平均気温と月別降水量を調べたところ、いずれの都市も、平均気温は１月がもっとも低く、降水量は12月がもっとも少ないことが分かりました。右の各図は、１月よりも他の月はどれくらい平均気温が高いのか、12月よりも他の月はどれくらい降水量が多いのかを表したものです。大阪市にあてはまるものを**ア・イ**および**ウ・エ**からそれぞれ選んで、その記号を書きなさい。

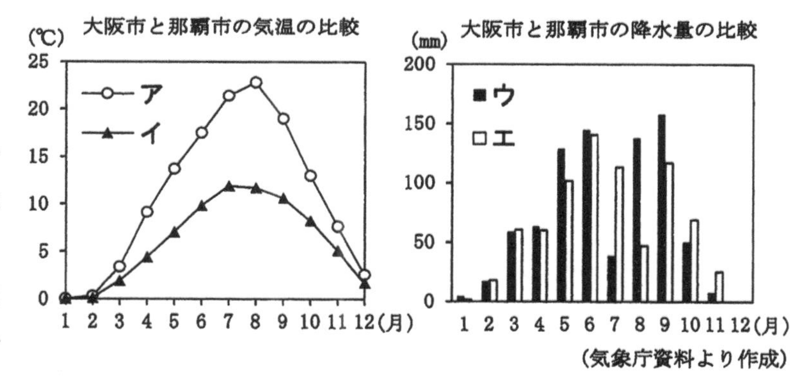

（気象庁資料より作成）

1994年、国の法律が改正されて気象予報士制度が始まり、これをきっかけにビジネスとして天気予報を手がける企業がうまれた。今ではＡＩを活用しながら気象・⑻地震・火山現象のデータ分析を行う企業もあらわれ、農業や⑼漁業、運輸、小売業などにどのような影響がおよぶのかを予測し、リスクの軽減策などを顧客に提案するまでになっている。

⑻　これについて、右の図は、北海道・東北・沖縄以外の地域において、1990年以降の噴火によって大きな被害をもたらした火山の位置、2000年以降に発生し大きな被害をもたらした地震の震源の位置を示したものです。ただし、海底で発生した地震は省いています。図をみて、次の各問いに答えなさい。

①　図中の緯線と経線は、何度ごとに引かれていますか。あてはまるものを次の**ア～エ**から選んで、その記号を書きなさい。

ア　２度　　　**イ**　４度

ウ　６度　　　**エ**　８度

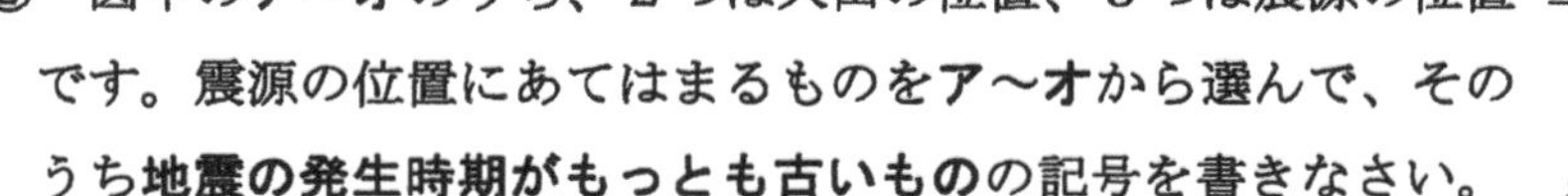

②　図中の**ア～オ**のうち、２つは火山の位置、３つは震源の位置です。震源の位置にあてはまるものを**ア～オ**から選んで、そのうち**地震の発生時期がもっとも古いもの**の記号を書きなさい。

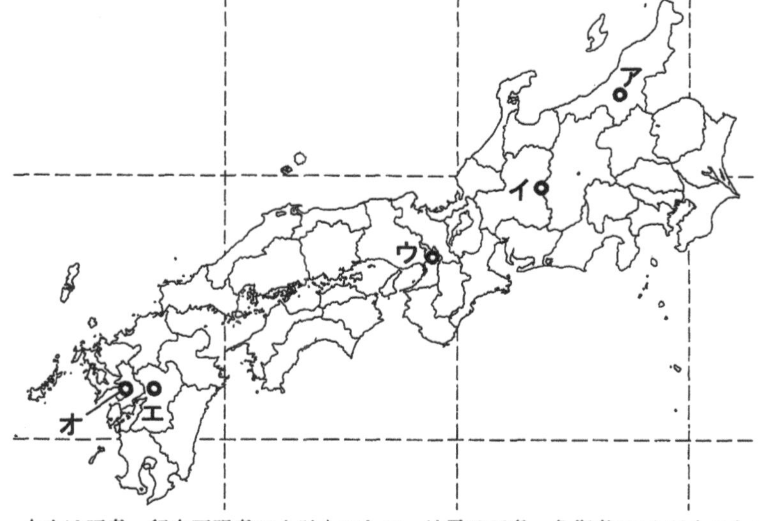

火山は死者・行方不明者40人以上のもの。地震は死者・負傷者400人以上のもの。
（気象庁資料より作成）

⑼　これについて、次の各問いに答えなさい。

①　日本の漁業の就業者は、どのような年齢層が多いのでしょうか。また、性別によるかたよりはあるのでしょうか。他の産業と比べてみることにします。次の表は、漁業・農業・林業・医療業の就業者の男女別・年齢別構成（2015年）を表したものです。林業と医療業にあてはまるものを表中の**ア～ウ**からそれぞれ選んで、**林業→医療業**の順にその記号を書きなさい。

	漁業			ア			イ			ウ		
	男女計	男	女	男女計	男	女	男女計	男	女	男女計	男	女
15～39歳	18.9	15.7	3.2	11.2	7.6	3.7	25.4	22.0	3.3	42.5	9.9	32.5
40～64歳	48.5	36.2	12.3	36.4	20.1	16.3	53.3	45.3	8.0	51.4	12.9	38.5
65歳以上	32.7	24.1	8.6	52.4	31.2	21.2	21.4	18.3	3.2	6.2	3.1	3.1
全年齢	100.0	75.9	24.1	100.0	58.8	41.2	100.0	85.6	14.4	100.0	25.9	74.1

数値は、各産業の総就業者に対する割合（%）。端数処理の関係で、足し合わせても合計値と一致しないことがある。（国勢調査報告より作成）

②　右の表は、４つの魚種（いわし類・かつお類・たい類・ぶり類）について、沖合漁業・沿岸漁業・遠洋漁業による漁獲量と養殖業による収獲量（2017年）の内わけを表したものです。いわし類にあてはまるものを表中の**ア～ウ**から、沿岸漁業にあてはまるものを表中の**エ・オ**からそれぞれ選んで、**いわし類→沿岸漁業**の順にその記号を書きなさい。

		ア	イ	ぶり類	ウ
漁獲量		100.0	100.0	45.9	28.3
	エ	72.8	0.0	0.0	0.0
	オ	3.9	29.1	24.2	12.8
	沖合漁業	23.3	70.9	20.1	9.6
	分類不明	0.0	0.0	1.6	5.9
養殖業による収獲量		0.0	0.0	54.1	71.7
合計		100.0	100.0	100.0	100.0

数値は、漁獲量と収獲量の合計に対する割合（%）。（農林水産省資料より作成）

K 教英出版

受験番号

令和二年度　東大寺学園中学校入学試験問題

国語解答用紙

※には何も記入しないこと。

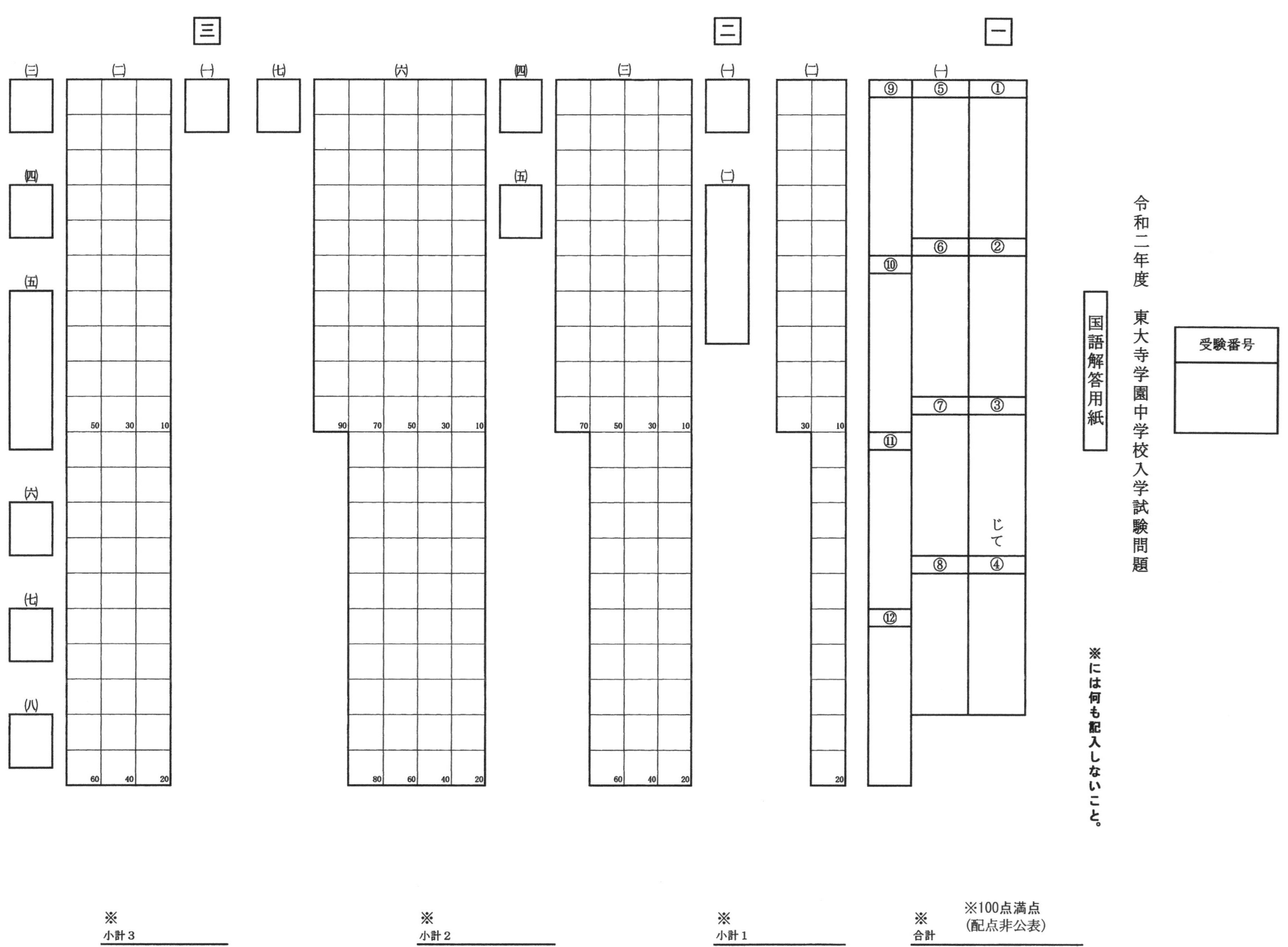

※100点満点
(配点非公表)

※ 合計

※ 小計1

※ 小計2

※ 小計3

受験番号	

令和２年度　東大寺学園中学校入学試験問題

算数解答用紙（表）

1

(1)	(2)	(3)
		cm³

2

(1) (考え方・式)

A	B	C
%	%	%

(2) (考え方・式)

A	B	C
%	%	%

(3) (考え方・式)

C
%

3

(1) (考え方・式)

A

P

B

C

(1)①	(1)②
cm	cm²

＊右側の表には何も記入しないこと.

1			2			3	
(1)	(2)	(3)	(1)	(2)	(3)	(1)①	(1)②

※100点満点
(配点非公表)

令和２年度　東大寺学園中学校入学試験問題

算数解答用紙（裏）

3

(2)（考え方・式）

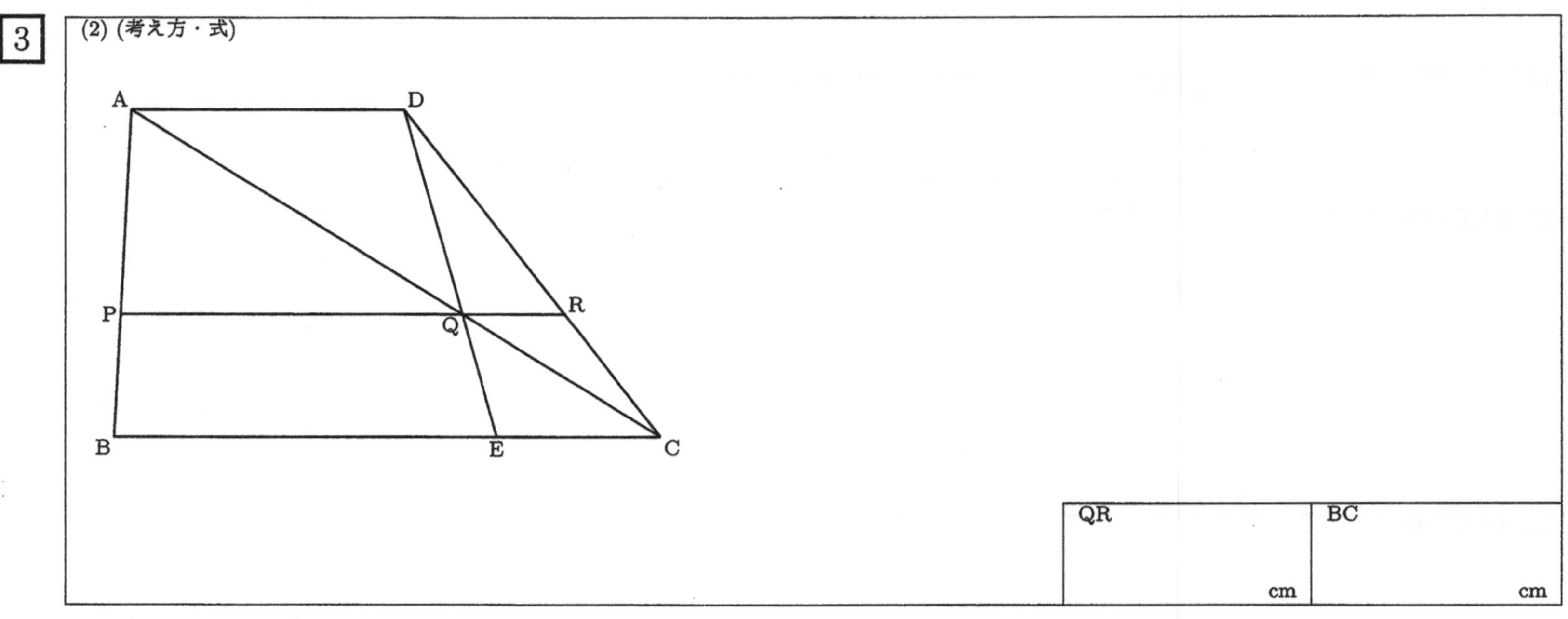

QR	BC
cm	cm

4

（考え方・式）

(1)①	(1)②	(2)	(3)
組	組	組	組

＊右側の表には何も記入しないこと．

3		4			
(2)QR	(2)BC	(1)①	(1)②	(2)	(3)

受験番号	

令和２年度　東大寺学園中学校入学試験問題

理科解答用紙　＊には、何も記入しないこと。

※100点満点
（配点非公表）
＊

1 (1) ① ② ③ (2)

(3) あ い

＊1

2 (1) (2)

(3)

＊2

3 (1) (2) (3) (4)

(5) ① ② (6) 星 星座 座

(7) 星 星座 座 (8) ① ②

＊3

4 (1) あ い う (2)

(3) (4)

(5) ① g ② g ③ % ④ 倍 (6)

＊4

5 (1) (2) % (3) (4) (5)

＊5

6 (1) ① g ②毎秒 cm (2) 回 (3) ① 秒 ②毎秒 万 km

(4) (5) ① ②

＊6

7 (1) 表1 表2 (2) cm (3) ① ② cm

(4) ① cm ② 個分

＊7

受験番号	

令和２年度東大寺学園中学校入学試験問題

社会解答用紙

1 (1)① ② (2)

(3)① → ② ③ (4)

(5)① ② (6)

(7) (8)① ② → (9)

※

2 (1) (2) (3) (4) (5)

(6) (7) (8) (9) (10)

※

3 (1) (2)① ② (3) →

(4) (5) (6)

(7) (8) (9)

※

4 (1) (2)① ② → ③

(3)① ② (4)① → ② ③ 県

(5) (6) (7)

(8)① ② (9)① → ② →

※

※※ ※100点満点
(配点非公表)